서울대학교 사회과학대학 창립 50주년을 맞아 돌아본

사회과학 지성사 50년
1975-2025

윤영관·홍기현·박명규·곽금주·황익주·손정렬·이봉주·양승목 공저

• 서울대학교 사회과학연구원 학제간연구총서 5 •

학지사

머리말

　올해 서울대학교 사회과학대학은 창설 50주년을 맞습니다. 1975년 서울대학교 종합화에 따라 관악캠퍼스로 이전하면서 기존의 문리대학이 인문대학, 사회과학대학, 자연과학대학으로 분리되었고, 상과대학에 속해 있던 경제학과와 무역학과가 합류하면서 지금의 사회과학대학이 시작되었습니다. 지난 50년간 서울대학교 사회과학대학은 다양한 전공에서 총 3만여 명의 졸업생을 배출하였고, 현재는 정치외교학부, 경제학부, 사회학과, 인류학과, 심리학과, 지리학과, 사회복지학과의 8개 학과부와 여성학 및 평화통일학 협동과정으로 구성되어 있습니다. 우리 사회과학대학은 지금에 이르기까지 사회과학의 학문적 발전과 기여를 되돌아보고, 또한 앞으로 우리 미래사회에 대한 기여를 가늠해 보기 위해 『사회과학 지성사 50년』을 펴내게 되었습니다.

　지난 50년간 한국사회는 발전적 변화를 겪어 왔습니다. 냉전의 시대와 휴전의 긴장감을 늦추지 않으면서도 눈부신 경제발전을 이루어 이제는 세계 10위권의 경제대국으로 성장하였습니다. 1980년대를 통해 국민의 단합된 힘으로 군부독재를 종식시키고 진정한 민주화를 이루어 내기도 하였습니다. 이제 대한민국의 사회는 안정적인 민주사회, 선진적 경제사회로 도약하였고, 이러한 발전과정에서 사회과학의 역할은 무엇보다도 컸다고 할 수 있습니다. 독재에 항거하던 많은 젊은이와 시민들의 민주정신을 높이는 데 기여하였고, 사회의 구석구석에 삶의 질을 개선하고 더 나은 삶을 위한 투자가 이루어질 수 있는 기반 조성에도 기여하였습니다. 그 배경에는 특히 서울대학교 사회과학대학 동문 선후배님들의 노력과 헌신이 소중한 밑거름이 되었다고 자부할 수 있습니다.

머리말

지금도 한국사회는 안팎으로 여러 위기에 마주하고 있습니다. 국내 정치 상황도 어렵고 경제의 성장동력도 정체되고 있습니다. 과거의 전통과 새로운 질서 간의 갈등도 불거지고 있으며 젊은 세대에 전가되는 부담도 커지고 있습니다. 세계 최저 수준의 출산율은 한국사회가 맞닥뜨리고 있는 위기 상황을 함축적으로 대변하고 있습니다. 미국과 중국의 갈등, 러시아의 우크라이나 침략, 점차 되살아나는 보호무역주의, 환경파괴에 따른 기후변화 등 대외 요인들도 우리에게 어려운 과제로 다가오고 있습니다. 더욱이 인공지능을 필두로 급속히 발전하고 있는 ICT 기술은 앞으로 다가올 미래사회가 어떤 모습일지에 대해서도 불확실성을 더해 주고 있습니다.

이러한 위기 요인들에 대응하는 전략의 핵심에는 바로 사회과학이 자리하고 있고, 서울대학교 사회과학대학의 구성원들은 지금까지처럼 앞으로도 위기에 대응하고 문제를 해결하는 노력의 선봉에서 최선을 다할 것입니다. 연구를 통해서, 그리고 교육과 후배 양성을 통해서 한국사회가 위기를 슬기롭게 극복할 수 있도록 노력할 것입니다. 이번에 펴내게 된 『사회과학 지성사 50년』은 지금까지 우리 사회과학대학이 걸어온 발자취를 정리하고 반추함으로써 바람직한 미래사회를 위해 앞으로 사회과학이 나아가야 할 방향을 모색하는 데 중요한 기초자료가 될 수 있을 것으로 기대됩니다.

『사회과학 지성사 50년』을 편찬하는 위원장으로서 중책을 흔쾌히 맡아 주셨으면서 사회복지학 각론까지 담당하신 이봉주 교수님, 사회학 각론을 집필하시면서 전체 편찬 과정을 조율하시며 총론도 집필해 주신 박명규 명예교수님, 그리고 학과부별 각론을 집필하여 주신 윤영관 명예교수님, 홍기현 명예교수님, 양승목 명예교수님, 곽금주 명예교수님, 황익주 명예교수님, 손정렬 교수님께 심심한 감사의 뜻을 전합니다.

『사회과학 지성사 50년』을 사회과학연구 총서로 발간할 수 있도록 지원을 아끼지 않으신 안도경 사회과학연구원장님, 자료 수집, 정리 및 편찬 과정의 행정업무를 담당하여 주신 김건 조교께도 심심한 감사의 뜻을 전합니다. 서울대학교 사회과학대학 50주년 행사와 발간에 음으로 양으로 힘을 보태 주신 김종섭 서울대학교 동창회장님과 유홍림 총장님께도 감사의 인사를 올립니다. 끝으로, 이 책의 기획 의도를 이해하시고 흔쾌히 출판을 결정해 주신 학지사의 김진환 사장님과 책이 나오는 과정에서 꼼꼼히 편집을 챙겨 주신 편집부의 유은정 선생님에게도 감사를 드립니다.

앞으로도 서울대학교 사회과학대학이 선도하는 사회과학의 발전을 많은 관심과 애정을 가지고 지켜봐 주시길 바랍니다.

2025년 5월
서울대학교 사회과학대학 학장 김대일

차례

◉ 머리말 _ 3

제1장 총론: 서울대학교 사회과학 반세기 • 13

1. 월러스틴의 문제제기	15
2. 전사와 유산	16
3. 사회대 출범과 사회과학 정체성 모색: 1975~1987년	18
4. 사회과학의 확장과 패러다임 긴장: 1987~1999년	27
5. 밀레니엄 시대, 사회과학은 어디로?: 2000년~	36
6. 서울대 사회과학 반세기의 지성사: 평가와 전망	46
♠ 참고문헌	50

제2장 사회과학대학 정치외교학부 50년: 지성사의 관점에서 • 53

1. 머리말	55
2. 전사(前史, 1946~1975년)와 그 유산	56
3. 사회과학대학 정치외교학부 50년: 통합 이전(1975~2010년)	61
4. 사회과학대학 정치외교학부 50년: 통합 이후(2010~2025년)	74
5. 맺음말	85
♠ [부록] 연구소를 통한 협업: 한국정치연구소와 국제문제연구소	88
♠ 참고문헌	93

제3장 경제성장과 서울대학교 경제학의 발전과정 50년 • 95

1. 머리말	97
2. 서울대 경제학 분야 50년간의 제도적 변화	98
3. 경제학 연구의 동향	114
4. 맺음말	124
참고문헌	131

제4장 네 바퀴로 달려온 사회학 지성사 반세기 • 133

1. 콩트의 꿈과 이상백의 기대	135
2. 전사와 유산	136
3. 종합화와 사회학 교육·연구의 본격화: 1975~1987년	138
4. 격동기 사회학의 역동성과 지적 성취: 1988~2000년	145
5. 21세기 상황과 사회학의 확장: 2001년~현재	156
6. 지성사로 본 서울대 사회학의 성과, 동력, 과제	169
참고문헌	173

제5장 서울대학교 심리학과의 50년 지성사 • 175

1. 서울대 개교와 문리대에서의 심리학과	177
2. 서울대 종합화로 사회과학으로서의 심리학(1975년 이후)	182
3. 심리학의 확장과 발전(1990년 이후)	187
4. 사회발전을 위해 향후 심리학과가 고민해야 할 과제	207
참고문헌	213

제6장 한국 현실에 걸맞은 인류학에의 지난한 모색: 한국적 인류학의 정체성과 서울대학교 인류학과의 50년 지성사 • 215

1. 학문적 정체성에 대한 고민의 역사적 연원   217
2. 사회과학적 인류학에의 추구: 1970년대 중반~1980년대   224
3. 새로운 가능성과 도전들, 그리고 정체성에 대한 고민: 1990~2000년대   234
4. 글로벌시대에 부합하는 한국적 인류학과에의 모색: 2010년대~현재   245
▲ 참고문헌   254

제7장 지리학 50년사: 분야별 전문화의 빛과 종합과학 정체성 약화의 그림자 • 255

1. 전사: 1958년 지리학과 개설과 문리대 시기(1975년 이전)   257
2. 사회과학대학 출범과 서구적 학문체계의 도입(1975~1984년)   259
3. 사회과학대학이라는 위치성과 인문지리학 성장: 연구 저변과 다양성 확대(1985~1999년)   266
4. 지리학 영역 확대와 정체성 문제: 국제화, 전문화, 외연 확장(2000~2012년)   273
5. 연구의 양적 팽창과 주제 및 방법론의 새로운 지평(2012년 이후)   279
6. 지리학의 정체성과 지속가능성   286
7. 21세기 지리학의 르네상스를 위하여   291
▲ 참고문헌   293

제8장 응용 실천 사회과학으로 정체성 세우기:
사회복지학 50년사 • 295

1. 1975년 종합화 이전의 사회복지학	298
2. 정체성의 위기와 대응: 1975~1989년	302
3. 외연의 확대, 복지국가로의 진입, 새로운 정체성의 위기: 1990~2009년	308
4. 수입한 학문에서 자생 학문으로의 도약과 도전: 2010년~현재	314
5. 서울대학교에서의 사회복지학의 연구 동향과 특성	318
▲ 참고문헌	329

제9장 언론정보학과 지성사 50년:
학문의 교차로에서 다문화 도시로 • 331

1. 전사(前史): 신문연구소와 신문대학원	334
2. 신문학과의 설립과 학문 정체성 수립(1975~1979년)	340
3. 비판언론학의 성장과 패러다임 갈등(1980~1989년)	345
4. 다원주의의 도래와 학과 명칭 변경(1990~1999년)	351
5. 디지털시대 언론정보학과의 변신(2000~2013년)	356
6. 3세대 교수들의 등장과 학술 활동의 국제화(2014~2024년)	361
7. 에필로그: 새로운 도전	365
▲ 참고문헌	367

표 차례

표 3-1	1975년 3월 무역학과/경제학과 교수 발령사항	100
표 3-2	경제적 이념의 위상도	103
표 3-3	역대 경제학과장	105
표 3-4	역대 무역/국제경제학과장	105
표 3-5	1981학년도 경제학과 학사과정 전공교과목 이수표준형태	107
표 3-6	1981학년도 무역학과 학사과정 전공교과목 이수표준형태	108
표 3-7	1990년 당시의 경제학 교수진(학과별, 임용연도순)	109
표 3-8	역대 경제학부장	112
표 3-9	1997학년도 경제학부 학사과정 전공교과목 이수표준형태	113
표 3-10	경제학 조류별 방법론적 특징	116
표 3-11	경제학 교수진의 전공분야별 분포 비교	117
표 3-12	역대 경제연구소장	119
표 3-13	1985~2013년 국내 학술대회 개최상황	121
표 3-14	경제학 박사학위논문 분야별 분포	123
표 3-15	역대 재직교수 명단과 전공분야(임용 연도순)	128
표 3-16	경제학부 재직교수 명단과 전공 분야(2024년 8월 기준, 가나다순)	130
표 4-1	박사학위논문의 주제 및 키워드(2000~2023년)	168
표 5-1	1959년대 개설 과목(학부)	178
표 5-2	1975년대 학부와 대학원 개설 과목	185
표 5-3	1990년 이전 부임한 교수들 현황(부임순)	186
표 5-4	2022년 학부와 대학원 개설 과목	190
표 5-5	학부 교과목의 변화	191
표 5-6	대학원 교과목의 변화	194
표 5-7	1990년 이후 부임한 교수들 현황(2024년 12월 현재, 가나다순)	197

표 7-1	1977년 서울대학교 지리학과의 교과과정(학부 28과목, 대학원 40과목)	261
표 7-2	2023년 서울대학교 지리학과의 교과과정(학부 39과목, 대학원 43과목)	283
표 8-1	서울대학교 사회사업학과 초창기 학부 교과과정	300
표 8-2	서울대학교 사회사업학과 초창기 대학원 석사과정 교과과정	301
표 8-3	서울대학교 사회복지학과 1985년 학부 교과과정	305
표 8-4	서울대학교 사회복지학과 1985년 대학원 교과과정	306
표 8-5	서울대학교 사회복지학과 2005년 학부 교과과정	311
표 8-6	서울대학교 사회복지학과 2005년 대학원 교과과정	312
표 8-7	사회복지학과 역대 재직교수 명단	315
표 8-8	서울대학교 사회복지학과 2023년 학부 교과과정	316
표 8-9	서울대학교 사회복지학과 2023년 대학원 교과과정	317
표 8-10	사회복지학과 박사학위자 전임교원 취업 현황	327
표 9-1	서울대학교 언론정보학과 역대 교수진	343

그림 차례

그림 8-1	서울대학교 사회복지학과 박사학위논문 건수: 1982~2023년	319
그림 8-2	사회복지 박사학위논문 주제어의 단어 구름: 1982~2023년	320
그림 8-3	시기별 박사학위논문 주제어: 1982~1989년, 1990~2009년, 2010~2023년	321
그림 8-4	사회복지 박사학위논문 연구방법의 단어 구름: 1982~2023년	322
그림 8-5	시기별 박사학위논문 연구방법: 1982~1989년, 1990~2009년, 2010~2023년	322

제 1 장

총론: 서울대학교 사회과학 반세기

| 박명규 |

1. 왈러스틴의 문제제기

21세기를 눈앞에 둔 1999년 임마뉴엘 왈러스틴은 『우리가 아는 세계의 종언』이란 책을 출간하면서 '21세기를 위한 사회과학'이라는 부제를 달았다(Wallerstein, 1999). 세계질서와 사회과학이 깊이 연동되어 있다는 사실에 근거하여 새로운 세계에는 새로운 사회과학이 필요하다는 주장을 피력한 책자였다. 자본주의 세계체제에 대한 그의 비관적 전망에 동의하지 않는 사람들도 19세기 유럽에서 정립된 근대 학문의 혁신이 필요하다는 데는 대부분 공감한다. 인공지능과 디지털 혁명의 급진전 속에서 지식의 생산 및 유통방식이 크게 달라지고 대학의 개혁이 화두로 부상하는 오늘의 상황에서는 더욱 그렇다.

한국의 사회과학도 서구를 모델로 한 근대화 과정과 밀접히 연결되어 발전해 왔다. 20세기 한국 현대사회변동의 전 과정에서 대학들은 중요한 역할을 수행했고 그중에서도 사회과학은 산업화, 민주화, 정보화, 세계화 등에 필요한 지적 자원을 제공했다. 서울대 사회과학대학도 교육과 연구 양면에서 지속적으로 그 영향력을 확대해 왔다.[1] 반세기만에 한국적 경험에 기반하여 서구이론의 한계를 보완하고 대안적 지식을 창출하는 수준에까지 이르렀으니 대단히 역동적인 지적 성취라 할 만하다.

디지털과 세계화의 파고가 높은 현실을 고려할 때 한국의 사회과학도 자기반성과 내적 혁신이 당연히 요구된다. 한국의 사회과학은 자생적인 지식체계가 아니었던 만큼 그 현실적합성에 대해 지속적인 성찰이 필요하다. 우리에게 익숙한 현재의 사회과학은 어디까지 유효하고 지속 가능할까? 재구성되어야 한다면 무엇이 어떻게 달라져야 할까? 융복합이 강조되는 시대에 분과학주의는 얼마나 타당

---

1) 사회대의 경우 1975년 79명이던 전임교수가 2023년 기준 전임 143명, 비전임 139명 합계 282명이 가르치는 규모로 성장했다. 이하 본문의 여러 통계는 '서울대학교 통계연보'를 참조했으며 별도의 전거를 밝히지 않는다.

할까? 오늘 대학이 키워 내야 하는 전문가와 지성인은 어떤 유형이며 그런 인재 양성에 필요한 준비가 갖추어져 있는가? 물어야 할 질문들은 끝이 없다. 이 책은 서울대 사회대 반세기의 지성사를 점검해 봄으로써 그런 물음에 답해 보려는 시도의 일환이다.

2. 전사와 유산

사회과학은 20세기 초반 한국에 근대문명의 일부로 소개되었지만 대학체제 내에 정착하기까지는 긴 시간이 걸렸다. 일제강점기 사회과학은 종종 마르크스주의의 저항담론과 동일시되었고 해방 직후에도 이데올로기 대립 속에서 사회과학이란 용어는 기피되었다. 1946년 일본 도쿄대학에 '사회과학연구소'가 출범했지만 같은 해 설립이 추진된 서울대학교에는 사회과학 명칭의 교육연구기관이 보이지 않는다(남기정, 2013). 정치학, 사회학, 심리학 등이 문리과대학(이하 '문리대') 내의 개별 학과로 설립되었고 뒤이어 지리학, 사회사업학 등이 자리를 잡았지만 '사회과학'이라는 정체성은 뚜렷하지 않았다. 문리대의 모든 학위는 '문학박사'와 '이학박사'로 수여되었고 경제학은 별도의 전문지식으로 간주되어 상과대학에 편제되어 있었다.

사회과학이 본격적으로 제도화된 것은 1975년 서울대에 사회대가 설립된 이후이다. 인문학, 사회과학, 자연과학으로 나누는 학제분류방식을 도입하고 사회과학이란 범주 속에 경제학, 정치학, 사회학, 인류학, 지리학, 심리학 등이 포함되었다. 이들 개별 분과학에서 제공된 가치지향, 평가방식, 정책제안 등이 한국 현대사회변동 전반에 심대한 영향을 미쳤다. 수입된 학문이라는 성격이 컸고 현실적합성을 둘러싼 논란도 적지 않았지만 한국의 정치, 경제, 사회, 문화 전 영역에서 역동적인 역할을 수행해 온 것은 부인할 수 없다.

종합화 이전에 존재하던 학과, 대학원, 연구소 등은 대부분 소속대학을 변경하는 형태로 지속되었다. 사회대를 구성한 핵심 단과대학은 문리대였다. 문리대에는 정치, 사회, 심리 등의 문학부와 물리, 화학, 생물, 수학 같은 이학부가 함께 포함되어 있었다. 문리대는 사회적 효용성이나 정책적 쓰임새보다 '순수학문'을 추구한다는 정체성이 강했고 지성과 학문의 대표기관이라는 자부심이 강했다. 실제로 동숭동의 문리대는 종종 서울대의 상징처럼 간주되었다. 또 다른 단과대학은 상대였는데 경제, 무역, 경영, 회계 등의 분야가 포함되어 있었다. 경제성장이 국가의 최고 목표로 되어 있던 시기에 시장경제의 효율적 운영과 국가정책 수립에 핵심적인 지식으로 간주되어 학부모들과 청년들이 선호하는 단과대학이었다.

교양학부와 특수대학원도 중요한 유산이었다. 서울대 신입생들의 기초교양교육을 담당하던 교양과정부는 공릉동에 별도 캠퍼스와 전임 교수진을 보유하고 있었다. 이곳에도 다양한 전공의 교수들이 소속되어 있어 종합화 이후 관련 학과로 소속을 옮겼다. 1968년에 특수대학원으로 개원한 신문대학원 역시 매스커뮤니케이션에 대한 연구와 교육을 담당하는 독립기관이었는데 여기에 소속된 교수들도 사회대 출범과 함께 관련 학과로 소속을 옮겼다. 1962년 설립된 학생지도연구소에 속한 전임교수들도 사회대 설립과 함께 심리학과의 교수진으로 합류했다. 1961년에 상대에 설립되었던 한국경제연구소, 1963년에 대학원에 설립되었던 신문연구소, 1965년 문리대에 설립된 인구연구소(이후 인구및발전문제연구소), 1972년 설립된 국제문제연구소 등도 사회대의 중요한 자산으로 이어진 학술조직들이었다.

1968년 4월 '서울대학교 종합화 10개년 계획'이 발표되었다. 이 계획은 서울대를 세계 일류 수준의 대학으로 육성 및 발전시키겠다는 구상 아래 15개 항의 주요 원칙을 설정하였다(서울대학교, 1996). 1970년 10월 12일 대학신문을 통해 밝혀진 대원칙은 기본과학과 전문학문을 구분하고 기본과학은 인문, 사회, 자연의 세 영역으로 나눈다는 것이었다. 기본학문을 담당하는 대학으로 인문대학, 사회과학대학, 자연과학대학을 두고 전문학문을 가르치는 대학들을 별도로 설치하는 방안이었다. 왜 이 시기에 학문 3분류 체계가 도입되고 '사회과학'이 강조되었는지는 흥미로운 주제인데 국가주도의 발전모델을 심화시키려던 시대적 상황이 그 한 요인이었을 것은 분명해 보인다. 이 종합화 계획은 정부의 강력한 법적·재정적 지원을 배경으로 추진된 국가적 프로젝트였다. 그로 인해 강력한 재정 지원과 추동력을 확보할 수 있었지만 지나친 정부 의존과 서울대 편중론의 문제도 피할 수 없었다.

대학 시스템 전반을 재편하는 대변혁이었음에도 교육과 연구의 지속성이 잘 확보될 수 있었던 것은 이미 존재하던 학과가 단절 없이 연속되었기 때문이다. 비록 대학 명칭과 기능은 바뀌고 캠퍼스 배치도 달라졌지만 개별 학과의 전통과 정체성은 대부분 그대로 이어졌다. 문리대와 상대를 제외한 다른 단과대학의 경우는 큰 변화 없이 연속된 경우가 많다. 선행 제도의 지속성과 전통의 유산이 종합화 이후 어수선한 환경에서도 교육의 안정성을 유지할 수 있었던 중요한 기반이었다.

3. 사회대 출범과 사회과학 정체성 모색: 1975~1987년

1) 서울대 종합화와 사회대 출범

여러 곳에 흩어져 있던 단과대학들이 1975년 관악캠퍼스로 이전함과 동시에 학제가 전면적으로 재편되었다. 정치학과, 사회학과, 심리학과, 지리학과와 상대의 경제학과, 무역학과, 고고인류학과에서 분리된 인류학과와 신문대학원 폐지로 독립학과가 된 신문학과가 사회대에 포함되었다. 종합화 이후 서울대 편람에 소개되는 단과대학 순서는 언제나 인문대, 사회대, 자연대, 그 뒤를 이어 가나다순으로 이어지는 방식이 유지되었는데, 기초학문을 존중하고 그것을 대학문화의 근간으로 삼는다는 정신이 강조된 것이었다.

종합화를 추진한 주역들은 대체로 미국의 첨단 학제를 경험하고 그 선진성에 공감하며 세계적 조류를 따르려는 의지가 강한 교수들이었다. 그 주역들 가운데는 나웅배, 이해영, 이홍구, 조순 등 문리대와 상대 소속의 교수가 많았다. 당시 대학신문에는 3차에 걸쳐 이 종합화 초안을 놓고 여러 논의가 이루어졌음을 보여 주는 기사들이 있다. 제1차 보고서와 2차 보고서는 상대의 나웅배 교수와 문리대 이홍구 교수가 담당했고 3차 보고서는 문리대의 이해영 교수와 상대 조순 교수가 참여했다(대학신문, 1970, 1971). 이 과정에서 부분적 변화가 있었지만 큰 틀에서 초기의 기본 구상이 유지된 채 1975년 2월 28일 「서울대학교 설치령」이 공포되었다.

문리대가 사회대와 인문대, 자연대로 나누어지는 데는 큰 어려움이 없었지만 상대의 해체는 순탄치 않았고 반발하는 움직임도 강했다. 하지만 경제학과 무역학이 사회대 소속으로 되는 기본 구상은 그대로 실현되었고 이것이 사회과학으로서의 경제학 연구, 정치, 사회, 문화 현상과 경제 현상의 연관성을 주목하는 학제적 교육과 연구의 기반을 제공해 주었다. 1980년 법정교양필수과목이 정해지고 이데올로기 교육이 필수가 되면서 사회대 차원에서의 교양과목을 정치, 경제, 사회, 문화 형태로 재편성했고 경제학은 사회과학 기초교양의 핵심 과목이 되었다.

흥미로운 사실은 1970년대 중반을 계기로 사회과학이 서울대 바깥에서도 부각되기 시작한 점이다. 1976년에 분과학문별 전문학회 연합체로서 '한국사회과학협의회'가 설립되었다.[2] 1977년에는 유네스코 한국위원회와 공동으로 '사회과학의 토착화'라는 학술심포지엄을 개최했고 사회과학의 보편성, 특수성 논의를 주도했다. 이 논의를 바탕으로 유네스코한국위원회에서는 『한국사회과학 연구』라는 책을 출간했고 1983년에는 성균관대 사회과학연구소가 『한국사회과학론』이란 책을 내놓았다. 국립대학 중심으로 전국의 대학에 사회과학대학들이 설립되고 사회과학연구소가 출현하기 시작했다. 고려대에서 조사와 통계 중심의 연구를 강조해 온 홍승직 교수는 한국사회과학자들의 의식조사를 수행하기도 했다. 이 시기에 사회과학이란 무엇인가를 두고 진지한 논의가 진행되고 관련 책자가 간행되며 심

---

2) 한국사회과학협의회는 사회과학에 포함되는 각 분과학회들의 연합체로서 1976년 4월에 출범했다. 초대 회장으로는 역사학자 고병익 교수가 선임되었다. 초창기에는 서울대 사회대가 중요한 역할을 한 것으로 보기 어려우나 이후 사회대 여러 교수들이 회장으로 수고를 했다(한상복 6대, 임종철 7대, 정운찬 15대, 임현진 18대, 박찬욱 20대 회장). 아시아 사회과학협의회와 세계 사회과학협의회에 가입되어 있지만 미국의 사회과학연구협의회(SSRC)에 비해 기능과 역할이 크진 않았다.

포지엄이 다학제적으로 개최된 것은 지성사적으로 주목해 볼 부분이다.

개별 학과들도 대학 편제 개편에 따라 교육내용을 재조정했다. 경제학과 무역학은 물론이고 정치학, 사회학, 사회복지학도 사회과학으로서의 학문적 정체성 확보를 위해 노력하기 시작했다. 인류학과는 고고학과 다른 사회과학적 인류학을 정립하고자 했고 사회사업학과 역시 종합화 이후 거시적인 사회정책학을 도입하고 1979년에 학과 명칭을 사회복지학으로 변경했다. 심리학이나 지리학처럼 자연과학과의 연계가 강했던 학과는 사회대와 자연대의 분리로 인해 새로운 혼선을 겪기도 했다. 두 학과는 문리대 시절 사회과학 분야와 자연과학 분야를 모두 포함하고 있었는데 사회대 소속 이후 그 균형이 흔들리게 되었기 때문이다. 지리학과는 종합화 이후에도 한동안 자연대 지질학과와 함께 26동 공간을 사용했고 자연과학적 접근을 강조하던 심리학과의 한 교수는 학교를 떠나기도 했다.

2) 광역 모집과 졸업정원제, 대학원 강화

1974년 서울대는 학생모집 방식을 학과별 모집에서 계열별 모집으로 변경했다. '사회과학계열'은 사회대 모든 학과와 법학, 경영학까지 포함하는 광역 모집단위였다. 법대와 상대에 대한 이전의 선호도와 문리대의 자부심이 합쳐져 사회과학계열은 입시에서 가장 선호되었고 실제로 성적이 가장 우수한 학생들이 지원했다. 서울대 입시의 영향력이 컸던 탓에 '사회과학'이라는 범주가 대학 안팎에 어려움 없이 확산되는 계기가 되었다. 신입생들이 들어야 하는 교양과목도 인문학, 사회과학, 자연과학의 영역으로 구분되어 학생들이 입학 당시부터 사회과학이란 범주에 익숙해지는 한 배경이 되었다.

대학편제가 개편되고 학생모집이 계열화되었지만 실질적인 학사운영과 자원배분은 여전히 학과 단위로 이루어졌다. 커리큘럼은 말할 것도 없고 행정조차도 개별 학과 단위로 분절되어 있었다. 학과의 규모도 편차가 커서 대부분 학과가 20명 정원인 데 비해 경제학과는 75명, 인류학과는 10명이었다. 광역계열 모집 이후 이런 불균형은 더욱 심화되었다. 2학년 진학 후 학과를 선택할 때 최대한 희망학과에

3. 사회대 출범과 사회과학 정체성 모색: 1975~1987년

배정되도록 추가 배정을 허용한 결과 소위 인기학과와 비인기학과의 차이가 더욱 커졌고 이런 선호격차는 오랜 파장을 남겼다. 76학번의 경우 경제학과와 무역학과가 140여 명이 넘는 진입생으로 넘쳐났는데 인류학과의 경우 77학번 2명, 78학번 1명만 진학했고 사회복지학과의 경우도 78학번이 1명에 그쳤으며 지리학과의 경우 77학번은 0명, 78학번부터 80학번까지를 합쳐 5명에 불과한 상태를 겪었다. 심리학과의 경우도 대동소이한 학생수 감소의 어려움을 겪었다. 1979년부터는 사회계열에서 법대와 경영대가 제외되었지만 특정 학과로의 편중지원은 오랫동안 지속되었다.

1980년 '7·30 교육개혁 조치'를 단행한 정부는 입학 정원을 크게 늘리면서 미래인력수요를 계열별로 달리 예측하고 사회계열의 정원을 크게 늘렸다. 사회대의 경우, 신입생 입학 정원이 1980년 250명에서 1981년 735명으로 1년 사이에 무려 3배 가까이 늘었다. 사회계열 입학 정원은 1977년 18% 수준에서 1983년 28%로 급증했는데 같은 시기에 공학계열 정원은 오히려 감소했다. 졸업정원제는 그 본래의 취지를 살리지 못한 채 1988년 이전 제도로 복귀했고 계열별 모집 역시 내부 반발이 계속되어 학과별 모집으로 바뀌었다. 그 결과, 정원 감소로 힘들어하던 학과들이 정원보다 훨씬 늘어난 학생들을 가르쳐야 하는 새로운 부담에 직면했다. 이 졸업정원제 여파로 대학원 중심대학을 지향하는 서울대의 계획이 큰 차질을 빚었다는 견해도 있지만 이 시기에 학과별로 대학원 교육이 본격화된 것은 역설적이다. 대학원 교육과정이 체계화되고 본격화되었던 것은 물론이고 때마침 확대되던 전국의 학과 증설 붐과 함께 서울대 사회대 대학원의 급격한 발전기를 맞이하게 되었다.

학과 단위의 분과학 구조는 쉽게 바뀌지 않았지만 사회대로서의 자긍심과 자부심은 큰 어려움 없이 정착했다. 학교 바깥에서도 사회대에 대한 인식은 긍정적이었고 인기도 높았다. 종합화 이전의 문리대, 법대, 상대가 이어진 대학이라는 점이 큰 이유였지만 시대적으로 유용한 지식이라는 생각이 확산된 결과이기도 했다. 학생들 스스로도 그런 자부심을 가졌고 대학 내의 서클, 연구모임도 나름의 사명감과 자긍심이 강했다. 1980년대 대학입학생이 급증하게 될 때 사회과학계열이 학생이 가장 선호하는 학문 영역으로 간주된 것은 이런 맥락에서였다. 물론 이것이 '사회과학'에 대한 지적 관심의 발로였다기보다 사회적 평판과 취업가능성, 출세에의 도움 등이 두루 작용한 결과라고 보는 것이 옳을 것이다.

3) 사회과학 방법론과 보편성 논쟁

교육과 연구에서 사회과학 정체성을 확립하는 일은 쉽지 않은 과제였다. 사회대 초기에 사회과학방법론에 대한 논의가 시작된 것은 최소한의 정체성 확보를 위한 노력이었다. 이 시기 사회과학방법론으로 크게 부각된 것이 사회조사였다. 미국의 사회과학을 특징짓던 조사기법과 통계분석이 최신의 방법론으로 소개되는 가운데 유럽의 사상사적·역사적 연구방법과 비교되었다. 사회대에서는 사회학과의 이만갑, 심리학과의 조대경, 신문학과의 차배근 교수 등이 사회조사방법론 관련 강의를 했다. 일찍이 1960년에 『사회조사방법론』을 출간했던 이만갑 교수는 1979년에 한완상, 김경동이 공저자로 참여한 증보판을 출간했다. 차배근 교수는 『사회통계분석방법론』(1977), 『사회과학연구방법』(1981)을 출간했다. 1979년 부임한 정치학과의 안청시 교수도 계량방법론을 접맥시키려 노력했다. 사회대 내 여러 연구소도 다양한 사회조사 프로젝트를 수행하면서 '사회과학적' 연구를 주도했다. 문리대의 중요한 연구소였던 인구및발전문제연구소는 사회조사와 통계분석의 전문성을 강조하고 실제로 많은 조사연구를 주도했다. 경제연구소, 사회과학연구소, 새마을연구소 등도 정부 주도의 농촌개발, 도시화, 인구문제 등에 관한 사회조사를 자주 수행했다. 사회조사 전문업체가 출현하기 이전이어서 교수와 학생이 함께 조사지를 답사하고 학생들은 조사요원이 되거나 코딩작업을 하곤 했다.

사회과학의 보편성과 특수성을 다루는 논의도 활발히 진행되었다. 사회조사방법론이 정착하고 통계분석의 활용이 강조되는 가운데 사회과학의 몰역사성을 극복해야 한다는 주장도 함께 부상했다. 서구로부터 수입된 이론과 방법론이 얼마나 한국사회에 적합할지를 두고 토론이 계속되었고 사회과학의 역사성 결여, 서구중심주의를 비판하고 한국사회의 특수성을 더욱 반영해야 한다는 지적도 제기되었다. 계량방법론에 대해 문제를 제기하고 역사와 문화의 맥락을 중시해야 한다는 시각은 종합화 이전의 지적 유산, 특히 문리대의 전통과 무관치 않다. 사상을 중시했던 정치학과의 민병태 교수, 주체적 학문을 강조한 외교학과 이용희 교수, 사회사의 거두였던 사회학과의 이상백 교수와 사회사상 전공자이면서 총장을 지냈던 최문환 교수 등이 남긴 학풍의 영향력이라 할 수 있다.

서로 다른 방법론적 지향이 혼재하는 가운데 사회과학의 보편성을 어떻게 확립할 것인지는 지속적으로 관심을 받는 과제였다. 이것은 방법론 논쟁만으로는 해결되지 않으며 한국사회의 급속한 근대화 과정에 필요한 지적 개입과 변동의 내용을 평가하는 연구가 뒤따라야만 가능한 작업이었다. 1970년대 후반 기획·출간된 4권의 연구서는 이 시기 사회대 교수들의 통합된 관심사를 잘 보여 준다. 『한국의 사회발전』이란 제목을 단 이 책자는 인구및발전문제연구소가 주관했지만 사회대 전 학과 교수들이 참여한 사회대 공동연구의 성격이 강했다(이해영, 권태환, 1978). 1974년 '세계인구의 해'를 맞이하여 인구변동과 사회경제적 변화의 상호관계를 탐색하려는 본격적 공동연구였던 이 프로젝트는 유엔인구활동기금(UNFPA)의 재정지원으로 3년 6개월에 걸쳐 수행되었다. 총 4부로 기획된 이 책은 인구, 경제, 인력, 자원, 지역사회, 구조와 가치, 국민생활, 정책함의 등 포괄적인 내용을 담고 있다. 경제성장을 포함하여 총체적인 측면에서 근대화의 전 영역을 다루려는 문제의식이 뚜렷하다.

사회과학연구소는 창립 10주년을 맞이한 1986년에 '한국사회과학방법론의 탐색'이라는 심포지엄을 개최하고 이 결과를 사회과학연구총서로 출간했다. 책임편집을 맡은 김경동, 안청시 교수는 『한국사회과학방법론』이란 제목으로 간행된 이 책의 서문에서 한국의 사회과학 역사에서 1970년대가 갖는 중요성을 '주체적 학문전통의 뿌리내림을 향한 의지가 꽃피기 시작한' 것에서 찾았다(김경동, 안청시, 1986). 이 책은 사회대의 모든 학과 교수진이 참여한, 글자 그대로 종합적인 사회과학 프로젝트의 결과물이었다. 총론을 쓴 김경동 교수는 한국의 사회과학이 외부로부터 일방적으로 수용된 것이지만 이에 맞서 변증법적 상호작용을 할 만한 주체적 과학이 부재했다는 사실도 냉정히 인정해야 함을 강조했다. 이런 한계를 자각하는 것, 그래서 방법론을 논의하게 되는 것 자체가 수용된 지식을 토착화하는 중요한 출발이 될 것이라 의미를 평가했다. 이 작업은 분과학별로 쟁점을 서술하는 병렬적 작업에 머물러 '사회과학'이라는 공통의 방법론적 합의에 이르렀다고 보기는 어렵지만 이 시기의 문제의식이 사뭇 진지했음을 보여 주는 연구활동이라 하겠다.

4) 정책연구와 현실참여

사회과학은 국가 차원의 정책 형성에 직간접적으로 연계될 가능성이 높다. 종합화 이전에도 서울대 교수 중에서 정부 각료나 관련기관의 책임을 맡은 경우가 없지 않았다. 특히 경제발전계획의 입안과 추진, 미국과의 외교협력 같은 국가적 의제와 관련하여 중요한 전문가로서의 조언을 하곤 했다. 그러나 상아탑적 지향이 강했던 문리대에서는 대체적으로 현실 정치에의 참여보다 순수 아카데미즘을 바람직하게 여기는 분위기가 강했다.

사회대 출범 후 정책연구를 통한 현실참여를 사회과학의 주요한 역할로 인식하는 시각이 강화되었다. 사회과학연구소는 1979년에 공식 저널을 창간했는데 그 제호를 『사회과학과 정책연구』라고 명명했다. 소장을 맡은 이홍구 교수는 창간사에서 "한국사회의 변화와 과제들에 학문이 기여"해야 함을 주장하고 그 예로 "근대화, 도시화, 공업화, 기계화, 규범으로서의 민주, 복지, 발전, 통일 등"의 과제들을 언급했다(이홍구, 1979). 실제로 그 이후의 사회과학은 연구자 개인으로든 분과학문의 형태로든 이런 쟁점들과 깊이 연결되었다. 정치권, 행정부, 정부위원회, 유관정책기관 등에서 정부의 과제나 프로젝트에 참여하거나 자문을 담당하는 사례들도 점차 늘어났다. 개별적으로 정치권에 직접 참여한 사회대의 교수들도 여럿 있었다. 이 시기에 정책분야나 입법활동에 참여한 사회대 교수들 중에는 나웅배, 배성동, 최창규, 박봉식, 김학준 교수 등이 있다.

1987년 본격적인 민주화 시기까지 정부와 대학은 소원한 관계였다. 자율과 자치, 지적 다원성을 존중하려는 대학의 정신과 강력한 통제와 동원을 중시하는 권위주의 정부와는 편안한 동거가 어려웠기 때문이다. 긴급조치 9호는 대학의 군사화, 감시의 일상화, 교직원의 동원체제화를 가속화했고 본부 중심의 지시행정, 단대 권한 축소로 대학의 경직화도 심화되었다. 1979년에는 크리스천 아카데미 사건으로 당시 사회대 대학원생이던 장상환, 황한식, 김세균 등이 고초를 겪었고 이들을 위한 탄원서를 변형윤, 조순, 김진균 등 범 사회대 교수들이 작성했다(서울대학교, 1991). 경제학부의 이현재 교수는 1983년에 서울대 총장이 되었는데, 1985년 서울 미국문화원 점거농성 사건을 이유로 학생들을 제적하라는 정부방침에 불복하여 서울대학교 총장직에서 경질되기도 했다.

정치참여와는 성격이 다른 현실비판적 활동도 점차 확대되었다. 1970년대 중반 정부에 비판적인 사회학과의 한완상 교수가 해직되는 등 지식인에 대한 통제가 심화되었지만 유신체제가 끝나면서 교수자치의 전통이 되살아났다. 1980년 2월 교수협의회가 재구성되고 교수들의 대 사회 발언이 확대되었다. 상대 시절부터 교수자치회 운동을 중시하던 변형윤 교수가 회장을 맡고 안병직, 김진균 교수가 적극 참여했으니 사회대가 교수자치운동의 중심 역할을 한 셈이다. 하지만 5월 17일 비상계엄이 전국으로 확대되면서 한완상, 변형윤, 김진균 교수가 해직되었다. 이후 전국에서 해직된 교수 백여 명은 독자적인 네트워크를 형성하여 비판적 지식인으로서 책을 쓰고 강연을 하며 사회 전반에 적지 않은 영향을 미쳤다. 후일 비판적 사회과학 또는 대안적 사회과학이라 불리게 된 새로운 이론과 학설에 대한 관심이 고조화되었고 대학의 공식교육과 다른 히든 커리큘럼과 사회과학 교재들이 강력한 영향력을 얻기 시작했다. 대안적 사회과학을 표방하는 여러 학회도 이 시기에 출현했다.[3]

권위주의 지배체제, 분단체제, 자본주의 모순, 미국중심주의, 학문적 종속성 등

---

3) 흔히 진보학계라 부르는 인문사회분야 연구조직들이 출현한 시기는 1980년대 중후반이었다. 산업사회연구회(1984년), 역사문제연구소(1984년), 망원한국사연구실(1984년), 우리경제연구회(1987년), 한국근대사연구회(1987년), 한국역사연구회(1988년).

다양한 쟁점들이 부상하면서 이것을 다룰 수 있는 이론으로 마르크시즘과 제3세계 사회이론이 적극 도입된 것도 이 시기였다. 학계의 공식적인 논의와 토론을 거치지 않은 자생적 움직임이었던 탓에 지적으로 정제되지 못하고 거칠었지만 실천성과 사명감을 수반한 열정은 매우 강력했고 그 주요한 진원지 역할을 사회대가 수행했다. 이 시기의 비판적 사회과학은 이후 '변혁론'이라 불리기도 했는데, 주로 학생운동권이 중심이 되고 마르크스주의 이론에 기초한 사회운동조직들이 그 실천방향을 정당화하는 근거로 활용했다. 서울대 주변에 사회과학서점이 등장하고 제적된 학생들 중심으로 사회과학출판사가 속출했으며 이들에 의해 금지되었던 다양한 서적들이 번역, 출간, 소개된 것도 이런 상황에서였다.

    1970년대 후반부터 1980년대를 거치면서 많은 학생들이 제적과 처벌을 받았고 이 과정에서 사회대가 가장 큰 희생을 겪었다. 학생들은 공식적인 교육내용에 비판적이었고 자신들만의 독자적 문화를 키워 나갔다. 학과 교수 중심의 교재와 별도로 대학생들 스스로 필독서와 학습자료를 공유하는 독자 커리큘럼을 만들고 별도의 공부방식을 모색했다. 『서울대학교 60년사』에 따르면, "신입생의 80% 이상이 (공식 교육이 아닌) 학회에서 변혁 이론이나 비판적 사회 인식을 얻었다. 학회는 학과 선후배와 동기의 인간적 친밀감을 바탕으로 학생회 활동과 대중적 학생운동을 수행하는 기초단위였다". 열정적인 학생들은 캠퍼스를 떠나 노동현장으로 뛰어들었다. 1980년대의 이런 열정은 현실의 문제를 과학적으로 해명하고 사회모순을 해소할 수 있으리라는 사회과학에 대한 과잉기대를 담고 있었던 셈인데, 실제로 진보적인 지식인과 학생들 중심으로 '과학적 실천론' '과학적 운동론'이 강조되며 어떤 노선이 옳은가 치열한 논쟁이 전개되었다. 1985년 시작된 한국자본주의 논쟁과 이후 진행된 사회구성체 논쟁은 정치적 변혁운동의 방향과 전략을 사회과학이 제공할 수 있고 또 제공해야 한다는 확신에 근거했다. 추상적 개념들이 동반되는 치열한 논쟁이 학계를 넘어 노동계, 정치계에까지 확산되고 학습되기 시작한 것도 이런 기대가 공유되었기 때문이다.

4. 사회과학의 확장과 패러다임 긴장: 1987~1999년

1987년은 한국사회와 대학문화에 큰 변화를 가져온 전환점이었다. 민주화운동의 결실로 권위주의 시대가 막을 내리고 합의에 의한 헌법개정과 직선 대통령 5년 단임제라는 소위 87년 체제가 시작되었다. 전 지구적으로 탈냉전이 진행되어 반공국가의 최일선이었던 한국정부가 공산권과의 수교를 추진하는 북방정책을 천명할 정도가 되었다. 서울올림픽을 앞두고 세계화와 개방화가 적극적으로 강조되었고 사회 전반의 자율성이 확대되었다. 경제적으로는 3저 호황기 중화학공업화의 성과가 나타나면서 산업화와 민주화라는 두 마리 토끼를 잡는 데 성공했다는 자신감이 공유되기 시작했다. 캠퍼스 역시 학생운동의 소요상태가 잦아들고 본격적인 연구와 교육 분위기가 강화되었다. 이런 시대적 변화는 사회변화를 이해하고 견인하는 지식으로서의 사회과학에 대한 기대를 한껏 고조시키면서 재조정하게 만드는 배경이기도 했다.

1) 16동 시대의 안과 밖

1987년 서울대는 발전장기계획을 수립 및 발표했다. 시위와 통제로 얼룩졌던 분위기가 잦아들고 안정된 상황에서 대학의 정상화를 이루려는 노력이었다. 이 계획은 1994년 '서울대학교 2000년대 미래상'으로 보완되었는데 대학원 정원 확대, 학부 정원 축소, 그리고 학부제 추진을 주요 내용으로 담았다. 통합적이고 다학제적인 연구와 교육이 확대되어야 한다는 것, 학부교육은 통합하고 대학원 교육은 보다 세분화하겠다는 목표가 설정되어 있었다(서울대학교, 2006). 또한 1995년 기초교육을 강화하기 위해 필수와 선택으로 나뉘어 있던 교양과목을 학문의 기초, 핵심교양, 일반교양의 3분체계로 재구성하고 학사교육원 설치를 제안하는 교양교육개편안도 발표되었다. 교양교육의 중요성은 지속적으로 강조되었고 사회과학 관련 과목 비중도 커졌다. 학부제 논의는 단과대학별로 견해가 달라 본격적으로 추진되지 못했다. 서울대 내부에서는 자연대학이 가장 먼저 학부제를 수용했고 이어 공대와 농생대 등에도 논의가 확대되었다. 사회대에서는 경제학과와 국제경제학과가 경제학부로 통합되었지만 학부교육통합이라는 본격적인 학부제 논의와 결합된 것이라 보기는 어려웠다.

사회대는 1995년에 16동의 단일건물로 이전함으로써 새로운 시대를 열었다. 이미 종합화 구상에 따른 캠퍼스 배치로 사회대 소속 학과와 연구소는 5, 6, 7, 8동에 함께 연결되어 있었다. 인문대 학과들이 있는 1, 2, 3, 4동과 근접한 그 공간 배치는 사회과학과 인문학을 소통할 수 있게 하는 데 도움을 주었다. 하지만 사회대의 통합과 정체성 확립에는 충분하지 않다는 견해에 따라 독립건물 신축이 추진되었고 캠퍼스 입구, 대운동장 위편에 사회대 단독의 대형 건물이 들어서게 되었다. 모든 학과가 16동으로 한데 모였을 뿐 아니라 학과별로 분산되었던 자료들이 사회대 차원으로 통합되었다. 교수회의실과 교수휴게실이 공유되면서 내적 통합을 증진시킬 환경이 마련되었다. 심리학과는 16동으로의 이전으로 실험실 운용에 필요한 공간을 별도로 보장받도록 배려되었다.

16동 이전과 함께 학과행정이 체계화되고 사무실이 행정공간으로 바뀌면서 학생들의 자율공간 역시 사회대 차원으로 통합되었다. 학과 사무실을 활용하여 과학생회 활동을 해 오던 학생들의 반발이 적지 않았지만 계열별 모집이 확대되고 학과별 결속력이 약해지면서 그 불만도 점차 줄어들었다. 16동으로 이전과 함께 사회과학도서관이 출범했다. '사회과학' 도서관이 서울대 중앙도서관 분관으로서의 위상을 공인받음으로써 사회과학이란 지식 범주의 정체성이 더욱 커졌다. 독자적인 도서와 통계자료실을 갖고 있던 인구및발전문제연구소의 도서실도 사회대 도서관으로 통합되었다. 또한 에스콰이어 회장의 기탁금이 주어진 이후 사회과학정보도서관으로서의 독자적 기능도 더해졌다.[4] 복사기술이 발전하고 지적

---

4) 에스콰이어 재단은 곳곳에 도서관 설립을 후원했고 독립적인 사회과학도서관을 오랫동안 유지하면서 그 공간에 여러 사회과학 학회들과 사회과학협의회가 입주할 수 있도록 배려했다.

재산권이 크게 문제되지 않던 시기여서 영미권의 좋은 교재들이 복제본으로 활용되고 교육내용도 진일보했다.

이 시기에는 각 학과별로 신임교수들이 부임하면서 새로운 이론과 쟁점들이 교과과정에 접목되는 변화도 활발했다. 신임교수들은 대부분 서구, 특히 미국에서 첨단의 이론과 방법론을 배우고 귀국한 학자들인데 대부분 1970~1980년대의 긴장을 국내에서 경험했던 세대였다. 따라서 변화한 국내외의 상황과 학생들의 요구를 교육과정에 적극 수용하기도 하고 해외의 새로운 연구방법이나 개념들을 한국의 현실에 접맥시키려는 노력에도 관심이 많았다.[5] 사회학과는 교수공채 과정에 대학원생들이 참여해서 의견을 개진하고 주체적 사회학을 향한 노력을 본격화했다. 정보화가 국가정책으로 강조되면서 언론, 미디어, 문화 분야의 연구수요가 급격히 증대한 신문학과는 1997년 학과 명칭을 언론정보학과로 바꾸었다. 인류학과는 해외지역연구에 대한 시대적 관심을 반영한 현장기반적 교육, 지방화 시대에 부응하는 일상적 민속학으로의 확장, 그리고 다문화사회에 부응하기 위한 전문지식의 수요 등을 교육과 연구에 반영했다. 1988년 한국심리학회가 과학기술단체총연합회에 가입됨으로써 자연과학의 한 분과로 인정을 받게 된 심리학과는 이공계와 함께 실험실습비 징수가 가능해져 본격적인 실험실습을 강화할 수 있게 되었다.

1987년 이후 전국에 사회과학 관련 학과가 신설되거나 확대된 것도 사회대에 큰 외부조건으로 작용했다. 전국적으로 신규교수요원이 필요해졌고 사회대는 전국의 대학에 학문후속 연구자를 공급하는 역할을 하게 되었다. 이들은 대체로 격동기의 대학생활을 통해 공통의 시각과 경험을 지닌 동세대였고 유사한 문제의식을 지녔다. 실제로 이 시기에 비판적이거나 대안적인 지향을 표방한 사회과학 학회나 연구조직은 상당수 서울대 사회대 출신자들에 의해 주도되었다. 1980년대 시국선언에 참여한 교수들의 다수가 사회대에서 공부한 신진 학자들이었고, 이들

---

5) 이하 각 학과별 사정에 대한 내용은 이 공동연구에 참여한 각 분야 교수들의 글에 의존했다.

은 이후 민주화를 위한 교수협의회의 주역이 되었다. 서울대의 과도한 영향력을 지적하는 반서울대 여론을 주도한 학자들이 대부분 서울대 출신의 신진 학자들이었던 것은 이런 현상의 반영인 셈이다.

2) 대학원 강화와 아래로부터의 역동

서울대학교는 1987년에 연구처를 신설했다. 이때까지 연구는 교육에 비해 덜 강조되었고 연구행정에 대한 관심도 높지 않았다. 연구처의 신설은 한국사회가 보다 높은 수준의 지식생산, 자료분석에의 요구에 직면하고 있다는 현실의 반영이었다. 뒤이어 연구소 규정을 제정했고 세계화와 정보화의 흐름에 대응하여 전산망을 확충하는 변화가 함께 진행되었다. 산학연계가 강조되고 연구역량을 어떻게 증대시킬 것인가가 주요한 관심사로 대두되었다.

서울대가 한국 최고의 대학이라 일컬어지지만 학부를 중심으로 하는 평가였고 그것도 입시의 서열구조에 기인한 부분이 크다. 1994년에 발표된 '서울대 2000년대 미래상'은 대학원 중심대학을 목표로 내걸었는데 연구수준이나 연구행정의 개선이 중요한 내용을 이루는 것이었다. 서울대는 독창적인 이론 형성이나 학파의 형성, 또는 최고의 학자를 양성한다는 목표의식이나 사명감이 약했고 선진 지식의 수용과 학습을 대학의 핵심기능으로 간주하는 분위기가 강했다. 학자를 꿈꾸는 학생들은 미국이나 유럽 등 선진국으로 유학을 가는 것을 당연한 것으로 간주했고 국내 대학원을 토플 공부와 유학 준비의 징검다리처럼 여기기도 했다. 당연히 대학원을 질적으로 강화하려는 열의는 크지 않았고 사회과학의 해외의존성, 수입학문의 현실적합성 부족, 주체적 문제의식의 부재 등의 문제는 지속되었다. 사회대의 교육과 연구를 검토한 한 연구는 '수용된 제도적 사회과학은 존재하나, 지성적이고 한국적인 사회과학은 부재'하다는 평가를 내리기도 했다(백창재, 정병기, 2007).

여러 한계에도 불구하고 이 시기 대학원은 질적, 양적으로 팽창했고 전국에 걸쳐 확대되는 대학의 신규교수를 배출하는 역할을 담당했다. 언론정보학과와 사회

4. 사회과학의 확장과 패러다임 긴장: 1987~1999년

복지학과는 팽창하는 학계에 필요한 교수요원을 배출하느라 즐거운 비명을 지를 정도였다. 비판적이고 주체적인 학술연구에의 열정이 강했던 사회학과에서는 비판사회학회와 한국사회사학회라는 독자적 연구집단이 출현했다. 지리학과에서도 '한국적 지리학에의 관심'을 내세우며 많은 박사학위자를 배출했다. 사회복지학과는 1982년에서 1999년에 걸치는 시기에 무려 40명의 박사학위자를 배출했고 그 가운데 39명이 대학의 전임교원으로 진출했다. 인류학과는 다수의 학부 출신자들이 대학원으로 진학하는 '전무후무한 진풍경'이 생겨나 새로운 가능성을 모색하기 시작했다.

대학원 교육이 강화되긴 했지만 사회대 대학원의 교육과 연구에 대한 기대와 평가는 학과별로 달랐다. 학문의 주체성과 한국적 특수성을 강조하는 학과도 있었지만 여전히 선진국으로부터 첨단 지식과 방법론의 수용이 중요하다는 학과도 있었다. 전체적으로는 후자의 입장이 강했다고 볼 수 있는데 실제로 해외의 유수 대학원 유학이 학자가 되는 지름길이란 생각은 오래 지속되었다. 1987년 '서울대대학원자치협의회'가 조직된 후 대학원생들이 내건 일차적 요구는 진보적 패러다임을 전공하고 주체적이고 한국적인 맥락을 중시하는 교수진의 채용이었다. 1988년 정치학과 대학원생들이 마르크스주의 정치사상 교수 공채를 요구했고 경제학과에서는 정치경제학 전공 교수임용과 마르크스주의 경제학을 커리큘럼에 반영해 줄 것을 요구했다. 1980년에 학문의 주체성을 강조하는 대학원 백서를 내놓았던 사회학과는 교수공채 과정에 학생들이 참여할 수 있게 할 것과 한국적 맥락을 중시하는 사회학 교수의 충원을 요구했다. 이들 학과의 요구는 이후 마르크스주의 정치이론을 전공한 김세균 교수와 마르크스 경제학을 전공한 김수행 교수의 채용, 또 교수공채 과정에 학생들의 참여와 의견 개진을 보장한 사회학과의 개혁적 시도와 박명규, 송호근 교수의 채용으로 이어졌다.

대학원 강화와 더불어 연구소들도 본격적으로 설립되었다. 1990년 한 해에 국토문제연구소, 사회복지연구소, 비교문화연구소, 세계경제연구소가 설립되었고 이듬해에는 심리과학연구소가 설립되었다. 1994년에는 신문연구소를 개편한 언론정보연구소가 출범했다. 소련이 해체되고 동구권 사회주의 정권들이 몰락하며 베를린 장벽이 무너지고 독일이 통일되는 격변 속에서 사회과학 전 분야에서 새로운 대응이 절실했다. 북방정책으로 소련, 중국은 물론이고 동구권의 구공산권 국가들과 외교관계를 수립하고 북한과도 유연한 평화공존정책으로 전환한 한국으로서 이전까지의 냉전적 패러다임을 넘어서는 새로운 관점이 절실하게 요구되는 시대적 환경이 큰 영향을 미친 결과였다고 생각된다.

3) 국제화와 정보화의 진전

1990년대에는 서울대 차원에서 국제화가 강력히 추진되었다. 정부 주도로 세계화가 강조되면서 대학 간 교류협력 프로그램이 확대되기 시작했고 1996년에는 서울대에 국제교류센터가 설립되었다. 1997년에는 재외국민 특례입학제도가 확대되어 공무원과 상사주재원 이외의 모든 해외교민 자녀에게 문호가 개방되었다. 국제화의 흐름은 단지 외부환경과의 접촉 확대를 넘어 연구주제에도 심대한 변화를 가져왔다. 탈근대, 포스트 모더니티, 정보사회론, 문화적 선회, 언어학적 전환 등 이전과는 사뭇 다른 연구주제들이 확대되었다. 신세대 문화가 확산하면서 대자보나 집회, 시위는 현저히 줄고 동아리의 활동 내용이나 학생문화 전반에도 큰 변화가 나타나기 시작했다. 학생운동권을 거대한 정치세력으로 만들었던 학생회의 위상 역시 급속히 하락했다. 이런 변화는 졸업 후의 진로를 걱정하고 좋은 직장을 얻으려는 경향과도 연결되어 적지 않은 사회대 학생들이 고시를 준비하는 고시열풍으로 이어지기도 했다. 신사회운동이 관심을 끌었고 고전적인 계급운동, 노동운동을 대신할 시민사회의 다양한 주체들, NGO와 시민조직, 문화운동에 대한 관심이 높아졌다.

정보화도 이 시기의 주요한 특징이었다. 서울대는 1990년 컴퓨터 전산망을 설치했고 1992년에는 국내대학을 인터넷으로 연결하는 허브대학으로 자리매김했다. 1994년 체신부가 정보통신부로 개편되고 이듬해에는 초고속정보통신기반구축 종합계획이 수립되었으며 「정보화촉진기본법」이 제정되면서 한국사회는 말 그대로 초고속 정보사회로 이행하기 시작했다. 1991년에는 교수정년보장제도가

4. 사회과학의 확장과 패러다임 긴장: 1987~1999년

도입되고 1992년에는 업적관리와 업적평가에 따른 성과급의 차등지급제도가 도입되었다. 교육연구의 수월성을 제고하고 건전한 경쟁의욕을 고취하겠다는 것이었지만 교수사회 내부에 위화감을 심화시킬 수 있다는 반발도 만만치 않았다. 경제학과는 업적평가에 따른 차등성과급 제도에 거부감을 크게 보이지 않고 탁월한 연구성과를 거둔 교수에게 실질적으로 혜택이 돌아가는 방식을 적극 수용했다. 하지만 사회대 내의 여타 학과의 분위기는 대체로 부정적이었고 업적평가에 따른 차등화 효과도 크지 않았다.

대학 외부에 분야별 정책연구기관들이 설립됨으로써 사회과학의 현실적 쓰임새가 확대된 것도 이 시기였다. 지금까지 대학교수에게 주로 의존했던 정책연구나 현실분석이 전문연구기관들에게로 분산되고 그만큼 경쟁과 평가의 기회가 확대되었다. 1988년 김준엽, 김경원 등 학자들이 중심이 되어 사회과학원이라는 재단법인이 설립되고 민간 싱크탱크 역할을 자임했는데, 탈냉전의 배경에서 총체적인 사회문제를 다루는 지식기관의 필요성이 확대되는 상황을 보여 주는 사례이다. 다양한 국책연구기관들 가운데 사회과학과 깊은 관련성을 지닌 기관들도 이 시기에 다수 설립되었다. 예컨대, 대외경제정책연구원(1989년), 에너지경제연구원(1986년), 정보통신정책연구원(1985년), 통일연구원(1991년), 한국노동연구원(1988년), 보건사회연구원(1989년 확대 설립), 여성정책연구원(1983년), 청소년정책연구원(1989년), 한국형사정책연구원(1989년) 등은 경제정책, 정보화, 남북관계, 노동문제, 사회복지, 여성문제, 청소년 문제 등을 다루는 전문기관으로 자리잡으면서 사회과학의 현실적 활용도와 정책화를 높이는 역할을 담당했다. 이들 연구기관의 확대로 한국의 사회과학 분야 연구생태계에는 꽤 큰 변화가 생긴 셈이다.

민주화 이후 정책전문성이 요구되는 정부 직책들이 늘어나고 교수들의 사회활동 방식도 다양화하면서 교수의 정치참여를 두고 갈등과 논쟁이 벌어지기도 했다. 정치권으로 나갈 경우에는 학교를 사직하는 것이 옳다는 분위기가 강했는데, 국회의원이나 정부관료로 입각하고 장기 휴직 상태를 유지함으로써 교육과 교수 충원에 많은 어려움이 있었던 과거 경험에 대한 거부감 때문이었다. 하지만 전공과 연결되는 정책기구에 참여하는 것이 현실감각과 전문성을 함께 높여 사회와 학계 양측에 도움이 될 수 있는 길이라는 의견도 적지 않았다. 노동경제학을 전공한 배무기 교수가 노동정책연구원의 원장으로 임명받은 것을 계기로 장관급의 상임직책으로 나가는 경우 사직을 권고하자는 의견과 이런 조처에 동의하지 않는 견해 사이에 격론이 벌어지기도 했다. 이 시기 정부의 내각이나 관련기관에서 장관급 직위의 정책업무를 담당하거나 국회의원으로 국정에 참여한 사회대 교수들은 조순, 박재윤, 이현재, 한승수, 이홍구, 김학준, 길승흠, 한완상 교수 등이다.

4) 학술운동과 대안적 사회과학에의 열정

진보적이고 대안적인 사회과학을 표방한 학술운동이 이 시기에 강력하게 전개되었는데 사회대가 중요한 인적·지적 자원을 제공했다. 해직교수와 사회변혁운동에 투신한 학생운동권, 그리고 비판적인 시각을 유지한 채 대학원에 적을 두고 있던 젊은 연구자들이 그 주역들이었다. 이들은 마르크시즘을 지적 패러다임으로 수용했고 제3세계론과 비판이론에 우호적이었으며 미국의 주류 사회과학에 대한 거부감이 컸다. 대학체제 바깥에 독자적 존립기반을 형성하고 다양한 학회와 학술단체를 만들었으며 대안적 사회과학, 비판적 사회과학을 건설한다는 강한 자의식을 공유했다. 그런 공감대로 인해 이들은 개별화된 연구보다 집합적인 학술활동을 강조했고 실천과 결부된 학술운동을 주창하기도 했다. 1987년 당시 사회학과 대학원생이던 이진경이 쓴 『사회구성체론과 사회과학방법론』은 마르크스주의의 시각에서 한국사회 변혁의 향방을 논하려는 야심찬 시도였는데, 진보적 사회과학을 표방하던 진영의 필독서가 되었다. 이후 이론의 과학성, 역사성, 실천성, 당파성을 어떻게 결합할 것인지, 민족모순과 계급모순을 어떻게 연결할 것인지를 두고 치열한 논쟁이 진행되었다. 기대와 열정이 정치성과 혼재되어 있던 격동의 시대였다.

이런 학술운동이 각 학과 내에서 평가되고 허용되는 방식은 크게 달랐다. 이들의 문제의식을 대학원 체제 속에 포용하려는 학과도 있었지만 공식교육의 틀을 고수하고 이들을 배제하려는 학과도 있었다. 이 시기 학술운동은 서울대 구성원

4. 사회과학의 확장과 패러다임 긴장: 1987~1999년

들에 의해 주도된 측면이 강하지만 대학 내부보다 한국사회 전반에 더욱 큰 영향을 미쳤다. 1988년 각 분과학 차원에서 발전되어 오던 진보적 학술운동 조직들이 합류하여 다분과 연합체로서의 학술단체협의회를 발족시켰다. 창립 심포지엄의 주제가 '1980년대 한국 인문사회과학의 현단계와 전망'이었는데 주류 패러다임에 대한 전반적 비판이 주를 이루었다. 이 심포지엄에서 사회학과 김진균 교수는 "민족적 민중적 학문을 제창한다"라는 기조발제를 했고 그 이후 '민족적 민중적 학문'이라는 것이 비판적 사회과학의 대명사처럼 사용되었다.

사회과학 연구물에 대한 사법적 처벌 여부를 두고 긴장이 확대된 것도 이 시기였다. 1991년 사회학과에서 박사논문을 작성하던 서관모와 경제학과에서 공부하던 이병천, 윤소영 등이 학술회의에서 발표한 내용을 공안기관에서 문제 삼은 사건이 발발했다. 또한 사회대 대학원생들이 중심이 된 서울사회과학연구소 소속 6명에 대해 검찰이 수사를 하는 일도 사회적 논란이 되었다. 이 연구소는 경제학과, 사회학과, 신문학과, 정치학과 교수가 평의원으로 참여하고 있던 비판적 학술연구단체였다. 이들 사건은 결과적으로 학문의 자유에 대한 사회적 관심이 높아지는 계기가 되었지만 탈냉전이라는 세계사적 흐름에 어떻게 대응할 것인가를 두고 학계도 정치권도 혼란스러울 수밖에 없었던 격동기의 상황을 보여 주는 사건이었다. 사회대 교수들은 대체로 학문의 자유를 보장하고 학생들의 비판적 문제의식을 대승적으로 포용하는 것이 좋다는 뜻을 공유했고 실제로 여러 형태로 학생들을 보호하고자 노력했다.

비판적 학술운동이 마르크스주의를 중요한 지적 자원으로 삼고 본격화되던 시기가 소련을 비롯한 공산권의 붕괴와 세계화의 시대와 겹쳐진 것은 역설적이기도 하고 흥미롭기도 한 현상이다. 변혁론 또는 운동론의 형태로 논의되던 비판적 쟁점들은 급격히 달라지는 시대적 상황을 반영하여 재조정되지 않을 수 없었다. 대학원자치회는 1991년에 서울대 교수들로 구성된 사회정의연구실천모임과 공동으로 '전환기 한국사회와 대학'이란 토론회를 개최했는데 '전환기'라는 문제의식이 부각되는 상황을 보여 준다. 사회과학의 급진화가 놀라운 속도로 진행되었던 것만큼이나 급진화된 사회과학 담론의 약화 속도도 빨랐다. 1990년대를 지나면서 계급운동과 노동운동을 '구' 사회운동이라 부르고 새로운 '신' 사회운동이 필요하다는 목소리가 급속히 늘어났다. 마르크스주의를 무비판적으로 정당화해 온 성급함에 대한 성찰과 더불어 현실에서 진행되는 노동문제, 빈곤문제, 문화적 종속문제 등을 새롭게 분석할 연구방법과 이론적 틀을 탐구하려 애썼다. 이런 새로운 지적 대응은 즉각적으로 이루어질 수 없는 일이어서 혼란과 갈등이 적지 않았다.

사회민주화는 교수 민주화운동으로도 이어져 1987년에 서울대 교수협의회가 재건되었다. 이 협의회에서 변형윤 교수가 다시 회장으로 추대되었고 사회대 교수들이 적극 참여했다. 이후 전국적으로 민주화를 위한 교수협의회(이하 '민교협')가 출범하여 교수들이 사회문제에 대한 비판적 발언을 본격화했는데 이 민교협 활동에도 사회대 교수 4명이 적극 참여했다. 김진균 교수는 초대 공동의장을 맡았고 변형윤, 안병직 교수와 한완상 교수가 직극 동참했다. 민교협은 2000년대까지도 한국사회에 비판적인 지식운동과 대학개혁을 주장하는 역할을 자임했는데 서울대 내부에서의 위상이 컸다고 하긴 어렵지만 사회적으로 중요한 발언권을 행사한 것도 사실이다.

5. 밀레니엄 시대, 사회과학은 어디로?: 2000년~

21세기 뉴밀레니엄은 다면적인 모습으로 다가왔다. 한국은 외환위기로 촉발된 심대한 사회경제적 위기 속에서 21세기를 맞이했고 세계는 미국 심장부를 강타한 9.11 테러의 충격과 문명갈등 속에서 새 밀레니엄을 맞았다. 한편으로 정보화와 디지털화가 본격화되고 전 세계는 하나의 생활권으로 빠르게 통합되었다. 본격적인 보수-진보 정부의 교체가 자리 잡은 한국사회에서는 '민주화 이후의 민주주의'를 어떻게 제도화할 것인가라는 새로운 숙제를 안게 되었다. 2000년 남북정상회담을 계기로 달라진 남북관계를 새롭게 정립할 일도 큰 과제였고 급격히 중대한 외국인 정주자들의 정착, 여성인력의 진출과 성모랄의 변화, 젠더갈등과 세대갈등의 문제도 뒤따랐다. 이런 역동성은 흔히 '다이나믹 코리아'라는 말로 불렸지만 인문사회학적 대응역량을 새롭게 혁신하지 않을 수 없는 상황의 도래를 말해준다.

1) 분과학체제와 학부제의 좌절

21세기를 앞두고 서울대학교는 학사과정의 개혁을 중요한 과제로 설정했다. 1998년 장기발전구상에서는 서울대의 문제점으로 "대학원 중심대학에 걸맞지 않는 학사과정 중심의 교육체제"가 지적되었다. 구체적으로는 "학과의 지나친 세분화, 학문 분야의 성격이 반영되지 않는 교육조직, 학과 간 높은 장벽으로 인한 학생 선택권 제한, 학사과정 교육의 편협성, 사회의 인력수요에 유연하게 대응하지 못하는 학과별 학생 정원, 단일한 분야에 대한 기존 전문지식의 전수에나 적합한 교육체제" 등을 문제로 지적했다.[6] 이의 해결책으로 제시한 것이 학부대학(university college) 설치였다. 학부대학에는 학과 대신 영역(또는 계열)을 두며, 주로 기초 분야를 중심으로 다양한 전공선택을 할 수 있도록 구성한 교과과정을 운영하도록 했다. 또 옥스퍼드 대학의 '철학, 정치학, 경제학 연계과정(PPE)' 같이 서로 다른 분야를 적절히 결합한 교육 프로그램도 제공할 것을 계획했다. 전문대학원에서 가르칠 내용은 개별 교과목으로 제공하되 독립된 전공으로 선택할 수 없도록 했다.

이 안은 2002년에 발표된 '서울대학교 장기발전계획'에서 지나치게 이상적이라 평가되어 동력이 약화되었다. 하지만 "학과 간 높은 장벽을 허물고 학사과정에서 폭넓은 기초분야의 교육을 실시하며 사회의 인력 수요에 맞추어 공급을 적절하게 조절할 수 있는 유연성을 갖추어야 한다"는 기본방침은 유지되었다. "인문대, 사회대, 자연대가 대학의 중핵으로 자리하며, 그것을 둘러싸고 응용 분야의 대학 및 전문대학원이 유기적인 관계 속에 각각 독자적으로 운영되는 편제를 만드는 것"

---

6) 이하 학부제 논의의 개요는 『서울대학교 60년사』(서울대학교, 2006), pp. 471-474 참조.

이 필요하다는 것이 중요한 골자였다. 학생들이 점점 더 의대와 법대로 몰리는 편중이 심화되던 2004년 발표된 '학사구조개선 기본 방향에 관한 연구'에서는 학부대학 구상을 좀 더 본격화했다. 그간의 서울대가 대학원 중심대학을 일반대학원 강화로 오해하여 사회적 수요와 잘 부합하지 않는 일반대학원의 양적 팽창만 가져왔다는 냉정한 평가를 내리고 학사과정과 일반대학원으로 이원화되어 있던 제도를 "학부대학, 전문대학원, 그리고 일반대학원의 3원체제"로 개편할 것을 제안했다.

학부대학 구상은 인문대, 사회대, 자연대가 기초학문을 담당하고 유관학과들을 학부로 통합하는 것을 지향했던 것이어서 문리대의 부활이라는 반발을 불러오기도 했다. 하지만 사회대 출신이었던 23대 정운찬 총장이 취임 후 학부대학-전문대학원 체제로의 개편을 의욕적으로 추진했기 때문에 사회대에서도 적지 않은 관심과 토론이 이루어졌다. 그럼에도 학부대학 구상은 폭넓은 공감대를 얻지 못하고 학교 차원에서도 공식화되지 못했다. 다만, 전문대학원 설치는 논란을 거치면서 2005년 치의학전문대학원, 2006년 경영전문대학원, 2007년 법학전문대학원의 설치로 이어졌다.

학부대학 구상은 학과중심주의 틀을 어떻게 극복할 것인지, 법대와 경영대, 의대로 쏠리는 전문교육 편중화의 흐름 속에서 기초학문으로서의 사회과학을 어떻게 발전시킬 것인지에 대한 총체적인 토론을 요하는 사안이었고 사회대 정체성과 역할을 한 단계 업그레이드시킬 계기가 될 수 있는 사안이었다. 하지만 사회대 내부에서의 관심은 소극적이거나 부정적이었다. 2010년 정치외교학부의 통합도 학부제로의 이행이라는 본격적 대학개혁과는 거리가 멀었다. 그 결과 분과학 간 장벽과 학과중심주의, 분야별 개별적 대응이 여전히 지속되고 있다.

학생들의 관심이 변하고 전공선택의 자율성과 다양성이 확대되면서 학과별 학부교육은 여러 가지 변화에 직면해 있다. 2007년 로스쿨 제도의 출범으로 법대가 없어진 후 사회대를 로스쿨 진학을 위한 준비과정으로 간주하는 학생들이 급격히 늘었다. 로스쿨이 폭넓은 사회적 시야와 전문성을 갖춘 법조인 양성을 표방했다는 점에서 이런 변화는 긍정적으로 평가될 수 있다. 하지만 분과학의 유능한 학문후속세대를 키워야 하는 사회대의 교육목표에는 큰 어려움이 생긴 것이고 해결해야 할 문제인 것도 사실이다. 의대편중현상과 함께 21세기 대학교육의 지향을 둘러싼 본질적인 물음과도 무관치 않은 숙제로 대두되고 있다.

2) 경쟁주의와 대학정신: 진보? 퇴행?

21세기에 들어 신자유주의 원리가 모든 영역에 확산되었다. 개인과 사회, 기업과 학교 등 모든 영역에서 경쟁과 혁신이 강조되고 평가가 일상화되었다. 대학에서도 혁신과 경쟁력이 강조되었고 정부 역시 '두뇌한국 21' 사업으로 막대한 재정투자를 대학 간 경쟁, 교수업적의 평가, 조직혁신 등과 결부시켰다.[7] QS, THE 등의 국제적인 대학평가가 2003년에 시작되었고 국내에서는 중앙일보가 그 이듬해부터 대학평가를 실시하여 일간신문에 그 결과를 대서특필했다. 서울대도 이런 평가에서 자유로울 수 없었고 대학 전반에 경쟁과 평가, 객관적 지표와 정량적 성과를 우선시하는 변화가 나타났다. 학과별 평가도 진행되면서 개별 학과들도 교육과 연구의 질적 수월성을 향한 혁신과 경쟁을 수용하는 분위기가 확대되었다. 학생들 역시 창의적이고 도전적인 미래를 추구하려는 경향이 높아졌다.

이런 시대적 환경에 대응하면서 경쟁력을 강화하려는 첫 구상은 서울대를 국무총리 산하의 기구로 격상시켜 여타 국립대학과 구별하겠다는 것이었다. 서울대에 일반 국립대학과는 다른 법적 지위를 부여하는 서울대법 제정을 추진한 것이 그런 배경에서였다. 하지만 이 구상은 서울대 중심주의를 더욱 가속화함으로써 한국 고등교육 전반을 무너뜨릴 것이라는 사회적 비난을 불러왔다. 정치적으로는 서울대 망국론, 서울대 폐교론, 서울대 확대론 등을 불러일으키는 역효과로도 이어졌다. 이런 파동은 서울대법 추진을 철회함으로써 가라앉았지만 서열화된

---

7) 2015년 개최된 서울대 사회과학대학 40년 심포지엄에서는 이 상황을 '아카데믹 캐피탈리즘'의 전파로 기술한 바 있다.

학력주의에 대한 문제제기와 서울대 편중 비판은 이후 지속적인 사회적 쟁점이 되었다.

서울대는 대신 법인화를 추진하겠다는 방향을 설정했다. 정부의 통제를 받는 직속기관으로서의 지위에서 벗어나 독립법인이 되어 학사운영의 자율성을 제고시키고 세계적 수준의 대학으로 발돋움하겠다는 구상이었다. 법인화 구상은 대학의 독립성과 자율성을 확보하기 위한 의미 있는 방안으로 받아들여졌지만 충분한 내부 준비가 갖추어진 것은 아니었다. 2012년 급작스럽게 시작된 법인화는 자율적 선택의 폭이 커진 만큼이나 혼란을 가중시키기도 했다. 종합적인 청사진이 준비되지 못한 탓에 힘 있는 단과대학 또는 학과 중심의 분권화를 강화시키는 경향도 없지 않았다. 전체 재정을 정부에 의존할 수밖에 없는 법인화의 한계로 인해 예산확보를 위한 프로그램이나 기구설립에 매달리는 부작용도 적지 않다.

법인화가 그 자체로 단과대학의 독자성이나 학문의 창의성을 확대시키는 것은 아니다. 법인화로 인한 자율성을 사회적 책임성과 결합시킬 거버넌스 역량을 구축하지 못하면 고비용 저효율 상황이 확대될 수도 있다. 총장선거제도에서 나타나듯 대학 내 모든 조직, 모든 구성원의 평균화가 강화됨으로써 대학 고유의 지향성과 선도성을 상실할 가능성도 적지 않다. 실제로 법인화 이후 종합화 이전의 연립대학적 성격, 분과학 중심주의가 더 확대되는 현상도 나타나고 있다. 정부가 추진한 BK사업 역시 개별 분과학 단위의 변화추이를 강화했다. 사업에 선정된 학과와 그렇지 못한 학과 간의 협동연구나 통합교육의 노력으로 이어지기도 어려운 문제도 뒤따랐다. 경제학부는 독자 공간을 건립하고 독립적인 정체성을 강화하려는 노력을 강화하고 있고 언론정보학과 역시 특수대학(원) 체제로의 변화를 염두에 두면서 2014년 IBK 커뮤니케이션센터를 신축하고 옮겨 갔다.

교수와 학과 단위의 경쟁이 심화되면서 사회대 차원에서 공유되는 지적 분위기나 공통의 문제의식은 약화되는 경향이 있다. 1990년대까지 존재하던 대학 내부의 열정과 긴장은 희박해졌고 각자의 연구성과를 극대화하기 위한 경쟁주의가 확대되었다. 한국적 맥락을 중시하는 주체적 지향도 전 같지 않고 미국을 중심으로 하는 세계적 패러다임의 영향력이 더욱 강화되는 경향도 보인다. 대학원생들을 중심으로 강력했던 비판적 시각도 현저히 약화되었다. 이들의 문제의식과 열정적 실천은 여러 한계에도 불구하고 학문발전에 필요한 지적 야성을 제공했으며 한국 학계 전반에 신선한 충격을 제공했었다. 학문의 국제화가 추진되고 방법론이 정교해지면서 이런 야성과 열정이 현저히 약해지고 있는 것은 아쉬운 부분이다. 대학원을 통한 학문후속세대에의 비전이 약화되면서 유능한 인재가 연구자의 길을 선택하지 않는 경향도 커지고 있다. 학문의 주체성과 역사성을 고민하고 공동체적 책임의식을 강조했던 그 열정을 21세기 상황에 맞게 되살리면서 보다 고급한 이론적·방법론적 고도화를 이루어 가는 숙제가 부각되고 있는 것이다.

3) 국제화와 복합적 난제에의 도전

1999년 정부는 「교육공무원법」을 개정하면서 외국인을 교수로 임용할 길이 열렸고 계약조건을 정할 수도 있게 되었다. 또한 순혈주의를 방지하기 위해 신규채용 시 특정대학에서 학사학위를 취득한 자가 편중되지 않도록 규정했다. 정부의 급작스러운 규제에 대한 반대가 커지자 교육부는 애초 50% 이내로 되어 있던 특정대학 학위소지자 상한을 모집단위별 신규채용인원의 3분의 2로 완화했다. 이후 사회대 교수진에서 출신학부의 다양성이 높아지게 되었다. 또한 교원임용에서의 양성평등을 제고하기 위한 법 개정으로 학교의 주요 위원회 구성과 교원임용에서 성별 편중 현상을 완화시키기 위한 노력이 뒤따랐다. 그 결과 여성 교수 비율이 크게 높아져 언론정보학과와 인류학과는 거의 50%에 육박하고 있다. 여학생 비율에 비해 아직은 개선의 여지가 있고 일부 학과는 여전히 남성 중심성이 강하지만 큰 변화의 추세는 지속될 것으로 보인다.

국제화의 노력으로 외국인 교수들도 늘어났다. 2015년 이후 사회대에 임용된 외국인 교수의 숫자는 매 학기 8명에서 12명 사이를 오가고 있다. 경제학부가 가장 활발하게 외국인 교수를 초빙하였는데 2015년 3명에서 2019년 5명이 재직했다. 또한 2016년 서울대가 추진한 노벨상 수상자 초빙 프로그램을 적극 활용해 노벨경제학상 수상자인 Sargent 교수를 임용했다. 그가 1년만에 학교를 떠남으로써 이 사업은 소기의 성과를 거두지 못했고 교육의 국제화 방도를 둘러싼 논란의 빌미를 제공하기도 했다. 한국문화에 대한 국제적 관심이 커짐에 따라 언론정보학과도 매 학기 2명의 외국인 교수를 활용하고 인류학과, 지리학과, 심리학과, 사회복지학과도 2015년 이후 매 학기 1명의 외국인 교수가 강의를 담당했다. 2010년에 영국의 Woodwiss 교수를 임용하여 교육과 연구에 적극 참여시켰던 사회학과는 이후의 초빙사례가 보이지 않지만 해외의 일급 학자들의 초청발표와 각종 세미나 개최 등으로 국제 네트워크를 확장해 가고 있다. 2000년에 제29차 세계지리학대회를 유치하여 성공리에 마친 바 있는 지리학과는 류우익 교수가 2006년 세계지리학연합의 사무총장으로 선임되고 박삼옥 교수가 태평양지역학회장으로 선임되는 등 국제적인 학문적 영향력을 확대해 왔다.

한국으로 유학하려는 외국인 학생이 늘어나고 다국적 학생들을 대상으로 하는 수업이 많아진 것도 이 시기의 중요한 변화이다. 한국의 경험을 배우려는 해외의 관심이 커졌고 한국사회에 대한 관심이 안팎으로 증대하면서 사회대의 교육내용에도 변화가 불가피해졌다. 외부의 시선으로 한국을 설명하며 한국적 특수성을 보편적 이론으로 승화시켜야 할 필요도 늘어나고 있다. 미디어와 문화상품, 콘텐츠의 생산과 유통이 미치는 영향에 관심이 커지면서 대중문화에 대한 관심에도 부응해야 한다. 디지털 인프라가 확대되고 컴퓨터가 일상화되면서 정보사회로의 이행에 수반되는 복합적 변화도 새롭게 다루게 되었다. 외국인 유학생들이 사회대에서 수학하고 학위를 취득, 본국으로 돌아가 학계에서 활동하는 사례도 늘어났다. 이 시기 사회대에서 유학한 학생을 통계적으로 보면, 2000년에 석사과정 5명에 불과했는데 2015학년도에는 학사 13명, 석사 9명, 박사 4명 도합 26명으로 늘어났고 2019년도에는 각각 7명, 28명, 6명으로 총 41명에 달한다. 2020년 이후 유학생 숫자는 조금씩 감소해 2023년도에는 21명의 유학생이 재적하고 있다.

법인화하면서 서울대는 '국가적 난제해결'을 주요한 목표의 하나로 내세웠다. 분과학은 물론이고 단과대학 차원으로 감당하기 어려운 복합적 난제들을 직면하지 않을 수 없다는 현실인식에 기초한 것이었다. 21세기 벽두에 경험한 IMF 외환위기를 비롯하여 세계 최고의 저출산율, 심화되는 양극화, 기후위기와 혐오문화,

고용위기와 지방소멸, 지정학적 대변화 등 다차원적인 대응을 요구하는 난제들이 속출하고 있다. 여기에 각종 대형재난과 사고를 겪고 북한 핵개발이 본격화하고 후쿠시마 원전사태를 경험하며 코로나 사태를 겪으면서 '위험사회'라는 말을 피부로 느끼는 변화를 목도하고 있다. 최근에는 인공지능의 급속한 발전이 장차 인류에 어떤 결과를 초래할지 전례없는 난제로 부상하고 있다.

아직은 사회대가 이런 변화에 충분할 정도의 융복합적 대응을 하고 있다고 보기는 어렵다. 하지만 몇 가지 의미 있는 노력들은 주목할 만하다. 외환위기에 대한 종합적인 성찰로 2009년에는 사회과학연구소 주관으로 사회대 모든 학과가 참여한 『외환위기 10년 한국사회 얼마나 달라졌나』라는 공동연구책자가 간행되었다. 서울대 사회과학총서의 하나로 이 책을 책임 편집한 정운찬 교수는 외환위기 이후 한국사회는 새로운 패러다임이 필요한 시기라고 언급했고 정치경제 영역과 사회문화 영역의 두 파트에서 다학제적으로 과제를 점검했다. 이 책에서 다루어진 키워드를 살펴보면 경제위기로 이어진 한국사회에 대한 사회과학자들의 종합적 진단 리스트를 확인할 수 있다(정운찬 외, 2007). 결론장을 쓴 조흥식 교수는 '외환위기 10년의 사회과학적 평가와 전망'을 통해 한국사회 발전모델의 문제점과 함께 한국 사회과학의 한계를 넘어서야 할 과제를 제시하고 있다. 하지만 IMF 외환위기 충격의 규모와 깊이, 또 일자리와 노동관행, 사회관계와 가치관에까지 심대한 영향을 미쳤던 사안의 중대성에 비해 사회대의 결집된 대응이나 분석의 노력은 여전히 충분치 못한 상태이다.

2007년 한국연구재단의 중점연구소로 선정된 사회발전연구소는 "사회발전과 사회의 질: 한국, 동아시아, OECD 국가 국제비교와 한국사회의 질적전환 모델 연구"를 시작하면서 '사회의 질'이라는 화두를 내걸었다. 또한 '양적 성장'에 대비되는 '질적 전환'을 향한 국제협력, 다학제적 협동연구를 추진하고 있다. 위험사회를 극복하기 위한 다양한 노력과 청년세대문제에 관심을 확대하고 있는 사회학과는 독일의 울리히 벡, 미국의 제프리 알렉산더, 아리프 딜릭, 캐나다의 만프레드 베네필드 교수 등을 초청, 이런 정잼의 국제화에 진력하고 있다. 사회복지학과는 2006년부터 한국복지패널을 구축하여 국내외의 연구와 정책입안에 도움이 될 기초적인 사회복지 종단자료를 제공하고 있다. 사회대 교수들의 정치참여 사례는 줄어들고 있다. 유관기관의 정책 경험을 쌓거나 정무적 역할을 수행하는 것을 비판적으로 보는 시각은 이전에 비해 크게 줄었다. 교수들의 정치권 참여 기회도 크게 줄어든 것은 아니나 서울대 편중 현상은 현저히 약화되고 있다. 이 시기에 현실 정치에 참여한 경우는 제40대 국무총리를 역임한 정운찬 교수를 비롯, 윤영관, 류우익, 이창용, 안상훈 교수 등을 꼽을 수 있다.

4) 융복합 프로그램과 새로운 공동연구 인프라

다학제적이고 융복합적 접근이 필요한 현상들이 확대되면서 새로운 교육단위, 협동단위들이 만들어진 것도 이 시기의 중요한 변화이다. 새로운 학제로서 나타난 협동과정은 개별 분과학과는 달리 복수의 분과학 소속 교수들이 연합하여 통합적 교육을 담당하는 모델이다. 전 세계적으로 확대되고 있는 젠더문제를 다루는 학사단위로 1999년 개설된 여성학협동과정이 그 대표적인 예이다. 권태환, 정진성 교수의 주도하에 개설된 이 협동과정은 전임교원 숫자도 매우 적은 신설 프로그램임에도 활발한 연구와 사회적 참여가 돋보이는 학사단위로 급성장했다. 2001년에 개소한 여성연구소는 여성학 협동과정과 함께 학내의 젠더 이슈, 성차별과 성폭력 문제를 진지하게 다루는 중심 역할을 담당하고 있다. 2002년 서울대에 시작된 연합전공의 하나인 사회대 정보문화학연합전공은 한국사회의 정보화, K문화의 확산, 미디어에 대한 융복합적 관심의 폭증 등 이 시기의 변화를 반영하는 주요한 협동프로그램으로 성장하고 있다. 2022년에는 통일평화학협동과정이 사회대에 설치되어 한반도의 통일과 미래를 다루는 융복합적 교육단위로 정착하고 있다.

융복합 연구를 수행하기 위한 연구소 차원의 노력과 혁신도 주목할 만하다. 1997년 사회과학연구소는 다학제적 통합연구기관으로 재출발하면서 융복합 연구를 표방하는 '사회과학연구원(The Center for Social Sciences)'으로 변모했다. 세계화와 지방화, 민주화와 다원화 그리고 통일 한국 시대를 맞이하여 사회과학의 각 분과학들의 소통과 공동연구의 필요성이 커진 것에 대한 대응이었다. 사회과학연구원은 기존의 사회과학연구소를 모체로 세계경제연구소, 사회발전연구소, 비교문화연구소 및 사회복지연구소가 통합되어 출범했고 1999년에 한국정치연구소와 국토문제연구소가 추가로 통합되었다. 이후 2001년에 사회발전연구소와 국토문제연구소가 분리되었지만 이후 중국연구소와 국제경제연구소가 합류했고 2015년에는 심리과학연구소, 행복연구소가 사회과학연구원에 통합되었다. 2021년 사회과학연구원은 '통합연구원'으로의 발전계획을 정립하고 '융합적 교육과 연구'를 본격적으로 추구하고 있다. 단순한 사회대 분과학의 융합 차원을 넘어 인문, 사회, 자연과학의 초융합을 포함한 활동을 구상하고 있다. 디지털 환경에 부응하는 사회과학연구원 학술강좌도 새로운 시도로 주목할 만하다.

2007년에는 임현진 교수의 노력으로 아시아연구소가 사회대 부설로 설립되었다. 아시아연구소는 2013년 사회대 앞 공간에 독립건물을 신축하여 사회대와의 협동연구를 뒷받침하는 중요한 인프라로 활용되고 있다. 1990년대 초 지역학 연구를 담당하는 지역종합연구소가 서울대에 설립되었다가 국제대학원으로 변모하면서 지역연구를 전담하는 연구소가 없던 상황에서 이 연구소의 설립은 시의적절했다. 때마침 중국과 동남아시아, 중앙아시아 등 아시아권과의 경제문화적 교류가 확대되고 이들 지역으로부터 유학생도 늘어나는 현실에서 아시아 연구를 전담할 종합연구소를 사회대가 부설로 두게 된 것은 학문적으로는 물론이고 정책적으로도 그 의의가 적지 않다. 아시아연구소는 HK 플러스 사업과 여러 외부 프로젝트를 수행하고 관련된 연구물들을 출간하여 21세기에 걸맞은 지역연구의 거점으로 발전하고 있다. 또한 사회대와 인접한 공간으로서 사회대의 여러 학술활동에 요긴한 인프라로 기능하고 있다.

21세기 들어 빅데이터의 활용과 고급통계분석에 기반한 새로운 연구방법이 거의 모든 영역에서 강화되고 있는 점도 특기할 일이다. 학과마다 이전의 비교적 단순한 변량분석과 상관관계분석을 넘어 다중회귀분석, 구조방정식과 로짓분석, 다중집단분석, 네트워크 분석 등 고급통계기법이 적극 활용되고 있다. 심리학과는 인간공학심리학 연구실, 데이터과학실, 기억인지연구실 등이 새로 만들어지고 다차원 정보처리 접근과 신경과학 연구, 빅데이터 분석 등이 결합되는 새로운 교육 내용이 확장되고 있다. 지리학과는 이 시기에 GIS 분야가 강화되어 인문 5명, 자연 3명, GIS 2명의 통합적 교수구성을 이루었다. 인류학과에서는 자연과학이라 해도 좋을 '생물인류학'이 자리잡고 '진화와 인간사회'라는 핵심교양과목이 학부생의 엄청난 인기과목이 되는 변화도 나타났다. 사회학과의 네트워크 분석과 고급통계과목은 데이터 분석에 관심을 가진 여러 학과의 대학원생들이 수강하고 있다. 이재열 교수의 노력으로 2022년에 한국사회과학자료원(KOSSDA)이 사회대 소속의 독립기관이 된 것도 데이터의 확보와 활용이라는 차원에서 매우 소중한 성과이다. 2006년에 설립되고 2015년에 아시아연구소로 이관된 이 자료원은 사회과학분야의 다양한 조사자료와 통계들을 수집한 대표적인 데이터 아카이브로 통합적 연구를 뒷받침하는 소중한 지적 인프라로 기능하고 있다.

6. 서울대 사회과학 반세기의 지성사: 평가와 전망

서울대 사회대를 통해 전개된 사회과학 50년은 지성사적으로 어떤 성취를 거두었고 어떤 과제를 남기고 있는가? 지구적 차원의 사회과학과 한국 사회과학 사이에는 어떤 공통의 관심사와 지적 긴장이 오갔는가? 수용된 서구 사회과학은 얼마나 보편성을 확인했으며 한국의 특수성에 주목한 논의들은 얼마나 이론적 지평을 넓히면서 세계 학계에 기여했을까? 그런 과정을 통해 오랜 쟁점이었던 사회과학의 가치중립과 가치개입의 딜레마는 어떻게 해결해 왔을까? 이런 질문들을 염두에 두고 반세기 지성사의 성과와 과제를 정리해 보려 한다.

1) 성과와 성취

1949년 최문환 교수는 '사회과학이란 명칭 아래 가두에 범람한 선전용 팜프렛'의 폐해를 극복하고 제대로 된 현실진단을 수행할 사회과학의 필요성을 강조했다. 1979년 『사회과학과 정책연구』라는 저널을 창간하면서 이홍구 교수는 사회과학이 한국사회가 처한 다양한 사회문제, 근대화, 도시화, 정보화, 복지구현, 통일과 평화, 세계화 등을 해결하는 지식을 제공할 것을 기대했다. 실제로 사회과학의 여러 분과학은 지난 반세기 한국의 중요한 변동과정을 설계하고 평가하는 데 필수적인 전문지식을 제공하는 중대한 역할을 감당했다. 사회대를 통해 교육받은 졸업생들과 연구자들, 또 사회대에 속한 교수들이 직접 또는 간접으로 지난 반세기 한국사회 변동에 개입하고 적지 않은 영향을 미쳤다.

사회대의 각 학과는 경제, 정치, 외교, 사회, 언론, 지리, 심리, 사회복지 등 한국사회가 다양한 층위에서 변모해 오는 과정에서 중요한 문화적 인프라로 기능했다. 정책적인 조언과 참여는 물론이고 비판의식과 진보의제를 산출하는 데도 사회대는 적지 않은 영향을 미쳤다. 적지 않은 교수진이 직간접적으로 역대정부의 정책결정과정에 참여했지만 1980, 1990년대 한국사회의 비판적 사회운동의 인적·지적 자원도 이곳에서 공급된 바가 많다. 하지만 정책적 역할이나 비판적 활동보다 독창적인 연구와 진지한 교육에 매진한 부분의 성과야말로 가장 중요하다. 특정 주제를 깊이 천착하여 독창적인 학문적 성과를 산출하고 그것이 세계 학계에 영향을 미치는 것이 대학의 존재이유라 할 때 밤늦도록 연구실을 지키면서 학술적 탐구에 헌신했던 교수와 학생들의 기여가 더없이 소중하다.

사회대 교수진 한 명 한 명이 국제적 네트워크의 허브가 되고 학과는 해당 분야의 국제적 소통창구가 되어 한국사회의 소프트파워를 총체적으로 높이는 데 기여한 것도 큰 업적이라 할 것이다. 이념적 논란으로부터 자유롭기 어려운 사회정치적 담론을 경험적이고 분석적인 사회과학 지식으로 변화시키는 데도 기여했다. 학생들의 비판적 지향과 대안적 학술운동에 유연하게 대처하면서 사회과학의 시야를 넓히고 분석역량을 확대시킨 것도 큰 점수를 주어야 할 것이다. 정부와 기업에 도움이 되는 전문성 제공은 물론이고 시민사회와 문화영역에 이르기까지 다양한 지적 자극을 제공한 공동체적 감수성을 키워온 것도 사회대의 소중한 성과라고 하겠다.

2) 도전과 과제

새로운 과제와 한계도 적지 않다. 한국의 사회과학은 이제 세계 어디에 내놓아도 좋을 독자적 학문내용을 갖추었는가? 21세기의 새로운 환경에 대응할 충분한 지적 역량을 준비하고 있는가? 이런 질문을 염두에 두고 향후 유념해야 할 과제를 몇 가지로 나누어 살펴보면서 글의 마무리로 삼으려 한다.

첫째, 공고한 분과학주의에 대한 성찰의 필요성이다. 사회대 50년의 역사를 돌아볼 때 각 학과가 거둔 성과는 놀랍지만 여전히 개별 분과학주의의 틀이 강하고 그 전통에 집착하는 경향이 없지 않다. 사회과학이라는 공유 정체성이 없지 않고 융복합적 연구가 확대되는 부분도 있지만 분과학의 장벽을 넘어서는 학문적 혁신으로 이어지는 동력은 미약하다. 1980년대 사회대가 보여 주었던 다학제적이고 종합적인 연구협력의 전통이 21세기에 들어서 확대 발전되기보다 오히려 학과별 내부화와 전문화가 더욱 심화되는 모습이다. 신자유주의적인 경쟁체제하에서 경제, 정치외교, 사회문화 영역이 통합적 혁신보다 제도적 분화를 지향하는 듯한 상황은 지성사적으로 아쉬운 일이다. 이것은 대학 내 자원배분이 학과 단위로 이루어지는 탓도 있고 종합화 이전의 전통이 지닌 무게 탓일 수도 있지만 '사회과학'이란 무엇이며 왜 필요한가에 대한 공통의 문제의식에 대한 진지한 탐구가 약해진 탓이 크다. 20세기 초 유럽의 사회과학자들이 '사회과학'의 정체성과 방법론을 모색하고자 애썼던 문제의식을 새롭게 복원할 필요가 있다.

둘째, 21세기에 아카데미즘이란 무엇인가에 대한 깊은 성찰이 필요하다. 그것은 사회과학자의 현실참여는 어떠해야 하며 정책연구와 사회과학의 접점은 어디에 있는가라는 물음과 직결된다. 『사회과학과 정책연구』라는 사회과학연구소의 저널 이름에서도 확인되듯 사회대는 순수학문중심주의나 상아탑문화를 지향하진 않았고 정책연구나 현실참여와의 균형을 중시했다. 이 양자의 긴장을 해소하려는 노력은 학과별로 또 개인별로 달랐는데 학계의 전문성을 동질화하는 방향을 강조하는 경우와 현실에 적극 개입하는 실천과학을 강조하는 견해가 공존했다. 대중사회와의 거리감에 대해서도 진보와 보수의 이념적 편차에 대해서도 서로 다른 입장이 병립했다. 크게 볼 때 대학의 자율성과 다양성, 교수의 독자성이라는 틀 속에서 포용적 문화가 존재해 온 셈이지만, 진지한 논의를 통해 아카데미즘의 기본성격을 새롭게 정립하는 노력은 제대로 진전되지 못했다. 이 문제는 대학의 존재이유, 사회과학의 본질 문제와도 연결되고 지식인, 지성인 역할과도 직결되는 중요한 과제로 앞으로 진지하게 탐구되어야 할 숙제이다.

셋째, 사회과학의 특수성과 보편성 문제이다. 서구의 사회과학사에서도 중요한 논쟁사안이었고 인문학의 경우에도 늘 따라오는 쟁점이다. 한국의 사회과학이 애초 수입학문적 성격이 강한 데다 근대화 과정이 서구형 발전주의 모델을 준거로 했던 까닭에 이 쟁점은 더욱 중요한 의미를 지닌다. 보편-특수의 논의가 종종 세계적-한국적 시각의 대립으로 이해되기도 하지만, 고도로 세계체제 속에 편입되어 있는 21세기 한국의 현실에서는 이런 단순 이분법으로 문제가 해결되지 않는다. 보편성도 특수성도 모두 양날의 칼과 같아서 지식의 현실적합성을 높여 주기도 하고 지식의 보편성을 해칠 수도 있다. 보편성을 미국이나 서구의 시각과 동일시할 수 없고 특수성을 한국적인 시각과 동일시할 수도 없는 시점에 와 있다.

마지막으로, 어떤 학생을 키워 낼 것인가라는 교육론에 있어서의 비전 형성이 큰 과제이다. 서울대에 대한 사회적 기대만큼이나 책임윤리의 부족으로 인한 비판도 커지는 가운데 어떤 학생을 배출할 것인가의 교육철학적 논의가 절실하다. 사회대는 전문성과 탁월함을 교육하는 데는 우수했지만 시대가 요구하는 고급한 지성인을 키워 내는 데는 소홀했다는 평가에서 자유롭지 못하다. 민주화 이후의 민주주의, 경제성장 이후의 질적 전환에 대한 종합적 비전을 마련하는 데도 충분한 노력이 기울여지지 못했다. 무엇보다도 다차원적인 변화가 가속화되는 21세기 복합 전환에 대응할 사회과학적 문제의식과 비판적 상상력이 준비되어 있는지 돌아볼 일이다. 저출산과 고용불안, 양극화의 사회적 난제에다가 인공지능과 바이오 테크놀로지가 불러오는 심대한 충격과 불확실성을 눈앞에서 보고 있다. 탈냉전과 세계화를 넘어 새로운 지정학적 위기가 심화하고 문화적 갈등과 혐오가 지구공동체의 통합성을 위협하고 있다. 인간-기계의 통합이 급진전되고 인간중심주의를 넘어서자는 포스트 휴머니즘이 확산되며 기후위기를 넘어 인류세라는 묵시록적 논의까지 부상하는 상황이다.

　인문-사회-자연 과학 3분류는 언제까지 유효할지, 서울대는 얼마나 최고대학의 위상을 유지할 수 있을지 피할 수 없는 문제로 다가오고 있다. 사회과학은 미래를 위한 어떤 전망을 내놓을 수 있으며 우리 시대에 어떤 희망과 꿈을 던져 줄 수 있을까도 던져야 할 질문이다. 다양한 지식과 정보가 온라인에 쏟아지고 인공지능의 능력에 전 인류가 놀라고 있는 상황에 지식생산과 고등교육의 방식은 어떻게 혁신되어야 할 것인가? 각자도생의 좌절감과 이기적 경쟁주의에 함몰된 젊은 청년들에게 사회대가 제공하는 삶의 향방과 지혜는 무엇이어야 할까? 지난 반세기 성취에 안주하거나 자만하지 않고 이 질문들을 진실되게 되물으며 지식인으로서의 존재양식을 새롭게 고민하는 것, 시대적 우환의식을 공유하는 것에서 새로운 반세기를 준비해 가야 하리라고 생각한다.

참고문헌

김경동, 안청시(1986). 한국사회과학방법론의 탐색. 서울대학교출판부.
김인수(2015). 서울대학교 사회발전연구소 50년사. 한울.
남기정(2013). 일본의 사회과학자들과 전후 사회과학의 형성: 도쿄대학 사회과학연구소를 중심으로. 일본연구, 19.
대학신문(1970. 10. 12.). 서울대학교 종합화 10개년 계획.
백창재, 정병기(2007). 로스의 논의를 통해 본 한국사회과학의 정체성문제. 한국정치연구, 18.
서울대학교 경제연구소. 서울大學校 經濟硏究所 30년: 1961~1991.
서울대학교 사회과학대학(2014). 사회과학대학의 발자취와 발전과제, 40주년 기념 심포지엄 자료집.
서울대학교 사회과학연구소. 社會科學과 政策硏究: 索引.
서울대학교 사회학과. 서울대학교 사회학과 50년사.
서울대학교 통계연보.
서울대학교(1991). 서울대학교 교수민주화운동 50년사.
서울대학교(1996). 서울대학교 50년사.

참고문헌

서울대학교(2006). 서울대학교 60년사.

염재호, 이광형, 박명규, 장병탁, 박섭형, 조영헌(2024). AI시대 대학교육의 미래. 나남.

윤여일(2023). 1990년대 한국사회 지식인상의 분화와 그 역사사회적 계기들. 아세아연구, 56(2).

이해영, 권태환(1978). 한국사회 인구와 발전 I. 서울대학교 인구 및 발전문제 연구소.

이해영, 권태환(1978). 한국사회 인구와 발전 II. 서울대학교 인구 및 발전문제 연구소.

이해영, 권태환(1978). 한국사회 인구와 발전 III. 서울대학교 인구 및 발전문제 연구소.

이해영 권태환(1978). 한국사회 인구와 발전 IV. 서울대학교 인구 및 발전문제 연구소.

이홍구(1979). 창간사. 사회과학과 정책연구, 1.

정운찬, 조홍식, 이창용, 이종화, 박삼옥, 박찬욱, 임경훈, 임혜란, 하용출, 이왕휘, 이재열, 구인회, 전경수, 이준웅, 김경언, 배은경(2007). 외환위기 10년, 한국사회 얼마나 달라졌나. 서울대학교출판부.

Wallerstein, I. (1996). 사회과학의 개방(이수훈 역). 당대.

Wallerstein, I. (1999). 우리가 아는 세계의 종언-21세기를 위한 사회과학(백승욱 역). 창작과비평사.

제2장

사회과학대학 정치외교학부 50년: 지성사의 관점에서

| 윤영관 |

1. 머리말

2025년은 사회과학대학 정치외교학부(정치학과, 외교학과로 분립해 오다가 2010년 통합)가 50년을 맞는 해이다. 지난 반세기 동안 한국은 크게 발전했다. 정치적으로는 권위주의를 극복하고 민주화 과정을 밟아 왔고 외교적으로는 분단 대결 상황에서 안보와 번영을 위한 대외환경 조성에 노력했다. 이러한 과정에서 서울대학교 사회과학대학 정치외교학부는 지식의 창출과 교육, 그리고 사회적 기여를 통해 그때그때 한국이 당면한 시대적 상황 속에서 한국의 정치와 외교의 발전을 위한 동력을 제공했다.

이 장은 지난 50년 동안 정치외교학부가 어떤 궤적을 그리며 발전해 왔는지 지성사적인 관점에서 살펴보는 것을 목적으로 한다. 지성사가 무엇인지에 대해서는 다양한 정의가 있겠지만 여기서는 "지식인, 아이디어, 지적 패턴의 흐름에 대한 연구(the study of intellectuals, ideas, and intellectual patterns over time)"라는 고든 교수의 정의를 참고하고자 한다(Gordon, 2012). 기본적으로 지난 50년 동안 정치외교학부 교수들이 그때그때 당면한 한국사회의 시대적 맥락 속에서 어떻게 연구하고 가르쳤으며 사회적 기여를 해 왔는지를 중심으로 연대기적으로 서술해 보고자 한다.[1]

---

1) 지성사적 관점에서 학문적 연구 경향의 흐름을 제대로 파악하기 위해서는 정치학과, 외교학과, 정치외교학부에 재직했던 교수, 한 분 한 분들의 연구와 저술에 대한 추적이 불가피하다고 판단되었다. 그러나 이는 필자의 입장에서 상당히 조심스럽고 힘든 작업이었다. 최대한의 노력을 기울여 성실히 소개하려 노력했지만 지면 제약으로 미흡한 점이 있을 것으로 우려된다. 너그럽게 양해해 주시기를 부탁드린다. 필자가 참고한 소개자료는 다음과 같다. 박찬욱(2009). "정치학과 전현직 교수들의 연구 업적". 서울대학교 정치학과 60년사: 1946~2006; 서울대학교 외교학과 50년사 간행위원회. 서울대학교 외교학과 50년사: 1956~2006; 정치외교학부가 한국연구재단에 제출한 4단계 BK21 신규사업신청서(2020. 2.); 필자의 각종 인터넷 자료 및 저널, 저서 자료 검색에 기초하였다.

2. 전사(前史, 1946~1975년)와 그 유산

1) 정치학과(1946~1975년)

문리과대학 정치학과는 1946년에 서울대학교의 출범과 함께 설립되었다. 해방이 되고 한국에 들어온 미군정은 1년 동안 대학 개편안을 준비했고 1946년 8월 22일 미국의 학제를 도입한 형태로 「국립서울대학교설립에관한법령」(이하 '국대안')을 공포했다. 이를 통해 서울대학교가 설립되면서 문리과대학 안에 정치학과가 창설되었다(서울대학교 정치학과, 2009). 문리과대학은 1975년 '서울대 종합화'에 따라 서울대가 관악산으로 이전할 때까지 존재했는데 기초학문과 그에 몸담은 학문 사회의 순수성을 강조하는 다소 고전적인 독특한 분위기의 대학이었다(서울대학교 정치학과, 2009).

해방 직후의 혼란기와 분단과정을 겪으면서 당시의 시대적인 과제는 신생 국가로서의 체제와 틀을 갖추는 것이었다고 볼 수 있다. 그러한 맥락에서 정치학과 창설 초기에는 일제 식민지 시대의 학풍의 영향을 받아 독일의 국가학적·국법학적 전통이 주류를 이루었다. 예를 들어, 황산덕 교수의 법철학, 법학개론, 한태연 교수의 헌법, 김도창 교수의 행정법, 이한기 교수의 국제법 등 법 관련 과목이 다수 개설되었고, 김두희 교수의 경제원론, 재정학과 국제경제론 등의 경제학 과목들도 필수과목으로 개설되었다(서울대학교 정치학과, 2009).

그러나 한국사회의 대사건이었던 1950년 6·25전쟁을 겪으면서 정치학의 학풍도 점차 영미식 학풍으로 바뀌었다. 미국은 유엔 참전국들과 함께 참전하여 한국의 공산화를 막아 주었고, 1953년에는 한미동맹이 체결되어 향후 한국의 안전보장의 제도적 틀이 마련되었다. 이에 따라 한국의 정치, 경제, 사회면에서 미국의 영향력은 자연스럽게 증가했다. 특히 미군정 이래 유입된 민주주의 정치제도의 효과적인 운용은 국민들의 큰 관심을 끌었다. 그리고 1950년대 말, 1960년대 초의 정치적 격변 과정은 민주주의라는 주제가 한국사회의 핵심 과제 중 하나로 떠오르게 만들었다.

이러한 영미식 학풍으로의 전환 과정에서 1952년 10월에 부임한 공삼(公三) 민병태 교수는 중요한 역할을 담당했다. 그는 영국의 자유주의 사상인 다원주의 이론을 일본 게이오대학에 유학했을 당시 접하여 연구했다. 그 후 한국 정치학계에 최초로 해롤드 라스키(Harold Laski)의 『정치학 강요(Grammar of Politics)』, 매키버(R.M. MacIver)의 국가론에 관한 저작들, 세바인(G. H. Sabine)의 정치사상사 등의 논저를 번역, 소개하고 정치적 다원주의 이론을 강의했다. 뒤에 정치학과에 부임한 이정복 교수는 민 교수의 저서와 논문을 섭렵한 뒤, 민 교수가 "한국의 정치 현실에 대해 깊이 사색하였고, 그의 정치학은 이를 반영하고 있다"라고 평가했다(이정복, 2008).

국가중심으로 권력 구조를 하향적으로 접근하는 국가학적·법학적 접근이 아니라 사회를 구성하는 다양한 독자적 권력 집단들의 상호작용과 협상을 통해 정치적 결정이 이루어진다고 보는 다원론적 접근은 당시 1950~1960년대 한국적 상황에서 볼 때 새롭고 신선한 시각으로 다가왔던 것으로 보인다. 당시 1965년 김계수 교수가 국내 정치학자들을 대상으로 실시한 조사에 의하면 1945년에서 1955년까지 10년에 걸쳐 국내 정치학자들에게 가장 큰 영향을 미친 외국학자로 1위에 라스키, 2위에 매키버가 올랐다고 한다(김학준, 2002). 또한 민병태 교수가 1950년대부터 강의했던 정치사상사는 "정치학과의 중심 과목이 되었으며", 정치사상과 이론 분야가 정치학과 학풍의 중요 분야로 남게 된 계기가 되었고 향후 서울대학교 정치학과를 타교 및 타과들과 구분 짓는 중요한 특성으로 남게 만들었다(서울대학교 정치학과, 2009). 이러한 경향은 외교학과가 분리된 1950년대 후반 이후 더욱 두드러지게 되었다.

당시 민병태 교수 외에도 김두희 교수는 경제학과 재정학을, 박준규(朴浚圭) 교수는 정치발전론을, 김성희 교수는 구주정치사를 가르쳤다. 1950년대 후반에서 1960년대 초에 김영국, 박봉식, 손제석, 구범모 교수 등이 전임교수로 부임했었는데 그들은 풀브라이트, 이스트웨스트, 하버드 옌칭 등 미 국무부 초청 단기 교환 프로그램으로 1~2년 간 미국의 대학에서 연구 경험을 쌓았다.

박찬욱 교수는 1960년대를 한국 정치학의 성장기로 규정하며 이 시기에 "한국

정치학은 미국 정치학을 모방하고 이에 동화하려고 하면서 발전을 도모해 왔다"라고 평가한다(서울대학교 정치학과, 2009). 당시 미국 정치학의 영향은 행태주의의 바람을 타고 한국 학계에 미쳐 왔다. 행태주의는 정치 행태와 과정을 과학적(scientific)으로 분석하자는 학문적 입장으로 그동안 한국의 법률과 제도, 사상 중심의 연구 흐름에 대비되었다. 또한 박정희 대통령의 근대화 통치 이념 추구의 영향으로 서방의 근대화론 및 비교정치론에 관심이 커졌다.

구범모 교수는 미국 정치학계의 근대화정치론과 정치발전론을 한국 정치학계에 소개했다. 그는 1968년부터 5년간 정치학과에 재직했고 9대, 10대 국회의원을 역임한 뒤, 한국정신문화연구원에서 연구 생활을 계속했다. 민병태 교수의 제자로 미국의 시카고대학에서 수학한 김영국 교수는 서양정치철학의 주요 흐름을 연구했고 특히 마키아벨리와 레오 스트라우스(Leo Strauss)의 정치사상에 정통했다. 그는 1956년에 한국 최초로 루소의 저서 『인간불평등의 기원 및 근거에 관한 논고』(1754)를 한국어로 번역했다.[2] 김학준 교수에 의하면, 그의 연구는 "특히 마키아벨리와 라스키 및 스트라우스에 대해서는 국내 1인자였고, 스트라우스에 대해서는 독보적인 존재"였다(김학준, 2002).

그 후 1960년대 말부터는 미국 예일대에서 박사학위를 한 이홍구 교수가 서양정치철학을 강의했다. 그는 장 자크 루소, 존 로크, 존 스튜어트 밀, 칼 프리드리히 등 서구 정치철학자들에 대한 연구에서 출발하여 비서구적 사회로서 한국의 근대화가 지향해야 할 규범과 가치, 민주화, 통일 문제에 이르기까지 깊이 성찰했다. 이 교수는 1970년대 초반 남북 대결이 심화되는 한반도 상황에 대한 해법으로 1976년 멕시코시티에서 열린 한 국제회의에서 '코리안 코먼웰스(Korean Commonwealth)' 구상을 발표했다.[3] 이는 그가 후일 노태우 정부에서 국토통일원

---

2) 김영국(1956, 1958). 인간불평등기원론. 현대문화사, 1956; 신아사, 1958.
3) Lee Hong-Koo (August 3-8, 1976). "The Korean Commonwealth and the Asian Community: A Vision for a New Strategy for Peace," a paper presented at the 30th International Congress of Human Science in Asia and North Africa, Mexico City.

장관(1988~1990년)을 역임할 때 정립한 한민족공동체통일방안 아이디어의 시발점이 되었다. 한민족공동체통일방안은 현재까지 역대 한국정부의 공식적인 통일방안으로 채택되어 왔다. 그는 주영대사(1991~1993년), 국무총리(1994~1995년), 주미대사(1998~2000년) 등 중책을 역임했다.

1968년 부임한 구영록 교수는 외교학과가 분리된 후 공백이었던 국제정치학 강의를 정치학과에서 맡았고 국제관계이론 및 한국외교정책, 남북관계 및 통일문제, 한미관계 등을 연구했다. 이정복 교수는 구영록 교수의 저서들이 "한국의 국제정치학 발전의 초석"이 되었다고 평가했다. 또한 독일 유학 출신으로 1964년 정치학과에 부임한 배성동 교수는 유럽정치사와 정당론을, 그리고 일본정치를 연구하고 가르쳤다. 1970년 부임한 최창규 교수는 근대한국정치사상사를 연구했고 특히 위정척사(衛正斥邪) 사상을 깊이 연구했다. 김영국 교수와 구영록 교수는 정치학과에서 30년 이상, 그리고 이홍구 교수와 최창규 교수는 20년 남짓, 배성동 교수는 24년, 구범모 교수는 14년을 재직하면서 1960~1970년대 한국 정치학의 발전에 크게 기여했다(서울대학교 정치학과, 2009).

2) 외교학과(1956~1975년)

6·25전쟁을 치르고 난 상황에서 이승만 대통령은 외교 역량을 키우는 것의 중요성을 인식했다. 그는 변영태 외무장관에게 서울대학교에 전문 외교관을 양성할 학과를 개설하도록 지시했고, 이는 외교학과의 창설로 이어졌다(김용구, 2021). 1956년에 최초로 정치학과 60명 정원 이외에 외교학 전공 20명을 모집했다. 그러다가 1958년 1학기에 문교부의 인가로 별도 교과목을 갖는 학과로 외교학과가 정식 출범했고 1959년에 독립된 학과로서는 처음으로 신입생을 모집했다.

이 과정에서 주도적인 역할을 담당했던 분이 연희전문 출신의 동주(東洲) 이용희 교수였다. 이용희 교수의 제자로 1956년부터 41년간 가까운 거리에서 그를 모셨고 1969년 전임강사로 시작하여 외교사 분야를 가르쳤던 김용구 교수(외교 56)에 의하면, 이용희 교수는 "1949년 정치학과 조교수가 되면서 우리나라에 국제정치학이라는 새로운 학문체계를 정립했다. 그는 외국 이론의 단순한 전달에 만족하는 학자가 아니었다". 그는 국제정치학의 '국제정치적인 성격'을 규명하는 작업부터 출발하여 강대국 정치학 비판과 한국의 역사적 위치 규명, 두 가지 문제에 집중했다(김용구, 2021).

그의 또 다른 제자이며 외교학과에서 정치사상을 강의했던 노재봉 교수에 의하면, "저쪽(서구)에서는 1, 2차 세계대전을 거치면서 서구 세계를 중심으로 한 정치학의 한 장르로서 국제정치학이 나왔습니다. 이에 비해서, 동주 선생님은 한국이라는 상황 전체가 국제정치라는 상황이며 그것의 압도적인 영향을 받고 있다는 의미에서 국제정치학이 바로 정치학의 전부라는 인식을 펼치셨습니다".[4]

이용희 교수가 출간한 『국제정치원론』(1955)과 『일반국제정치학(上)』(1962)은 향후 외교학과 소속 교수들과 학생들에게 중요한 영향을 끼치고 외교학과의 교과 과정 편성에도 영향을 미쳤다. 특히 『일반국제정치학(上)』은 당시 당연하게 받아들이던 서양식 근대(국제)정치의 틀도 유럽이라는 특정 장소(문명권)에서 만들어진 제도일 뿐이라는 주장을 담았고, 그러한 맥락에서 이용희 교수는 서양식 근대 국가 체제를 제대로 이해하기 위해 이슬람 문명권과 동아시아 문명권의 비교연구를 제안했다.

이용희 교수가 주도한 이러한 학문적 분위기 속에서 창설된 외교학과에는 초기에 교수 인력이 부족했다. 그러한 상황에서 이용희 교수를 도와 1956년 경희대학교의 이원우 교수가 시간강사로 서구 국제정치학의 태두라 할 수 있는 E. H. Carr의 저서 『20년의 위기(The Twenty Years' Crisis)』를 중심으로 강의를 시작했다. 그리고 1958년 전임강사로 부임한 박봉식 교수(정치 51)가 서양외교사 과목을 강의했다. 그는 세력균형론의 역사적 전개를 중심으로 나폴레옹 전쟁이 종결된 1815년 비엔나체제 이후의 외교사에 집중했다. 그는 후일 서울대학교 총장(1985~1987년)을 역임했다. 손제석 교수(정치 50)는 1959년 전임강사로 부임해 1982년 대통령실

---

4) 노재봉(1998). "동주의 학문세계," 동주기념사업회. 동주 이용희와 한국 국제정치학.

교육문화수석비서관 취임을 위해 외교학과를 떠날 때까지 주로 국제기구론을 강의했다. 이들과 거의 동 시기부터 이기원(정치 50), 김홍철(정치 53), 두 교수가 시간강사로 1960년대까지 전략론 및 전쟁론 등의 과목을 강의했다. 1960년에는 이정우 정치학과 동문(정치 46)이 외교학과 교수로 취임하여 1961년까지 외교정책론 강의를 하다가 경제계에 진출했고, 1962년에는 이화여대에서 박준규(朴俊圭, 정치 46) 교수가 외교학과로 자리를 옮겨 1978년 정계에 진출할 때까지 주로 외교정책론과 한국외교사를 강의했다(서울대학교 외교학과, 2006).

당시의 외교학과 교과목들은 이용희 교수의 문제의식을 반영한 부분이 크다. 무엇보다도 서구 국제질서의 기본 단위로서의 근대국가가 어떻게 형성되고 작동되어 왔는지의 관점에서 1959년 초창기의 교과목은 국제정치이론, 식민지론, 국제정치연습, 미소외교정책, 미국의 남미외교정책, UN론, 국제기구론, 전략론, 국제법 등이 개설되었다. 또한 외국의 이론과 사상을 원문 강독을 통해 익혀야 한다는 그의 생각이 반영되어, 외교론영강, 외교론독강, 국제정치학강독, 국제정치학불강이 개설되었다. 외교사와 관련해서는 한국외교사, 서양외교사, 동양외교사가 개설되었고, 이용희 교수의 비교역사학적 문제의식의 영향으로 비서구문명권의 외교를 탐구하는 중동외교사, 동양외교사특강이 개설되었다(서울대학교 외교학과, 2006).

3. 사회과학대학 정치외교학부 50년: 통합 이전(1975~2010년)

문리과대학 정치학과, 외교학과는 1975년 서울대학교 종합화 계획에 따라 관악산으로 이전함과 동시에 사회과학대학 소속으로 바뀌게 되었다. 양 학과는 2010년 정치외교학부로 통합되기 이전까지 분리되어 별개의 학과로 존재해 왔다.

이 장에서는 관악산으로의 이전 이후 정치학과와 외교학과가 어떻게 발전해 왔는지를 추적해 보고자 한다. 이 시기(1975~2010년) 동안 국내정치적으로 가장 중요한 사건은 1987년 민주화 항쟁이었다고 말할 수 있다. 1972년부터 시작된 유신시대는 1979년 박정희 대통령의 타계로 끝이 났으나 곧이어 전두환 권위주의 시대로 연결되었다. 권위주의 정치체제는 1987년 민주화 항쟁이 성공하여 헌법이 개정되고 대통령의 직접선거가 이루어질 때까지 지속되었다. 또한 국제정치적으로 가장 중요한 사건은 1991년 냉전의 종결이라고 말할 수 있다. 제2차 세계대전 이후 시작되고 한국전쟁을 거쳐 확고하게 자리 잡은 냉전 대결체제가 1991년 소련의 붕괴와 동구권의 와해로 종결되었다. 이는 한국외교와 국제정치 전반에 상당한 변화를 가져왔다. 따라서 정치학과는 1987년 민주화 이전과 이후, 외교학과의 경우는 1991년 냉전 종결 이전과 이후로 구분하여 양 학과의 발전과정을 살펴보기로 한다.

다만, 한 가지 유념할 사항은 대학 교육과 연구의 지속성이라는 속성상, 국내 및 국제정치 현실의 변화가 곧바로 대학 구성원들의 연구와 교육 내용에 변화를 가져오기보다는 시차를 두고 서서히 영향을 미쳐 왔다는 점이다. 그렇기 때문에 이러한 민주화 및 냉전 종결을 기점으로 시대 구분을 했다고 해서 그것이 양 학과 교수들의 연구나 교육의 경향 변화와 엄밀하게 시점이 일치하는 것은 아니다. 이 점을 염두에 두고 1975년 관악산으로의 이전부터 2010년 통합 이전까지의 시기 동안의 양 학과의 상황을 연구와 교육을 중심으로 조망해 보고자 한다.

1) 사회과학대학 정치학과(1975~2010년)

(1) 민주화 이전의 정치학과(1975~1987년)

오늘날 대한민국 국민은 민주주의를 정치적 삶의 기본으로 간주한다. 민주주의의 기반이 무너지는 것을 용납할 수 없다는 생각이 오랫동안 사람들의 머릿속에 존재해 왔다. 마치 공기 속의 산소의 존재처럼 너무도 당연한 정치적 삶의 전제 조건이 되었다. 그러한 국민들의 기대가 정치 현실에서 이루어지지 않을 때 국민들은 민주주의의 이상을 실현하기 위해 투쟁해 왔는데, 1960년의 4·19혁명, 유신시대의 반정부 시위, 1987년의 민주화 항쟁 등이 그 대표적인 사례이다. 1975년에서 1987년에 이르는 기간은 유신체제가 확립되고 1979년 박정희 대통령의 시해 이후 1980년에 들어선 신군부의 집권으로 권위주의 통치체제가 지속된 시대였고, 이는 동시에 민주화를 위한 학생들과 시민들의 저항이 지속되던 시대였다.

이 시기의 한국 정치학계의 흐름을 박찬욱 교수는 한국적 정체성을 추구하는 각성기로 구분했다. 그 이전에는 한국의 정치학이 미국의 정치학에서 논의되는 개념이나 이론 등을 무비판적으로 수용했고 한국적 적실성을 찾아보려는 노력이 부족했다는 것이다. 미국 정치학을 도입하지만 좀 더 신중하게 한국적 정체성을 갖는 정치학을 모색하는 새로운 흐름이 나타났다는 것이다(서울대학교 정치학과, 2009). 그러한 문제의식이 연구자들로 하여금 비교정치와 정치발전, 그리고 한반도 주변국, 즉 북한, 미국, 중국, 일본, 소련을 연구하는 지역연구를 중시하게 만들었다.

정치적으로는 권위주의 시대였지만 이 시기는 동시에 급속한 경제발전의 시대였다. 이에 따른 정치, 사회의 변동과 관련하여 비교정치 영역에서 근대화 문제가 동시에 중요한 연구 관심사였다. 박찬욱 교수는, 이 시기에 "방법론적으로 여전히 과학주의(scientism)를 추구하면서도 정치학 연구의 대상과 방법에 대하여 자기 성찰적이 되었고 한국적 특색이 있는 정치학 형성이 바람직한 학문적 목표로 설정되었다"라고 평가했다. 그는 이러한 한국 정치학의 각성기에 두각을 나타낸 교수들이 관악산으로 옮긴 서울대 정치학과에 소속된 교수들이었다고 말한다(서울대학교 정치학과, 2009). 그리고 1976년 이후 해외에서 유학한 교수들이 부임하기 시작하면서 교과과정의 발전적 정비도 이루어졌다.

신문대학원에서 1975년 3월 정치학과로 소속을 옮긴 최명 교수는 비교정치학 연구와 강의를 통해 알몬드(G. A. Almond)의 구조기능분석을 심도 깊게 소개했고 이론 및 방법론과 관련하여 여러 권의 역서를 냈다. 또한 현대중국의 정치를 비교정치학적으로 연구했고 동양정치사상에 관한 수 편의 저서들을 출간했다. 그가 그의 제자 김용호(후일 인하대 교수 재직)에게 보낸 편지의 다음 구절은 2006년까지 그가 재직했던 31년 중 권위주의 시대 12년 동안의 한국의 지식인, 정치학자의 암울한 고뇌를 가감 없이 드러내고 있다(서울대학교 정치학과, 2009).

"우리가 처음 만날 당시는 소위 유신의 어두운 시절이었네. 그래도 뜻있는 사람들은 묵묵히 각자의 길을 걸었던 것이 아닌가 하네. 그래서 자네도 대학원에 진학한 것이고, 자네와 나의 긴 인연이 생긴 것이네. 그러나 위수령이다, 긴급조치

다, 또 이에 맞선 학생들의 데모는 끊이지 않고 캠퍼스가 조용한 날이 없었으니 강의가 제대로 될 리가 없고, 공부의 의욕이 날 리가 없었던 것일세. 자네는 자네 나름의 고민이 있었겠지만 나는 나대로의 고민이 있었네. 독재에 항거하여 싸우는 학생들을 대할 때 부끄러움을 느끼면서도 그러한 학생들을 '지도'한다고 좌왕우왕하였다네. 불의에 [대하여] 저항을 못하는 나약한 나의 모습이 싫었고, 그러한 환경 속에서 살지 않으면 안되는 현실이 미웠네…."

최명 교수는 또한 한국의 권위주의 정치가 2025년 오늘날까지 영향을 미치고 있는 딜레마를 다음과 같이 요약했다(서울대학교 정치학과, 2009).

"군사독재 정권의 또 다른 유산은 소위 민주화 세력을 키운 것이다. 그래서 민주화 세력의 도움으로 정치가 다소 민주화가 된 것도 부인할 수 없다. 그러나 불행히도 민주화 세력을 등에 업고 불순한 좌파 세력이 둥지를 틀어 우리 사회를 혼란 속으로 몰아넣고, 파편화시키려는 것이 우리의 현실이다."

1973년에서 1988년까지 정치학과에서 재직했던 김학준 교수는 한국정치와 소련정치 분야의 강의를 맡았다. 그의 연구 주제는 한국정치 분야에서 해방 이후 현대한국 정치사, 한국전쟁, 남북한 관계와 통일정책, 북한정치였으며 소련정치 분야에서는 러시아혁명, 소련 공산당과 정치엘리트, 정치과정의 동태였다. 그는 앞에서 말한 한국 정치학의 각성기에 미국 정치학을 공부했지만 한국학자로서의 문제의식에 철저히 기반하여 열정적으로 연구에 천착했다(서울대학교 정치학과, 2009). 특히 다양한 정치학 분야의 주제들과 사건들, 그리고 인물들에 대해 타의 추종을 불허하는 왕성한 저술활동을 펼쳤다.[5]

---

5) 그의 저술활동의 왕성함은 네이버 검색을 통해서도 드러난다. 네이버 검색창은 그의 저서 91개를 소개한다(검색일 2024. 9. 28.). 그는 최근 759쪽에 달하는 『이홍구 평전』(2023)을 출간했다.

길승흠 교수는 1978년에 부임하여 1996년까지 정치학과에 재임했는데 일본의 정책결정 과정에 있어서의 정당과 관료의 역할에 관한 연구로 미시간대학에서 박사학위를 받았고 정치학과에서 일본정치 분야를 가르쳤다. 그리고 현대한국정치 분야에서 선거와 의회정치, 그리고 정치발전의 주제를 연구하여 업적을 남겼다.

1979년에 부임하여 30년간 정치학과에서 재직한 안청시 교수는 정치학과 교수 중 처음으로 계량적 연구 방법을 체계적으로 적용한 정치발전과 정치폭력에 관한 교차국가적 실증적 연구로 박사학위를 받았다. 그는 정치발전, 지방정치, 정치학 방법론, 정치경제학, 민주화, 한국정치과정, 동남아정치 등 비교적 광범한 범위의 주제들을 연구했다. 그는 특히 1990년대 초 최초로 '지방정치론' 과목을 대학원에 개설했고 선도적 연구를 통해 한국 지방정치의 발전 방향을 제시했다.

이정복 교수는 1981년에 부임하여 김학준 교수가 1980년대 정치학과 강단을 떠나 공백이 된 한국정치 분야를 강의했다. 특히 한국정치의 역사, 제도, 과정, 행태 등 다양한 측면에 대한 연구를 지속했고 그 연구 축적의 결과를 1996년 『한국정치의 이해』라는 저서로 출간했다. 이 책은 "이념적으로 좌나 우로 편향되지 않고 균형적 시각에서 논의를 전개한 역작으로 평가받았다"(서울대학교 정치학과, 2009). 그의 『한국정치의 분석과 이해』(2006)는 2017년에 개정증보 5판이 나올 정도의 스테디셀러였다.

김홍우 교수는 1981년 부임하여 26년간 재직했는데 서양정치사상을 강의했다. 그는 조지아대학 유학 시 작성했던 박사논문을 1987년 『현상학과 정치철학(Phenomenology and Political Philosophy)』이라는 영문 저서로 출간하여 한국 정치학계에 최초로 정치현상학을 본격적으로 소개했다. 그의 저술 『현상학과 정치철학』(1999)은 이듬해 한국백상문화출판상을 수상했고 『한국정치의 현상학적 이해』(2007)는 현상학적 관점에서 삼국시대로부터 현재에 이르기까지 한국정치의 사상적 흐름과 그것이 한국의 현실 속에서 표출되는 정치현상을 분석했다.

1985년 부임하여 22년간 재직했던 황수익 교수는 당시 한국 정치학계에 제대로 소개되지 않고 있던 합리적 선택이론을 최초로 소개했다. 그는 "정치현상에 대한 기술이나 설명이 개인들에 관한 사실에 기초해야 한다는 방법론적 개인주의 입장을 취함으로써 거시적 현상조차 미시적 기반에서 출발하고 기술하고 설명하도록" 해야 한다고 주장하며 논증의 엄격성을 강조했다.

1979년 10월 대통령의 궐위, 신군부 등장, 제5공화국 출범, 권위주의 정치에 대한 국민의 불만과 민주항쟁, 1988년 6공화국 시대의 도래에 이르기까지의 정치적 혼란기에 한국 정치학계에서는 그간의 주류정치학 연구가 체제 순응적이고 거시적 정치 동태를 적절히 설명하지 못했다고 주장하며 대안적 패러다임을 모색하는 흐름이 등장했다. 이들은 서구 중심적 발전론과 근대화론, 행태주의적 접근을 비판하면서 정치경제학 접근법, 종속이론, 관료적 권위주의론, 세계체제론, 네오마르크시즘적 접근 등을 대안으로 내세웠다.

그러한 경향성을 정치학과에서 대변한 교수가 김세균 교수였다. 김 교수는 국가론, 사회주의, 자본주의 정치경제, 노동정치, 마르크스정치경제이론에 대해 집중적인 연구를 하고 강의했다. 그는 한국의 1980~1990년대 민주화 운동의 역사와 과정에 대한 심도 깊은 분석을 내놓았는데 민주화 과정에서 시민사회, 특히 노동운동의 중요성에 천착했다. 김 교수는 또한 진보 진영의 실천적 운동가이자 지도자로 활약했고, 한때 정의당의 공동대표를 역임했다.

(2) 민주화 이후의 정치학과(1987~2010년)

한국의 정치학계는 한국정치의 민주화, 즉 1987년 체제의 수립과 함께 1990년대에 성숙기에 이르렀다. 이 시기에는 동시에 사회주의 체제가 붕괴하고 세계화 및 정보화가 급속도로 진행되었다. 국내적으로는 민주주의가 정착되고 국제적으로는 사회주의 체제가 붕괴했으며 세계화가 진행됨으로써 상기한 마르크시즘적 정치경제학 패러다임의 호소력도 약화되었다.

그러한 변화를 반영하여 한국 정치학계의 연구도 내용이 풍성해졌다. 이론이나 주제가 풍부해지고 이념적으로도 유연해졌으며 패러다임도 다양해졌다. 비교정치, 한국정치, 행정학, 국제관계 등 분야에서 탈냉전 세계질서와 세계화의 영향, 남북한 관계의 변화, 환경, 인권, 비정부조직의 활동, 성평등, 테러리즘, 정보와 통신의 발전 등 다양한, 그리고 탈근대적인 쟁점들이 새롭게 부각되었다. 또한 민주화, 국가-사회 관계, 새로운 공공 이슈의 관리 방식으로서의 거버넌스 등이 중요 연구과제로 등장했다(서울대학교 정치학과, 2009).

1993년에는 대학 본부의 방침에 따라 전공필수 교과목의 숫자가 줄어들었고 학생들에게 수강과목의 선택 여지를 넓혀 주었다. 공공선택론, 북한의 정치와 사회 등 새로 대두된 주요 주제를 다루는 교과목들도 추가되었다.

미국 캘리포니아대학(버클리)에서 일본정치에 관한 논문으로 박사학위를 받은 장달중 교수는 서강대학에서 근무 후 1990년에 서울대 정치학과 교수로 부임했다. 장 교수는 일본정치와 외교뿐 아니라 북한정치 연구에도 진력했다. 그는 1985~1986년 일본 도쿄대학에 객원연구원으로 지내며 다양한 일본 지도층 인사들과 교류하면서 한국의 일본학계를 주도했다. 한일공동연구포럼의 연구 성과를 모은 『한일공동연구총서』 14번째 책 『전후 한일관계의 전개』를 출간했는데 이 시리즈는 한국판과 일본판으로 양국에서 동시에 발간되었다. 그는 북한 관련 강의가 없던 시절, 북한정치에 관한 강의를 개설했고, 『북미 대립: 탈냉전 속의 냉전 대립』(2017)을 공동 저술했다.

박찬욱 교수는 2019년 2월 서울대 총장직무대리로 퇴임할 때까지 비교정치와 한국정치 분야의 연구와 강의를 수행했다. 박 교수의 학문적 관심은 국가 간 비교의 관점에서 의회, 선거, 정당 등 정치제도와 과정의 실태를 진단하고 문제 해소를 위한 처방을 모색하는 것이었다. 특히 한국 대의민주주의 정치의 이론, 연구방법과 현실을 구명하고 개선해야 한다는 문제의식을 견지했다. 한국정치학회 회장, 아시아정치학연구협의회 사무총장, 세계정치학회 부회장, 한국사회과학협의회 회장으로서 국내외 학술교육에 많은 노력을 기울였다. 아울러 전문성을 바탕으로 정부와 공공기관의 자문 역할을 수행하고, 유수한 민간정책연구소와 공익단체의 활동에도 참여했다.

2) 사회과학대학 외교학과(1975~2010년)

(1) 냉전 종결 이전의 외교학과(1975~1991년)

해방 이후 한국 외교사의 큰 분수령은 1950년 6·25전쟁이었다. 제2차 세계대전 종전 이후 시작된 냉전은 6·25전쟁을 거치면서 더욱 치열해졌고 세계는 미국 중심의 자유 진영과 소련 중심의 공산 진영으로 양분되었다. 한반도는 그 사이에 끼어 냉전 분단 질서의 첨병 역할을 떠안았다. 그러한 가운데 이승만 대통령의 대미 외교로 한미상호방위조약이 체결되어 국가안보의 제도적 틀이 마련되었다. 1960년대는 국내적으로 박정희 대통령의 경제개발 드라이브가 추진력을 강화하기 시작했고, 대외적으로는 전쟁 중의 베트남에 1965년부터 1973년까지 연 인원 32만여 명의 병력을 파병했다.

이 같은 국제정치 상황 속에서 상당수의 연구자들은 국제정치 속의 한국을 바라보는 시각에서 일종의 양가감정을 느낄 수밖에 없었다. 한편으로는 한미동맹과 한미관계의 강화 속에서 빈곤을 탈피하고 경제성장을 이루어 가는 한국의 모습을 긍정적인 관점에서 바라보았다. 그러나 다른 한편으로는 국제사회의 다른 국가들과 달리 분단된 채 제대로 된 근대 국민국가 단위체로서의 존립조차도 이루지 못한 스스로의 모습과 그렇게 만든 강대국 중심의 서구 국제질서에 대한 비판적인 관점이 존재했다. 그리고 이러한 양면적인 감정은 외교학과의 국제정치학 연구 경향에서도 드러났다.

예를 들어, 이용희 교수는 민족주의론 강의를 개설했는데 그 개설의 기본적인 문제의식에는 근대 국민국가 단위로서 제대로 서지 못한 한국의 위상에 대한 안타까움이 밑바닥에 깔려 있었다고 볼 수 있다. 비교역사사회학적 연구, 즉 서양식 근대 국제정치의 틀뿐만 아니라 이슬람이나 동아시아 등 다른 문명권에서의 국제질서의 비교연구에 대한 강의를 개설했던 것도 저변에 한국이 몸담고 있던 미국 중심의 서구 국제질서에 대한 비판적 성찰의 필요성에 대한 인식이 자리 잡고 있었기 때문이다.

이러한 비판적 성찰은 한국적 '입장'에서 특수성, 즉 한국의 고유하고 독특한 현실을 어떻게 설명할 것이냐, 더 나아가 한국적 국제정치학을 어떻게 정립할 것이냐 하는 문제의식으로 심화되었다. 반면, 다른 한편에서는 서구 학문 세계에서 지배적인 위치를 형성한 국제정치학의 보편성을 받아들이며 그 추세에 따라가는 전반적 흐름이 형성되었다. 동주 이용희 교수의 연구는 학문의 주체의식을 강조하는 전자의 시각에 가까웠다고 말할 수 있다. 그리고 그의 영향은 김용구 교수, 하영선 교수와 같은 제자들과 후배 교수들에게 상당한 영향을 주었다.

학부 시절(1971~1975년) 이용희 교수의 국제정치론, 민족주의론, 국제정치연습을 수강한 필자에게도 그의 가르침은 큰 지적인 충격이었다. 국제정치학이란 연구자가 처한 공간적 특수성의 규정과 제약을 받아 거기에서 비롯된 문제의식에서 출발될 수밖에 없다는 시각은 향후 국제정치학 연구자로서의 문제의식 형성에 큰 영향을 주었다. 그 결과 유학 후 귀국하여 책을 쓰거나 강의할 때, 서구의 국제정치이론이나 개념들을 한국의 '입장'에서 걸러내고 재해석하는 작업이 필요함을 강조하곤 했다.

1970년대 들어서서 외교학과는 1950~1960년대의 초창기의 모습을 벗어나 성장기로 진입했다(서울대학교 외교학과, 2006). 교육 전반에 박사학위 취득 제도 등 미국식 제도가 도입되기 시작했고 미국에서 박사학위를 취득한 교수들이 외교학과에 영입되었다. 미국 뉴욕대학교에서 프랑스의 정치사상가 알렉시스 드 토크빌의 연구로 박사학위를 받은 노재봉(정치 53) 교수가 1967년 귀국해서 정치사상사를 강의하기 시작했다. 그의 정치사상 강의는 구체적 정치 현실에 대한 성찰에서 출발하여 개념화 과정을 거친 추상적 논의로 학생들의 '정치적' 사유 방식에 깊은 영향을 주었다. 그는 1988년 교단을 떠나, 노태우 정부의 대통령 특별보좌역을 거쳐 대통령 비서실장과 국무총리를 역임했다.

1969년 전임강사로 발령받아 강의를 시작한 김용구 교수는 1956년 정식으로 외교학과 전공을 밝히고 입학한 첫 번째 학년의 학생이자 외교학과 1회 졸업생으로 2002년 정년퇴임 때까지 봉직했다. 그는 이용희 교수의 지적인 영향을 크게 받았고 특히 국학과 조선 개항기 국제관계사를 집중적으로 연구하고 가르쳤다. 30여 년에 걸친 그의 구한말 외교사 연구 결과는 세 권의 저서로 출간되었다.[6] 다양한 외국어에 능통했던 그는 그칠 줄 모르는 학문적 열정으로 외교문서 편찬과 해제에 집중하며 한국의 외교사학계를 주도했다. 그는 정년퇴임 강연에서 외교문서의 편찬에 무관심한 한국이 "국제정치의 정신적 후진국"이라고 개탄하면서, 자신의 기본 입장은 외교사를 비교문명권의 입장에서 다시 서술해야 한다는 것이라고 밝혔다(김용구, 2021).

1975년 서울대의 관악캠퍼스 이전으로 문리과대학이 없어지고 사회과학대학이 들어서면서 외교학과에는 타 대학에서 두 분의 교수가 옮겨 왔다. 한 분은 법과대학에서 조선 외교사 및 동북아 국제관계를 강의했던 동덕모 교수인데 1990년 정년퇴임 시까지 동북아국제관계사를 주로 강의했다. 그는 『한국의 개국과 국제관계』(서울대학교 출판부, 1980), 『조선조의 국제관계』(박영사, 1990) 등을 출판했다.

그리고 상과대학에서 여정동 교수(정치51)가 옮겨 와서 주로 제국주의론, 근대화 과정, 남북(선진국-개도국) 관계 등을 중심으로 1996년 정년퇴임 시까지 국제정치 및 경제 관련 주제를 강의했다. 그는 저서로 『현대 국제정치경제』(공저, 법문사, 2000), 『국가독점자본주의 이론의 변화 과정에 관한 연구』(서울대 국제문제연구소, 1993) 등을 출판했다.

1975년 퇴임한 이용희 교수의 후임으로 정종욱 박사(외교 59)가 1977년 외교학과 교수로 취임했다. 그는 외교학과 출신으로 외국에서 박사학위를 취득한 후 외교학과에 자리를 잡은 최초의 사례였는데, 미국 예일대학교에서 모택동 사상을 주제로 박사학위를 취득했고 중국정치에 대해서 강의했다(서울대학교 외교학과, 2006).[7] 그는 『저우언라이 평전』(민음사, 2020)을 출판했다. 정 교수는 김영삼 정부에서 대통령 외교안보수석으로 재직하면서 1994년 1차 북핵 위기를 한미공조

---

6) 『세계관 충돌의 국제정치학: 동양 예와 서양 공법』(나남, 1997); 『세계관 충돌과 한말 외교사, 1866~1882』(문학과 지성사, 2001); 『임오군란과 갑신정변』(도서출판 원, 2004).

7) 그의 박사학위논문은 후에 수정되어 영문과 국문으로 출간되었다. 『Maoism and Development: The Politics of Industrial Management in China』(Seoul: Seoul National University Press, 1980); 『신중국론: 모택동 사상, 정치발전, 대외정책, 근대화』(서울대출판부, 1982).

를 통해 해결하는 데 기여했고 그 후 주중한국대사를 역임했다.

1980년대는 외교학과의 역사에서 전환기적 성격이 강했다. 이는 주로 외교학과 원로 교수들의 정계 진출과 이로 인해 새로운 세대로 교수진이 교체된 것에 따른 변화 때문이었다(서울대학교 외교학과, 2006). 1978년 박준규 교수가 유신정우회 국회의원으로, 그리고 1982년에는 손제석 교수가 대통령비서실 교육문화수석비서관으로 진출하면서 외교학과를 떠났다.

박준규 교수의 후임으로 하영선 박사가 1980년 외교학과 교수로 임용되었다. 그는 워싱턴대학(시애틀)에서 핵 확산에 관한 미국의 정책을 주제로 박사학위를 받았고, 전쟁론, 외교정책론, 국제정치이론, 한국외교사 등의 과목을 가르쳤다. 특히 북한의 핵 개발과 한반도를 둘러싼 군사적 긴장뿐 아니라, 거시적인 시각에서 구한말 지식인들의 국제관계에 대한 인식, 한국적 국제정치학의 모색 등의 주제를 깊이 연구했다.[8] 또한 외교, 안보 관련 정부 부처들에 자문했고, 후배 및 제자들을 중심으로 하는 한국외교사 연구 모임, 전파 연구 모임, 정보세계정치학회, 동아시아연구원 모임 등을 주도하면서 한국적 문제의식을 담은 국제정치학 발전을 위해 진력했다.

1983년에는 손제석 교수의 후임으로 미국 남일리노이대학에서 박사학위를 받은 박상섭 박사가 임용되었다. 그는 주로 역사사회학적 문제의식을 가지고 근대국가의 역사적 발전 과정을, 특히 전쟁의 문제에 주목하면서 중점적으로 연구했다. 이용희 교수가 근대국가의 역사적 전개 과정을 군사국가, 경제국가, 식민지국가를 핵심적 성격으로 지목하였는데 박 교수는 그중 군사국가적 성격에 집중해 연구했다. 그 결과를 1996년 『근대국가와 전쟁: 근대국가의 군사적 기초, 1500~1900』(나남, 1996)로 출간했다. 2002년에는 『국가와 폭력: 마키아벨리의 정치사상 연구』(서울대출판부, 2013년 5쇄)를 통해 마키아벨리의 국가개념이 갖는 근대성을

---

8) 이 주제에 대한 그의 저서로는 『한반도의 전쟁과 평화: 군사적 긴장의 구조』(청계연구소, 1989), 『한반도의 핵무기와 세계질서』(나남, 1991), 『북핵위기와 한반도 평화』(동아시아연구원, 2006)가 있다.

밝혔다.

　1986년에는 캘리포니아대학(버클리)에서 소련의 경제개혁에 대한 공산당의 태도에 대한 논문으로 박사학위를 취득한 하용출 교수가 부임했다. 그의 연구는 소련의 경제개혁에서 출발했고 소련/러시아 정치를 주로 강의했다. 그러나 관심 영역을 더 넓혀 사회경제구조의 개편에 있어서 국가의 역할에 주목했고 그러한 맥락에서 일제 식민지 시대의 국가와 전통적 사회관계의 상호역할, 그리고 러시아와 한국의 국가건설 및 민주화 과정을 비교하는 연구도 수행하여 2006년 『후발산업화와 국가의 동학』(서울대학교출판부, 2006)을 출간했다. 2008년 이래 미국 워싱턴대학교(시애틀) 잭슨스쿨에서 재직하고 있다.

　이처럼 해외 유학을 한 소장파 교수들이 새로 부임하면서 근대국가, 안보 및 핵비확산, 공산권 정치에 대한 강의늘이 개설되었고 국제정치개론, 전쟁론, 외교정책론, 비교국제사회론 등의 과목도 신설되었다.

　(2) 냉전 종결 이후의 외교학과(1991~2010년)
　1991년 소련의 붕괴로 인한 냉전 질서의 붕괴는 국제정치 전반에 큰 충격이었다. 향후 국제질서는 냉전 양극체제에서 미국이 주도하는 탈냉전 일극체제로 전환되었다. 구 사회주의 국가들의 시장경제로의 체제 전환은 1980년대 초부터 시작한 신자유주의 경제 독트린과 경제적 세계화의 동력을 강화했다. 그러나 2000년대로 넘어가면서 2002년 9·11 테러와 아프가니스탄 전쟁, 2003년 이라크 전쟁이 터졌고, 그 후 서서히 미국의 패권적 지위에 대한 도전이 시작되었다. 특히 2008년 미국발 세계금융위기 이후 중국이 대미 외교를 경쟁 및 도전 기조로 전환하면서 미국 주도 일극체제가 점차 흔들리기 시작했다.

　한국의 외교분야에서도 큰 변화가 일어났다. 냉전이 종식되면서 노태우 정부의 북방정책 추진으로 1990년에는 구 적성국인 소련과 수교하고 1992년에는 중국과 수교했다. 한국은 1988년 올림픽, 2002년 월드컵 대회를 개최하여 국제적 위상이 제고되었고 1991년에는 유엔에 가입했으며, 무역대국으로 성장했다. 이러한 전반적 상황변화는 외교학과의 연구와 교육에도 변화를 가져왔다. 예를 들어, 국제정치학의 연구 영역으로서 러시아(구소련) 연구가 더욱 활성화되었고, 국제경제관계의 정치적 함의에 초점을 맞추는 국제정치경제학의 연구와 교육이 본격적으로 시작되었다. 기술, 환경, 자원과 같은, 보다 구체적인 쟁점들에 대한 강의도 개설되기 시작했다.

1988년 노재봉 교수가 강단을 떠나자 그 후임으로 최정운 박사가 1990년 부임했다. 최 교수는 시카고대학에서 근대국가 및 자본주의 성장과정에서 노동통계의 수립과 그 역할에 관한 논문으로 박사학위를 취득했다. 그는 노동통계의 수립이라는 외양적으로 중립적으로 보이는 '지식'이 구미 선진 자본주의국가에서 사회권력의 원천으로 활용되었던 점을 밝혔는데, 부임 후 국제문화론, 국제정치사상, 선전론 등의 강의를 맡았다. 그는 후에 그의 문제의식을 한국의 정치현상 분석으로 확장시켜, 5·18 민주화 항쟁을 분석한 『오월의 사회과학』(오월의봄, 2012)을 2012년 출간했다.

1990년에 부임한 윤영관 교수는 존스홉킨스대학(SAIS)에서 국제정치경제학으로 박사학위를 받고 캘리포니아대학(Davis)에서 가르쳤다. 그는 일본의 해외투자의 정치경제에 관한 논문을 1990년 『World Politics』에 출간했고, 『전환기국제정치경제와 한국』(1996)이라는 저서와 강의를 통해 국제정치경제학을 한국 학계에 본격적으로 소개했다. 윤 교수는 국제정치경제 현상을 한국적 시각에서 분석하고 전략을 제시해 왔다. 1997년 금융위기 발생에 자극받아 권력의 분산과 상호견제에 입각한 새로운 정치경제모델을 제시한 『21세기 한국정치경제모델』(신호서적, 1999)을 출간했다. 외교통상부장관 재직 후 학교로 돌아와 외교전략서 『외교의 시대: 한반도의 길을 묻다』(미지북스, 2015)를 출간했다.

1996년에 정년퇴임한 여정동 교수의 후임으로 장인성 박사가 1998년부터 외교학과에 부임해 강의를 시작했다. 장인성 교수는 일본 도쿄대학에서 동아시아 국제관계와 동아시아 정치사상을 전공했고 부임 후에는 일본 정치사상을 중심으로 강의했다. 그는 학위논문을 수정·보완하여 2002년 『장소의 국제정치사상: 동아시아 질서변동기의 요코이 쇼난과 김윤식』(서울대학교출판부, 2002)을 출판했고 2017년에는 한국 국제정치사상에 대한 저서, 『동아시아 국제사회와 동아시아 상상』(서울대출판문화원, 2017)을 출간했다.

    1993년에는 미시간대학에서 학위를 한 정재호 박사가 부임했다. 정 교수는 중국의 중앙-지방 관계 전문가로 홍콩과학기술대학에서 강의한 뒤 1996년 외교학과에서 부임했다. 1995년에는 예일대에서 한미 관계로 박사학위를 받은 신욱희 교수가 부임했다. 두 교수의 학술 활동에 대해서는 다음에서 더 설명할 것이다.

4. 사회과학대학 정치외교학부 50년: 통합 이후(2010~2025년)

    1959년 이래 분리 독립되어 운영되어 왔던 정치학과와 외교학과가 2010년 사회과학대학 내의 정치외교학부로 통합되었다. 이는 변화하는 시대적 상황을 반영하는 결정이었다고 볼 수 있다. 한국은 정치의 민주화와 경제의 선진화가 진행되면서 국내 정치 주체들도 다양해지고 다원화되었다. 또한 냉전 종결 이후 세계화가 가속화되는 가운데 선진국의 문턱에 올라선 한국은 정치, 외교, 경제적으로 대외 관계가 확장되고 심화되었다. 이러한 변화로 외교 이슈들이 곧 국내정치 문제가 되고, 역으로 국내정치 상황의 변화가 외교정책을 결정하는 현상이 증대되었다. 이와 같은 국내정치와 외교의 상호연계 심화의 상황에서 양 학과의 통합은 시의적절했고, 여기에 양 학과 동창회의 적극적인 지원도 정치외교학부로의 통합에 동력을 제공했다.

    통합 이후 지난 15년간의 정치외교학부에서의 연구는 한마디로 한국의 선진국 위상에 걸맞게 국제적 수준으로 올라서는 도약기였다고 볼 수 있다.[9] 1950년대에서 시작하여 1987년을 기점으로 한국정치는 권위주의를 벗어나 민주주의의 길

---

9) 정치외교학부 통합 이후 15년간의 교수들의 연구 동향에 관해서는 정치외교학부가 한국연구재단에 제출한 '4단계 BK21 신규사업신청서(2020. 2.)'의 내용을 주로 참고했음을 밝힌다.

로 들어섰다. 경제와 관련해서는 2021년 7월 UNCTAD회의가 만장일치로 한국을 개발도상국에서 선진국 지위로 격상시켰다. 외교는 냉전 당시 적성국이었던 소련(1990년) 및 중국(1992년), 동구권 국가 등과 수교하면서 외교적 공간이 훨씬 확대되었고, 남북한 관계도 한때 화해협력의 시기(1998~2007년경)를 거쳤다.

이처럼 한국의 위상이 국제정치의 주변부에서 중심부로 서서히 진입하게 되면서 정치외교학부의 연구 범위와 경향도 달라져 왔음을 감지할 수 있다. 한국이 주변부에 위치했던 시절에는 한국적 특수성이나 문제의식에 대한 고민과 천착의 정도가 상대적으로 깊었다. 그러나 한국이 중심부에 진입하면서 미국 중심의 서구 정치학/국제정치학의 보편성 측면을 적극 수용하면서 그것을 우리의 것으로 내재화하려는 경향이 강해진 것으로 보인다.

이는 어찌 보면 국력의 성장과 국제적 위상의 변화가 세계를 바라보는 연구자들의 시각을 의식적, 무의식적으로 변하게 만든 자연스러운 현상의 결과라고 볼 수 있다. 현실 국제정치의 틀 안에서 행위자로서의 한국의 '입장'에 변화가 있었기 때문이다.[10] 이처럼 시대 상황과 연구자들의 시각은 지성사적 관점에서 유기적인 관계가 있다.

예를 들어, 국제적으로 인정받고 국제적 연구 활동을 주도하는 교수들도 다수 등장했다. 상당수의 교수들이 외국 대학에서 가르치다가 정치외교학부에 부임했고 그곳에서 형성한 네트워크를 기반으로 국제적 학술 활동에도 적극 참여해 왔다. 예를 들어, SSCI, A&HCI, SCOPUS급 국제 저명 학술지 편집위원 활동의 경우, 중국 전문가인 정재호 교수, 한국정치 전문가인 강원택 교수, 정치경제 및 방법론 전문가인 박종희 교수, 지성사 및 외교사 전문가인 안두환 교수가 국제적 학술 네트워크의 중심에서 주도적인 활약을 해 왔다. 과거에는 서구 학계의 연구 경향을 한국에 소개하는 것에 머물렀다면 이제 각자의 분야에서 공동연구 등 수평적 교

---

10) 이는 마치 국제정치학이 태동기에는 영국의 패권을 반영하여 "영국의 사회과학"이었던 것이 패권이 미국으로 옮겨지면서 "미국의 사회과학"으로 변화되었다는 전재성 교수의 주장과 비슷한 맥락이라고 말할 수 있다(전재성, 2007).

류를 통해 국제 학계의 연구 방향을 적극적으로 주도해 가게 된 것이다.

특히 정치학 연구방법론 분야에서 정치외교학부의 상당수 교수들은 국제적인 수준의 업적을 보유하고 있다. 예를 들어, 정재호, 박종희, 안도경, 박원호, 안두환 교수 등의 활약이 두드러진다.

정재호 교수는 중국연구방법론이라는 독보적인 분야를 개척해서 이를 하나의 학문 분야로 자리 잡게 하여 국제적으로 업적을 인정받았다.[11] 특히 중국의 중앙-지방관계 연구에 대한 체계적인 방법론을『Central Control and Local Discretion in China』(Oxford University Press, 2000)라는 제목의 저서에서 소개한 바 있다.[12] 중국연구방법에 대한 리뷰를 담은「Studies of central-provincial relations in the People's Republic of China: a mid-term appraisal」(The China Quarterly, 1995)는 총 253회 인용된 영향력 있는 연구이다.

박종희 교수는 2007년부터 5년간 미국 시카고대학의 정치학과 조교수로 재직하면서 정치학 방법론과 국제정치경제 분야에서 뛰어난 연구 성과를 남겼다. 2010년 미국 정치학회가 최고의 정치학 방법론 논문에 시상하는 해롤드 가즈넬 상(Harold Gosnell Award)을 수상했으며 베이지안 방법론, 정량적 역사 분석, 국가 간 장기 시계열 자료 분석 등에서 독보적인 연구 업적을 냈다. 그는 국제적인 연구자 네트워크에서 중요한 허브 역할을 담당하고 있다. 2013년부터 아시아방법론학회의 운영위원회에서 활동하면서 미국, 일본, 중국, 대만, 호주, 영국, 독일의 정치학 연구자들과 교류하고 있다. 최근『사회과학자를 위한 데이터 과학』(사회평론 아카데미, 2020)과『힘과 규칙: 국제질서를 바라보는 두 가지 관점』(사회평론 아카데미, 2024)을 출판했다.

---

11)『Centrifugal Empire: Central-Local Relations in China』(Columbia University Press, 2018). 이 책은 2017년 미국 도서관협회가 수여하는 Choice Award를 수상했다(https://cup.columbia.edu/book/centrifugal-empire/9780231176200).

12) 이 책은 2024. 9. 30. 기준 구글 스칼라 인용 횟수 추정 268회 인용되었다(구글 스칼라 페이지: https://scholar.google.com/citations?user=rRUJIiUAAAAJ&hl=ko).

안도경 교수는 게임이론을 이용해 개인들의 협력이 어떻게 출현하고 진화하는지 추적해 왔다. 그는 2009년 노벨경제학상 수상자인 엘리너 오스트롬(Elinor Ostrom) 교수와 다수의 공동연구를 출판한 국제적 게임이론 연구자이다. 특히 『Ecological Economics』에 안 교수가 오스트롬, 깁슨과 함께 출판한 논문은 1,622회 인용된 획기적인 연구이다.[13] 그는 실험방법을 이용한 정치커뮤니케이션의 연구자로, 헉펠트, 그리고 라이언과 함께 정보와 전문가, 그리고 의사소통의 관계에 대한 연구를 집대성한 책을 2014년 출판했다.[14] 그는 최근 제헌의회와 한국국가의 형성과정에 대한 연구인 『1948년, 헌법을 만들다: 제헌국회 20일의 현장』(포럼, 2023)을 편집 출판했다.

박원호 교수는 통계적 방법론에서 미국정치학회에서 가장 우수한 정량적 방법론 논문 작성자에게 수여하는 해롤드 가즈넬 상(Harold Gosnell Award; 2002) 수상자이다. 박 교수는 선거연구방법론에서 탁월한 연구 성과를 가지고 있으며, 정치학 방법론 분야에서 최근 탈원전과 대학입시 관련 의사결정에서 주목받은 바 있는 공론설문(deliberative polling)이라는 새로운 분야를 개척했다.

안두환 교수는 18세기 유럽 지성사와 유럽외교사 연구에서 국제적으로 활발한 연구자이며 역사학적 방법론에 대한 다양한 교육과 연구를 진행하고 있다. 『Global Intellectual History』 저널의 창립 편집진에 참여했으며 『History of European Ideas』 등 다수의 역사학 저널에 논문을 게재한 바 있다. 공동 편집한 저서로, 『Fenelon in the Enlightenment: Traditions, Adaptations, and Variations』(Brill/Rodopi, 2014)가 있다.

정치사상 분야에서도 교수들의 활동이 두드러진다.

---

13) Gibson, C. C., Ostrom, E., & Ahn, T. K. (2000). "The concept of scale and the human dimensions of global change: a survey". *Ecological Economics*, 32(2). 2024. 9. 30. 기준, 구글 스칼라 페이지: https://scholar.google.com/citations?user=UiUeejUAAAAJ&hl=ko

14) Ahn, T., Huckfeldt, R., & Ryan, J. (2014). *Experts, Activists, and Democratic Politics: Are Electorates Self-Educating?* (Cambridge Studies in Public Opinion and Political Psychology). Cambridge University Press.

유홍림 교수는 「윤리적 담론의 정치(The Politics of Ethical Discourse)」라는 주제의 논문으로 박사학위를 취득한 후 귀국하여 1995년 정치학과에 부임했다. 자유주의, 근대와 탈근대 사상 등을 포함하는 현대정치사상과 서양정치사상사를 연구하며 가르쳤다. 다수 논문과 저서로 학문적 업적을 쌓았고 2003년에는 『현대 정치사상 연구』(인간사랑)를 출간했다. 한국정치사상학회 회장(2017~2018년)을 지냈으며 대학 행정에도 탁월한 능력을 발휘하여 사회대학장(2020~2022년)에 이어 총장직에 선출되어(2023년 2월~), 대전환의 시대에 걸맞는 서울대의 혁신을 주도하고 있다.

박성우 교수는 미국에서 정치사상으로 박사학위를 받은 뒤 중앙대학교에서 근무하다가 2013년 정치외교학부에 부임했다. 서양 고대·중세 정치사상사를 전공했는데 특히 플라톤 연구의 권위자이다. 플라톤, 아리스토텔레스 등 고대 정치사상가들의 저작의 해석을 중심으로 현대 정치에 던져 주는 함의를 밝혀 주었고, 저서로는 『국가와 윤리: 고대로부터 현대까지』(공저, 글항아리, 2017), 『서양고대·중세정치사상사』(공저, 책세상, 2011)가 있다. 박 교수는 국제정치사상의 학문적 정체성과 그것이 국제정치 현실을 이해하는 데 기여하는 바를 밝히고 교육하는 데에도 역점을 두어 왔다.

송지우 교수는 인권과 불평등, 국제법에 대한 철학적 문제를 융합적 관점에서 접근하는 연구자로 주목받는 연구자이다. 『Journal of Political Philosophy』 등의 국제적인 저널에 논문을 게재했고, 인권문제에 대한 실무경험과 이론을 바탕으로 2019년 「Human Rights and Inequality」라는 논문을 정치철학 분야의 권위 있는 국제학술지인 『Philosophy and Public Affairs』에 게재했다. 그는 국제적인 공동연구를 활발히 진행했으며 민주주의의 미래라는 주제로 국제 공동학술회의를 개최한 바 있다.

김영민 교수는 성리학을 비롯한 동양 정치사상과 한국 정치사상 및 비교 정치사상 분야에서 국제적으로 인정받는 학자이다. 김 교수의 최근 저서 『A History of Chinese Political Thought』(Polity Press, 2018)은 중국 고대사상부터 현재까지 이어지는 공동체와 제국, 국가에 대한 폭넓은 사상적 리뷰를 진행했다. 그는 국문

저서 『중국정치사상사』(사회평론아카데미, 2021)와 『미래국가론(정치외교학적 성찰)』(사회평론아카데미, 2019)을 출판하여 학계에 기여했을 뿐만 아니라 다수의 교양서 출판 및 언론 기고를 통해 일반 독자들의 반향을 얻어 왔다.

김주형 교수는 미국에서 「Critique and Normativity: Recasting the Habermas/Luhmann Controversy」라는 제목의 논문으로 박사학위를 취득한 후 2015년에 정치외교학부에 부임했다. 그는 현대정치사상, 민주주의이론, 사회이론을 연구하고 있다. 그는 송지우 교수와 함께 2019년 '서울대학교 인권규범 제정에 관한 연구'에 참여하여 서울대학교인권헌장(가칭)을 기안했는데, 이는 국내에서는 물론 국제적으로도 선례가 흔치 않은 종합대학 인권 규범 체계라는 점에서 향후 고등교육 환경에서의 인권 존중 문화 정착에 공헌할 것으로 예상된다.

지역학 연구 분야에서는 앞에서 언급한 정재호 교수 이외에 이옥연, 신범식, 임경훈, 손인주, 이정환, 이브스, 김서영 교수의 활동이 돋보인다.

이옥연 교수는 2002년 미국에서 「Federalism, Fiscal Centralization, and Partisan Competition」이라는 논문으로 박사학위를 받았다. 국방대학교에서 가르치다 2005년 외교학과에 부임했고, 이후 미국정치 및 연방주의 연구자로 활발하게 활동해 왔다. 그는 2008년 『연방주의 거버넌스』(오름, 2008)을 출판했고, 그의 저서 『만화경 속 미국 민주주의: 법·제도·과정을 통한 미국 정부와 정치 분석』(오름, 2014)은 2015년 대한민국 학술원 우수도서로 선정되었다. 그는 홍콩과기대에 재직했던 홍지연 교수와 함께 Asia Universities Alliance의 구축을 주도하며 아시아 대학교 간 학술 교류의 활성화에 기여했다.

신범식 교수는 모스크바국립국제관계대학교 대학원에서 박사학위를 받고 인천대학교에서 가르친 후 서울대 외교학과에 부임했다. 러시아와 중앙아시아 지역 전문가로 주요 저서는 『21세기 유라시아 도전과 국제관계』(한울아카데미, 2006), 그리고 논문은 「Russia's Perspectives on International Politics, A Comparison of Liberalist, Realist and Geopolitical Paradigms」(Acta Slavica Iaponica, 2009) 등이 있다. 그는 학술적 연구와 동시에, 한국과 중앙아시아, 그리고 한국과 러시아 관계의 개선과 이해 증진에 기여할 수 있는 다양한 활동을 전개해 오고 있다. 또한 사단법인 유라시아21(http://eurasia21.com)의 설립 멤버로 회장직을 수행했다.

임경훈 교수는 미국에서 박사학위를 받고 1997년에 부임했다. 러시아 정치, 현대 민주주의의 쟁점과 문제, 그리고 통일학 전문가이다. 그는 서울대학교 통일평화연구원 원장으로 평화학과 통일에 대한 다양한 국내외 사업을 추진했다. 2019년 7월 네덜란드 라이덴에서 열린 제11회 International Convention of Asia Scholars에서 「북한의 정치체제와 그것의 가능한 변환 방향」이라는 주제의 논문을 발표했다. 서울대 제도혁신위원회 위원장으로 서울대 혁신과, 서울대 국가미래전략원의 민주주의 클러스터 책임교수로 한국 민주주의 연구를 주도하고 있다.

손인주 교수는 홍콩대에서 가르치다가 2016년 정치외교학부에 부임했다. 연구 분야는 중국정치외교, 동아시아비교정치, 국제정치경제로 해당 분야 국제 학계의 초청을 받아 수차례 해외 강연을 했다. 세계적으로 심화되고 있는 청년실업과 시위, 그리고 중국의 경제적 부상이 파생시킨 국제분규에 대한 진단과 해결 방안을 모색하였다. 2013년에는 논문, 「Between Confrontation and Assimilation: China and the Fragmentation of Global Financial Governance」(Journal of Contemporary China)를 출간했고 여러 국제정책계에서 발표한 성과물들이 국제학술지 및 싱크탱크 온라인 홈페이지에 게재되었다.

이정환 교수는 2010년 미국에서 「Beyond National Uniformity: Diverging Local Economic Governance Under Japan's Decentralization Reform」이라는 논문으로 박사학위를 받은 일본 전문가이다. 국민대에서 가르치다가 2017년 정치외교학부에 부임해 일본 정치경제와 외교안보에 대해 가르치고 있다. 현대 일본 정치의 보수화와, 그것의 국내정치 과정, 그리고 일본외교에 미치는 파급효과 등을 연구했다. 최근에는 일본 아베정권의 역사정책에 대한 논문과 「일본 경제안보정책 정책대립축의 이중구조」(일본연구논총, 2022) 등 다수의 논문을 출간했다.

브랜든 아이브스(Brandon J. Ives) 교수는 2019년 미국에서 정치학 박사학위를 취득한 후, 2020년부터 정치외교학부에서 근무하고 있다. 그는 중동정치 분야 신진 학자로 국제적인 두각을 드러내고 있다. 아이브스 교수의 박사학위논문은 중동지역 국가에 있어 인종 갈등과 정체성에 대한 비교연구로, 9·11 사태 이후 미국

정치학계에서 중요한 분야로 급성장하고 있는 인종과 종교 갈등을 축으로 한 중동 정치에 대한 괄목할 만한 분석으로 평가받고 있다. 『Journal of Peace Research와 Journal of Conflict Resolution』 같은 해외 우수 저널에 연구 성과를 게재했다.

김서영 교수는 2020년 미국에서 박사학위를 취득한 후 아메리칸대와 서강대에서 가르치다가 2024년 부임했다. 그는 미국정치(특히, 선거관리), 정치행태, 정치학 방법론 등을 주로 연구했다. 미국의 선거 모니터링과 민주주의에 관한 온라인 저서를 2020년 케임브리지대학출판사에서 공동으로 출간했다. 2023년에는 「Automatic voter reregistration as a housewarming gift」라는 제목의 단독저자 논문을 『미국정치학회보(American Political Science Review)』에 출간하는 등 국제학술저널에 다수의 논문을 출간했다.

1980년대 새로 등장한 서브 필드로서 각광을 받아 온 국제정치경제학 분야에서는 백창재 교수, 임혜란 교수, 앞에서 언급한 박종희 교수, 권형기 교수, 이나경 교수가 활발하게 연구를 진행해 오고 있다.

백창재 교수는 1993년 미국에서 「수퍼301조의 정치학: 미국 대외경제정책의 국내정치적 기반」이라는 논문으로 박사학위를 취득한 미국정치경제 전문가이다. 가톨릭대학교에서 가르치다가 2001년 정치학과에 부임했고 그 후 미국정치론, 미국외교정책, 국제정치경제, 지구화시대의 정치, 국제정치체제와 과정 등의 주제를 연구해 왔다. 저서로는 『미국정치연구』(사회평론아카데미, 2020), 『20세기의 유산 21세기의 진로』(사회평론아카데미, 2015) 등이 있다.

임혜란 교수는 대만과 한국 등 동아시아 정치경제, 국제정치경제, 한미통상관계, 정보화, 여성정치를 연구하고 강의했다. 임 교수는 2018년 10월 『동아시아 발전국가 모델의 재구성』(서울대학교출판문화원, 2018)이라는 단독 저서를 출판했다. 이 연구서는 첨단 기술 경쟁, 무역전쟁, 환율전쟁, 금융위기로 표현되는 '위기의 시대'에서 발전을 위한 국가의 역할을 고찰하고, 기존 동아시아 발전국가 모델의 한계가 무엇인지, 그리고 새로운 환경에 대응해 어떻게 보완해야 하는지를 논의했다. 그는 최근 서울대학교 국제대학원의 이영섭 교수와 함께 『국제정치경제와 동아시아』(율곡출판사, 2020)를 출판했다.

권형기 교수는 비교정치경제와 서유럽 정치를 전공한 산업구조 연구의 국제적 전문가이다. 독일과 아일랜드를 중심으로 오랫동안 서유럽 자본주의의 변화 과정을 활발히 연구해 왔다. 그의 2012년 「Politics & Society」 저널 논문 「세계화와 국민경제의 정치학: 독일과 미국 경험의 비교」는 세계화의 다양한 결과가 기존 제도보다는 주요 산업 행위자들 사이에서 벌어지는 상이한 형태의 정치에 의해 "구성"되었다고 주장했다. 그는 최근 「세계화 시대와 국민경제의 재구성」(사회평론아카데미, 2022), 「Changes by Competition: Evolution of the Korean Developmental State」(Oxford University Press, 2021)를 출간했고 한국정치학회 학술상을 2회에 걸쳐 수상했다.

이나경 교수는 2018년 다국적기업과 투자 조약에 대한 연구로 박사학위를 취득한 후 2019년에 부임했고 국제정치경제 및 실험방법론 전문가이다. 이 교수는 국제통화기금에서 후원하는 국제자본개방도 데이터 프로젝트에 2012년부터 참여해 왔다. 이 프로젝트는 국제통화기금에서 매해 출판하는 IMF Annual Report on Exchange Restrictions(AREAER)에 나와 있는 회원국의 법적 국제자본규제의 내용을 바탕으로 각국의 자본의 유입 그리고 유출규제에 대한 데이터를 구축했다. 국제정치경제 분야 우수 저널인 「International Organization」에 「The IMF as a biased global insurance mechanism」(2019)을 실었다.

김용균 교수는 비교정치경제로 박사학위를 취득한 후 미국 퍼시픽대학 (University of the Pacific)과 이화여대에서 가르치다가 2020년 정치외교학부로 부임했다. 그의 전공 분야는 개발도상국 비교정치로 최근 수년간은 베트남을 주로 연구하고 있다. 2019년에는 베트남 진출 해외기업이 지대추구 유인이 높은 지방정부 간부와 맺는 상호 작용을 분석한 논문을 「Journal of East Asian Studies」에 실었고, 2018년에는 외국인 투자기업의 글로벌 가치사슬 참여가 그 기업이 직면하는 정치적 위험에 미치는 영향에 대한 연구를 「국제정치논총」에 출간했다.

국제 안보 분야에서는 신욱희, 전재성, 조동준 교수가 활발하게 연구와 학술 활동을 전개해 왔다.

신욱희 교수는 동아시아 국제관계 및 국제정치이론 전문가이다. 그의 박사학위 논문 「동아시아에서의 후견-피후견 국가관계의 동학: 국가변화의 외부적/지정학적 근원」은 냉전기 미국과 한국정치경제 간의 관계를 분석한 깊이 있는 분석이다. 그는 Routledge 출판부에서 출간하는 『International Relations Theory and Practice in Asia』 학술서 시리즈의 편집위원으로 참여했다. 동북아시아 국제정치사, 국제정치이론, 특히 구성주의 이론에 관심이 깊고 2차 세계대전 전후 한국외교사 분야의 연구와 강의를 해 왔다. 『순응과 저항을 넘어서: 이승만과 박정희의 대미정책』(2015) 『한미일 삼각안보체제: 형성, 영향, 전환』(2019) 등 다수의 저서가 있다.

전재성 교수는 1997년 「Classical Realists as Skeptics: E. H. Carr, Hans Morgenthau, and Reinhold Niebur」라는 주제의 논문으로 박사학위를 받았다. 숙명여대에서 가르치다가 외교학과에 부임했고 국제안보와 동아시아 지역질서, 그리고 국제정치이론의 연구자로서 권위를 인정받고 있다. 서울대학교 통일·평화학 협동과정의 책임교수를 맡았고 2020년도 국제정치학회 회장을 역임했다. 외교부와 다수의 정책회의 및 연구과제를 통해 한국의 외교정책 수립에 제언을 해 왔으며 동아시아연구원의 국가안보패널 소장으로 해외 주요 싱크탱크와 연구과제 협력, 정책교류를 진행했다. 최근 『주권과 국제정치: 근대 주권국가체제의 제국적 성격』(서울대학교출판부, 2019)을 출판했다.

조동준 교수는 국제기구 전문가로 국제기구의 탄생, 역할, 한계 등을 지구화의 관점에서 연구하고 강의해 왔다. 공동편저, 『국제기구의 과거, 현재, 미래』(ACEIU, 2013)를 출간했다. 또한 핵 확산에 대해서도 권위 있는 국제 학술지인 『Journal of Conflict Resolution』(2009)에 공저 논문 「Bargaining, Nuclear Proliferation, and International Dispute」을 출간했고 19세기 영국 노예제 금지 논쟁을 중심으로 국제규범의 확산에 대한 논문도 출간한 바 있다. 그는 자신의 전문적 지식을 바탕으로 활발한 사회활동도 펼쳐 왔다. 대표적인 것으로 한국대인지뢰대책회(International Campaign to Ban Landmine, 1997년 노벨평화상 수상 NGO)의 한국지부 이사를 2014년부터 맡아 오면서 대인지뢰로 인한 문제와 피해자 구제 및 지원에 대한 활동을 전개해 왔다.

21세기에 접어들면서 과학과 기술을 둘러싼 국제 경쟁이 갈수록 심화되고 사이버안보문제가 크게 부각되고 있다. 그러한 상황에서 2003년 부임한 김상배 교수는 과학기술의 국제정치, 네트워크세계정치이론 등 탈근대국제정치이론과 중견국 외교정책도 연구하고 있다. 김 교수는 국방부, 육군본부, 외교부, 과학기술정보통신부 산하의 정보통신정책연구원 등에 자문을 제공해 왔다. 정보세계정치학회를 통해 4차 산업혁명 시대의 국가전략에 관한 연구를 수행했다. 그의 주요 저서로 『미중 디지털 패권경쟁: 기술-안보-권력의 복합지정학』(한울, 2022), 『버추얼 창과 그물망 방패: 사이버 안보의 세계정치와 한국』(한울엠플러스, 2018) 등이 있다.

강원택 교수는 영국 런던정치경제대학교(LSE)에서 박사학위를 받고 숭실대에서 가르치다가 2010년 정치외교학부에 부임했다. 정당 및 선거정치, 정치제도 등 한국정치와 민주주의 연구 분야의 권위 있는 연구자로, 세계 도처에서 민주주의가 '후퇴'하는 상황에서 민주주의의 위기와 개혁에 대해 연구했다. 2018년 『시민이 만드는 민주주의』라는 단행본을 출간했고, 그의 편저 『사회적 갈등과 불평등』(푸른길, 2018)은 오늘날 한국사회 갈등의 주요 원인이 불평등에 있다는 점에 주목하면서, 불평등 해소를 위한 다양한 시각과 대안을 모색했다. 그는 다양한 시민활동 NGO에 참여했고 여러 정부 부처의 자문을 해 왔다. 최근 『제5공화국』(역사공간, 2024)을 통해 5공화국의 한국정치사적 의미를 규명하는 등 다수의 저서를 출간했다.

비교정치 영역에서 중요한 과제가 거버넌스와 시민정치 문제이다. 2011년 부임한 김의영 교수는 이 분야의 전문가로서 연구뿐 아니라 지역사회 차원에서 풀뿌리 민주주의의 혁신을 위한 활동을 활발히 전개해 왔다. 망원동에서부터 시작된 그의 지역단위 민주주의 기반다지기 활동은 서울시 전체로 확대되었고 그가 대학원생들과 그 성과를 모아 출간한 『동네 안의 시민정치』(푸른길, 2015)는 2016년 세종도서 우수학술부문 도서로 선정되었다. 그는 국제적으로도 국제정치학회(IPSA) 집행위원이자 지역정치 분야 연구위원으로 활동하며 시민정치의 책임과 역할에 대한 국제적 연구 네트워크의 중심에 서 있다.

이정철 교수는 북한정치의 전공자로 장달중 교수의 뒤를 이어 북한정치와 사회에 대한 강의를 하고 있다. 2002년 서울대에서 정치학 박사를 취득한 후 삼성경제연구원과 숭실대학교에서 오래 근무한 후, 2021년 정치외교학부에 부임했다. 북한정치경제와 남북관계를 전공하고 있는데 『북한의 사회문화』(한울아카데미, 2006), 『북미대립』(서울대학교출판문화원, 2011) 등, 40여 권의 저서와 60여 편의 논문을 출간한 왕성한 연구자로 북한 문제에 대한 한국 연구자의 시각을 영문 논문 출간을 통해 해외에 소개해 왔다. 서울대 통일평화연구원의 통일학 센터장으로 일하고 있다.

김종학 박사는 2015년 서울대에서 「개화당의 기원과 비밀외교, 1879~1884」라는 논문으로 박사학위를 받았다. 이 논문은 서울대학교 사회과학대학 우수논문상, 그리고 2018년 43회 월봉저작상을 받은 뛰어난 논문으로 평가받고 있다. 2013년에서 2018년에 이르기까지 『近代韓國外交文書』(서울대학교출판문화원, 2013~2018) 6권에서 13권까지 총 8권을 공동 편집했고 다수의 논문과 저서를 출간했다. 김 교수는 동북아역사재단 연구위원, 그리고 2019년부터 3년간 국립외교원 외교안보연구소에서 조교수로 일하다가 2022년 정치외교학부 교수로 부임한 후 구한말 외교사를 연구하며 가르치고 있다. 그는 외교학과 김용구 교수의 한국 외교사 연구의 학통을 이어받을 연구자로 볼 수 있다.

5. 맺음말

안청시 교수는 한국 정치학의 정체성에 대해 "한국 정치학은 세계학문의 일원으로서 요구되는 목표 및 정체성과 한국사회의 필요성에 절실하게 대응해야 하는 이중의 정체성 사이에서" 분명한 방향성과 정체성을 확립할 것을 주문했다.[15] 앞

---

15) 한국정치학회 편(2003). 좌담회 중 안청시의 발언; 권혁용(2012). 한국의 정치학 연구: 1991~2010 『한국정치학회보』 분석에서 재인용.

에서 살펴본 것처럼 2010년 이후 2025년에 이르는 기간 동안 정치외교학부의 정치학/국제정치학 연구와 교육은 "세계학문의 일원으로서 요구되는 목표 및 정체성" 측면에서 상당한 발전을 거두었다고 말할 수 있다. 바꾸어 말하자면 정치학/국제정치학의 보편성의 측면에서 정치외교학부 교수들의 연구 역량과 활동이 강화된 것이다. 이는 물론 그 이전 시기 정치학과, 외교학과의 선배 은퇴 교수들이 축적해 온 연구와 학문적 업적들의 기반 위에서 가능한 일이었다.

이제 그러한 연구 역량과 활동의 강화가 "한국사회의 필요성에 절실하게 대응해야 하는" 또 다른 정체성의 측면을 만족시키기 위한 노력이 필요한 때이다. 예를 들어, 정치외교학부에서의 국제적 수준의 방법론 분야 연구가 한국의 정치/외교의 분석과 정책대안 제시에 좀 더 적극적으로 활용되는 것이 바람직할 것이다. 이미 오래전 원로 국제정치학자 이호재 교수는 한국의 국제정치학 연구자들이 "여러 가지 國際政治理論을 강대국 간의 관계로 결정되는 世界政治와 國際的 事件을 이해하는 手段으로는 받아들이면서도 우리 韓國문제의 논의와 분석에 적용하려는 노력이 매우 부족하여 우리 現實과는 별 관계 없는 공허한 理論으로 남아 있다"라고 지적한 바 있다(이호재, 1988). 물론 한국의 경우 데이터의 축적 부족 등 여러 가지 걸림돌들이 있겠지만 이러한 문제점들을 극복할 대안적 방법들의 모색이 필요할 것이다.

또한 현재 한국의 민주주의는 극심한 정치권의 양극화와 대립 속에서 민주적 제도와 장치들이 무력화되고 있는 위기 상황이다. 그리고 미국과 중국 간의 대결 시대에 남북 긴장이 고조되고 있다. 이러한 문제들을 해소하는 것이 국가적 과제이고 모든 국민들의 염원이다. 한국사회의 이 같은 필요에 얼마나 정치학/국제정치학 연구자들이 실질적인 기여를 하느냐는 중요한 과제로 남아 있다. 단적인 예로 정치외교학부에서 현재 제공되고 있는 교과목들의 제목 중에 "한국"이나 "북한"이라는 주제를 포함하는 과목 수는 아주 소수에 불과하다. 동주 선생이 강조한 '국적 있는' 정치학/국제정치학의 필요성은 지금도 연구자들의 중요한 숙제이다.

한편, 여러 정치외교학부 교수들이 자기 연구 분야에서 '한국적' 정치학/국제정치학의 모색에 꾸준한 노력을 기울여 온 것이 사실이다. 그러나 그들은 동시에

"세계학문의 일원으로서 요구되는 목표 및 정체성"의 측면을 진지하게 고려할 필요가 있다. 그들이 생각하는 '한국적' 정치학/국제정치학의 기준에 근접하거나 한국적 문제의식을 담은 논문이나 저서를 세계 정치학/국제정치학계에 적극적으로 출판하고 소개하고 전달하려는 노력을 기울여야 할 필요가 있다(전재성, 2007).[16] 예를 들어, 1980년대 세계 국제정치학계에서 주목받았던 종속이론은 브라질 등 남아메리카의 토양 속에서 그들의 특수성과 고유한 문제의식을 담아 개발되었다. 그러나 그것이 세계 국제정치학계에서 중요한 대안적 시각의 하나로 인정받고 그 흐름에 접목될 수 있었던 것은, 그들의 이론과 관점을 국제화하려는 노력의 결과였다. 그러한 노력이 있어야만 '한국적'이면서 동시에 '세계적'인 이론과 시각의 탄생이 가능할 것이다.

정치외교학부의 미래 50년은 '한국적'이면서 동시에 '세계적'인 이론과 시각이 개발되는,[17] 그리고 한국사회의 필요성에 더욱 직접적으로, 더욱 크게 기여하는 50년이 되기를 기대한다.

---

16) 전재성 교수는 "한국적 국제정치학을 모색한다고 할 때 한국적 특수성과, 지구적 소통 가능성을 염두에 둔 열린 자세 확립이 향후 필요한 과정이라고 보여 진다"고 지적했다.
17) 권혁용 교수는 "한국적 맥락을 지나치게 강조하는 경우, 한국정치의 독특성(idiosyncracy)만을 강조하면서 정치학에 대한 이론적 기여는 등한시한 채 하나의 한국예외주의(Korean exceptionalism)에 빠질 가능성이 있다. 반대로, 한국적 맥락에 대한 적절한 이해나 고려 없이 정치학을 연구하는 경우, 주로 미국이나 유럽 등 선진민주주의를 경험적 준거로 하여 발전된 정치학 이론의 거친 수용과 적용으로 이어질 수 있다"고 지적한다(권혁용, 2012).

부록

연구소를 통한 협업:
한국정치연구소와 국제문제연구소

College of Social Sciences Seoul National University >>> 1975~2025

　시간이 흐르면서 정치학이나 국제정치학 분야 중에서도 다양한 전문분야를 연구하는 교수들 상호 간의 협업의 장이 필요하게 되었다. 특히 서양의 영향을 깊이 받은 정치학, 국제정치학을 연구해 오면서 연구자들이 몸담아 온 한국적 현실과 그 속에서 제기되는 문제의식들을 함께 공유하고 연구하며 그 결과를 확산시켜야 할 필요성이 대두된 것이다. 그러한 맥락에서 정치학과와 외교학과는 각각 한국정치연구소와 국제문제연구소를 설립해 활발한 활동을 전개해 왔다.

1. 한국정치연구소[18]

　서울대학교 한국정치연구소는 1986년 12월 24일, 한국정치에 대한 역사적·비교정치적·이론적 연구를 진작시키기 위한 목적으로 설립되었다. 1980년대 중반 정치적 변화와 민주화 요구가 고조되던 시기, 한국정치에 대한 다각적이고 체계적인 연구가 절실히 필요하다는 사회적 요청에 부응한 것이다. 설립 당시부터 한국정치연구소의 활동은 정치학에 대한 학술연구를 진작할 뿐만 아니라, 한국사회와 정치의 발전에 기여하고자 하는 실천적 문제의식을 동시에 견지해 왔다. 연구와 활동의 초점도 한국에 국한하지 않고 세계 각국의 사회와 정치로 꾸준히 확장

---

18) 한국정치연구소의 소개에 관한 이 부분은 현 소장이신 김주형(정치학전공) 교수께서 수고해 주셨다. 김 교수께 감사드린다.

해 왔다. 2024년 9월 기준 운영위원 15명, 연구원 34명, 조교 2명에 더해 학술지 편집위원 23명이 활동하고 있다.

한국정치연구소는 다양한 연구 활동과 학술 행사를 통해 한국의 정치학 발전에 중요한 기여를 해 오고 있다. 학술대회, 세미나, 심포지엄 등의 학술 행사를 정기적으로 개최하며 연구자들 간의 활발한 학문적 교류를 촉진하였다. 특히 국내외 연구 기관 및 학회와의 협력 네트워크를 구축하여 공동연구를 적극적으로 추진하여 한국정치에 대한 학문적 논의를 국내외로 확산하는 데에 중요한 역할을 담당해 왔다. 특히 최근에는 시의성 있고 학술적, 실천적 의미가 큰 주제에 대한 강연과 콜로키움 시리즈를 활발히 운영하고 있다. 2020~2022년 한국정치사 콜로키움 시리즈 9회, 2021년 한반도 평화 석학초청 강연시리즈 6회를 성료하였고, 2021년부터 2024년 현재까지 민주주의의 위기와 혁신 콜로키움 시리즈를 15회 개최하였다.

1987년 한국정치연구소에서 창간한 『한국정치연구』는 국내의 대표적인 정치학 전문학술지 중 하나로 성장하였다. 『한국정치연구』는 정치사상, 정치경제, 지역정치, 비교정치 등 다양한 정치학 분야의 연구 결과를 아우르며, 한국정치에 대한 종합적이고 체계적인 이해를 도모하는 데 크게 기여하고 있다. 『한국정치연구』는 한국 정치학계에서 높은 학문적 권위를 인정받고 있으며, 주요 학술지로서의 위상을 확고히 하고 있다. 매해 세 차례 발간되는데(2월, 6월, 10월), 2024년 9월까지 총 70호가 발간되었고 그간 출간된 논문은 768편에 달한다.

앞으로도 한국정치연구소는 지금까지 활동의 연장선상에서 국내 정치학 연구의 허브 역할을 충실히 담당할 계획이다. 다양한 학술 행사와 공동연구를 지속적으로 추진하며, 국내외 기관 및 연구자들과 학문적 교류를 더욱 활성화하고, 『한국정치연구』를 통해 연구 성과의 확산을 도모할 것이다. 특히 국내외 정치 환경의 변화를 섬세히 관찰하고 면밀히 분석하여, 한국정치의 발전에 기여할 수 있는 연구 및 활동을 계속해서 확장할 계획이다. 우선 한국을 비롯한 세계 각국의 민주주의가 위기에 처해 있다는 진단이 많은 상황에서, 한국 민주주의의 체질 개선과 질적 도약을 위한 연구를 다방면으로 진행할 것이다. 또 국내 정치의 과정과 제도에 매몰되지 않고 빠르게 변화하고 있는 국제질서와 한반도 정세에 대한 냉철한 시각을 견지하기 위한 노력도 경주할 것이다. 해외 기관 및 학자들과의 교류를 더욱 활성화하여 한국정치 연구의 국제화를 위해 노력할 것이다.

한국정치연구소는 1986년 설립 이후 한국의 정치학 연구의 중추적 기관으로서 위상을 굳건히 지켜 왔다. 이러한 성과를 이어받아 앞으로도 한국정치의 내외적 환경에 대한 심도 있는 연구와 한국 민주주의의 발전을 위한 다양한 활동을 이어나갈 것이다. 이를 위해 학문적 엄밀성을 견지하고 새로운 연구주제를 지속적으로 개척할 뿐만 아니라, 학계 및 사회 각계각층과의 긴밀한 소통과 협업 관계를 확장해 나갈 계획이다.

2. 국제문제연구소[19]

국제문제연구소는 1972년 5월 서울대 문리과대학 부설 연구소로 설립되어 박봉식 초대 소장의 취임 이래 52년간 운영되어 오면서 한국 국제정치학의 발전에 중요한 기여를 해 왔다.

국제문제연구소가 개소한 이래 대한민국의 국제정치적 환경은 크게 변화했고, 학문적 변화도 눈부신 속도로 진행되어 왔다. 엄혹한 냉전의 제약 아래 한미동맹의 틀 안에서 한국의 안보를 보장받던 체제가 동서(東西) 데탕트와 주한미군 철수 논의 등으로 크게 흔들리던 시기에 이루어진 국제문제연구소의 설립은 한국의 운명이 국제정치적 조건에 의해 크게 규정지어질 수밖에 없다는 문제의식과 깊이 연관되어 있다.

국제정세의 변화에 따른 거센 도전에 마주하여 국가의 존속과 발전을 위해서는 국제정세에 대한 바른 진단과 적절한 대응책의 마련이 필수적이라는 위기감 내지

---

19) 국제문제연구소의 소개에 관한 이 부분은 현 소장이신 신범식(외교학전공) 교수께서 수고해 주셨다. 신 교수께 감사드린다.

절박감이 반영된 상징적 사건으로 볼 수 있겠다. 이후 1980년대 민주화는 한국의 대외정책의 동력을 근본적으로 변화시키는 계기가 되었고, 그와 함께 '동서 냉전'과 '남북 대결'이라는 구도를 넘어 새로운 국제정세의 전개에 대한 능동적 대응이 필요한 시기가 되었다. 이 시기 국제문제연구소는 학술적 및 정책적 차원에서 한국 북방정책의 입안과 실천 그리고 새로운 남북관계의 기초를 다지는 데 커다란 이바지를 했다고 평가된다. 그리고 1990년대 전개된 탈냉전과 미국 패권의 시기에 국제문제연구소는 세계화라는 변화와 도전에 대응하고 1997년 IMF 사태와 같은 국제정치경제의 파상적 도전에 맞서 국제정치적 대응 전략과 방안을 궁구하는 데 매진해 왔다.

21세기에도 국제정치는 쉼 없이 큰 폭으로 변화해 왔다. 글로벌 테러리즘의 도전, 글로벌 금융위기, 아시아와 중국의 부상, 코로나19 팬데믹과 신흥안보(emerging security)의 도전, 그리고 IT 및 AI로 대표되는 과학기술의 혁명적 발전과 그에 따른 변화의 파고는 전통 국제정치이론의 설명력에 대하여 중차대한 도전을 제기하고 있다.

국제문제연구소는 이런 다변적이며 다층적인 국제정치적 변화와 도전을 적절히 파악하고 그에 대한 해법을 모색하기 위하여 지역질서 국제정치이론, 신흥안보의 국제정치, 4차 산업혁명·항공·우주·사이버·미래전·인공지능 등 다양한 주제와 관련된 국제정치학적 탐구를 선도하고 있다. 특히 1976년 이후 발행되어 온 학술지 『국제문제연구』를 2004년 24집으로 종간하고, 『세계정치』를 창간하였다. 이는 반년간 기획 학술지로서 해당연도나 그 시기의 가장 중요한 국제정치적 이슈를 집중적으로 조명하는 주제 중심 학술서의 성격을 가진 국제문제연구소의 정기간행물이다. 한국연구재단의 다소 획일적인 학술지 평가 기준에 얽매이지 않고 재정적인 어려움이 있음에도 불구하고 고집스럽게 『세계정치』 시리즈를 계속 출간해 오고 있다.

또한 국제정치학에 대한 다양한 사회적 소요(所要)에 부응하기 위해서 7개의 법정 연구센터를 설치하여 각 특성에 맞는 국제정치학 연구와 소통에도 힘쓰고 있다. 이런 다면적 연구체제의 정비 이외에도 국제문제연구소는 한국외교정책과 관련하여 중견국외교정책론, 네트워크통일론, 지정학적 중간국외교론 등과 같은 국가의 정책적 대응의 기초를 이론적이며 실천적으로 다지는 데에도 기여하고 있다.

국제문제연구소가 해결해야 할 과제도 적지 않다. 학술적 도전 이외에도 근본적으로 재정-경영 및 인력-조직 관련 과제들이 산적해 있는 것이 사실이지만, 두 가지 정도 과제는 긴급한 과제이다. 하나는 국제문제연구소가 학술적 및 실천적으로 중요한 의의를 지닌 연구를 진행하고 있음에도 불구하고 그 임팩트가 그만큼 크지는 않다는 점이다. 미국의 브루킹스연구소는 80%가 넘는 예산을 홍보와 성과 확산에 사용한다고 한다. 물론 국제문제연구소와 성격이 다른 싱크탱크이긴 하지만, 그만큼 홍보와 연구 성과의 확산은 연구소 존립의 핵심 기능이며 이유이다. 사회에 대해 그리고 국제적으로 연구 성과를 확산하는 역량을 강화하는 것이야말로 국제문제연구소의 미래를 위해 고민해야 할 취약점 극복 노력의 중심에 있다.

또 하나는 네트워크형 연구소의 기능을 강화하고 인식공동체(epistemic community)를 구축하는 과제이다. 최근 추세로 본 연구소들의 조직과 존립의 특징은 네트워크형 조직과 운영이 대세라는 점이다. 어떤 측면에서는 재정적 및 인적 기반이 약한 국제문제연구소는 오히려 이런 네트워크적 조직화를 발전의 계기로 삼을 수도 있을 것이다. 그리고 이런 네트워크형 연구소의 원활한 기능을 위해서는 학술·정책적 인식공동체의 존재가 필수적이라는 점은 주지의 사실이다. 국제관계연구회, 국제정치학회, 정치학회, 세계지역학회, 정보세계정치학회 등 많은 유관 조직에서 왕성히 활동하고 계신 국제문제연구소 출신의 동료들과의 연결고리를 새롭게 구축하는 작업을 강화해 가야 할 것이다.

참고문헌

권혁용(2012). 한국의 정치학 연구: 1991~2010 『한국정치학회보』 분석. 한국정치학회보, 46(2), 117-140.

김용구(2021). 김용구 연구회고록. 연암서가.

김학준(2002). 김영국 교수의 정치학: 삶, 그리고 연구와 강의를 중심으로. 한국정치연구, 11(1).

동주기념사업회(1998). 동주 이용희와 한국 국제정치학.

서울대학교 외교학과(2006). 서울대학교 외교학과 50년사: 1956~2006. 서울대학교 외교학과 50년사 간행위원회.

서울대학교 정치학과(2009). 서울대학교 정치학과 60년사: 1946~2006. 서울대학교 정치학과 60년사 발간위원회.

이정복(1999). 헌사. 한국정치연구, 제8·9집 합병호.

이정복 편(2008). 공삼민병태 선생의 정치학. 인간사랑.

이호재(1988). 한국 국제정치학의 발전을 위한 방향 제시. 국제정치논총, 28(1), 201-208.

이홍구(1996). 이홍구 문집 V. 나남.

전재성(2007). 한국 국제정치학의 향후 과제들. 국제정치논총, 46.

Gordon, P. E. (2012, August). What is Intellectual History? A frankly partisan introduction to a frequently misunderstood field. In The Harvard Colloquium for Intellectual History (pp. 1-19).

제3장

경제성장과 서울대학교 경제학의 발전과정 50년[1]

| 홍기현 |

1) 이 글을 작성함에 있어 경제학부장으로 재직하면서 인력 지원을 해 주고 중간발표회 때 좋은 논평을 해 준 김봉근 교수, 자료 취합에 도움을 준 강내영 전 행정주임, 추희정 행정주임, 김혜진 경제학부 행정실 직원, 전소연 교무처 직원, 그리고 자료를 입력하고 발표 자료를 준비하는 데 많은 시간 동안 도움을 준 경제학부 김송현 학생에게 감사드리며, 집필에 관한 모든 책임은 집필자에게 있음을 밝힌다.

1. 머리말

이 장에서는 1975년 서울대학교가 관악캠퍼스로 이전한 후 경제학 분야의 교육과 연구의 동향을 알아보기 위해서 각종 자료를 바탕으로 전반적 추이를 설명한다. 한국에서의 서양 경제학의 도입과 그 역사는 이미 강명규(1981), 홍기현(2005) 등의 글에서 밝힌 바와 같이 다른 학문 분야보다 상대적으로 긴 역사를 갖고 있다. 경제학은 구한말부터 중국과 일본을 통해서 국내에 간접적으로 도입되다가, 1945년 해방 이후, 특히 1960년대 이후 해외 유학생이 귀국하면서 본격적으로 발달하였다. 이 과정에서 서구에서 개발된 경제이론이 한국 현실에 잘 맞는지에 대한 비판적 논의가 있기도 했다. 예컨대, 1945년 이후 세계 경제학계에서 주도적 역할을 한 미국의 경제학이 미국 유학생 출신 중심의 인적 네트워크를 통해서 국내에 일방적으로 도입되었다는 Choi(1996)의 분석이 있었고, 이에 대해 한국의 현실을 반영한 연구 역시 많이 이루어져 왔다는 Hong(1996)의 분석도 제시된 바 있다.

이와 같은 한국의 경제학 발달사라는 맥락 속에서 서울대학교의 역할과 특색을 설명하는 것이 이 글의 목적이다. 이를 위해서 제2절에서는 1975년 이후 서울대학교 경제학과, 무역학과, 그리고 이를 통합해 1995년 출범한 경제학부의 제도와 교육과정 변화를 설명한다. 즉, 서울대학교에서는 경제학부와 그 모태가 된 경제학과 및 국제경제학과 외에도 농업생명과학대학의 농경제사회학부, 환경대학원, 보건대학원, 국제대학원, 공과대학 기술정책과정에서도 경제학 관련 분야를 강의하고 교육하고 있으나, 사회과학대학 역사의 일부로서 경제학의 역사를 서술하므로 그 범위가 제한된다.

제3절에서는 서울대학교에서의 경제학 분야의 연구 동향과 관심사를 소개한다. 제한된 분량으로 인해서 모든 연구 분야의 세세한 연구 동향 대신, 분야별 연구 비중 및 한국 경제발전에 관한 주요 논점을 중심으로 설명한다. 수출주도형 경제발전이 한국의 상황에서 적절했는지, 경제발전 과정에서 시장과 정부의 역할과 관계는 무엇인지, 경제성장 과정에서 공평한 분배가 달성되는지 등의 논점이 주

로 다루어진다. 국내에선 한국경제가 불안정과 불평등이라는 문제를 가져왔다는 비판적 견해가 존재하는데, 이러한 견해는 한국경제를 세계시장을 대상으로 한 시장경제 형성, 고속성장과 국민소득 증가, 평등한 분배를 모두 달성한 모범 사례로 바라보는 주류경제학계의 시선과 대비된다.

제4절에서는 이 글을 마무리하며 서울대학교 경제학 교육의 특징을 요약하고 앞으로의 과제를 간략히 서술한다.

2. 서울대학교 경제학 분야 50년간의 제도적 변화

1) 관악캠퍼스 이전에 따른 제도 변화

1946년에 개교한 서울대학교는 그 이전의 경성제국대학 외에 각 분야의 전문학교들을 통합해 국립대학교로 출범한 학교이다. 경제학 분야는 1922년 개교한 경성고등상업학교(1944년에 경성경제전문학교로 개명) 및 경성제대 법문학부 등에서 가르쳐지고 있었는데, 1946년 상과대학이 설립되어 경제학 분야의 교육이 체계적으로 이뤄질 수 있는 골격이 마련됐다.[2] 그렇지만 해방 이후 정치적 혼란으로 인해서 근대경제학과 마르크스경제학의 갈등이 있었다. 1950년대에는 고전학파 경제학이 소개되고 케인즈 경제학이 번역됐으나 그 외에 본격적인 근대경제학 연구는 이루어지지 않았다. 이후 실천적 고려로 1959년 무역학과가 설립되고 1962년에는 경영학과가 설립되는 등 1960년대에는 1950년대에 비해 체계적으로 경제학 분야, 무역학 분야, 경영학 분야의 교과목들이 개설됐다. 학생들은 학과 소속과는 비교적 무관하게 경제 및 경영학 분야에서 통합적 교육을 받은 뒤 학계, 관계, 금융계, 민간기업 등에 진출해 경제발전에 이바지했다. 1961년에는 한국경

---

2) 이 문단의 내용은 『서울대학교 30년사』(서울대학교30년사편찬위원회, 1976)에서 임종철 교수가 집필한 '경제·무역학'(pp. 584-588)을 주로 참조했다.

제연구소가 설립되어 경제정책과 발전 연구를 통해 경제성장을 뒷받침하는 지식을 제공했다(서울대학교30년사편찬위원회, 1976).

1968년에는 서울대학교 종합화 10개년 계획(1968~1977년)이 국가정책으로 결정되어 종합화에 관한 논의가 시작되었다.[3] 이 계획은 그해 4월 국무회의 의결을 거쳐 6월에 국회를 통과함으로써 구체화됐고, 국무회의에서 통과된 「서울대학교 설치령」에 따라 총장 산하에 기획위원회와 건설본부가 설치되고, 기획위원회 산하 '교육연구및기구조직분과위원회'에서 소위 '아카데믹 플랜(Academic Plan)'이 준비됐다.[4] 아카데믹 플랜은 오랜 논의를 거쳐서 1972년 1월 10일 '최종안'이 발표되고 이후 1975년 1월 13일에 '최종수정안'을 바탕으로 그 해 3월 1일자로 「서울대학교설치령 개정안」이 확정되면서 실현되었다. 아카데믹 플랜에서는 문리과대학을 관련된 3개의 단과대학으로 분리하면서 상과대학에 있던 경제학과와 무역학과는 사회과학대학으로 편입하고 경영학과는 경영대학으로 분리하는 방안이 제시됐다(서울대학교30년사편찬위원회, 1976).[5]

서울대학교 종합화 계획에 따라 서울 시내 각지에 흩어져 있던 각 단과대학은 의학계와 농학계 대학을 제외하고 1975년 이후 몇 년에 걸쳐서 모두 관악캠퍼스로 이전하게 된다. 이에 따라 종래 상과대학에서 경제학·무역학 분야를 가르치던 교수들 외에도 문리과대학, 법과대학, 행정대학원, 교양학부 등에서 경제학 분야를 가르치던 교수들은 사회과학대학의 경제학과와 무역학과 소속으로 이동하고, 경영학 관련 교수들은 경영대학으로, 상과대학 소속이지만 교양교과목, 법학

---

3) 서울대학교종합화계획은 각 분야대학의 연립적 특성으로 인해서 발전이 더딘 것을 해결하려는 방편으로, 1960년 종합화 7개년 계획, 1962년 종합화 5개년 계획, 1966년 종합화 6개년 계획 등의 사전 논의를 거쳤다. 하지만 현실적으로 필요한 부지와 예산 등이 확보되지 않아서 별다른 진척을 보지 못하다가, 1967년 11월 최문환 총장의 청와대 방문을 계기로 10개년 계획이 자리를 잡았다.
4) 이 분과위원회는 나응배 위원장을 비롯해 박원회, 이광호, 정원식, 이흥구, 조석준, 권숙일 등 7명으로 구성되었다.
5) 당초 아카데믹 플랜은 사회과학대학에는 정치학부(정치학과, 외교학과), 경제학부(경제학과, 무역학과), 사회학부(사회학과, 인류학과), 심리학과, 지리학과, 신문방송학과, 사회사업학과가 있는 것으로 계획됐으나, 이후 학부제는 도입되지 않고 10개 학과가 설치됐다.

등을 가르치던 교수들은 관련 대학으로 소속을 변경했다.[6]

〈표 3-1〉은 1975년 3월 당시 사회과학대학 경제학과와 무역학과에 발령된 교수 명단이다.[7]

표 3-1 1975년 3월 무역학과/경제학과 교수 발령사항

학과	직급	보직	성명	전공분야	비고
무역학과 (9명)	교수		오만식	보험론	
	교수		차병권	재정학	
	부교수	학과장	임종철	경제체제론	
	부교수		박우희	경제성장론	
	조교수		김세원	국제기구론	
	조교수		정기준	계량경제학	
	조교수		박재윤	화폐경제학	
	조교수		한승수	재정학	
	전임강사		김신행	국제경제학	
경제학과 (13명)	교수	무역연구소장	변형윤	한국경제론	
	교수	경제연구소장	이현재	재정학	
	교수	학장	조순	거시경제학	
	교수	학과장	김종현	경제사	
	교수		강명규	경제학사	
	교수		정병휴	산업조직론	
	교수		김두희	거시경제학	문리대에서 이동

---

6) 상과대학 입장에서 서울대학교 종합화 계획은 상과대학 해체로 간주됐다. 따라서 상당수 교원, 졸업생들은 계획을 반대했지만, 대학본부 관련자와 정부는 반대 의견을 무시했다. 이후 상과대학 총동창회는 경제학과, 무역학과, 경영대학의 졸업생을 동창회원으로 간주하여 계속 유지됐고, 경제학 분야 교육 등이 문리과대학으로 흡수됐다는 심정을 갖게 된 것으로 보인다.
7) 〈표 3-1〉의 출처는 서울대학교 상과대학 총동창회 소식지(1975. 5. 10.)이다. 단, 교수들의 전공분야는 실제 교육과 연구에 가깝게 수정했다.

교수	임원택	경제사상사	법대에서 이동
교수	배복석	재정학	법대에서 이동
조교수	안병직	한국경제사	
조교수	정영일	농업경제학	
조교수	최범종	계량경제학	1976년 3월 사직
전임강사	배무기	노동경제학	

1975년 당시 경제학과로 소속하게 된 교수 중에서 경제학과의 운영에서 중심적인 역할을 한 인물로 변형윤 교수, 이현재 교수, 조순 교수를 꼽을 수 있다. 변형윤 교수(1927~2022년)는 경제수학, 계량경제학 등을 가르치다가 전공분야인 경제변동론, 경제발전론 연구를 통해 근대경제학의 정착에 선구적으로 기여했다. 당시 교수 중 가장 오랫동안 상과대학의 교수로 근무했기 때문에 상대적으로 학내의 발언권이 강했지만, 상과대학 해체 이후에는 정부 당국에 비판적인 입장을 취했다. 1980년에는 교수협의회장으로서 군사쿠데타에 반대했고 결국 그해 7월에 해직됐다가 1984년 9월에 복직하게 됐다.[8] 복직 이후에는 경제적 정의를 실현하는 활동에도 관심을 두고 어려움을 겪는 제자들의 정신적인 지주로 역할을 했다. 이 때문에 언론에서는 경제성장정책에 적극적으로 참여하는 서강대학교 출신 경제학자를 '서강학파'로, 이와 달리 정부의 성장정책을 비판하는 방향에서 사회참여를 하는 경제학자를 변형윤 교수의 아호를 따서 '학현학파'라고 부르기도 하나, 두 부류 모두 강한 학문적 방법론을 갖고 학맥을 형성하는 본격적 의미의 학파(school)라고 하기는 어렵고 정책적 지향(orientation)이 유사한 인물의 친소관계 정도의 의미로 생각된다.

조순 교수(1928~2022년)는 육군사관학교 교관을 마친 후 미국 버클리대학교에

---

8) 당시 교수 해직과 그 활동에 대해서는 『서울대학교 교수민주화운동 50년사』(서울대학교교수민주화운동50년사발간위원회, 1997), pp. 113-117 참조.

서 경제학박사를 취득한 후 1966년에 상과대학에 교수로 부임했다. 거시경제학, 화폐금융론을 전공한 조순 교수는 해당 분야에서 많은 제자를 교육했고 이들은 학계와 관계에 진출하게 된다. 조순 교수는 『경제학원론』을 집필해 근대경제학 교육을 자리 잡게 하는 데 크게 기여했다. 조순 교수는 정부가 적절한 역할을 통해서 효율과 공평을 적절하게 달성해야 한다고 주장했고, 이는 경제정책에 참여하는 많은 학자에게 큰 영향을 줬다. 조순 교수 본인은 경제부총리, 한국은행 총재, 서울 시장 등에 재직하며 적극적으로 정책에 참여했다.

이현재 교수(1929년~)는 부산대학교 교수를 거쳐 서울대학교 상과대학에 부임했다. 재정학 분야에서 오랫동안 제자 양성에 힘썼고, 서울대학교 총장(1983~1985년) 등 학교 운영에 간여했다. 이후 1988년에 국무총리를 맡았다. 이현재 교수의 학문적 성향은 실제 한국 현실에 맞는 정책적 연구를 강조하는 것이라고 할 수 있다.

무역학과에서는 차병권 교수(1926~2016년)가 중심이 돼 교육과 연구에 크게 기여했다. 차병권 교수는 재정학 분야의 선구적 연구자로서 재정학회장을 지냈으며 무역연구소 등을 통해서 다수의 정책적 연구를 한 바 있다.

경제학과에 소속된 세 교수에 대해서 비교적 자세하게 서술한 것은 이들의 학문적 성향과 활동 경력을 통해서 서울대학교에서 경제학 분야의 교육과 연구가 처한 사회적 상황을 짐작해 볼 수 있기 때문이다. 즉, 서구경제학을 도입해 교육을 정착시키고 연구 수준을 높여야 하는 대학 본연의 역할과 함께, 당시 사회적으로 필요한 경제발전을 위한 정책적 지식과 인력 양성에도 힘을 쏟아야 하는 두 가지 역할을 동시에 수행해야 했음을 알 수 있다. 아울러 경제발전의 방식에서 정부와 시장의 비중, 발전의 목표로서 성장과 분배, 즉 효율성과 형평성이라는 상충하는 목표 간 절충 등의 과제가 경제학 교육과 연구 모든 영역에서 깊이 관련된 것이다.

한국의 고도성장기가 한창이던 1970년대 당시를 기준으로 경제문제에 대한 지향(orientation)을 크게 생각해 보면 다음 〈표 3-2〉와 같다. 즉, 경제정책의 목표를 분배를 중시하는가 성장을 중시하는가에 따라 소위 좌우의 이념적 대립이 있고, 경제 운영의 방식을 정부 중심으로 하는가 시장 중심으로 하는가에 따라서 대립적 의견이 있을 수 있으므로, 결국 평면상에 네 가지 입장이 위상도표로 표시될 수 있다.

표 3-2 **경제적 이념의 위상도**

목표 및 운영방식	분배 중시	효율 및 성장 중시
시장중심	B. 개혁적 자유주의	A. 전통적 경제학
정부중심	C. 평등적 지향	D. 정부개입을 통한 고속성장

〈표 3-2〉와 같은 위상도를 볼 때 1970년대 당시 서울대 교수들의 이념적 지향은 어느 한쪽으로 분류할 정도로 뚜렷하지는 않았다고 보인다. 즉, 경제학 교과서에는 전통적 가격이론의 효율성(A)을 가르치면서도 성장을 위한 정부의 역할을 강조하는 분위기(D)도 있었으며, 극심한 불평등으로 인한 사회적 갈등을 줄이도록 경고하는 목소리도 있었다. 즉, 진보적 학생운동층과 재야 경제학자들이 평등주의적 정부개입(C)을 주장한 바, 이러한 목소리는 교육과 연구에 어느 정도 영향을 주고 있었다. 이러한 정책 지향의 대립 속에서 서울대학교 경제학 학풍은 소위 정부 중심의 성장정책(D)을 옹호하는 '서강학파'에 비해서는[9] 개혁적 자유주의(B)에 가까웠다고 할 수도 있으며, 점차 경제학 교육이 주류경제학 위주로 강화되면서 시장중심적 효율성을 강조하는 입장(A)이 점차 중심적인 자리를 잡았다고 해석할 수 있다. 즉, 경제학의 전문화 과정에서 선진국 대학과 마찬가지로 주류경제학이 자리를 잡으면서, 경제학의 방법론과 교육과정, 연구 경향이 동질화되는 커다란 흐름에서 볼 때, 서울대학교의 경제학 분야에서 이러한 흐름에 맞게 변해 왔다고 볼 수 있다. 물론 이러한 변화가 연구 수준을 높이면서도 현실적합성을 함께 높였는지에 대해서는 논의의 여지가 있다.

---

9) 김경환 교수(2000)는 '서강학파'는 어떤 이론을 중심으로 형성된 본래의 의미의 학파는 아니지만, 주류경제학적 이론을 정책에 적용하려는 성향을 가진 인물들의 집합으로 소개하고 있으므로, 〈표 3-2〉의 분류에 따르면 (A)에 속한다고 할 수 있다. 한편, 변형윤 교수도 영국 Marshall의 경제학을 따르면서 정책적 비판을 하는 입장이었으므로, (A)에 속한다고 말할 수 있다. 그런데, 통념적으로 언론에서는 '학현학파'와 '서강학파'를 대립적 입장을 가진 것으로 서술하면서 정부에 참여한 인물을 중심으로 통념화한 것을 보면 각각 (C)와 (D)에 속한 인물들의 집합으로 보고 있다.

2) 경제학과/무역학과 병립 시절의 경제학 분야 운영: 교육을 중심으로

1975년 관악캠퍼스로 이전하면서 경제학 분야의 교육은 사회과학대학에 소속된 경제학과와 무역학과에서 주로 담당하여 이루어졌다. 양 학과의 운영은 각각 독자적으로 이루어져서 교원의 신규 채용, 교과과정의 결정, 예산의 편성과 집행, 학생 활동에 대한 지원 등 거의 모든 영역에서 독립적으로 시행되었다. 다만, 양 학과의 교수들은 경제연구소의 연구원으로 겸임 발령을 받고 있었고, 경제연구소의 주례 세미나와 학술 행사 등을 통해서 빈번하게 학문적으로 교류했으며 양 학과에 개설된 교과목은 상호 전공선택 교과목으로 인정되고 있었기 때문에 학문적 교류는 우호적인 분위기에서 잘 이루어졌다고 볼 수 있다.

1975년부터 약 10년간에 걸쳐서 경제학 분야의 교수 구성을 보면, 주로 미국에서 유학한 경제학박사들이 공개 채용되면서 미시경제학, 거시경제학, 계량경제학을 중심으로 한 주류경제학의 교과과정이 확고하게 자리를 잡고 학사과정뿐만 아니라 대학원 과정의 교육 수준도 세계 수준에 가깝게 상당히 높아졌다. 경제학과에 새로 채용된 미시경제학 분야의 이승훈 교수, 거시경제학 분야의 정운찬 교수, 이성휘 교수, 무역학과에 채용된 국제경제학 분야의 김신행 교수, 이천표 교수, 김인준 교수, 계량경제학 분야의 표학길 교수가 여기에 해당된다. 아울러 상과대학에서 근무하던 교수들 중에서 정기준 교수, 배무기 교수, 박재윤 교수도 이 시기에 미국 유학을 통해 박사학위를 취득하고 귀국함으로써 교육과 연구의 질적 향상에 크게 기여하게 됐다.

〈표 3-3〉과 〈표 3-4〉는 양 학과의 학과장을 맡은 교수들을 소개한 표인데, 학과장은 대체로 연령대를 고려할 때 학과의 중심적 역할을 하는 교수가 순차적으로 담당하는 것이 관례였다. 학과의 역사를 더 자세하게 파악하려면 이들과 면담할 필요가 있으므로 기록을 위해서 소개한다.

표 3-3 역대 경제학과장

연번	성명	임기
1	정영일	1982. 1.~1982. 2.
2	안병직	1982. 5.~1982. 7.
3	정영일	1983. 7.~1985. 7.
4	정기준	1985. 8.~1987. 8.
5	배무기	1987. 8.~1988. 5.
6	송병락	1988. 5.~1990. 5.
7	이승훈	1990. 5.~1992. 5.
8	이성휘	1992. 5.~1994. 5.
9	김수행	1994. 5.~1994. 10.

표 3-4 역대 무역/국제경제학과장

연번	성명	임기	비고
1	김세원	~1983. 1.	
2	김신행	1983. 2.~1985. 1.	
3	이천표	1985. 2.~1987. 1.	1985. 3. 1. 학과명 변경
4	표학길	1987. 1.~1989. 1.	
5	김인준	1989. 2.~1990. 2.	
6	이지순	1990. 3.~1992. 2.	
7	임종철	1992. 3.~1994. 2.	
8	홍원탁	1994. 3.~1996. 2.	

양 학과가 병렬적으로 경제학 교육을 담당하던 20년간 경제학과와 무역학과의 교과과정은 상과대학 시절의 해당 학과의 교과과정을 기반으로, 소속된 교수들의 전공 분야에 맞는 교과목을 고려해 편성된 것으로 보인다. 상과대학에서 자체적으로 경영학과 법학 분야의 교수들이 소속돼 회계학, 조직이론, 상법, 민법 등을 가르쳐 왔었는데, 관악캠퍼스 이전 후에는 경영학, 법학 등의 교과목을 가르치던

교수들이 자신의 전공에 맞게 다른 단과대학으로 소속이 변경되면서, 해당 교과목은 다른 단과대학에서 가르치게 된다. 다만, 경제학과와 무역학과 학생들이 많이 듣는 회계학, 민법, 상법 등의 교과목은 경제학과의 교과목으로 개설되거나 관련 교과목을 타과에서 듣더라도 전공선택과목으로 인정함으로써 학생들의 사회진출에 도움이 되도록 했다.[10]

관악캠퍼스로의 종합화 이후 각 대학 및 각 학과에서 주된 전공으로 하는 분야의 교과목 개설을 담당하고 주된 전공 분야가 아닌 교과목을 다른 학과에서 개설하는 시도를 억제하는 분위기가 형성됐다. 예를 들면, 경영학 교과목은 경영대학에서 개설하고, 경제학 교과목은 경제학과에서만 개설하는 방식이 취해지게 된다. 이러한 변화는 두 가지 요인에 의해서 형성된 것으로 보인다. 하나는 현실적으로 해당 교과목을 가르치는 교수가 소속된 학과나 대학에서 해당 교과목을 개설하는 것이 타당하거나 편리하다는 요인이며, 다른 하나는 분과학문의 성립과 함께 생긴 학문적 정체성(academic identity)에 수반되는 학과칸막이 현상(disciplinary silo)이 다른 요인이라고 할 수 있다.[11]

다음으로, 사회과학대학에 소속된 경제학과와 무역학과 간의 관계에 대해서 살

---

10) 1981년도 『서울대학교 교과과정』을 보면 경제학과에서는 사회과학대학, 경영대학, 법과대학의 교과목 중 상당수를 전공선택과목으로 인정하고 있다. 경영대학에서도 이와 같은 방침을 취하고 있었는데, 특히 경영대학 학생들에게 경제학 교육이 어느 정도 필요하다고 보고 경제학 분야에서 "경제원론"을 경영대학 교과목으로 개설하고 있다. 관악캠퍼스 이전 후 경영대학의 경제원론 교과목을 경제학과 교수들이 가르치다가 점차 강사를 소개하는 형태로 상호 협력을 해 왔다.

11) 학과중심주의의 형성요인과 그 부정적 효과에 대해서는 홍기현(2022) 참조. 학과중심주의를 극복하는 방안으로서 전공인정교과목 제도, 다전공제도가 있으며, 경제학과와 무역학과 간에는 거의 모든 교과목이 전공인정교과목으로 인정됐고, 경제학과와 경영대학 간의 상당수의 교과목도 전공선택과목으로 인정돼서 어느 정도 융합적 교육이 가능한 제도는 있었다. 다만, 학과중심주의가 강화되는 문화 속에서 경제학 분야와 경영학 분야가 각각 다른 단과대학으로 분리됨으로 인해서 학과 간 교류는 점차 줄어들었다. 교과목을 개설할 때 상대방 학과에서 전공 분야에 고유하다고 생각하는 명칭을 쓰는 것을 반대하는 사례가 발생한 것도 학과중심주의의 병폐를 보여준다고 할 수 있다.

2. 서울대학교 경제학 분야 50년간의 제도적 변화

펴보면 교육의 동질화(homogenization) 현상이 관찰된다. 〈표 3-5〉와 〈표 3-6〉은 1981년도 경제학과와 무역학과 학사과정의 전공교과목을 나타낸 것이다. 당시 사회과학계열로 입학하기 때문에 전공교육은 2학년부터 하게 되어 있는데, 양 학과의 전공필수과목은 거의 동일하다. 경제원론을 통해 입문적 경제학을 배운 후, 경제학의 두 축인 미시경제학(micro-economics)과 거시경제학(macro-economics)을 배우고, 경제통계학 등 응용교과목을 배우도록 했다. 동일 교과목명을 쓰지 못

표 3-5 1981학년도 경제학과 학사과정 전공교과목 이수표준형태

학년 \ 학기	I	II
2	경제원론* 경제수학* 경제사*	미시경제이론* 거시경제이론* 경제통계학* 근대경제사
3	재정학 계량경제학 노동경제학 화폐금융론 경제정책론 한국경제사 경제사상사 농업경제이론	국제무역론* 재정정책 경제학사 수리경제학 경제계획론 산업연관론 경제변동론 동양경제사 각국경제사 화폐금융정책 농업경제정책
4	산업조직론 지역·자원 및 환경경제학 경제발전론 경제체제론 한국경제론 경제학고전강독	조세론 경제분석연습 근대경제학강독

하기 때문에 경제학과의 미시경제이론에 해당하는 무역학과의 교과목은 가격이론, 거시경제이론에 해당하는 교과목은 소득이론이라고 표현됐을 뿐이며 그 내용은 동일하다.

각 학과의 차별점은 경제학과에서는 경제사를 필수로 부과하지만, 무역학과에서는 국제수지론을 필수로 부과한다는 정도가 차이가 있다. 물론 3학년 이후의 교과목에서는 무역학과에서 경제통합론, 국제경제기구론, 국제경제협력론과 같은 국제관계 분야의 교과목이 좀 더 많고, 경제학과에서는 경제사 관련 교과목과 농업경제학, 노동경제학 분야의 교과목이 있다는 점에서 차이가 있지만, 실제로

표 3-6　1981학년도 무역학과 학사과정 전공교과목 이수표준형태

학년 \ 학기	I	II
2	가격이론* 경제수학* 경제원론	소득이론* 경제통계학* 국제경제사
3	재정학* 국제무역론* 화폐금융론* 계량경제학 경제성장론 지역경제론 국제경제기구론	국제수지론* 국제금융론 국제재정론 자원경제론 경제통합론 국제경제협력론
4	무역정책 후진국경제론 국제자본이동론 국제무역제도론 국제무역론강독 국제금융론강독 국제경제학연습 국제경제학고전 I	관세론 기술경제학 각국경제론 한국무역론 다국적기업론 국제수지론강독 국제금융론연습 국제경제학특강 국제경제학고전 II

2. 서울대학교 경제학 분야 50년간의 제도적 변화

학생들이 배운 경제학의 내용은 대동소이했다고 볼 수 있다.

경제학과, 무역학과 양 학과의 교육과 연구 면에서의 동질화 경향은 점차 강화되었다. 특히 1985년 3월 무역학과의 학과 명칭을 '국제경제학과'로 바꾼 취지를 보면, 실무적인 성격의 무역학을 가르치기보다는 전통적인 경제학을 주로 가르치되 개방체제에 있는 점을 감안해 경제학의 한 분야로서 국제경제 관계를 더 탐구한다는 의미에서 개명한 것으로 볼 수 있다. 경제학과와 무역학과의 동질화 경향은 사실 새로 충원되는 교수를 주로 미국 유학생 출신 위주로 채용하면서 지속된다. 〈표 3-7〉은 1990년 당시의 국제경제학과와 경제학과의 교수진의 명단이다.

〈표 3-7〉을 보면 경제학과에는 경제사, 경제사상 등을 전공하는 교수가 배치되어 있고, 국제경제학과에는 국제경제학 관련 분야를 전공하는 교수가 배치되어 있어서 학과 명칭에 부합하는 배치로 보인다. 그런데 실제 양 학과의 교과과정에서는 주류경제학의 기본 과목인 미시경제학, 거시경제학, 계량경제학을 중심으로

표 3-7 1990년 당시의 경제학 교수진(학과별, 임용연도순)

학과 구분	성명	전공 분야	학과 구분	성명	전공 분야
국제경제학과 (10명)	임종철	경제체제론	경제학과 (16명)	정기준	계량경제학
	박우희	경제발전론		배무기	노동경제학
	김세원	국제경제학		정영일	농업경제학
	홍원탁	국제무역론		이승훈	미시경제학
	김신행	국제경제학		정운찬	화폐금융론
	이천표	국제수지론		송병락	경제발전론
	김인준	국제수지론		이성휘	거시경제학
	표학길	계량경제학		강광하	경제계획론
	이지순	거시경제학		이준구	재정학
	김태성	미시경제학		양동휴	경제사
경제학과	김종현	경제사		김완진	미시경제학
	강명규	경제사상사		홍기현	경제사상사
	안병직	한국경제사		김수행	경제사상

국제경제학 등은 응용분야의 하나로 교육되고 있어서 학문적으로 본질적인 차이라고 보기는 어렵다. 1990년 당시의 교수진의 전공분야 분포를 1975년 이전 당시와 비교해 보면 아주 큰 차이가 있다고 보기는 어렵다. 그 이유는 전임교원 정원이 양 학과를 합쳐서 15년 동안 22명에서 26명 정도로 소폭 증가한 데 불과하고, 이전 당시 근무하던 분들도 여전히 재직하고 있던 시기이고 퇴직하는 교수의 전공분야와 유사한 분야를 선발하는 관행도 남아 있었기 때문으로 보인다. 다만 이전보다 미시경제학과 거시경제학 분야에서 새로운 교수가 더 충원되어 상대적 비중이 다소 높아졌음을 볼 수 있다.

3) 1995년 통합 이후의 경제학부 변천

관악캠퍼스 이전 후 서울대학교에서 경제학 분야의 교육과 연구에서 가장 뚜렷한 변화는 1995년 3월에 경제학과와 국제경제학과가 통합한 일이다. 양 학과의 통합에 관한 논의는 1992년부터 있었는데, 통합하게 된 근본적 원인은 양 학과의 교육과 연구 경향의 동질화가 점차 심화했다는 것이다. 동질화 경향이 가장 뚜렷이 나타난 것은 신임 교수의 충원에서 미시경제학, 거시경제학, 계량경제학 분야의 우수한 연구자가 상당수 충원되면서 나타난 것으로 보인다.

새로 채용된 교수들의 연구 경향이 비슷하고, 경제연구소의 주례세미나 등을 통해서 계속 학문적 교류를 해 왔기 때문에 비교적 동료 의식이 잘 형성되어 있었다. 그런데 경제학 분야의 기초과목들에 대한 강의 부담은 상대적으로 크므로 젊은 교수들은 양 학과의 통합을 통해서 교육의 효율성을 높이고 연구의 교류도 더욱 활성화되기를 기대했다. 양 학과의 중진 교수들도 이러한 요구에 대해서 부응해 비교적 자유로운 분위기에서 양 학과의 통합이 순조롭게 논의됐다.

양 학과는 '경제학부기획발전위원회'를 구성하여 임종철 교수를 위원장으로 선임하고 1993년 5월 12일 경제학과·국제경제학과 양과합동교수회의를 통해서 통합의 원칙에 대해서 합의했다. 이 회의에 제출된 '통합추진시안'을 보면 1994년부터 양 학과는 신입생을 공동 모집하고, 경제원론 1·2, 미시경제이론, 거시경제이론, 경제통계학 5과목을 공통필수교과목으로, 경제사 계열 과목 4개 중 1개와 경제수학, 계량경제학, 재정학, 화폐금융론, 국제무역론, 국제수지론 중 2개를 선택적 필수과목으로 정하도록 제안되었다. 아울러 대학원 교육과 입시를 통합하고, 학부장 1인, 부학부장 2인이 학부 행정을 통합적으로 운영하되, 교수 개인의 다양한 의사를 골고루 반영하기 위해서 학사·입시·인사위원회를 두고 모든 교수가 1개 위원회에 참여하게 했다.

1년여에 걸친 통합 시안은 비교적 많은 교수의 동의를 얻어 통합 작업은 잘 이루어질 것으로 보였으나, 그 이후 국제경제학과의 중진 교수 중 일부가 갑자기 규모가 커진 단위에서 주류경제학 위주의 심층적 교육이 잘 이루어지지 않을 수도 있다는 우려를 제기했다. 이로 인해서 더욱 세세한 교과과정과 위원회 운영방식에 관하여 논의를 한 후 1995년 3월에 경제학부라는 통합 조직이 실현됐다. 행정적 통합 이후 입시와 교과과정이 완전히 통합되고, 경제학부 단위에서 신임 교원이 채용되면서 양 학과 간 약간의 친소 관계 차이가 남은 것 외에는 거의 완전한 화학적 결합을 이뤄, 당시 학부제를 추구하던 서울대학교의 교육정책 면에서 학과 통합의 모범적 사례로 평가돼 소액이지만 재정적인 지원도 받을 수 있었다.[12]

경제학부로 통합된 이후에 경제학부장은 대체로 경제학부 교수회에서 교수들의 의견을 모아서 선임되었는데, 경제학부로의 통합 직후에는 연령대를 고려하여 김종현 교수가 초대 학부장으로 추대되었다. 이후 학부장은 적절한 연령대에서 교수들의 의견을 잘 모을 수 있는 교수로 추천됐고, 2000년대 이후에는 교수회의에서 투표로 선임되는 경우가 대부분이었다. 이 과정에서 경제학 교육의 방향, 신임 교원의 충원 분야, 연구비의 사용 방식, 공간의 사용 등 교수들 개인의 의견이 다른 경우 약간의 갈등 상황이 빚어지기도 했으나, '경제학부 운영 규정' 등 각종 제도적 장치로 의사결정이 비교적 합리적으로 이루어진 것으로 평가된다.

---

12) 당시 이기준 총장은 학부제를 추진하여 달성한 학부들에 대해서 재정적 지원과 함께, 학부장과 2인의 부학부장을 실질적인 보직으로 인정하게 했는데, 10여 년이 경과하며 추가적 지원은 없어지고 각종 감사의 지적을 통해서 부학부장을 공식적 보직으로 인정할 수 없는 형편이 되었다.

제3장 경제성장과 서울대학교 경제학의 발전과정 50년

표 3-8 역대 경제학부장

연번	성명	임기	연번	성명	임기
1	김종현	1994. 10.~1996. 8.	10	홍기현	2010. 7.~2012. 7.
2	정운찬	1996. 8.~1997. 4.	11	윤택	2012. 7.~2014. 7.
3	이승훈	1997. 4.~1999. 4.	12	김재영	2014. 7.~2016. 7.
4	이천표	1999. 4.~2001. 4.	13	류근관	2016. 7.~2018. 7.
5	김인준	2001. 4.~2002. 7.	14	김대일	2018. 7.~2020. 7.
6	이지순	2002. 7.~2004. 7.	15	이상승	2020. 7.~2022. 7.
7	이준구	2004. 7.~2006. 7.	16	김봉근	2022. 7.~2024. 7.
8	이영훈	2006. 7.~2008. 7.	17	조성진	2024. 7.~
9	오성환	2008. 7.~2010. 7.			

경제학부로의 통합 직후 학사과정의 교과과정은 〈표 3-9〉와 같다. 당시 경제학부 단위로 신입생 모집이 가능해졌기 때문에 1학년부터 경제원론을 가르치는 방식으로 4학년까지 경제학의 교과목들을 체계적으로 심화 학습하도록 설계된 것이다. 경제학과 직접 관련성이 적은 교과목으로서 헌법, 민법, 상법, 행정법, 경영학원론, 회계학, 조직행위론 등이 경제학부의 교과목으로 여전히 나열되어 있음을 볼 수 있다. 이는 상과대학 때부터 이어온 유산이지만, 경제학부에 소속된 교원은 없기에 점차 제공되지 않았다. 또한 보건경제학과 환경경제학은 해당 전공의 교수들이 각각 보건대학원과 환경대학원에 있었지만, 전문대학원에서는 직접 학사과정 전공과목을 개설할 수 없기에 경제학부에서 강의를 제공하는 형태로 협업했다.

경제학부 통합 이후 교과과정은 대체로 큰 틀의 변화는 없으나, 경영학과 법학 관련 교과목의 개설을 나열하는 것이 사라지고 경제사와 경제사상사 관련 교과목이 줄어들게 되며, 무역정책이나 국제기구 등 국제경제 분야의 응용도 줄어들게 되는 경향을 보이게 된다. 말하자면, 미시경제학, 거시경제학, 계량경제학을 중심으로 한 주류경제학의 교과과정이 점차 자리 잡게 되는 것이다.

2. 서울대학교 경제학 분야 50년간의 제도적 변화

표 3-9 | 1997학년도 경제학부 학사과정 전공교과목 이수표준형태

학년\학기	I		II	
1	경제원론 I* 현대경제의 이해		경제원론 II* 경제수학*	
2	미시경제이론* 경제사* 경제사상사 경영학원론 국제경제기구론		거시경제이론* 경제통계학* 회계학 근대경제사 노동경제학 국제경제론 마르크스경제학	
3	헌법 재정학 계량경제학 화폐금융론 국제무역론 국제금융론 한국경제사 노사관계론 농업경제이론 현대자본주의 비판 현대마르크스경제학		민법 재정정책 경제학사 수리경제학 국제수지론 경제통합론 동양경제사 서양경제사 각국경제사 산업조직론 산업연관론	
4	상법 무역정책 경제계획론 경제성장론 경제발전론 경제예측론 기술경제학 한국경제론 환경경제학 보건경제학 경제학고전강독 신흥공업국경제론	경제사연습 계량경제학연습 한국경제사연습 국제금융론연습 공공경제학연습 농업경제학연습 경제성장론연습 경제발전론연습 응용계량경제학연습 국제경제학연습 응용계량경제학 거시경제학연습	행정법 경제변동론 경제체제론 일본경제론 조직행위론 중국경제론 재정학연습 경제학사연습 농업경제정책 게임이론 및 응용 국제무역과 경제성장	미시경제학연습 경제사상사연습 노동경제학연습 화폐금융론연습 한국경제론연습 산업경제학연습 후생경제학연습 산업조직론연습 기술경제학연습 서양경제사연습 마르크스경제학연습

3. 경제학 연구의 동향

1) 한국 경제학계의 전반적 동향[13]

서구경제학의 국내 도입은 구한말부터 있었으나 중국과 일본을 통한 간접적 수입이었으며 이러한 상황은 해방 이후 상당 기간에 걸쳐 이어졌다. 본격적인 경제학의 도입은 1960년대 경제성장과 더불어 구미 각국으로 직접 유학생이 가서 석박사학위과정을 공부한 이후에 시작된 것으로 볼 수 있다. 경제학의 수입을 통해서 지식 증가는 상당히 빠른 속도로 이루어졌으며, 경제학 연구의 성과는 점차 세계 수준에 가깝게 도달해, 이제는 국내에서 활동하는 경제학자들도 세계에서 가장 경쟁적인 전문지에 논문을 발표하는 경우가 상당히 많아졌다. 다른 나라의 학자들과의 공동 연구를 주도하는 사례들도 늘고 있다.

한국에서의 경제학 수준의 비약적 발전에도 불구하고, 도입된 경제이론이 한국 경제 현실에 적합한가에 대해서는 계속 문제가 되고 있었다. 특히 한국의 빠른 경제성장을 잘 설명하는 이론이 있는지, 그리고 경제이론이 한국의 발전 방향에 대해서 적절하게 제시하는 것인지에 관한 논쟁이 있었다. 1970년대 말부터는 서구의 주류경제학이 불평등 문제를 소홀히 하고 있다는 비판과 함께 급진적 경제학들이 논의됐으며, 학교에서 가르치고 있는 경제학 교육의 방향에 대해서도 비판하는 대안적 흐름이 생겼다.

한국에서 미국의 주류경제학이 비교적 빠르게 정착되고 발전한 지식사회학적 이유에 대해서 Choi(1996)는 미국 유학자를 우대하는 풍토와 관련이 있다고 설명한다. 즉, 1993년에 발간된 한국경제학회 회원록에 수록된 경제학박사 1,825명을 분석한 결과, 미국 박사의 숫자가 1,416명으로 가장 많을 뿐만 아니라, 미국 박사는 40% 이상이 서울에서 직장을 가지고 있었다. 미국 박사가 학계를 주도하는

---
13) 한국 경제학의 전반적 변화에 대해서는 이준구(1989), 홍기현(2005) 참조.

외형상의 모습에 대해서 Hong(1996)은 한국경제학회에서 발간하는 국문 계간지 『경제학연구』의 논문 분야별 구성 변화를 검토하면서,[14] 미국 경제학이 많이 도입돼 경제학의 수량화 등이 보이지만 연구분야는 국제경제, 경제발전 등 한국의 고유한 문제를 분석하는 논문이 상대적으로 많다는 점에서 한국에서 미국 경제학의 영향이 큰 것은 사실이지만, 미국 박사의 증가가 반드시 경제학의 전면적 미국화를 의미하는 것은 아니라고 유보적 평가를 하고 있다.

2) 서울대학교 경제학 분야의 연구 동향

경제학 분야는 서울대학교 외에 연세대학교, 고려대학교, 서강대학교, 성균관대학교 등 수준 높은 연구와 교육을 하는 대학들이 상당수 있는 편이라서 선의의 경쟁을 통해서 경제이론 고도화와 함께 정책적 대안들도 함께 제시하고 있으며, 전문분야별로 대학 및 연구소 간 교류도 잘 이루어지고 있는 편이다. 서울대학교는 다른 대학교에 비해서 모든 분야에서 압도적으로 학문을 선도한다고 할 수는 없지만, 상대적으로 미시경제이론, 거시경제이론, 계량경제학, 경제사와 같은 기초 분야에서 세계 수준에 접근하는 연구를 통해 한국 경제학계의 중심적 역할을 한 편이라고 할 수 있다. 특히 이 분야의 몇 교수들은 세계적인 전문지에 우수한 논문을 게재해, 인문사회계열에서 많은 경쟁 대학들이 포함된 QS대학평가에서 세계 30~40위권의 위치를 유지하고 있다. 아울러 세계 경제학계와의 교류도 꾸준히 이루어져서, 2025년 8월에는 황윤재, 장용성 교수가 조직하여 세계에서 가장 비중이 큰 계량경제학회 세계 대회(World Congress of the Econometric Society)가 개최될 예정이다.

한국 경제학계의 전반적인 흐름은 서울대학교에서도 어느 정도 비슷하게 나타나고 있다. 서울대학교는 전문화의 추세에 따라 연역적이고 방법론적 개체주

---

14) 한국경제학회에서 발간하는 영문학술지 『Korean Economic Review』에서는 미시경제학, 거시경제학, 수리경제학 등 좀 더 추상적인 논문의 비율이 국문학술지에 비해서 많다는 점도 지적된다.

표 3-10 경제학 조류별 방법론적 특징

	좀 더 귀납적	좀 더 연역적
좀 더 개체주의적	실험경제학	미시경제학, 주류경제학
좀 더 전체주의적	제도주의적 경제학	마르크스경제학

의 입장에서 분석하는 신고전학파 경제학(neoclassical economics)이 주된 조류가 되고 있으며, 이는 경제학부 통합 이후 교육과 연구에서 더욱 잘 나타난다. 〈표 3-10〉에서 보듯이 방법론적으로 볼 때 주류경제학의 특징은 방법론적 개체주의(methodological individualism)와 연역법에 입각한다. 즉, 합리적 개인의 행동을 전제로 개인의 행동을 유추해 전체에 적용하면서, 연역적 방법을 써서 논리적 추론을 통해 가설을 도출한 후 통계적으로 검증하는 방법을 쓰는 것이다. 물론 경제학에서도 좀 더 귀납적인 방식으로 다양한 가설을 제시하는 실험경제학(experimental economics)이나, 경제의 전반적 특징을 귀납적으로 설명하려는 제도주의적 경제학(institutional economics), 계급대립이라는 명제를 전체적으로 적용하는 마르크스경제학(Marxian economics)이 있다. 이러한 비주류경제학적 교육은 상대적으로 비중이 작아지고 있으며, 다른 사회과학 분야의 심리학, 사회학, 정치학과도 방법론적 입장이 차별화돼, 학문적 소통의 기회가 적은 결과가 나타났다는 평가도 생겼다.

어떤 분과학문의 과학방법론적 특성은 학문 분야의 정체성에 있어서 아주 중요한 요소이다. 과학방법론에서 귀납법과 연역법의 사용 정도, 그리고 개체론과 전체론의 의존 정도는 어쩔 수 없이 적절한 선에서 선택해야 하는 문제이지, 어느 하나가 무조건 우수한 방법론이라고 할 수 없기 때문이다. 이런 점에서 보면 사회과학 분야에서 경제학은 다른 학문 분야에 비해서 연역법과 방법론적 개체주의를 더 많이 사용하는 특징을 갖고 있다. 예를 들어, 경제학에 비해 심리학은 귀납적이고 개체론적이며, 사회학은 더 귀납적이고 전체론적이라고 할 수 있다. 이러한 경제학의 독특성 때문에 다른 학문 분야와의 교류가 제한되기도 하지만, 다른 학문 분야에서 경제학적 방법론을 침투시키는 효과가 나타나기도 한다.

경제학 분야에 한정시켜 볼 때, 상대적인 방법론적 차이가 있으나 주류경제학의 특징은 연역적이고 개체론적인 것은 분명하다. 다만, 단순히 세계 학계의 지배적 경향이 그대로 반영되는 것은 아니다. 경제발전 과정에서 나타나는 문제를 설명하기 위해서 한국 나름의 문제의식에 근거한 정책적 문제에 관한 연구도 상당히 이루어지고 있다. 즉, 국제경제학, 경제발전론, 경제체제론 등 우리나라 고유문제에 관한 연구 비중이 미국 경제학계보다 크다는 특징이 있다. 최근에는 인구경제학,

표 3-11 경제학 교수진의 전공분야별 분포 비교 (초빙교수 제외, 2024년 8월 기준)

분야	역대 재직 교수(55명)	현직 교수(37명)	합계
A. 일반경제학	0	0	0
B. 경제사상	2	0	2
C. 수리·계량경제	6	5	11
D. 미시경제학	8	7	15
E. 거시 및 화폐	9	8	17
F. 국제경제학	4	3	7
G. 재무경제학	1	2	3
H. 재정학	5	1	6
I. 보건, 교육, 복지	1	0	1
J. 노동 및 인구	2	3	5
K. 법경제학	0	0	0
L. 산업조직	2	2	4
M. 경영학	0	0	0
N. 경제사	4	2	6
O. 경제발전 및 기술	4	1	5
P. 경제체제론	2	1	3
Q. 농업 및 자원	1	0	1
R. 도시 및 지역	0	1	1
Z. 기타	4	1	5
계	55	37	92

기술경제학, 재무경제학 분야에서 현실적인 연구를 더 하는 경향이 생겼다.

경제학부의 교수들이 개별적으로는 현실적 문제에 대해서 관심을 갖고 연구하고 발표했음에도 불구하고, 전반적으로 볼 때 다양한 접근방식이나 다양한 문제분석이 부족한 것이 아니냐는 우려도 나타나고 있다. 〈표 3-11〉은 퇴직 교수와 현직 교수의 주 연구분야의 구성을 비교한 표이다. 이 표를 보면 현직 교수 중 경제사상, 국제경제학 분야 교수의 비율이 과거보다 상당히 줄어든 것을 알 수 있다.[15]

양 학과 체제 당시 교수진을 나타내는 〈표 3-7〉과 현재 상태를 포함한 〈표 3-11〉을 비교해 보면, 양 학과 통합 이후 주류경제학 위주 개편은 더욱 뚜렷하게 나타난 것으로 보인다. 그 이유는 양학과 통합 이후 퇴직 교수의 전공분야와 유사한 분야를 선발하는 관행은 사라지고, 전공분야와 무관하게 세계적으로 연구 성과를 보이는 사람 또는 교육적으로 가장 필요한 분야를 우선 선발하려는 경향이 자리 잡았고 외국 유학생의 공급 면에서 볼 때 미시경제학이나 계량경제학 분야의 우수 연구자가 많았기 때문에 생긴 것으로 보인다. 아울러 역대 재직교수 55명 중 13명이 국내에서 학위를 수여받은 학자였으나, 현직 교수 중에서는 한국 경제사를 전공하는 1명을 제외하고는 외국에서 박사학위를 수여받았다. 즉, 경제학 교수들의 경력을 볼 때 국제화는 상당히 빠르게 진전됐으며, 그중 미국의 영향이 상대적으로 크다고 볼 수 있다.

3) 경제연구소의 역할

1961년, 국내 최초의 경제문제 전문 연구기관인 경제연구소가 설립됐다.[16] 경제연구소는 설립 직후인 1962년부터 계간 학술지 『경제론집』을 발간했는데, 이

---

15) 〈표 3-15〉와 〈표 3-16〉은 퇴직 교수와 현직 교수를 각각 요약 소개한 표이다. 이 표들을 보면, 현직 교수들은 퇴직 교수보다 박사학위 소지 비율도 높고, 미국에서 박사학위를 받은 비율도 훨씬 높은 것을 볼 수 있다.
16) 경제연구소에 관한 서술은 『서울대학교 50년사(상)』(서울대학교50년사편찬위원회, 1996), pp. 871-872 및 경제연구소 소개 책자를 바탕으로 작성됐다.

는 한국경제학회의 『경제학연구』와 더불어 국내에서 발간되는 전문적 학술지로 서울대학교뿐만 아니라 우리나라 경제학자들의 학문적 성과를 발간하는 데 중심적 역할을 했다. 1988년에는 서울대학교 연구사업비 지원을 받아서 계간 국제학술지인 『Seoul Journal of Economics』를 발간했다.[17] 이 잡지는 본교의 홍원탁 교수가 편집인을 맡아서 국제경제학회에서 발간하는 『International Journal of Economics』와 더불어 각국 경제학자들이 투고한 논문을 엄격한 심사를 거쳐서 발간하는 잡지로 자리 잡았다. 그런데 2000년대 들어서는 경제학의 각 분과 학회들이 분야별 전문지를 발간하고, 학술진흥재단(후일 한국연구재단으로 통합)에서

표 3-12 역대 경제연구소장

연번	성명	임기	연번	성명	임기
1	최문환	1961. 4.~1966. 2.	14	정영일	1996. 12.~1998. 12.
2	박희범	1966. 3.~1967. 8.	15	김신행	1998. 12.~2000. 12.
3	변형윤	1967. 8.~1971. 2.	16	김수행	2000. 12.~2002. 12.
4	조순	1971. 3.~1973. 2.	17	강광하	2002. 12.~2007. 3.
5	이현재	1973. 2.~1979. 2.	18	전영섭	2007. 4.~2011. 3.
6	김종현	1979. 3.~1983. 2.	19	이영훈	2011. 4.~2013. 10.
7	차병권	1983. 3.~1987. 2.	20	이근	2013. 10.~2015. 10.
8	박우희	1987. 3.~1989. 10.	21	이근	2015. 10.~2016. 10.
9	안병직	1989. 10.~1991. 10.	22	류근관	2016. 10.~2018. 9.
10	정기준	1991. 10.~1993. 10.	23	황윤재	2018. 9.~2020. 9.
11	김세원	1993. 10.~1995. 2.	24	안동현	2020. 9.~2022. 9.
12	배무기	1995. 2.~1996. 6.	25	이철인	2022. 9.~현재
13	홍원탁	1996. 7.~1996. 12.			

17) 1967년부터 경제연구소에서는 영문 기관지 『The Seoul National University Economic Review』를 연간으로 발행해 왔는데, 1987년에 통권 20권으로 종간했다. 이 잡지는 영문으로 쓴 경제학 논문을 싣고 있었으나, 심사를 거쳐서 광범하게 배포되는 잡지는 아니었다.

학술지 평가 방식을 학회 위주로 변경하면서 『경제론집』은 학술적 교류의 중심적 역할을 하지 못하게 됐다. 반면, 『Seoul Journal of Economics』와 같이 영문으로 발간되는 잡지는 어느 정도 연구 업적 교류의 역할을 이어갔다. 〈표 3-12〉는 역대 경제연구소장 목록이다.

경제연구소에서는 2001년 3월부터 경제정책 당국자와 금융기관 및 기업의 경영자를 대상으로 '세계경제최고전략과정'을 운영하여 연간 2회에 걸쳐 수료생을 배출함으로써 경제학의 보급에 기여해 왔는데, 이는 2020년 코로나19 유행 이후 중단됐다.

서울대학교 경제연구소에서는 1975년 '세계 경제 질서의 전환과 현대경제학의 과제'라는 주제로 제1회 경제학 심포지움을 개최한 이래 매년 다양한 주제로 학술대회를 개최했다. 1980년대까지는 경제학 분야의 학술대회가 많지 않은 상황에서 국내 경제학 연구 동향을 파악하고 경제학의 현실적 기여를 논의하는 중심적인 행사였으나, 점차 각 학회에서 유사한 행사를 개최하며 학계에 미치는 영향력이 상대적으로 약해지고 있다. 이러한 추세에 대응해 경제연구소는 1993년부터 각국의 저명한 경제학자를 초청해 국제 학술행사를 개최하고 있으며, Seoul Journal of Economics Symposium이라는 연간 학술행사를 개최하고 그 성과를 잡지에 소개하고 있다.

〈표 3-13〉은 경제연구소에서 개최한 국내 연차 학술대회의 주제를 소개하고 있다. 이를 보면, 경제학 분야의 학회가 활성화되지 않은 시기엔 경제학의 추세를 반성적으로 고찰하는 주제를 주로 다루다 점차 경제발전 방향, 경제운영방식, 국제경제 관계에 대한 주제들을 다루었음을 알 수 있다. 즉, 경제학부 교수들의 연구 경향은 이론적이었던 반면, 경제연구소에서는 국내 실정에 맞는 주제들을 선정해 경제학계와 경제정책 당국자에게 적절한 연구 성과를 전달하는 역할을 해 왔음을 알 수 있다.

표 3-13 1985~2013년 국내 학술대회 개최 상황

연번	개최년도	주제
1	1985	경제학의 최근 동향
2	1986	경제학의 최근 동향 II
3	1987	한국의 경제사상과 이론
4	1987	국제 심포지엄: 일본경제연구
5	1988	한국의 경제발전
6	1989	주요국의 경제학 연구와 교육
7	1989	고도성장기의 일본경제에 관한 학술세미나
8	1990	동북아시아의 경제발전과 협력
9	1990	일본경제의 근대화에 관한 학술세미나
10	1991	일본의 산업기술과 한일 간의 기술협력에 관한 학술세미나
11	1991	한국의 경제발전: 평가와 전망
12	1992	한반도 서기 2000년
13	2008	향후 5년간의 한국경제: 신정부에 바란다
14	2011	2011 대한민국, 복지국가의 길을 묻다
15	2013	한국형 시장경제체제의 모색

4) 대학원 교육의 변화

경제학계 및 서울대학교 경제학부의 교육 및 연구의 동향과 한국 현실에 대한 경제학적 관심을 함께 살펴볼 수 있는 것은 대학원에서의 교육과 연구이다. 특히 서울대학교 대학원에서 경제학 박사학위를 수여한 자료를 보면 취업에 필요한 당면한 과제들을 반영한 흐름이 함께 잘 드러난다.

서울대학교는 관악캠퍼스 이전 후 정규교과목을 일정한 수만큼 교육받은 후 학위논문을 쓰는 방식으로 대학원 교육과정을 체계화했을 뿐만 아니라, 학사과정 학생은 별로 늘리지 않고 대학원 학생을 늘림으로써 연구중심대학이 되고자 했다.[18] 경제학과와 무역학과에서도 이에 부응해 대학원 교육을 강화했으며, 미시

경제학, 거시경제학, 계량경제학 분야의 필수적 교과목과 전공분야 교과목을 이수한 후 논문제출자격시험을 치도록 했다. 그 결과, 서울대학교에서 박사학위를 받은 많은 학위소지자가 다른 대학, 연구소 등에 진출해 경제학 연구 발전에 크게 기여했다. 2022년부터는 대학원 과정에 진학하는 학생들은 석사학위와 박사학위를 연결하여 교육하는 석박사통합과정으로만 입학하도록 하여 경제학 분야의 연구자로서 전업적으로 학습하고 전공 분야의 전문가로 진출하도록 시도하고 있는데, 그 성과는 좀 더 시간이 경과한 후 평가할 수 있을 것으로 보인다.

〈표 3-14〉는 1976년 이후 각 5년 단위로 분야별 박사학위논문의 구성을 분류한 표이다. 이 표는 『Journal of Economic Literature』의 분류방식에 따라 19개의 분야로 나눈 것인데, 2023년까지 총 348편의 박사학위논문 중 노동 및 인구경제학(J), 경제발전(O), 산업조직론(L), 거시경제학(E), 재무경제학(G), 경제사(N), 경제체제(P), 경제사상(B), 국제경제학(F), 보건경제학(I), 재정학(H)의 순서로 편수가 많은 것을 알 수 있다. 그 밖에 수리경제학(C), 미시경제학(D), 법경제학(K), 지역경제학(R) 등은 편수가 10편 이하인 분야이다.[19] 다만, 미시경제학의 순수이론(D)은 6편으로 적은 것 같지만, 산업조직론 등은 미시경제학의 응용분야라고 할 수 있으므로, 미시경제학과 그 관련 분야의 비중은 상당히 높은 편이라고 보는 것이 타당할 것이다.

박사학위논문의 시간적 추세를 보면 더 흥미로운 점이 발견된다. 경제사상(B) 분야는 2000년대 중반 이후 사라지고, 경제사(N)는 그 비중이 확연히 줄어든다. 이는 미국의 경제학 박사학위논문 구성의 시대별 추이에서도 비슷하게 나타나는 현상이다.[20] 이에 비해 경제발전(O)과 경제체제론(P)은 여전히 작지 않은 비중을

---

18) 대학원 교육의 강화에 대해서는 『서울대학교 50년사』(서울대학교50년사편찬위원회, 1996), pp. 403-416 참조.

19) JEL 분야별 분류에서 M은 경영학, Z는 미분류 특정 분야로서 〈표 3-14〉에서 해당 항목은 없고, Y는 기타 분야로서 실험경제학 논문 등을 볼 수 있다.

20) 홍기현(1989)에 소개된 〈표 12〉 참조.

표 3-14 경제학 박사학위논문 분야별 분포

분야	'76~80	'81~85	'86~90	'91~95	'96~00	'01~05	'06~10	'11~15	'16~20	'21~23	합계
B	1		5	5	4	4	1				20
C						3	2				5
D		1					1	1	2	1	6
E				5	3		5	4	10	9	36
F				7	1			3	5	1	17
G				3	3	5	6	7	5	4	33
H			2	1	1		2	1	2	3	12
I				1				1	6	5	13
J	1	1	3	11	3	6	2	4	7	6	44
K					1			1			2
L	1		1	11	3	4	11	6	2	3	42
N		5	6	5	5		2	2			25
O			2	6	5	2	12	6	6	4	43
P			1	3	2	3	3	4	5	3	24
Q					4	3	1		3		11
R				1	1	1		1	1	1	6
Y						1	1	1	4	2	9
계	3	7	20	63	38	29	46	42	58	42	348

갖고 있는데, 이는 미국 박사학위 추세와는 다르다. 마찬가지로 2000년대 이후의 노동 및 인구경제학(J)은 상당한 비중을 유지하는데, 이는 저임금, 임금격차, 생산성 등 전통적 노동경제학 주제 외에도 저출산, 여성 경제활동 참여 등 새로운 경제문제를 분석하려는 관심이 높기 때문이라고 할 수 있다. 경영학과 밀접한 관련이 있는 재무경제학(G)의 경우에는 1990년대 중반 이후 박사학위논문이 꾸준히 나오고 있는데, 이는 경제학부에서 학생 진로 등을 고려해 재무관리 전공 교수를 채용한 결과라고 할 수 있다.

한편, 박사학위논문의 언어별 구성을 볼 때, 1996년에 최초로 영어로 쓴 논문이 제출되었는데, 그 이후 2000년에 2편, 2003년에 1편 등 미시경제학과 계량경제학 분야 및 외국인 유학생의 논문 등이 영어로 산발적으로 작성된 바 있다. 그러다가 2008년에 8편을 포함하여 2006~2010년에 21편, 2011~2015년에 19편, 2016~2020년에 35편, 2021~2023년에 25편에 제출됐다. 언어별 구성 비율에서 영어가 차지하는 비율은 최근 10년간에는 50%를 넘었으며, 최근 몇 년간은 60%에 이르고 있다.

이러한 추세는 인문사회계 중에서 경제학 분야가 이공계와 마찬가지로 국제학술지 게재를 목표로 박사학위논문이 작성되는 경향이 크기 때문에 나타난 것으로 보인다. 즉, 박사학위 요건에 학술지 게재 의무가 없음에도 불구하고 대학이나 연구소에서 직장을 구할 때 박사학위 취득 전후 국제학술지에 게재하는 것이 경쟁 면에서 상당히 유리한 요인으로 작용한 것이다.

이상 박사학위논문의 분야별 및 언어별 구성을 살펴본 바에 따르면, 미시·거시, 계량적 분석의 적용 등에서 박사학위논문의 외형상 추세에서 미국의 주류경제학과의 동조화 현상이 나타나지만, 노동, 경제발전, 경제체제 등 한국의 현실적 문제를 더 적극적으로 반영하는 연구는 증가 중이라고 해석할 수 있다. 주류경제학으로의 동조화와 한국 고유 문제에 관한 탐구라는 이중적 구조는 학사과정의 교육, 교수들의 연구에서도 나타나지만, 대학원 교육, 그중에서도 박사학위논문의 구성에서 가장 잘 나타난다.

4. 맺음말

1970년대 이후 서울대학교에서 경제학 분야의 교육은 두 가지 중요한 제도적 변화를 겪게 된다. 하나는 1975년 관악캠퍼스로 이전함에 따라 경제학 분야 교육을 담당하던 상과대학이 해체되면서 경제학과와 무역학과가 사회과학대학에 소속되고 경영대학이 별도의 단과대학으로 분리됐다는 것이다. 다른 하나는 그 20년 후인 1995년에 경제학과와 1993년에 개명한 국제경제학과가 경제학부로 통합됐다는 것이다. 상과대학의 해체 이후 경제학과 경영학을 통합적으로 교육하던 교육체제가 점차 경제학 분야와 직접 관련이 있는 분야만을 가르치는 것으로 바뀌었다는 것을 볼 수 있다. 사실상 실무적 교육을 별로 하지 않고 있던 무역학과의 경우에는 경제학과와의 교과과정이 별로 다르지 않아서 경제학 분야에서 두 학과가 별도로 있을 이유가 없다는 것을 뚜렷이 드러나게 되었다고 볼 수 있다. 1995년 경제학부의 출범 이후 경제학 교육은 미시경제학, 거시경제학, 계량경제학의 기초 교과목에 더하여 미시, 거시 분야의 응용 분야를 가르치는 미국 대학식 교육과정이 더 강화됐다.

이에 비해서 사회과학의 한 분야로서 경제학이 다른 사회과학 분야와의 융합 교육을 잘 진행했는지는 불분명하다. 서울대학교의 많은 학사과정 학생들이 복수전공, 부전공으로 경제학을 선택하므로 경제학 교육의 영향력은 꾸준히 유지되고 있고, 사회과학계열로 신입생을 광역 모집한 경우 대다수 고학점자가 경제학부를 지원하는 경향도 있던 것은 맞으나 이것은 학생 진로와 관련된 선택이지 융합적 교육이라고 볼 수 있을지는 불분명하다. 다만, 경제학부의 경우 필수교과목의 숫자를 가장 최소한으로 유지하고 많은 인접 교과목을 전공선택 과목으로 인정하는 정책을 쓰고 있으므로 경제학부 학생이건 다전공 학생이건 본인 의지만 있다면 융합적 교육을 받을 순 있으나, 실제 교육 현장에서 교수들은 대학원 진학 등을 강조하는 경우 경제학 분야를 심화 학습하고 이에 필요한 수학과 통계학 교과목을 권장하는 것으로 나타나고 있다.

경제학 분야에서 연구를 살펴보면 연구의 수월성이 개선되고 있는 것이 뚜렷하게 나타나고 있다. 즉, 미국 대학에서 유학하고 온 교수들이 속속 충원됐고, 최근에는 거의 모든 교수가 외국의 주요 대학에서 교육과 연구를 한 경험을 갖게 됐다. 이들은 귀국 이후에도 세계적인 전문지에 우수한 논문을 발표하고 있다. 아울러 계량경제학, 기술경제학 등 몇 개의 분야에서는 국제적 공동연구를 선도하는 사례도 생겼으며, 학문 분야의 종합적인 국제경쟁력도 QS대학평가에서 평가대상 대학들의 상위 6% 정도를 유지하고 있다.

경제학 연구의 수월성에 비해 미국식 경제학의 모방으로 인해서 다양성은 점차 줄어든다는 비판이 있는데, 이는 전문화 추세의 결과로 보인다. 즉, 경제학 분야에서 주류경제학은 방법론적 개체주의와 연역법을 사용하고 있으며 이러한 절차와 방식에 따라 연구하는 것을 학문적 정체성(identity)의 한 징표로서 경제학자 공동체에서 인정하게 된 결과라는 것이다. 물론 실험경제학이나 제도경제학, 마르크스경제학처럼 다른 분석 방법을 취하고 있는 분야도 있으나, 실험경제학을 제외하고는 비주류경제학은 상대적으로 입지가 축소되고 있는 듯하다. 이러한 방법론적 특성으로 인해, 경제학 분야는 다른 인접 사회과학인 심리학, 인류학, 사회학, 정치학 등과 융합적 연구를 잘 하지 않거나 경제문제 분석에 다른 사회과학 분야를 적용하는 경우가 많지 않다.[21]

서울대학교에서의 경제학 연구도 경제학의 전문화 추세의 특성에서 크게 벗어나지 않고 있다. 즉, 주류경제학의 방법이 점차 강화되고 있고 연구의 주제는 다양하나 분석 방법은 연역법에 의한 가설 제시와 통계적 검증이라는 특성은 여전히 만연하다. 다만, 이러한 전문화 추세가 '미국화(Americanization)'인가에 대해서는 반드시 그렇다고 할 순 없다. 주류경제학의 분석 방법의 정착은 세계적인 현상이며, 우리나라의 경우에는 경제발전, 경제체제, 국제경제, 인구 등 우리 고유의 문제에 대해서 더 많이 연구하는 경향이 보이기 때문이다.

요컨대, 경제학부에서의 교육과 연구의 최대 특징은 주류경제학으로의 동조화가 이루어지면서도 한국 고유문제를 탐구하려는 '이중성'이라고 할 수 있다. 이러한 이중성은 학사과정 및 대학원의 교육과 교수와 박사학위논문을 위한 연구에서 각각 다르게 나타나고 있는데, 학사과정 교과과정에서 주류경제학으로의 동조화

---

[21] 물론 경제학 이론은 경영학을 포함한 다른 사회과학에 영향을 주어서 정치경제, 재무관리, 진화게임 등에 적용되고 있고 관료제, 범죄, 결혼 등 다양한 주제에 적용하는 확장성을 가져서 경제학 제국주의(economics imperialism)라고 부르기도 한다. 이러한 확장성은 일방향적이라서 융합적이라고 부를 수 있는지 의문시되고, '제국의 경영'에 걸맞은 융합이 일어나고 있다고 보기는 어렵다.

4. 맺음말

가 장기간에 걸쳐서 정착됐고, 대학원의 박사학위논문 구성에서는 주류경제학 분석기법이 많이 쓰이면서도 한국 고유의 정책적 문제들을 다루는 경향이 나타나며, 교수들의 세대교체에 따라 점차 연구 경향도 변하는 것을 볼 수 있었다.

경제학부의 지난 50년을 돌이켜 보면서 앞으로의 과제를 말하자면 결국 수월성과 다양성을 조화롭게 발전시킬 것인가 하는 문제로 귀결된다고 할 수 있다. 즉, 주류경제학 중심의 학문적 수월성을 유지하면서 어떻게 하면 한국경제의 문제 해결에 적극 대응하고, 인접 학문 분야와의 교류를 통해서 다양한 주제들을 융합적으로 연구해 낼 수 있을 것인가 하는 과제가 남아 있다.

제3장 경제성장과 서울대학교 경제학의 발전과정 50년

참고자료

표 3-15 역대 재직교수 명단과 전공분야(임용 연도순)

연번	성명	근무기간	전공분야	연번	성명	근무기간	전공분야
1	변형윤	1957. 2.~ 1992. 2.	경제발전론	29	강광하	1981. 8.~ 2012. 8.	경제발전론
2	정병휴	1961. 2.~ 1988. 2.	미시경제학	30	표학길	1981. 9.~ 2013. 2.	계량경제학
3	이현재	1961. 2.~ 1988. 2.	재정학	31	이준구	1984. 3.~ 2015. 2.	재정학
4	오만식	1961. 2.~ 1988. 2.	보험경제학	32	양동휴	1985. 3.~ 2017. 2.	서양경제사
5	차병권	1961. 2.~ 1992. 2.	재정학	33	이지순	1985. 8.~ 2015. 2.	거시경제, 경제성장론
6	강명규	1962. 2.~ 1998. 2.	경제체제론	34	김태성	1989. 2.~ 1997. 2.	미시경제학
7	임종철	1963. 2.~ 1998. 2.	경제체제론	35	김수행	1989. 2.~ 2008. 2.	마르크스 경제학
8	김종현	1963. 2.~ 1997. 2.	경제사	36	김완진	1989. 2.~ 2019. 8.	미시경제학
9	안병직	1965. 2.~ 2001. 2.	한국경제사	37	홍기현	1989. 2.~ 2023. 2.	경제사상사
10	박우희	1967. 2.~ 2001. 2.	기술경제학	38	전영섭	1990. 8.~ 2023. 2.	공공경제학
11	조순	1968. 2.~ 1988. 2.	화폐금융, 금융중개	39	오성환	1991. 3.~ 2017. 11.	거시경제, 화폐금융론
12	정기준	1968. 12.~ 2006. 2.	계량경제학	40	박준용	1992. 2.~ 2004. 2.	계량경제학
13	배무기	1970. 2.~ 1997. 2.	노동경제학	41	조인구	1997. 2.~ 1998. 2.	미시경제학

14	정영일	1970. 3.~ 2006. 2.	농업경제학	42	최재필	1998. 2.~ 1999. 2.	산업조직론
15	박재윤	1971. 2.~ 1992. 2.	화폐금융, 금융중개론	43	이창용	1998. 4.~ 2009. 11.	거시경제학
16	김세원	1971. 3.~ 2004. 8.	경제통합론	44	김선구	2000. 3.~ 2023. 2.	미시경제학
17	배복석	1975. 2.~ 1980. 2.	재정학	45	이인호	2001. 2.~ 2022. 8.	미시경제학
18	김두희	1975. 2.~ 1983. 2.	거시경제학	46	이영훈	2002. 6.~ 2017. 2.	한국경제사
19	임원택	1975. 2.~ 1988. 2.	경제사상사	47	김재영	2002. 8.~ 2024. 8.	계량경제학
20	김신행	1975. 4.~ 2008. 8.	경제성장론	48	최병선	2005. 2.~ 2020. 8.	금융경제학
21	한승수	1977. 2.~ 1988. 2.	재정학	49	Elias Sanidas	2009. 3.~ 2015. 8.	국제무역, 응용경제학
22	이승훈	1977. 3.~ 2010. 8.	미시경제학	50	Xifang Sun	2009. 8.~ 2014. 8.	금융기관론
23	홍원탁	1977. 8.~ 2005. 8.	국제무역론	51	이석배	2010. 9.~ 2016. 2.	계량경제학
24	정운찬	1978. 3.~ 2009. 9.	거시경제학	52	Thomas Sargent	2013. 3.~ 2013. 8.	거시경제학
25	이천표	1979. 3.~ 2009. 8.	국제금융론	53	Ryo Okui	2019. 2.~ 2022. 1.	계량경제학
26	김인준	1980. 2.~ 2013. 2.	국제금융론	54	Oyvind Thomassen	2011. 9.~ 2020. 8.	산업조직론
27	송병락	1980. 3.~ 2004. 8.	한국경제론	55	Mark Bils 석좌교수	2019. 9.~ 2021. 2.	노동경제, 경제성장론
28	이성휘	1981. 3.~ 2011. 2.	거시경제학				

표 3-16 경제학부 재직교수 명단과 전공분야(2024년 8월 기준, 가나다순)

연번	성명	전공분야	연번	성명	전공분야
1	김대일	노동경제학	20	이은희	국제경제학
2	김병연	경제체제론	21	이재원	거시경제학
3	김봉근	응용미시경제학	22	이정민	노동경제학, 응용미시경제학
4	김세직	거시경제학	23	이지홍	미시경제학
5	김소영	거시경제학, 화폐금융론	24	이철인	재정학, 노동경제학
6	김영식	거시경제학, 화폐금융론	25	이철희	인구경제학, 경제사
7	김재영	계량경제학, 거시경제학	26	장용성	거시경제학
8	김진우	미시경제학	27	조성진	산업조직론
9	류근관	계량경제학	28	조영준	한국경제사
10	박예나	거시경제학, 재정학	29	주병기	미시경제학
11	박웅용	국제금융론, 거시경제학	30	최승주	행동경제학, 실험경제학
12	박지형	국제무역론	31	최재원	재무경제학
13	서명환	계량경제학	32	홍석철	경제사, 보건경제학
14	안동현	재무경제학	33	홍재화	거시경제학
15	윤참나	공공경제학, 도시경제학	34	황윤재	계량경제학
16	윤택	거시경제학, 화폐금융론	35	황일우	미시경제학, 정보경제학
17	이근	경제발전론	36	Dmitry Shapiro	응용미시경제학
18	이상승	산업조직론	37	Yves Gueron	미시경제학, 게임이론
19	이서정	계량경제학			

참고문헌

강명규(1981). 한국 경제학사의 비판적 성찰. 경제론집. 20(4), 서울대학교 경제연구소, 397-450.

김경환(2000). '서강학파'가 한국의 경제학 발전에 미친 영향, 시장경제연구, 29(1), 253-267.

서울대학교 교무처(1981). 1981학년도 학사과정 전공교과목 이수표준형태.

서울대학교 교무처(1997). 1997학년도 학사과정 전공교과목 이수표준형태.

서울대학교30년사편찬위원회(1976). 서울대학교 30년사: 1946~1976. 서울대학교출판부.

서울대학교50년사편찬위원회(1996). 서울대학교 50년사: 1946~1996. 서울대학교 출판부.

서울대학교60년사편찬위원회(2006). 서울대학교 60년사: 1946~2006. 서울대학교출판부.

서울대학교70년사편찬위원회(2016), 서울대학교 70년사: 1946~2016. 서울대학교 출판문화원.

서울대학교경제학부기획발전위원회(1993), 양과통합시안 자료.

서울대학교교수민주화운동50년사발간위원회(1997). 서울대학교 교수민주화운동 50년사. 서울대학교출판부.

서울대학교 사회과학대학(2015). 사회과학대학의 역사. 사회과학대학 설립 40주년 심포지엄 자료집 1.

이준구(1989). 한국 경제학교육 및 연구의 현황과 과제. 경제론집. 28(2), 509-540.

홍기현(1989). 미국의 경제학교육과 연구. 경제론집 28(2), 393-422.

홍기현 외 2인(1991). 한국경제학회 약사: 1953~1989. 한국경제학회.

홍기현(2005). 한국에서의 경제학 발전과 과제. 한국 경제학의 발달과 고려대학교. 고려대학교출판부.

홍기현(2022). 학과중심주의, 무엇이 문제인가. 대학교육, 218호, 대학교육협의회, 74-80.

Choi, Y. B. (1996). The Americanization of Economics in Korea. in A. W. Coats ed., *The Post-1945 Internalization of Economics*, 97-122.

Hong, K. H. (1996). The Growth and Change of Economic Research in South Korea. in W. J. Samuels ed., *Research in History of Economic Thought and Methodology*, 193-215.

Spellman, W. E., & Gabriel, D. B. (1978). Graduate Students in Economics, 1940-1974. *American Economic Review, 68*, 182-187.

Takase, M., & Kang, M. (1998). An Empirical Inquiry of Economists Consensus or Dissension: The Case of Seven Pacific-Rim Nations. *Seoul Journal of Economics, 11*(1), 1-14.

제4장

네 바퀴로 달려온
사회학 지성사 반세기

| 박명규 |

1. 콩트의 꿈과 이상백의 기대

한국 사회학의 태두 이상백 교수는 1948년에 '과학적 정신과 적극적 태도'라는 제목의 글을 쓰면서 '실증주의의 현대적 의의'라는 부제를 달았다(이상백, 1948). 제목만으로도 실증철학이란 새로운 지식체계로 프랑스 혁명 이후의 혼란상을 극복하려 했던 오귀스트 콩트를 떠올리게 한다. 실제로 서구 사회학의 창시자로 꼽히는 콩트와 한국에 사회학을 정초시킨 이상백의 문제의식은 유사한 측면이 많다. 19세기 초 유럽에서 발흥한 새로운 학문이 20세기 동아시아의 한반도에 뿌리를 내리고 꽃을 피운 인류지성사의 놀라운 한 장면이다.

한국 사회학의 뿌리는 20세기 초까지 소급 가능하지만 제도적 정착은 1946년 서울대 출범에서 시작된다. 이후 80년 가까운 기간 사회를 보는 서구의 선진 이론들이 수용되었고 새로운 쟁점들이 산출되었다. 사회학의 종합적이고 개혁지향적 특성으로 인해 사회 전반에 다양한 영향을 미쳤고 이를 전공한 교수나 학생들의 자부심도 매우 강했다. 서울대 사회학과에 재직한 교수는 43명인데 시간강사나 교환교수, 학문후속세대까지 포함하면 훨씬 많은 학자가 이곳을 지적 플랫폼으로 삼고 연구 활동을 수행했다. 학생 규모는 오랫동안 한 해 20명 수준이었지만 졸업정원제가 실시되던 1980년대 전반기에 50명을 훨씬 넘긴 적도 있어 누적 전체 졸업생은 거의 2천 명에 해당한다. 학술, 교육, 언론, 법조, 정치, 기업, 사회단체 등에서 중요한 역할을 담당한 인재들이 이곳에서 교육받고 배출되었다.

2025년으로 서울대 사회대는 설립 50주년이 된다. 이 반세기는 한국사회가 산업화, 민주화, 정보화, 세계화를 거쳐 오면서 적지 않은 실험, 혁신, 도전을 계속해 온 기간이다. 사회학은 그런 시대적 소명에 부응하여 한국사회에 긴요한 사상적 자원, 지성적 화두, 개혁적 쟁점들을 제공해 왔다. 이 글은 사회대 설립 이후 반세기 사회학의 지성사적 성과와 과제를 살펴보려는 작업이다. 학계 내부의 전문성 강화에만 한정되지 않고 지성적 비판성, 사회적 공공성, 국가적 정책성을 두루 성취해 온 지성사의 총체적 양상을 확인하고 이를 가능케 했던 동력들을 검토함으로써 앞으로의 미래 전망에 도움이 될 지적 기틀을 마련하고자 한다(Quah, 2005).

2. 전사와 유산

1946년 국립서울대학교가 출범하면서 사회학은 정치학, 심리학과 함께 문리과대학의 한 학과로 출발했다.[1] 이상백을 위시하여 양회수, 변시민, 이만갑, 최문환 등 일본에 유학하여 사회학을 공부했던 학자들이 초창기 교수진을 구성했다. 학과 설립을 주도한 이상백 교수는 건국 초기의 어수선한 분위기 속에서 사회학이 새로운 사회건설에 필요한 지적 자원을 제공해 줄 것을 기대했고 또 그것이 가능하리라고 확신했다. 후일 서울대 총장을 지낸 최문환 교수는 실증적이고 과학적인 사회학의 학문적 특성이 '사회과학이란 명칭 아래 가두에 범람한 좌익이론'과 그 선전도구가 되고 있는 '팸플릿 번역본'의 폐해를 극복하는 데 중요한 역할을 수행했다고 평가했다.[2]

해방정국의 혼란과 한국전쟁의 충격이 가라앉은 1950년대 중반 이후 대학의 교육과 연구가 비로소 본격화되었다. 카네기 재단 장학금, 미네소타 프로젝트 등으로 미국의 최신 이론과 학문을 접하고 교육받는 기회가 서울대를 중심으로 확대되었고 사회학과의 이만갑, 이해영 두 교수가 미국에서 연구기회를 갖게 되었다. 이들은 미국 사회학계의 최신 이론과 방법론을 접하고 귀국 후 한국에 소개하

---

1) 한국에 사회학이 소개된 것은 1900년대 초, 대학에 강좌로 개설된 것은 1920년대이다. 다만, 식민지 상황에서 고등학문의 교육과 연구를 담당할 제도적 인프라가 전무했던 탓에 사회학은 포괄적인 사회사상 내지 시대인식의 틀로 소개되고 활용되는 데 그쳤다. 하지만 그 기간에도 미국, 독일, 프랑스, 일본 등지로 유학하여 근대학문으로서의 사회학을 공부하고 학위를 취득하고 저술을 출판한 학자들이 다수 있었다.
2) 최문환 교수는 1949년 출간된 『근세사회사상사』에서 당시의 시대상을 '사상적 혼미' '지적 무정부 상태'로 보았고 이런 상황을 극복하기 위한 사회과학으로서의 사회학을 강조했다(서울대학교 사회학과, 1996).

는 데 큰 역할을 했다. 아시아재단의 지원을 받아 본격적인 조사연구가 시작된 것도 이 무렵이었다(심혜경, 2018). 공부에 뜻을 둔 학생들이 미국 유학을 준비한 것도 이 시기부터인데, 1970년대 이후 한국 사회학의 중흥기를 이끈 사회학자들 대부분 이때 유학을 떠난 분들이었다. 1957년 한국사회학회가 출범했고 이상백 교수는 초대 학회장이 되었으며 서울대 사회학과는 한국사회학회의 인적·지적 자원을 제공하는 핵심 배출지 역할을 상당 기간 수행했다.

1960년대는 정부 주도하에 위로부터의 근대화 정책을 강력하게 추진한 시기이다. 사회학 교육과 연구의 내용도 이런 시대적 변동과 깊이 연동되었다. 교실에서는 농촌사회학, 가족사회학, 산업사회학, 도시사회학, 사회변동론, 대중문화론 등의 강의를 통해 근대화의 과정과 발전가치들이 가르쳐졌다. 대학 바깥으로는 교수들의 활발한 글쓰기를 통해 필요한 담론과 쟁점들을 부각시켰다. 『사상계』 편집위원을 지낸 이만갑 교수는 '중산계급의 정치적 역할' '산아제한' '혁명과 사회' '근대화와 그 방향' '변화하는 사회에서의 모랄' 등의 글을 통해 사회학적 관점에서 현실문제에 개입했다. 최문환 교수는 '마르크스주의 민족이론 비판' '막스 베버의 동양사회관' '한국의 정치경제적 현실과 엘리트의 과제' '4월 혁명의 사회사적 성격' '전통사회의 붕괴와 공업화' 등의 글을 통해 사상사와 사회사의 시각에서 현안들을 검토하고 시대적 방향을 제안했다. 고영복 교수는 『세대』, 『정경연구』 등의 편집위원을 역임하면서 '선진국의 지식인과 후진국의 지식인' '혁명 후 사회 동태의 의미' '후진성 극복의 현실적 과제' '성모랄과 인간관계의 변천' '여론과 정치적 위기' '한국사회구조 근대화의 길' 등 많은 글을 썼다. 한완상 교수는 민주주의와 청년문화에 대한 주장들을 언론 칼럼을 통해 확산시켰고 상대에 재직하던 신용하는 경제발전 전략과 관련하여 재벌중심론을 비판하고 중산층 강화정책을 강조하는 글들로 여론 형성의 한 축을 담당했다(서울대학교 사회학과, 1996).

사회학과는 일찍부터 연구소의 중요성을 강조하고 다학제적 연구활동을 전개했다. 1965년에 설립된 인구연구소가 그 중심이었는데 유엔인구기금을 비롯한 국제기구의 자금지원으로 인구문제를 위시하여 이농과 도시화, 직업구조의 변화, 가족제도와 가치관의 변화 등 다양한 사회현상들을 연구했다. 이 과정에서 자료,

조사, 분석, 통계 등의 새로운 연구방법이 적극적으로 수용되었고 체계적인 연구를 조직화하는 선도적 역할을 수행했다. 1960년에 『사회조사방법론』을 출간한 바 있는 이만갑 교수는 이해영 교수와 함께 사회조사를 통해 경험적 자료를 확보하고 분석하는 연구방법을 확대시켰고 농촌, 가족 등에 대한 다양한 조사연구를 주도했다. 인구연구소는 1968년 인구및발전문제연구소(이하 '인발연')로 확대되면서 '발전' 개념을 한국에 수용하고 현실을 그 관점에서 분석할 시각을 제공하는 데도 큰 역할을 했다.

문리대 시절의 사회학과가 지녔던 지적 전통은 사회대 설립 이후에도 지속적으로 영향을 미쳤다. 근대화의 추구라는 시대적 목표에 공감하면서도 그 과정에서 나타나는 여러 사회문제에 대한 관심을 중시했다. 선진국으로부터 필요한 지식, 제도, 절차, 가치를 적극 수용하면서도 일방적인 서구 추수주의에 빠지지 않고 독자적 이론화를 추구하는 학풍을 강조했다. 무엇보다도 교수들 내부에, 교수와 학생 사이에, 또 학계와 시민사회 사이에 소통과 토론을 중시하는 민주적 전통을 확립했다. 이상백, 최문환, 이해영, 이만갑 등 초창기 교수들의 다양하면서도 통합적인 학문활동의 성과라고 하겠다.

3. 종합화와 사회학 교육·연구의 본격화: 1975~1987년

1) 교수진 확대와 사회학 교육의 체계화

1975년 캠퍼스의 이전과 함께 본격화된 서울대 종합화는 한국 대학사에 중요한 전기가 된 대형 기획이었다. 한국에 인문학, 사회과학, 자연과학 등 학문 3분류가 자리 잡게 된 계기를 제공했고 실제 많은 대학이 이 편제를 따랐다. 문리대 사회학과는 사회과학대학 사회학과로 바뀌었고 상과대학에 재직하던 김진균, 신용하, 신문연구소에 재직하던 김일철, 오갑환, 그리고 교양과정부에서 사회학을 가르치던 최홍기 교수가 사회학과로 옮겨 꽤 많은 교수진을 보유한 학과가 되었다.

종합화와 더불어 대학 교육이 전반적으로 체계화되었다. 사회학과에서도 강의계획서, 수강편람, 엄격한 학사관리 등이 강조되었고 이를 뒷받침하는 대학행정도 중시되기 시작했다. 1975년부터 모든 교과목이 한 학기 단위로 편성되었는데 2학기 연속 강좌들이 적지 않았던 이전의 교과과정이 정비된 것이다.[3] 새로운 상황에 부응하여 교과목도 새롭게 개설되고 개편되었다. 신문학과의 독립으로 미디어, 언론, 대중문화 관련 교과목이 없어졌고 현대사회론, 한국사회사, 비교사회학 등이 신설되었다. 문리대 시절의 후진사회론이 폐강되고 대신 사회발전론 과목이 개설된 것은 '후진사회'라는 자의식이 '사회발전'이라는 가치지향으로 교체되던 시대인식 전환의 한 단면이었다. 1985년부터는 계층론, 변동론, 조직론 등으로 되어 있던 과목이 '계층과 사회이동' '공업화와 사회변동' '근대화와 농촌발전' '도시화와 사회문제'와 같은 이름으로 변했다. 당시의 사회변동과정을 보다 구체적으로 강의와 수업에 녹여 내려는 문제의식의 반영이었다.

문리대 학장을 지내며 학계에 큰 영향을 미치던 이해영 교수가 1979년 타계하고 사회적 발언력이 강했던 한완상 교수가 정부에 비판적이었던 이유로 학교를 떠나면서 교수진에 변화가 시작되었다. 1976년에 미국에서 사회학 이론을 공부하고 돌아온 김경동 교수가 학과에 합류했다. 이만갑, 이해영과 함께 김경동은 한국 아카데미 사회학의 주류를 형성하는데 큰 역할을 했다. 김경동 교수는 이론과 방법론 및 사회문제 전반에 걸쳐 왕성한 저술활동을 전개했고 『인간주의 사회학』 및 『발전의 사회학』을 출간하여 개인의 행위주체성과 다차원적 발전이론을 정립하는 데 힘을 쏟았다. 그는 학자의 정치참여를 긍정적으로 보지 않았지만 학생들의 비판의식을 존중했고 조사방법론과 통계분석을 중시하면서도 그것을 절대화하는 것을 경계하면서 아카데믹 사회학의 틀을 갖추는데 중심 역할을 담당했다. 또 저서 『인간주의 사회학』을 통해 개인의 행위주체성, 사회의식과 도덕 및 예술성

---

3) 이하 특별한 출처 표시가 없는 사회학과의 교육내용 변화의 내용은 『서울대학교 사회학과 50년사』(서울대학교 사회학과, 1996)에서, 서울대학교 차원의 제도개혁은 『서울대학교 50년사』(서울대학교, 1996) 및 『서울대학교 60년사』(서울대학교, 2006)에 근거했다.

등을 주요한 설명변수로 자리매김했다(정수복, 2022).

1980년에는 시카고에서 사회계층론을 전공한 홍두승, 1981년에는 유럽의 최신 비판사회이론을 공부한 한상진, 1983년에는 하버드에서 사회학을 공부한 임현진, 1985년에는 독일에서 산업사회학을 전공한 이각범 교수가 학과 교수로 부임했다. 새로운 교수진의 합류로 다양한 사회이론들이 소개되기 시작했다. 후기구조주의, 비판이론, 해석학과 언어분석 등 유럽의 사회이론도 소개되었고 제3세계 사회이론에 대한 관심도 확대되어 종속이론, 비공식부문, 생산양식 접합론 등도 주목을 받았다.

1980년대에는 또한 컴퓨터가 사회과학방법론과 연결되면서 SPSS 통계분석이 본격적으로 활용되기 시작했다. 통계분석의 전산화는 사회조사방법을 중시하던 사회학 연구방법론을 한 단계 업그레이드시켰다. 홍두승 교수는 최신 통계분석을 활용한 '직업의 사회경제적 속성과 계급구분' '한국사회계층의 질서와 개념상의 재구성문제' 등 글을 통해 '계급의 계층적 구조'를 밝히려 노력했는데, 자료분석의 방법론 못지않게 직업구조와 계층구조의 연관성을 이론화하려는 새로운 시도였다. 당시 서울대에 도입된 VAX 컴퓨터를 활용하여 SPSS 분석을 수행하는 통계분석 강좌는 1981년부터 사회학과 대학원의 필수교과목이 되었다.

2) 한국사회연구와 연구방법론 심화

1970~1980년대는 정부 주도 산업화의 부작용, 권위주의 체제에 대한 저항, 도시문제와 인구문제 등으로 사회에 갈등과 혼란이 점차 커졌다. 수출중심 경제정책에 대한 비판이 대두되고 노동문제와 빈곤문제도 본격적으로 등장했다. 서구 사회학이 제공한 개념과 이론들이 한국사회의 현실에 적합한 분석력을 제공할 수 있는지에 대한 비판적 논의도 확대되었다. 사회학과는 한국사회 변동의 양상을 구체적으로 분석하고 해명함으로써 이에 적극 대응하려고 했다.

학과 차원의 전형적인 연구형태는 근대화론과 구조기능주의를 바탕으로 사회변동의 실상과 추이를 분석하고 이를 '사회발전'의 관점에서 평가하는 것이었다.

3. 종합화와 사회학 교육·연구의 본격화: 1975~1987년

사회조사방법론이 이런 연구를 뒷받침했고 인발연이 필요한 연구인프라를 제공했다. 인발연은 1960년대부터 도시화, 인구조절, 농촌개량, 가족제도 및 가치관 등을 다양하게 연구해 왔는데, 특히 인구문제에 대한 자료 정리와 정책적 제언, 이론적 확장의 성과는 당시는 물론이고 지금까지도 소중한 유산으로 남아 있다(김인수, 2015). 인발연은 일찍부터 복사기와 펀칭기 등의 기자재를 보유하고 있었고 많은 책자와 통계자료를 확보한 자료실을 갖추고 있었다. 또한 국제적 네트워크를 통해 서구의 선진지식을 수용하고 그것을 한국사회에 접맥시키려는 활동을 적극적으로 수행했다.

사회대 출범 이후 이해영 교수의 뒤를 이어 권태환 교수가 인발연 소장이 되었다. 연구소 운영위원에는 이홍구(정치학), 임종철(경제학), 한상복(인류학), 차재호(심리학), 김영택(전자계산소장) 교수가 참여했다. 또한 미국에서 활동하고 있는 여러 사회학자들, 장윤식, 신의항, 조이제 교수 등도 적극 관여하는 국제적 연구소의 면모를 보였다. 1978년에 4권의 책자로 간행된 『한국사회: 인구와 발전』은 인발연의 관심사와 연구성과를 종합적으로 보여 주는 중요한 저작이다. 인구, 경제, 인력, 자원, 지역사회, 구조와 가치, 국민생활, 정책적 의미 등 총 8부로 된 책의 구성에서 역동적인 한국사회를 총체적으로 파악하려는 지적 노력을 읽을 수 있다. 도시화, 탈농화, 국내이동과 더불어 중동건설붐을 배경으로 한 국제적 인구이동 연구도 이루어졌다. 1981년에 간행된 이만갑의 『한국농촌사회의 연구』는 한국전통사회의 구조와 문화를 세밀하게 조사·분석한 대표적 연구서로 평가된다.

역사적 맥락과 사상사적 접근을 중시하는 연구 전통을 잇는 노력도 시작되었다. 초창기 이상백, 최문환 교수의 학문적 영향을 이어받은 신용하, 김진균 교수의 주도로 한국의 역사적 맥락과 서구의 변동이론을 연결시키려는 노력이 경주되었다. 학과 주도로 1976년 최문환의 사회사상, 막스 베버 연구, 민족주의 연구를 모아 『최문환 전집』을 출간했고 1978년에는 이상백 교수의 중인 연구, 서얼차별 연구, 유불교대 연구, 이조건국세력 연구 등을 집대성하여 『이상백 전집』을 간행했다. 이런 노력은 단순히 과거 연구사를 정리한다는 차원에 그치지 않고 사회학의 연구 지평을 새롭게 확대시키려는 노력이었다. 1970년대 중반 신용하의 『독립

협회연구』, 최홍기의 『한국호적제도사연구』가 출간되고 김진균의 『목민심서 역주』 작업이 이루어진 것, 학부생 및 대학원생들의 논문 발표장인 『한국사회학연구』라는 저널을 학과에서 창간한 것, 1977년 사회학과 학생들이 주도한 학술심포지엄이 '민족운동의 사회학'이었던 것 등은 모두 이런 지적 관심의 소산이었다.

　1985년 사회학과 교수진이 중심이 되어 인발연 창립 20주년 기념 국제심포지엄을 개최하였는데 이 심포지엄에는 학과의 모든 교수와 함께 구해근(하와이대), 김재온(아이오와대), 장윤식(UBC), 신의항(사우스캐롤라이나대), 유의영(UCLA), 이은설(휴스턴대) 교수 등 해외 사회학자들도 참여하여 명실공히 국제적 토론의 장이 되었다. 이 행사의 주제와 참여자 면면은 사회학과 교수진이 관심을 갖고 연구하던 쟁점과 종합적 연구방법을 잘 보여 준다. 사회변동을 주요 키워드로 하고 발전, 적응, 동태의 세 축을 설정한 구성이 지금 보아도 참신하고 이론적인 상상력을 자극한다. 국제적 시야, 역사적 맥락 강조, 미래지향적 관심 등도 뚜렷하다. 이어진 워크숍에서는 '경제인구학'을 주제로 하여 사회학, 경제학, 인류학의 포괄적 관심사가 논의되었다. 초창기 한국 사회과학의 발전사에 남을 만큼 잘 정리되고 개념화된 학술회의 구성이라 하겠는데, 사회학과는 이런 종합적 연구를 기획하고 추진하는 중추 학과로서의 역할을 수행했다.

3) 대학자율화와 비판지성의 확산

　1980년 짧은 '서울의 봄' 이후 5·17 비상계엄이 확대되면서 서울대에서 4인의 교수가 해직되었는데 그중 2인이 사회학과 교수였다. 적지 않은 학생들도 구속되거나 제적되는 고통을 겪었고 야학, 노동운동, 빈민운동 등에 참여하는 학생들도 늘어났다. 한완상, 김진균 두 교수의 해직은 학생운동과 사회운동에는 물론이고 한국 사회과학 전반에 큰 변화의 계기가 되었다. 1980년 『민중과 지식인』을 출간한 한완상 교수는 민중론과 민중적 지식인상을 확대시키는 데 결정적인 역할을 했다. 1983년 상도연구실이라는 작은 모임을 시작한 김진균 교수는 이후 진보적 사회과학이라 불리는 거대한 지적 흐름의 산파가 되었다. 비판적 사회과학이라

이름할 새로운 지적 흐름을 형성하는 데 서울대 사회학과는 핵심적 역할을 수행한 셈이다.

사회학과는 학생의 숫자가 적었지만 사회비판과 현실참여, 학생시위의 중추 학과로 간주될 정도로 민주화 운동에 적극적이었다. 1975년 긴급조치 9호가 발표되면서 학생들의 피해도 극심해져 동기생 20명 가운데 졸업생이 절반이 되지 않는 경우도 생겨났다. 학생들은 단지 민주화를 요구하는 시위운동에 그치지 않고 학문의 주체성을 요구하는 지식운동에도 관심을 표했다. 물론 모든 학생이 같은 생각과 지향을 공유하고 있었던 것은 아니다. 관악캠퍼스로 이전하고 계열별 모집이 겹치면서 문리대 시절의 강력했던 학과 정체성은 약화된 측면도 있고 학회 단위로 이어지던 학생조직의 결속력도 줄어들었다. 법대와 상대를 선호하는 경향도 여전하여 사회학과 진입생 가운데 학과에 대한 소속감이 약한 경우가 없지 않았다. 하지만 유신체제가 막을 내리고 1980년대로 이행하면서 대학은 자율적이고 비판적인 대안공간으로 변모했고 사회학과는 어느 학과보다도 강력한 문화를 공유하기에 이르렀다. 1984년에 과학생회가 재조직되고 학생들 중심의 자치활동이 강화되면서 학회가 중요한 생활단위로 자리 잡았다.

사회학과 학회에는 사회발전연구회, 문학학회, 역사학회, 철학학회의 4개 분과기 있었고 자본주의의 내적 모순에 대한 관심들을 공유했다. 학생들은 지나치게 정치화하고 이념화된 학회 문화를 부담스럽게 여기면서도 사회학도로서 당연히 갖추어야 할 지적 소양의 훈련과정으로 수용했다. 학생들이 1984년에 개최한 제2회 심포지엄의 주제는 '현대한국사회의 계급분석'이었고 1986년 3회 심포지엄의 주제는 '한국사회의 노동자계급'이었다. 1970년대 후반의 '민족운동의 사회학'으로부터 1980년대 '계급분석의 사회학'으로 이행하는 학생들의 관심사 추이를 잘 보여 준다. 1980년대에 들어 남녀 학생의 비율이 현저하게 변하고 젠더 이슈가 나타나기 시작했다는 사실도 중요하게 언급할 필요가 있다. 1970년대 학번을 통틀어도 4명에 지나지 않던 학과 내 여학생 비율이 1980년대에는 한 학년에 10명 이상으로 늘어났는데 이는 한국사회 전반의 변화상이 반영된 것이었다.

이 시기에는 사회학 지식에 대한 기대로 대학원이 활성화되었다. 졸업정원제가

실시되면서 학부 정원이 크게 늘어난 것이 한 배경이지만 사회변동에 영향을 미칠 지적 자원이 필요하다는 공감대가 그에 못지 않은 요인이었다. 거시적인 사회변동에 관심을 가진 학생들은 비교적 개방적이고 진취적이라 여겨진 사회학과 대학원 진학을 선택했고 1980년대를 거치면서 사회학 대학원은 질적·양적으로 급성장했다. 대학원생들은 학계 내부의 온순한 학생이 되기보다 사회변혁에 기여하는 참여형 지식인으로 성장하기를 원했다. 미국 중심의 주류사회학 이론과 통계분석 중심의 방법론에 비판적이었고 '학문의 식민화'를 극복해야 한다는 생각이 강했다. '사회학의 학풍개선을 위한 백서'라는 이름으로 사회학과 대학원생들이 1980년에 내놓은 문서는 당시 이들이 지녔던 열정과 문제의식을 잘 보여 준다(서울대학교 사회학과, 1996). 그 일부를 인용해 보면 다음과 같다.

> "세계의 모든 후진국들이 당면한 공통현상인 '학문의 식민화' 문제는 '토착화'를 둘러싼 현학적 논쟁으로는 결코 해결되지 않는다는 것이 70년대의 교훈이었습니다. … 사회학은 지적 무의식으로 하여 제3세계의 주체적 맹아를 무시하고 오직 미국의 기능주의에 압도당하고 있습니다. … 대학원 시절은 미국의 대학교육에 적응하기 위한 예비훈련기간으로 여겨지고 있습니다. 이러한 지적 빈곤의 악순환이 학문정신의 근본적 개혁 없이는 해결되지 않는다는 결론에 도달했습니다. … 문제는 사고와 상상력, 그리고 역사적 체험을 학문적 자세로 용해하고자 하는 노력이 과학적 경험주의의 만연으로 밀려나고 있다는 데 있습니다."

사회학과 교수들은 학생들의 이런 주장에 대해 대체로 포용적이었다. 김경동 교수는 이를 '학계에의 소중한 자극제'라고 평가했고 한완상 교수도 독자적 지식생산의 틀을 모색하려는 노력이었다고 했다. 대학원생들의 문제제기는 때마침 진행되던 교수공채 과정과 맞물려 어떤 전공과 방법론을 가르치는 교수를 충원할 것인가의 논란으로 이어지기도 했다. 1980년대 이후 사회학과에서 새로운 이론적, 방법론적 탐색이 열정적으로 나타나게 된 한 배경이었다. 이런 요구가 1990년대 초반 교수공채 과정에 대학원생이 참여하고 의견을 개진하는 혁신적 변화로 이어졌다.

1980년대를 지나며 사회학의 정체성과 방법론, 이론화를 둘러싼 논란이 계속되는 가운데 주류사회학에 비판적인 대안적 패러다임을 모색하는 흐름이 학과 내부에서 태동했다(Park, 2021). 급속한 산업화가 빚은 사회문제들을 주목하면서 근대화 이론과 기능주의를 비판하는 시각들이 대학원을 중심으로 움트게 된 것이다. 때마침 소개되기 시작한 남미의 종속이론과 마르크스주의 시각을 기초로 한국사회 변동을 계급론적 시각, 갈등론적 관점에서 바라보려는 흐름이 강력히 등장했다. 동시에 몰역사성과 비주체성을 극복하기 위해 역사적 관점, 사회사적 시각을 강화해야 한다는 시각도 확대되었다. 이 시기에 싹을 틔운 내부의 이런 움직임은 1980년대 후반, 1990년대를 거치면서 거대한 영향력을 학과 안팎에 미치게 되었다.

전국적으로 사회학과가 증설되어 신규 교수요원이 늘어나는 외부 환경도 대학원의 역동성을 강화한 중요한 요인이었다. 1975년에서 1983년에 걸친 시기에 14개 대학에 사회학과가 신설되었는데, 전국에 사회학과가 불과 5개에 지나지 않았던 상황을 고려하면 이 시기 학과 증설은 폭발적이었다 해도 과언이 아니다. 결과적으로, 대학원에서 공부한 연구자들이 채 박사학위를 받기 전부터 전국의 대학에 자리를 잡고 신진 사회학자군을 형성하게 되었다. 이들은 대체로 비판적이고 진보적인 사회학을 표방하는 시대정서를 공유했다. 대학의 팽창 덕분에 일찍 교수가 되고 자신들이 바라는 연구주제를 마음껏 탐구했다는 점에서 이들은 행복한 세대였다고 할 수 있다.

4. 격동기 사회학의 역동성과 지적 성취: 1988~2000년

1980년대 후반부터 20세기 마지막까지의 십여 년은 한국의 사회학, 특히 서울대 사회학이 역동적으로 발전하고 기대와 자신감이 충만했던 시기이다. 1987년 민주화의 흐름이 기폭제가 되고 서울올림픽을 거치면서 학문과 사상, 지식과 문화의 일대 분출이 이루어지면서 사회학 주변에는 열정적인 기대감과 격렬한 논쟁들이 늘 가득했다. 한편으로는 사회학 교육과 연구가 더욱 체계적으로 진행되고 학계 안팎에 큰 영향력을 행사하기 시작했다. 그와 동시에 주류사회학 내부의 분화가 가속화되면서 대안적인 사회학 패러다임이 부상했다. 그 역동성과 기대감이 컸던 만큼이나 긴장과 논란도 적지 않았던 시기였다.

1) 교수진 변화와 사회학의 체계화

1987년 민주화 이후 10여 년간 사회학과 교수진은 크게 변했다. 김영삼 정부의 출범과 더불어 한완상, 이각범 교수가 공직을 맡아 학과를 떠났고 1991년 최홍기 교수를 시작으로 1994년에는 고영복 교수, 1996년에는 김채윤 교수가 정년퇴임을 했다. 문리대 시절과 종합화 이후를 연결하던 세대가 퇴장하고 그 빈자리를 젊은 학자가 채우면서 교수진의 세대교체가 진행되었다. 1991년에 브라운 대학에서 가족사회학과 중국사회를 공부한 장경섭이 교수로 부임했다. 장경섭 교수의 부임을 계기로 가족관계, 친족제도, 출산과 양육 등이 중시되던 전통적 가족 연구가 사회정책, 산업화, 복지정책, 근대성 등과 맞물린 새로운 가족사회학 연구로 확대되었다. 또 중국이라는 새로운 연구대상이 사회학의 시야에 들어오기 시작했다.

1994년 사회학과 교수공채는 지원자들의 공개발표에 대학원생들이 참여하고 연구성과를 학생들이 공람하며 의견을 개진할 수 있게 함으로써 학교 안팎의 큰 관심을 끌었다. 실질적인 공채방식이 자리 잡은 계기였다 할 수 있는 이 변화는 1980년대 사회학과 대학원생들의 '백서'에서 분출된 사회학 혁신의 요구가 부분적으로 수용된 결과였다. 이 과정을 거쳐 서울대에서 학위를 한 박명규와 하버드에서 학위를 한 송호근이 함께 교수로 부임했다. 1996년에 시카고대에서 학위를 하고 여성문제와 군위안부 쟁점을 탐구한 정진성과 하버드에서 경제사회학과 조직사회학을 수학한 이재열이 교수진에 합류했다. 1999년에는 독일 베를린 자유대에서 공부한 서이종이 교수로 부임하여 정보화, 디지털화, 과학정책 등으로 사회학의 영역을 확대시키는 데 기여했다.

1995년 사회학과는 학생들의 높아진 기대에 부응하면서 교육을 체계화하기 위한 혁신방안을 마련했다. 사회학의 관심영역을 기초/이론, 구조/변동, 산업/노동, 정책/문제의 넷으로 나누고 대학원생을 선발하거나 교과목을 재조정할 때 이 틀을 적용하고자 했다. 이 분류는 사회학의 학문적 지향과 관심을 유형화하고 학생들의 시야를 확대 및 다양화하는 데 기여했다. 학생들로부터 큰 환영을 받지는 못했고 실제 엄격한 시행에도 미치지 못했지만 사회학의 지적 관심영역을 범주화하고 그에 따른 교육과 연구의 장기 설계를 시도했다는 점에서 중요한 의미를 지닌다.

기초/이론 영역은 사회학 이론과 방법론에 대한 훈련과 이해를 심화시키려는 교육프로그램이자 기초연구의 중요성을 강조한 것이었다. 이전에 피상적으로 소개되어 온 근대화론과 구조기능주의를 넘어서는 대안적 이론들을 소개하고 한국사회의 현실에 맞는 새로운 이론화의 중요성을 강조했다. 이와 함께 통계분석, 사회조사, 질적연구 등 연구방법에 관한 보다 심화된 훈련이 강조되었다. 서베이 기법이 사회적으로 보편화되면서 사회학적 관심과 조사방법론을 어떻게 연결시킬 것인가에 대한 관심도 커졌다. 김경동, 한상진, 임현진 교수는 새로운 이론들을 소개하고 한국적 맥락에 적용하는 데 많은 노력을 기울였고 권태환, 홍두승, 이재열 교수 등은 방법론을 보다 정치하게 다듬는 데 주력했다.

구조/변동 영역은 사회변동과 발전론의 문제의식을 새롭게 확장한 것이라 할 수 있다. 1960년대 이래 주목해 온 근대화 모델과 경제성장 중심의 발전론을 넘어서 자발적인 변동의 동력을 확인하고 발전의 가치를 재정립할 필요성이 반영된 것이었다. 탈냉전기에 접어들고 중국, 러시아를 비롯한 구공산권 국가들과 교류가 확대되면서 시장경제체제와 권위주의체제에 대한 비교연구와 평가에 대한 관심도 커졌다. 노동운동과 민주화 투쟁을 거치면서 일각에서 제기된 급진적 사회변혁론의 성급함을 제어하면서, 동시에 점진적이고 수동적인 변동이론의 한계를 극복할 새로운 이론적 전망을 찾으려는 노력도 추구되었다.

산업/노동 영역은 한국사회의 현안을 자본주의체제와 연결된 노동문제에서 찾으려는 관심사를 포괄한다. 80년대 이후 사회학은 국내외를 막론하고 노동문제에 대한 열정적인 탐구와 이를 뒷받침하는 계급구조 분석으로 특징지어진다. 대학원생을 비롯한 진보적인 사회학도들은 특히 산업화 과정에서 급격히 확대된 한국 노동자층의 계급화 과정을 분석하고 자본과의 대결로 특징지어지는 여러 형태의 노동문제, 계급갈등을 연구대상으로 삼았다. 이 영역에서 김진균 교수의 영향력은 매우 컸다. 그는 학생들의 진보적 지향을 포용하고 대변하는 역할을 자임했을 뿐 아니라 계급운동 및 진보정치의 영역에서 중요한 구심점이 되었다. 해외에서 학위를 하고 교수로 합류한 이각범, 임현진, 송호근, 이재열 교수는 모두 노동사회학, 경제사회학, 산업사회학, 사회불평등, 노동정치학 등을 가르치거나 연구했다. 사회학과 교육과 연구에서 이 분야가 질적으로나 양적으로 크게 확대된 것은 1980년대 이후의 진보적 패러다임을 사회학 제도 내에 수용하려는 지적 노력의 결과였다고 할 수 있다.

정책/문제 영역은 노동문제 이외의 다양한 사회문제와 이에 대한 정책론을 가르치고 연구하는 범주였다. 인구문제, 가족문제, 농촌문제, 도시문제를 비롯하여 여성문제, 빈곤문제, 범죄문제 등 한국사회가 부딪히고 있던 다양한 문제를 분석하고 적절한 정책을 수립하려는 노력이었다. 이들 영역은 모두 1960년대 이래 사회학이 주목해 온 관심영역이지만 그것이 '사회문제'와 '정책구상'이라는 시각에서 접근되었다는 것이 이 시기의 특징이라 할 수 있다. 단순한 인구변동이나 도시화가 아니라 인구문제이자 도시문제로 바라보고 그에 대처하기 위한 정책적 대응을 모색하려는 관심이 연구와 교육의 영역에서 커졌던 것이다.

한편, 한국 사회학의 학사적 검토를 위해 '사회학과 50년사 간행위원회'를 구성하고 박명규 교수가 반세기 서울대 사회학과의 역사를 정리하는 책임을 맡았다. 분과학문의 역사를 지식사회학적으로 분석한 뜻깊은 시도로 평가받는 『서울대 사회학과 50년사』는 이후 다른 학과에서도 학사를 정리하는 계기를 제공했고 참조 모델로 활용되었다.

2) 패러다임 긴장과 발전적 분화

이 시기는 대학문화에 있어서도 격동의 시대였다. 한편으로는 정치적 부담 없이 노동현장과 시민운동으로 참여할 기회가 많아졌고 이념적 통제가 약화되면서 금기시되었던 마르크시즘이나 진보적 사회이론들도 학생들 사이에 폭넓게 수용되었다. 학생들은 시민사회와 노동계, 대안적 공간에 적극적으로 참여했고 학교 내의 강의실 못지않게 현장에서의 경험을 중요시했다. 1990년대를 풍미했던 '사회구성체론 논쟁'이나 '사회과학방법론' 논쟁은 사회학과의 공식 교육과정과는 무관하게 현실과 이론을 연결하는 논리를 찾으려는 노력이었다. 그러나 소련이 해체되고 독일이 통일되며 중국이 개혁개방으로 나서는 지구적 탈냉전의 시대를 설명하는 데 이런 지식체계는 현저히 역부족이었고 시대착오적이기조차 했다.

역설적인 시대상황은 사회학 내부의 패러다임 긴장을 심화시켰고 상이한 학술 활동장으로의 분화를 촉진시켰다. 그 과정에서 갈등과 혼란도 컸지만 사회학 패러다임의 전면적 성찰, 이론과 실천의 관계, 보편성과 특수성에 대한 논의가 깊어지는 발전적 분화로 이어졌다. 1980년대에 그 모습을 갖춘 사회학 내 패러다임의 분화는 1990년대에 서로 다른 흐름의 사회학으로 발전하여 다채로운 한국 사회학의 특성을 형성하게 되었다.

사회학의 주류를 형성한 아카데믹 사회학은 1980년대에 보다 체계적으로 자리잡고 연구역량도 심화되었다. 사회학적 시각을 요구하는 사회 환경이 확대된 탓이 크지만 미국과 유럽에서 최신 사회학을 접하고 귀국한 교수들의 활동이 왕성했던 것도 그에 못지않게 큰 요인이었다. 동시에 아카데믹 사회학의 한계를 비판하고 대안적 사회학을 정립하려는 흐름이 강력하게 대두함으로써 이론의 정합성을 둘러싼 지적 성찰이 심화된 것도 주목할 변화의 하나라고 할 것이다.

대안적 패러다임의 첫 형태는 한국사회의 구조와 변동을 자본주의 생산양식 및 계급구조의 역동성에 기초하여 분석하려는 계급중심적 사회학의 확장이었다. 1980년대 초 형성된 진보적이고 실천지향적인 신진 연구자들이 주도한 이 흐름은 1990년대 사회학과 대학원의 분위기를 지배한 시대적 정동으로 일컬어도 과언이 아닐 것이다. 탈냉전의 상황, 세계화의 진전이라는 새로운 시대상을 겪으면서도 한국사회에 존속해 온 여러 문제와 모순들은 여전히 자본주의 사회구성체의 제 조건들에 구속되는 것이란 시각을 이들은 이론적으로 고수했다. 동시에 아카데미즘을 지향하는 전통적 사회학과 달리 적극적인 사회참여, 비판적인 사회개혁을 향한 학술운동을 의식적으로 추구했다. 이들은 기존의 미국중심 주류사회학은 이런 자본주의적 계급모순, 노동문제, 사회운동을 해명하고 촉진하는 데 그다지 도움이 되지 않는다는 비판적인 견해를 공유했다.

이들은 대학의 아카데미즘을 넘어 사회적인 진보운동과 깊은 유대를 형성함과 동시에 사회과학 패러다임을 변화시키는 학술운동에 전력을 기울였다. 민주화 이후 정치, 경제, 역사, 문화, 교육 등 거의 모든 영역에서 사회변혁을 위한 학술운동을 표방하는 학술단체들이 출현했는데 사회학도들이 주도한 산업사회학회가 그 핵심이었다. 1988년에는 이들 진보적 학술조직의 연합체인 학술단체협의회가 출범했는데 이 창립과 운영에도 사회학과 출신들의 역할이 매우 컸다. 출범을 기념하는 심포지엄의 기조발제를 사회학과 김진균 교수가 했고 뒤이어 "민족적 민중적 학문을 제창한다"는 표제하에 대학원 경제학과와 사회학과에 재적하던 연구자가 논문을 발표했다. 출범 당시부터 사회학 배경 연구자들과 진보적 학술운동단체가 밀접히 연결되어 있었음을 보여 준 사례이다.

한국의 계급구조를 분석한 사회학 논문이 불온하다 하여 공안기관의 수사를 받는 소위 '서관모 사건'도 이 맥락에서 벌어진 것이다. 당시 사회학과 대학원에서 박사논문의 일부로 작성된 이 글은 한국사회의 노동계급형성을 통계자료로 살펴보고 마르크스가 예측했던 바의 계급 양극화 현상이 나타나고 있음을 논증하려 했다. 당시로서는 낯설고 위험해 보이는 주장이었지만 그것이 학술적인 차원에서 엄밀한 자료와 논리적 분석을 통해 제시되는 것이라면 존중되어야 한다는 생각을 사회학과 교수와 학생 모두 공유하고 있었기에 이 사건은 큰 피해로 이어지지 않았다. 1991년에도 성격이 유사한 서울사회과학연구원 사건이 발생했다(서울대학교교수민주화운동50년사발간위원회, 1997). 이 일로 당시 6명의 서울대 사회대 학생 및 졸업생이 수사를 받았는데 교수들의 탄원서와 기고, 학문자유에 대한 사회적 논의로 큰 피해를 입지는 않았지만 안팎의 파장은 작지 않았다.

두번째 큰 흐름은 역사사회학, 사회사 연구의 체계화였다. 1980년대 중반 신용하 교수 중심의 역사사회학, 사회사 연구자들은 한국사회사연구회를 결성했다.

이들은 사회변혁이나 학술운동에의 참여보다 주류사회학의 이론적 한계와 몰역사성을 극복함으로써 새로운 사회학을 구성하려는 문제의식을 더욱 중시했다. 이들은 1987년부터 열정적으로 학술논문을 쓰고 발표하는 데 힘을 기울였는데 10년의 기간에 『사회사연구회논문집』 총 50권을 출간했고 『사회사연구총서』도 간행했다. 이들에 의해 쓰인 많은 논문은 한국의 역사적 맥락에 기초하여 사회학의 몰역사성을 극복한다는 문제의식을 공유하고 있었다. 연구대상도 전통시대보다는 근현대에 집중되었고 명시적이든 암묵적이든 이론적 관점과 사회학적 개념을 적극 수용하고자 했다. 동시에 서구의 역사학적 사회과학, 사회학적 역사학을 적극 소개하고자 했다. 이들에 의해 적극 소개된 당시의 학자들은 위르겐 코카, 필립 아브람즈, 닐 스멜서, 테다 스카치폴, 찰스 틸리, 필립 아리에스 등 다양했고 베버나 뒤르켐의 사회이론 배후에 충실한 역사적 탐구가 놓여 있음을 보여 주려 했다.

1990년대에 사회학과에서 제출된 석박사학위논문은 대체로 이런 당시의 흐름을 잘 반영하고 있다. 주제로 보면 노동운동, 계급구조, 국제분업, 노동시장, 권위주의체제와 더불어 군정연구, 식민지 사회운동, 사회사상, 국가형성, 조선시대연구 등이 보이는데 모두 새로운 사회학을 정립하겠다는 문제의식을 바탕에 깔고 있었다. 탈냉전의 충격과 세계화의 진전 속에서 1980년대의 과잉기대는 점차 약화되었지만 그 문제의식은 사라지지 않고 다양한 주제의 연구들로 이어졌다. 이론과 현실이 결코 단순하게 결합되지 않으며 이데올로기적 해석과 사회과학적 분석이 동일할 수 없다는 자각이 확대되면서 급진혁명론에의 몰입 대신 국내외 변화에 부응하는 신사회운동, 시민운동, 다원적인 갈등현상에 관심이 커졌다. 환경문제, 외국인 노동자, 미디어, 포스트모더니즘, 시각문화 같은 새로운 주제도 등장하여 그 주제가 점차 다양해지고 있음을 보여 준다.

3) 교육/연구의 혁신과 사회발전연구소 개편

1994년 개정된 사회학과 대학원 과정 규약은 학과 안팎의 비판과 새로운 시도들을 적극적으로 수용하면서 학과를 혁신하려던 노력이었다. 교수진 및 교육내용을 4개의 전공영역으로 나누었는데 각 교수들은 기초 영역, 구조/변동 영역, 산업/조직 영역, 문제/정책 영역 중 두 개에 속하게 되었고 각 영역별 간사교수를 두었다. 박사과정생도 자신의 관심에 따라 전공영역을 선택하도록 했다. 이와 함께 학위논문 작성과정도 체계화되고 실질화했다. 내실을 지니지 못한 형식적 제도는 과감히 축소하고 실질적인 지도와 심사, 관리는 보다 엄격하고 까다롭게 했다. 박사과정에서 필요한 학점을 모두 취득하고 전공연구논문 두 편을 제출, 완료한 시점을 과정수료로 인정하기로 했다. 대신 수료 후 치루는 논문제출자격시험 가운데 전공시험은 전공연구논문(field statement)으로 대체하기로 했다. 전공영역에서 누적된 기왕의 연구사를 정리, 쟁점을 확인하고 학위논문 작성의 이론적 위치를 확인할 것을 요구한 것이었다. 전공영역과 부전공영역에서 두 편의 전공연구논문을 제출한 학생은 구두시험을 치루는 것으로 했다. 논문 제출에 필요한 실질적 요건과 훈련을 강화하면서 형식화된 시험절차나 불필요해 보이는 부분들은 보다 내실 있는 방식으로 변경한 것이다.

대학원 재정비 노력은 연구소의 개편작업으로 이어졌다. 1995년 인발연은 사회발전연구소로 이름을 변경하고 연구소 저널의 이름도 『Development and Society』로 바꾸었다. 대학 및 사회, 그리고 세계정세의 총체적 변화에 부응하면서 사회학이 다루어야 할 다원화한 현실을 반영한 것이었다. 연구소는 학과 차원의 공동작업을 수행하고 교수와 학생의 관심사를 연결하는 역할을 강화했고 결과물을 '사회발전연구총서'로 간행하기 시작했다. 실제로 연구소의 연구에서 1980년대 이후 학생들의 비판적 패러다임과 연결되는 이론적 논의를 발견하기 어렵지 않다. 1986~1988년에는 '도시재개발지역'과 도시빈민층 연구를 수행했는데 도시화와 인구이동이 주변부 자본주의, 종속적 발전, 계급적 빈민화를 초래하고 있는가라는 이론적 관심을 보여 준다. 1990년에는 '저소득층 집단거주지 연구'가 수행되었는데 이 역시 소득불균형과 도시공간분화, 주택문제의 상호연관을 분석하는 비판적 문제의식을 조사연구방법과 연결시키고 있다(김인수, 2015).

국민의식에 대한 연구가 다년간 진행된 것도 1987년 6월 항쟁과 뒤이은 민주화 요구를 국민적 단위의 집합의식 변화로 설명하려는 작업이었다. 1986년 한완상,

권태환 등 사회학과 교수진이 주도하여 시작한 국민의식조사는 1989년 이후 거의 매년 실시되었고 이 과정에서 집합의식이 사회변동의 독립변수가 될 수 있음을 보여 주고자 했다. 1989년에는 국민 일반이 아닌 '노동자'의 의식조사가 수행되었고 이듬해『노동문제 및 노사관계에 대한 근로자 의식조사연구』로 간행되었다. 1990년 국민의식조사는 '전환기의 한국사회'라는 보고서로 출간되었고 1993년에는 '21세기 한국인의 의식구조'라는 제목으로 연구가 진행되었다. 이 시기는 또 한 번의 사회조사 전성기였다고 할 수 있는데 사회학과는 연구소를 매개로 이 흐름을 주도했다.

1991년 홍두승 교수를 중심으로 방사능폐기물 처리에 관한 사회과학적 연구가 시작되었다. 원전이 한국 에너지 공급의 주요한 비중을 차지하지만 지속적으로 늘어가는 방사능폐기물을 어떻게 해결할 것인지는 정책적 고민임과 동시에 중요한 환경학적 쟁점이었다. 원전 가동에는 관용적이면서 폐기물 저장소 설치에는 극도의 반발을 보이는 새로운 형태의 사회적 갈등이기도 했다. 1990년 말 안면도 사태는 한국사회가 직면한 이런 복합적 문제의 실상을 전형적으로 드러냈다. 이 공동연구에 참여한 사회학자들은 1992년에『원자력과 지역이해』를 출간하고 몇 년에 걸친 연구와 토론회, 공청회를 거쳐 사회학적 연구가 갈등 해소에 기여할 수 있기를 기대했다. 하지만 이 갈등은 해소되지 못한 채 미완의 숙제로 남았다.

4) 변동주체의 탐구: 민중, 계급, 민족, 시민

1987년에서 2000년에 이르는 시기 사회학과에서 산출된 이론적 논의는 사회 전반에 큰 영향을 미치고 시민사회 내부의 노선을 둘러싼 격론으로 이어지는 경우가 많았다. 특히 한국사회의 역동적 변화를 담당하는 주체세력과 그 운동방향에 대한 탐구가 공통의 관심사였다. 근대국가의 형성, 탈식민화, 계몽과 민주화, 여성과 어린이의 해방, 평등주의의 확대 등은 서구화나 근대화의 결실이기 이전에 한국사회 내부의 주체적 실천이 가져온 성과라는 의식이 강했다. 이런 목적의식적 행위를 가능케 한 변동주체를 이론화하려는 노력은 민족, 민중, 계급에 대한 연구를 촉발시켰다.

사회학과 안팎으로 일차적으로 강한 영향을 미친 것은 민중에 대한 연구였다. 사회학계의 민중론이 대두하면서 이미 존재하던 인문학과 신학 등에서의 민중론과 더불어 강력한 사회적 담론이 형성되었다. 이 과정에 결정적인 역할을 한 한완상 교수는 『민중과 지식인』 책자와 많은 글을 통해 즉자적 민중과 대자적 민중을 구별하고 민중의 역동성과 주도성을 이론화하고자 했다(강인철, 2023). 또 지식인이 민중적인 문제의식을 가져야 함을 강조함으로써 당시의 대학생과 지식인들의 각성을 요구했다.

김진균 교수는 마르크스주의 관점에서 민중을 계급연합으로 재해석함으로써 계급론과 민중론을 연결시키는 계기를 제공했다. 계급연합으로서의 민중론은 1990년대 노동운동을 기저로 하는 진보진영의 가장 중요한 이론적 기반이자 실천적 틀로 공유되었다. 당시 사회학을 전공하던 젊은 연구자들, 서관모, 조희연, 이진경 등은 '과학적 민중론' '과학적 변혁론'의 이름으로 계급적 관점에서 민중을 분석하는 논리를 확대시켰다. 이 과정에서 사회모순의 본질을 어떻게 봐야 하는지, 변혁주체를 누구로 설정해야 하는지, 자본주의와의 관계를 어떻게 할 것인지 등 다양한 쟁점들이 분출되었고 소위 '사회구성체논쟁'이라 불리는 치열한 사회과학 논쟁이 전개되었다. 이후 상당 기간 한국 정치권에 영향을 미친 자주파(NL)와 노동파(PD)의 이념 대립이 심화되었는데 사회학 내부의 이론적 논쟁이 사회의 실천논쟁과 밀접히 연동된 흥미로운 사례라고 하겠다. 한국에서의 민중담론 전개과정에 대한 상세한 연구를 수행한 강인철 교수는 한완상 교수의 민중론이 김진균 교수를 통해 급진화하고 한상진 교수를 통해 보수화했다고 지적하기도 했다. 학과 내부의 지적 개방성, 민주성, 다양성을 잘 보여 주는 흥미로운 사례가 아닐 수 없다.

계급분석을 내세운 논문과 책자들이 공식 커리큘럼보다 더 강한 영향력을 행사한 것도 이 시기의 한 특징이었다. 1987년에 간행된 이진경의 『사회구성체론과 사회과학방법론』은 진보진영의 필독서가 되었고 1990년대 초반에는 서관모의 글이 그런 대접을 받았다. 이들은 좌파적 이론을 산출하는 잡지인 『현실과 과학』,

『노동계급』 등을 통해 지속적으로 계급운동의 관점에서 글을 썼다. 소련이 무너지고 동구권 사회주의 체제가 몰락하는 세계사적 대변혁이 미친 충격이 매우 컸지만 진보적 사회학을 추구한다는 문제의식과 집합적 열정은 1990년대 내내 사회학과 대학원에 강한 영향력을 지녔다(서관모, 백승욱, 2018). 『산업사회연구』를 이은 『경제와 사회』는 이런 진보적 사회학 연구를 소개하는 중요한 저널로 자리 잡았다. 대학원생들은 특히 논문주제 선정과 이론적 구성에서 마르크시즘과 계급분석, 노동운동과 변혁이론 등 진보적 패러다임을 적극 수용하고자 했다.

사회사 연구를 강조하던 연구자들은 민족 범주를 이론적으로 부각시키는 데 힘을 쏟았다. 신용하 교수는 한국 근대 사회변동을 민족운동의 관점에서 체계화하는 연구들을 열정적으로 수행했다. 또 '민족의 사회학적 연구' '앤더슨의 상상의 공동체론 비판' 등을 통해 민족이 역사적 실체이고 사회변동의 중추적 주체가 됨을 밝히고 서구 민족이론의 한계를 보완하려는 이론적 노력에도 힘을 쏟았다. 김필동이 분석한 바에 따르면, 『사회사연구회논문집』에는 민족운동, 민족주의, 민족문제에 해당하는 글들이 지속적으로 발표되었고 그중 계급론이나 민중론의 시각을 적극 수용한 글들도 적지 않았다(김필동, 1990). 계급운동과 민족운동, 민중운동이 서로 상통하는 방식으로 연구되고 있었다는 것은 대안적인 사회학을 추구한다는 동시대적 문제의식을 두 그룹이 공유하고 있었음을 보여 준다. 1990년대 말 『사회와 역사』로 제호를 바꾼 이 저널은 현재까지도 중요한 학술장으로 기능하고 있다.

1980년 광주민주화운동에 대한 재해석이 이루어지면서 미국의 역할, 한미관계의 성격에 대한 비판적 인식이 전반적으로 강화되었고 한국의 대외종속성을 이론화하려는 노력도 전개되었다. 국제자본에의 종속과 정치군사적 대미예속을 주목하면서 민족범주가 민중 및 계급범주와 연결되어 민족, 민주, 민중의 3민이 주창되기도 했다. 하지만 이런 주장이 사회변동주체에 대한 본격적 연구의 결과로서가 아니라 민중과 계급의 시각을 현실 속에서 담아내려는 사회운동론적 시도에서 비롯된 것이었던 것만큼 이후 학술적으로 큰 영향을 미쳤다고 보긴 어렵다.

탈냉전이 진전되고 전 지구적으로 계급운동의 중요성이 약화되는 과정에서 구

사회운동에 대비되는 신사회운동이 주목을 받고 계급이나 민중 대신 시민과 세대, 젠더 등에 주목하는 논의들도 확대되었다. 비판적 사회학, 역사적 사회학 처럼 학회 형식으로 결집된 것은 아니었지만 시대적 상황에 부응하는 새로운 이론과 쟁점들이 다양하게 논의되었다. 한상진 교수는 민중개념을 유연하게 재해석하는 중민론을 내놓았고 임현진, 송호근 교수 등은 시민운동, 시민사회론을 통해 시민범주를 중시하는 논의를 전개했다. 정진성 교수는 군위안부문제를 중심으로 페미니즘의 문제의식과 젠더적 시각을 사회적으로 확산시켰고 여성연구소의 설립에 중추적 역할을 담당했다.

5. 21세기 상황과 사회학의 확장: 2001년~현재[4]

21세기로의 이행은 한국사회는 물론이고 사회학에도 새로운 전환의 계기로 작용했다. 지구화의 현상이 가져오는 여러 변화에 부응하기 위한 노력이 요구되는 가운데 대학제도의 변화, 글로벌 표준에 대한 요구, 문화적 다양성에 대한 감수성 등이 강조되었다. 1997년 말 충격으로 다가온 금융위기와 그로 인해 촉발된 고용불안정과 경제주권의 약화가 사회 전반의 위험, 재난, 위기에 대한 관심과 연결되면서 새로운 문제의식을 확대시켰다. 그런가 하면 정보화, 디지털화, 네트워크화를 추동하는 테크놀로지의 영향력이 급속히 증대하고 인터넷과 핸드폰으로 이어지는 모바일 사회로의 전환이 급속히 일어나고 있다. 매체환경과 커뮤니케이션 방식, 사회운동과 자원동원의 방식에도 거대한 변화가 나타나고 있다. 기존의 사회학으로 대응하기 어려운 문제상황 앞에서 새로운 이론과 방법을 추구하려는 노력도 새로워질 수 밖에 없는 시대를 맞이하고 있는 것이다.

---

4) 이 장의 내용은 사회학과 여러 후배 교수들의 자료제공과 조언을 바탕으로 구성되었다. 이재열, 권현지, 임동균, 김백영, 손윤규 교수에게 감사를 표한다.

1) 3세대 교수진, MZ 학생문화

2000년 이후 사회학과 교수진은 전면적으로 교체되었다. 1999년에 김일철 교수의 퇴직 이후 김경동, 김진균, 신용하, 권태환 교수가 차례로 정년을 맞아 학과를 떠났다. 이들이 떠난 자리에 시카고에서 네트워크 이론을 전공한 장덕진, 브라운에서 인구학을 전공한 박경숙, 서울대에서 사회사상과 여성학을 연구한 정일균과 배은경이 학과 교수로 부임했다. 또 영국에서 사회학을 가르치던 Woodwiss가 외국인 교수로 합류했다. 2010년대에는 1980년대에 부임했던 교수들이 퇴임함으로써 세대교체가 더욱 가속화했다. 한상진을 필두로 임현진, 홍두승, 정진성, 송호근, 박명규, 정근식 교수가 차례로 학교를 옮기거나 정년을 맞았다. 이 자리에 미국 일리노이대에 종신교수로 재직하고 있던 한신갑, 프랑스에서 문화사회학을 전공한 김홍중, 시카고에서 수학하고 성균관대에 재직하던 김석호, 코넬대 출신으로 영국에서 가르치던 권현지 등이 교수진에 합류했다. 2017년엔 사이람 대표이사를 역임한 김기훈을 겸임교수로 채용했고 이어 범죄와 여성문제를 전공한 추지현, 하버드에서 사회심리학을 전공한 임동균, 사회사 연구의 맥을 이으면서 도시연구에 진력하던 김백영, 노스캐롤라이나에서 인구문제를 연구한 이도훈, 물리학과 출신으로 UCSD에서 첨단 방법론을 수학한 손윤규가 학과 교수진에 합류했다.

교수진이 총체적으로 젊어지고 출신학교도 다양해지면서 학과 전통에 대한 감각도 크게 달라졌다. 교수진 1세대가 문리대 시절을 기억하는 교수, 2세대가 종합화 이후의 격동기를 겪은 교수라 한다면 3세대 교수진은 이전 시대의 경험을 별로 공유하지 않은 신진 세대이다. 이들은 격동기의 고민과 성취보다도 세계화와 정보화가 일상화된 21세기 환경을 보다 직접적으로 경험하는 세대이다.

소위 MZ세대로 불리는 학생들의 문화는 더 빠른 속도로 변하고 있다. 이전의 사회학과 분위기를 기억하고 이를 지속시키려는 열정은 옅어지고 새로운 시대상황에 적응하기 위한 움직임이 커지고 있다. 2008년부터 복수/연계/학생설계 전공 또는 심화전공 등이 의무화되면서, 사회대의 다른 전공은 물론이고 자연대와 공대의 학과까지 제2전공으로 선택하는 경향이 늘어났다. 또한 사회학의 전문성과 활용도에 대한 요구가 커지고 도전적이고 융복합적인 커리어를 구축하는 경우도 많아졌다. 이과 출신의 학생도 늘어나고 데이터과학(사회연구를 위한 데이터과학), 계산사회과학(계산사회과학 입문) 등에 대한 관심과 인공지능과 같이 사회적 고려가 필요한 기술과 관련된 관심도 강한 경향을 보여 준다. 졸업 후에 무엇을 할 것인가, 어떤 전문성을 습득할 수 있을까가 중요한 관심사로 부각되고 있는 것이다.

2008년 시작된 로스쿨 제도는 사회학과에 이중적인 충격을 미치고 있다. 사회학의 종합적이고 유연한 학문적 장점이 로스쿨 진학에 유용하다는 인식으로 간주되어 주목되는 한편으로 법률전문가가 되기 위한 징검다리 학문으로 평가되어 사회학 자체에 대한 관심은 약화되는 경향도 커지고 있다. 학부졸업생의 대학원으로의 진학률도 떨어지고 교육과 학생지도에서 새로운 환경이 조성되고 있다. 지식의 실용성, 효용성을 따지는 분위기가 강해지고 선후배 관계는 현저히 약화되고 성적 평가에 민감한 분위기가 확대되고 있다. 공동체적 관심이 약해지고 개인주의적 성향이 커지는 것은 모든 학과에서 나타나는 현상이지만 학과 정체성과 자부심이 유난히 강했던 사회학과로서는 그 변화의 여파가 좀 더 뚜렷하다.

이런 변화에도 비판적이고 주체적인 연구를 지향하는 분위기는 여전히 지속되고 있다. 노동운동이나 체제 변혁에의 관심은 약화되었지만 성평등, 장애인 인권, 환경 보호와 같은 문제에는 큰 관심을 보인다. 성적 자기결정권이나 채식주의, 디지털 문화운동 등에도 민감하다. 학부필수과목인 '사회학연구실습'에서 지난 5년간 다루어진 주제와 학생보고서의 내용은 청년세대가 겪고 있는 여러 문제로 채워져 있다. 즉, 세대와 젠더, 미래의 일과 공정성, 사회적 가치, 공간변화 등인데 이전의 학생문화와 부분적으로 연결되면서도 새로운 세대감각이 강하게 드러나고 있음을 확인할 수 있다.

2) 대학원의 변화와 국제화의 진전

지속적으로 확장되고 역동적이었던 사회학 대학원은 2000년대에 들어 일종의 조정기를 맞이했다. 전국에 사회학과가 증설되고 시민사회에서도 사회학 전공자를 원하던 1990년대의 상황이 지나면서 사회학 학위자들의 수요가 정체하는 모습을 보였기 때문이다. 특히 사회학과 인접한 사회복지학, 언론정보학의 사정에 비해 볼 때 그 정체현상은 더욱 뚜렷하다. 생태, 젠더, 소수자, 문화, 디지털 기술 등 새로운 주제가 부상하고 있지만 그것이 사회학 학위를 요구하는 전문직의 확장으로 이어지는 데는 시차가 생각보다 크다.

정부의 연구지원체제가 경쟁 중심으로 변화하면서 대학원 환경에 큰 변화가 초래된 것도 중요한 변수이다. BK 사업은 대학원생에 대한 지원을 강화함으로써 대학원 발전의 견인차 역할을 했지만 사회학과는 서울대 독식을 우려하는 사회적 분위기 속에서 초기에 이 사업에서 탈락하였고, 그로 인한 재정적 지원 약화와 활력의 감소를 장기간 감당해야 했다. 서울대 차원에서 이 충격을 상쇄하기 위한 10-10 프로젝트에 사회학과와 사회복지학과의 컨소시엄이 선정됨으로써 일정한 지원을 받게 된 것은 이런 한계를 메울 수 있었던 다행한 일이다. 학술진흥재단이 중심이 된 정부주도의 연구지원정책이 대학원을 활성화하는 성과를 보인 것도 사실이지만 학계의 자율성이 약화되고 정부재원의 영향이 과도하게 커지는 부작용도 적지 않다. 『서울대학교 60년사』에서는 이를 아카데믹 캐피탈리즘이라 부르기도 했는데 사회학과도 그 파장에서 자유로울 수 없었던 셈이다.

안팎의 환경변화는 오래 지속되어 온 대학원의 자치문화에도 변화를 불가피하게 만들고 있다. 사회학과 대학원은 비판적 사회학, 대안적 사회과학을 창출해 온 본산지라는 자부심과 자의식이 강했고 이런 문화는 2000년대에 들어와서도 어느 정도 지속되고 있다. 대학원생들은 교수로부터 지도받고 훈련되어야 할 학생이라는 자의식 못지않게 독립연구자 내지 예비학자라는 자의식도 강하다. 이런 성향은 사회학 연구자들의 독창성과 다양성의 중요한 자산이지만 학과 차원의 교육과 훈련을 어렵게 만드는 요인이 되기도 한다. 실제로 사회학과에서 교수진 중심으로 방법론 교육이나 시험요건 등을 강화하려 할 때면 대학원 자치회를 중심으로 반발하거나 수정을 요구하는 경우도 있었다. 이런 간극에서 오는 긴장을 어떻게 생산적이고 긍정적인 활력으로 전환할 것인지, 그 자율성을 살리면서도 필요한 훈련과 엄정한 학사관리를 어떻게 이루어 낼 것인지 새로운 숙제를 안고 있다.

2013년 학사위원회 자료에는 2003년에 이어 10년 만에 커리큘럼과 교육방식 전반을 재검토하고 새롭게 혁신하려는 방안이 담겨 있다. 1995년에 채택되었던 4영역 구분이나 2000년대 초반에 논의되었던 트랙 분류 대신 좀 더 세분화된 영역으로 전공을 구분하면서 방법론과 이론을 공통적으로 강조했다. 3세대 교수진으로의 교체가 반영된 변화라고 할 수 있다. 질적 방법, 양적 방법의 단순한 이분법을 넘어 데이터분석, 역사자료분석, 현장참여방법 등으로 보다 세밀화되고 고급화되었다. 이를 위해 방법론 강의를 2군 교과목으로 설정하여 매 학기 상이한 방법론 수업이 가능하도록 했다. 이론 수업도 미국의 주류사회학 이론을 넘어 유럽과 아시아의 이론적 논의까지 다루고 한국 현실에 바탕을 둔 이론 구성(theory construction)까지 포함하도록 했다. 2017년부터는 방법론을 기초필수로 하고 모든 과목을 가군(기초이론, 문화, 사회사), 나군(사회계층, 사회운동), 다군(미래사회 패러다임)으로 나누고 다시 기초과목과 심화과목으로 구별했다. 2018년 교과목 구성을 보면 가군에 사회변동론과 문화, 나군에 계층과 조직, 신사회운동과 사회정책, 다군에 인구와 환경, 과학기술정보의 하위영역이 배치되어 있다. '미래사회 패러다임'이 포함된 것이 눈에 띄는데 사회학 교육에 있어서 진행 중인 변화의 향후 예측, 미래적 관심의 필요성을 반영하는 것이라 하겠다.

대학원 환경에서 나타난 또 하나의 큰 변화는 글로벌화이다. 외국인 유학생이 늘어나면서 영어강좌의 개설, 해외 학계 및 대학과의 협동연구, 학생교환 프로그램 등이 급격히 확대되었다. 일본, 중국, 러시아, 몽골, 유럽 등지에서 유학을 오려는 학생들이 늘어나면서 대학원 수업은 다국적 학생들이 수강하는 사례가 빈번해졌다. 인터넷 환경과 세계여행의 일상화로 국내의 대학원생들도 전 세계를 대상으로 관심사를 확장하고 정보를 접할 기회가 커졌다. 대학원 논문주제에서 해외 지역과 해외 사례가 선택되는 경우가 늘어나고 영어로 논문을 작성하는 경우도 나타났다. 서울대 사회학과로 유학을 와 학위를 하고 일본, 중국, 몽골 등 자신의 본국으로 귀국해서 대학교수가 된 연구자들도 늘어나고 있다. 사회학과 차원에서도 일본의 도쿄대, 교토대, 중국의 베이징대와의 연구협력을 연례화하고 교수와 학생들이 상호방문하면서 학문적 교류와 지적 자극을 주고받는 프로그램을 구축했다. 한국과 중국의 사회변동을 인구, 도시, 계층, 노동, 종교, 가족, 농촌, 공동체, 사회자본, 기업, 사회운동 등 영역별로 광범위하게 비교 분석한 베이징대 사회학과와의 공동연구는 2012년에 한중 양국에서『社会转型: 中韩两国的考察』및『한국과 중국의 사회변동 비교연구』로 출간되었다.

3) 근대성의 탐구와 융복합 연구주제의 확산

21세기 사회학과에서 수행된 연구들은 다양하지만 근대성에 대한 탐구라는 공통성을 보인다. 근대화(modernization)에 대한 초기의 정책적이고 기능적인 관심으로부터 근대성(modernity) 자체의 이론적 해명으로 지적 관심이 이행한 결과라 할 수 있는데 초기의 근대화론이 발전론적 접근과 수용론적 시각을 드러낸 것에 반해 1990년대 이후의 근대성 연구는 탈서구, 다층성, 다중성 등이 부각되는 경향이 뚜렷하다.

근대성에 대한 연구는 사회사 연구와 비판사회학 연구가 공유하는 연구쟁점이었다. 2007년 김진균, 정근식 교수는『근대주체와 식민지 규율권력』을 펴내 근대성과 식민성을 비판이론의 맥락에서 재구성하는 연구시각을 확장시켰다. 푸코의 이론적 관심을 수용하면서 서구근대성과 식민지 근대성이 어떤 질적 차이를 가지는지를 밝히려 한 이 책은 문화, 운동, 지식, 젠더 등 다양한 연구영역에 영향을 미쳤다. 박명규 교수의 '국민, 인민, 시민'을 비롯한 일련의 연구도 개념사적 접근으로 집합적 정체성의 근대적 기반을 밝히려는 작업이었다. 박사학위 연구자들이 펴낸 여러 저작들, 예컨대 김수진의 '신여성 연구', 김백영의 '경성도시계획연구', 공제욱의 '식민지 일상연구', 서호철의 '조선총독부 조사통계 연구', 정준영의 '경성제국대학연구' 등도 식민성과 근대성의 착종에서 비롯하는 사회정치적, 문화심리적 결과를 탐색하려는 문제의식을 공유하고 있다. 역사인식과 관련한 깊이 있는 글쓰기로 문화계에서 호평을 받는 조형근의 책도 이런 연구관심에서 다져진 것이라 할 수 있다.

장경섭 교수는 근대성에 대한 논의를 해방 이후의 변동과정을 중심으로 설명하고 이론화함으로써 그 논의의 폭을 크게 확장했다. 한국의 경험을 '압축근대화'라는 개념으로 체계화하고 근대화의 다면적 측면을 이론화한 그의 노력은 국내외에 큰 반향을 불러왔다. 그의 저작은 압축근대성이라는 새로운 화두를 학계에 제공했을 뿐 아니라 개발시민권(developmental citizenship)을 포함한 변혁공헌권리, 개발 자유주의, 개발 다원주의 등의 개념을 발전시켰다. 특히 영어로 출간된 그의 저작은 영미권과 동아시아 학계 전반에 널리 소개되어 한국 사회학의 이론화 수준을 높이는 데 크게 기여했고 해외 여러 국가에서 중요한 지적 자원으로 활용되고 있다. 사회사 배경을 지닌 연구가 식민성과 근대성의 착종현상에 주목한 것에 비해 장경섭은 20세기 후반의 압축성이라는 독자적 성격에 주목하면서 이를 특유의 근대성으로 자리매김하고자 한 것이라 할 수 있다. 최근 이재열 교수가 공동편집자로 Springer에서 출간한 『Social Well-Being, Development, and Multiple Modernities in Asia』도 다중근대성의 시각에서 아시아 사회변동을 해명하려는 노력이라 할 수 있다.

김홍중 교수가 추구하는 문화사회학적 근대성 탐구도 이 시기에 새롭게 또 강력하게 부각되는 중요한 성과이다. 문학과 문화 부문에 깊은 식견을 지닌 김홍중 교수는 프랑스 사회학의 지적 전통 속에서 관련 저작과 이론을 깊이 독해함으로써 근대적 사유의 본질을 새롭게 해석하는 신선한 모습을 보여 주고 있다. 그는 박정희 시대를 새롭게 해석하기 위해 종교, 기업, 학술 등 사회 각 영역에서 동시적으로 표출되던 시대정신을 종합적으로 고찰하고 이로부터 생존주의라는 특유의 문화적 코드를 찾아내려 했다. 이런 과정에서 타르드, 부르디외, 데리다, 벤야민, 라투르 등의 지적 자원을 적극적으로 재생시키고 있다. 그의 『마음의 사회학』, 『사회학적 파상력』 등의 저작과 인류세에 대한 최근 논의는 서울대 사회학과가 보여 주는 종합적이고 융복합적이며 이론적인 연구역량의 좋은 사례이다.

사회학과 박사학위논문들에서는 이런 문제의식이 다양한 주제로 확대되면서 공유되는 경향을 보인다. 올림픽을 전후한 제5공화국 시절을 새로운 사회통치의 출현이라는 맥락에서 검토한 논문이나 대형교회 분석을 통해 도시분화가 종교적 태도 및 문화적 감수성에 미치는 효과를 보여 준 연구, 한국의 늘어나는 자살현상을 특유한 한국적 근대성과 관련하여 해명하고자 한 연구 등 주목할 만한 연구사례는 많다. 젠더 이슈가 확대되면서 한국의 여성정책, 가족지원체계, 출산조절, 성별노동시장, 의료기술과 재생산, 돌봄노동 등의 다양한 젠더 관련 연구도 두드러진 관심주제였다. 인권이 중시되는 사회분위기와 함께 시민입법운동, 반 성폭력운동, 성소수자 연구와 장애인 인권에 관한 논문도 확인할 수 있다. 연구대상 지역도 한국을 넘어 북한 및 동아시아로 확대되어 중국의 개혁개방과정, 조선족의 이주와 권리, 오키나와 미군기지에 대한 연구도 찾아볼 수 있다. 전체적으로 볼 때 1990년대 이래 큰 관심사였던 산업, 노동 분야의 연구는 줄어들고 있지만 사회불평등과 빈곤문제는 여전히 중요하게 다루어지고 있다. 사회사와 역사사회학 분야의 연구는 여전히 중요한 비중을 점하고 소수자, 인권, 젠더, 이주, 문화 등의 영역으로 확대되는 경향을 보인다.

4) 네트워크 분석과 삶의 질 연구

21세기에 들어와 크게 달라진 대학환경의 하나가 경쟁문화의 확산이다. 정부가 대학혁신의 방법으로 거대한 재정을 통해 연구주제와 학생교육 전반에 큰 영향을 미치면서 이런 경향은 더욱 심화되었다. BK 사업에서 보이는 바와 같이 학과가 공통의 연구쟁점으로 연관을 맺고 학생들의 교육과 연구도 그 틀과 연계시키는 것이 장려되었다. 재정지원을 받는 대형 연구단의 기회를 얻지 못했지만 사회발전연구소는 다원화된 연구관심을 사회학과 내부로 통합하고 결집시키는 데 주요한 역할을 수행했다. 2001년 사회과학연구원으로 통합되었던 사회발전연구소가 다시 분리되어 독립기관으로서의 지위를 확보하면서 교수진의 연구활동을 연결하고 학생들의 다양한 관심을 매개하는 연구인프라로서의 성격을 더욱 강화했다.

　2000년에 보고서가 나온 '21세기를 대비한 정보통신기술정책의 장기비전'을 비롯하여 정보화, 인터넷 생태계, 벤처기업가정신 연구 등이 21세기에 들어 지속적으로 수행되었는데 디지털화라는 시대적 변화에 대응하는 한 사례이다. 지식정보사회를 '지식화와 정보화의 사회적 통합'으로 규정하고 이런 흐름이 사회 전반에 가져올 총체적 변화를 분석하려는 이런 노력은 이후 여러 형태로 사회학 연구에서 확인된다. '주5일 근무제의 경제사회적 영향에 대한 연구'나 '의약분업에 대한 국민의식조사'도 노동시간 단축이나 의약분업 같은 사회적 주요 관심사가 일상생활영역에 미칠 충격 및 변화를 점검하는 연구였는데 이 시대적 상황을 잘 보여 주는 사례의 하나이다. 이들 연구는 학과 교수진 및 박사학위 소지자 연구원, 그리고 박사과정 재학생 등이 함께 참여하여 진행됨으로써 사회학자들 내부에서의 지적 융합과 세대 간 지식전수 기능도 감당했다.

　개인가치관과 집합의식의 흐름을 지표로 삼아 한국사회의 다양한 영역에서 진행된 변화, 갈등, 쟁점 등을 총체적으로 포착하려는 국민의식조사도 계속되고 있다. '일류국가를 향한 국민의식조사'는 글로벌 스탠더드로서의 핵심가치, 즉 합리성, 시장경쟁, 투명성 등의 가치가 어느 정도 정착되어 있는지를 측정하려 했는데 특히 시계열별 조사자료를 활용하여 규범과 행위의 '이중구조'를 밝혀내고자 했다. 2007년에는 'IMF 10년 국민의식조사'가 수행되었는데 한국사회에 심대한 충격을 미쳤던 외환위기의 영향을 의식과 가치관 수준에서 검토한 연구였다. 이 연구에서는 '사회의 질' 개념을 도입해서 경제성장 중심의 발전 해석을 넘어설 대안적 지표개발을 추구했다.

　21세기에 들어 사회학과는 네트워크 분석을 중요한 방법론적 공유자산으로 활용하면서 한국사회의 다양한 모습을 밝히는 성과를 거두고 있다. 이재열, 장덕진, 김석호 교수 등이 이런 연구를 주도하고 있는데 2002년부터 '관계와 상징의 연결망: 한국사회의 구조화와 변동의 양식에 관한 연구'라는 다년간의 연구가 축적되면서 내실이 풍부해지고 있다. 이 연구 결과는 2007년 『네트워크 사회의 구조와 쟁점』이란 책으로 출간되었는데 한국사회를 대상으로 역사적 맥락과 통계적 기법이 종합적으로 활용된 의미 있는 성과로 평가된다. 사회발전연구소 역사를 정리한 김인수 교수는 이 성과를 ① 계층과 노동시장 영역에서 연결망의 작동기제를 밝혀내고, ② 개인이나 가족 수준의 사회적 관계에서 구성되는 새로운 사회질서의 양상을 드러내며, ③ 기업과 시장영역에서 신경제와 시장질서적 구조와 특성을 분석하고, ④ 사회운동과 네트워크의 상호연관성을 밝혀냈다는 점을 주요한 성과로 지적했다.

국제적 연구 네트워크도 강화되고 도쿄대, 교토대 및 베이징대 등과 연례 학술교류를 수행하면서 교수 및 학생들의 학술교류가 활성화되었다. 연구주제도 확장되어 정치, 역사, 문화, 교육 등 다양한 융복합적 관심들이 등장하고 있다. 2004년에는 '오키나와 미군기지의 정치사회학', 2005년 '한센인 인권실태조사', 2006년 '식민지배와 헤게모니 경쟁: 일제하 교육, 의료, 사회사업의 정치사회학' 등이 수행되었다. 2008년에 수행된 '화해 위령 및 과거사연구재단 설립방안연구'는 정부가 추진하고 있던 과거사연구재단 설립의 방향, 활동의 의미를 체계화함은 물론이고 역사와 기억, 과거를 현재에 되살리는 기억의 정치, 기념의 문화를 사회학적으로 해명하고 설명하는 연구영역을 확장시키는 데도 기여했다.

사회발전연구소는 2007년부터 연구재단의 중점연구소로 선정되어 '사회발전과 사회의 질: 동아시아 국제비교와 한국사회의 질적전환 모델연구'라는 장기 연구를 수행해 오고 있다. 이 연구주제 속에는 21세기에 들어와 사회학과에서 공동으로 추구하려는 연구의 관심방향을 드러내는 키워드들이 포함되어 있는데 사회의 질, 국제비교, 질적전환이 그것이다. 이재열은 사회의 질(Social Quality) 연구를 통해 경제발전 중심의 성장모델을 넘어 사회적 안전성, 응집성, 포용성, 역능성의 네 가치를 확대하는 대안을 정립하고자 했다. 사회발전을 좀 더 엄밀한 사회학적 개념으로 자리매김하려는 시도로 해석될 수 있다. 김홍중, 김석호, 임동균 교수 등이 주도한 청년연구도 시대적 쟁점으로 부상하는 청년세대의 좌절과 절망, 꿈을 다차원적으로 분석함으로써 한국사회의 질적 속성을 해명하려는 문제의식과 맞닿아 있다. 세대론과 젠더분석이 사회불평등 구조분석과 연결된 보다 정교한 설명으로 이어져 사회학의 지적 영향력이 확대될 것이 기대되는 주제이다. 저출산, 고령화 시대를 맞아 인구문제가 새로운 사회문제가 되는 시점에서 사회발전연구소 내에 인구연구센터가 만들어지고 다양한 인구 연구를 본격적으로 추진하는 것도 주목되는 부분이라 하겠다.

5) 융복합적 관심과 사회학의 외연 확장

환경문제, 인권문제, 이주문제, 정체성 문제, 불평등 문제, 세대문제, 젠더문제 등 사회학적 관심을 필요로 하는 영역이 확장됨에 따라 다학제적, 융복합적 연구도 많아지고 다양한 활동에 사회학자들이 참여하는 기회도 늘어나고 있다. 사회학과 교수 및 학생들의 연구관심도 이런 상황을 반영하여 다양화하고 융복합화하는 경향을 나타낸다. 주제설정이나 방법론적 접근에서 자율성과 창의성을 최대한 보장한 사회학의 학문적 특성으로 인해 사회학의 외연이 크게 넓혀지는 결과로 이어졌다. 사회 전반에서 융복합적 변화가 급진전되고 영역 간 경계 넘기가 일상화하는 시대에 이런 접근은 좋은 장점이라 할 수 있지만 분과학으로서의 정체성과 전문성을 어떻게 확보할 것인가는 별도의 과제로 나타나고 있다.

사회학은 여성학, 인권연구, 환경학, 평화학, 지역학, 재난연구 등 다양한 분야에 필요한 지적 개념과 담론을 제공했다. 서울대 여성학 협동과정(1999년)과 여성연구소(2001년) 설립에 권태환, 정진성 교수의 역할이 지대했고 통일평화연구원(2006년)의 출범과 발전에 박명규 교수의 역할이 컸으며 아시아연구소(2009년) 설립과 발전에 임현진 교수의 역할이 지대했다. 외부로는 정신대문제연구소에 정진성 교수, 민주화운동기념사업회의 정근식 교수, 한국사회과학자료원의 이재열 교수, 웰다잉연구분야에 서이종 교수, 한국노동연구원의 권현지 교수 등 교수 개개인이 맺고 있던 다양한 연구관심과 사회적 네트워크가 사회학의 외연을 넓히고 융복합적 연구를 추동했다.

명예교수의 숫자가 늘어나면서 이들의 학문적 성과도 주목된다. 학술원 회원으로 활동하는 김경동, 신용하 교수는 재직 당시와 차이가 없을 정도로 많은 연구업적을 내놓고 있다. 김경동 교수는 영어권의 폴 그레이브 맥밀런 출판사에서 한국의 근대화와 관련하여 『Alternative Discourses on Modernization & Developments』, 『Korean Modernization and Uneven Development』, 『Confucianism & Modernization in East Asia』 등 세 권의 묵직한 연구서를 출간했다. 신용하 교수는 오랫동안 진력한 독도연구의 체계화와 함께 고조선문명연구라는 새로운 경지를 개척하였고 총 60권에 가까운 『신용하저작집』을 출간하는 왕성한 연구활동을 보이고 있다. 또한 일생 수집한 동서양의 귀중본 8,000여 권을 기증하여 서울대 도서관에 '화양 신용하문고'가 만들어졌다. 한상진 교수는 중민연구재단을 세워 사회학의 영역 확대에 노력하고 있고 임현진 교수는 동아시아사회학회를 주도하면서 한국 사회학의 국제화에 큰 힘을 쏟고 있다.

대학 차원을 넘어 정부나 시민사회 영역에서 사회학의 공공성을 확대시켜 온 사례도 적지 않다. 사회학과의 경우 직접 정치권이나 운동권에 깊이 관여하는 교수는 2000년대 이후에는 잘 찾아보기 어렵지만 여러 정책위원회나 공공단체, 사회단체에 전문가로 참여하는 사례는 적지 않다. 정진성 교수는 유엔 인권위원회 활동과 군위안부 문제와 관련한 외교부 자문에 깊이 관여했고 박명규 교수는 한독통일자문회의와 통일준비위원회에서 위원으로 역할을 했다. 송호근 교수는 언론의 칼럼과 책자로 사회적 영향력을 행사하고 정근식 교수는 민주화운동연구소와 진실화해위원회에서 중책을 맡아 사회학적 전문성을 확산시키는 데 기여했다. 장덕진 교수와 김석호 교수는 언론 기고와 다양한 위원회 활동으로 사회학적 시각과 정책적 쟁점을 잇는 작업에 기여하고 있고 김백영 교수는 서울학 및 도시연구, 관련 학술단체에서 활발히 활동하고 있다.

사회학과 대학원생들도 융복합적 문제의식을 지니고 분과학의 경계를 넘나들고자 하는 열정을 여전히 보여 주고 있다. 독자적인 문제의식과 시의성 있는 주제를 중시하는 대학원의 연구풍토는 창의적인 연구와 사회적 의제로 이어지는 경우가 많다. 2024년 현재까지 사회학과 대학원에서 학위를 받은 숫자는 석사 617명, 박사 190명이다. 석박사학위논문 800여 편을 주제별, 연도별로 정리해 보면 30여 년간 변함없이 불평등과 계층, 산업과 노동, 사회사, 사회운동 등이 중요한 주제로 등장한다. 2000년대 이후에는 문화, 일탈, 이주, 의료, 세대, 소수자 등에 대한 관심이 커지고 있다.[5] 서울대 대학원에서 학위를 한 연구자가 여러 대학의 신규 교수로 임용되는 사례가 적지 않고 학계 안팎에서 좋은 평가를 받는 연구들도 적지 않다. 서울대 사회학 박사학위가 보여 주는 독특한 장점, 즉 역사적 시야와 사회적 책임, 융복합적 접근을 중시하는 창의적 주제설정과 자료분석이 비교우위를 보장한 결과라고 할 수 있을 것이다. 그동안 배출된 박사학위논문의 핵심 주제와 쟁점들만 간략히 정리하면 〈표 4-1〉과 같다.

표 4-1 박사학위논문의 주제 및 키워드(2000~2023년)

졸업연도	주제
2000	병원노조운동, 중국 개혁, 발전국가론, 중국 변호사 제도, 폭력범죄연구
2001	김정일 체제, 개발국가 여성 정책, 기업 내부노동시장
2002	디지털 컨텐츠산업, 장애인 정보접근성, 소비 현대성, 가족지원체계
2003	호주의 영상정책, 중국의 개신교연구
2004	계약적 통치, 결혼과 여성, 출산조절과 젠더, 성별체계와 파트타임 노동
2005	식민지 시장, 서울과 도시계획, 신여성, 노동자 정치세력화, 화폐구성체
2006	중국조선족, 시민입법운동, 생명의료기술과 재생산
2007	새만금개발과 지역발전, 반 성폭력운동, 북한 집단농업, 노인의 생활세계, 중산층과 소비문화, 근대적 통치성
2008	생식의료, 돌봄연구, 인권담론, 자살행위의 성찰성
2009	관리국가, 비정규직 노동조합, 자동차산업, 경성제대와 식민지 헤게모니
2010	가족돌봄, 자유주의 교육개혁
2011	대학연구, 성매매정책 연구, 민주주의 공고화, 개화담론과 주체형성
2012	보도연맹연구, 동아시아 평화기념공원, 노동계급형성, 동아시아 안보분업
2013	페미니즘과 진화론, 시각장애인 직업권, 남녀고용기회균등법, 농업산업화, 자산기반 생활보장, 영화산업, 한국전쟁, 북한 지식인, YWCA, 지식국가론,

5) 대학원 학위논문의 주제별 추세 분석은 계명대 박해남 교수의 도움을 받았다.

2014	공무 서비스 노조, 선만척식회사, 일본의 생활보장시스템, 부채경제, 오픈소스와 소셜 이노베이션 메커니즘
2015	사회과학의 전문화, 동아시아 담론, 탈콧 파슨스 체계이론
2016	지역 노동계급구조, 글로벌 생산양식의 구조조정, 원자력산업의 전개
2017	사법민주화와 성폭력 처벌, 조선족의 시민권, 일-가족 양립, 양반지배 네트워크, 성표현물과 통제정책, 신 사회위험, 의료지식, 조선인민군 연구
2018	성 정체성, 올림픽과 사회정치, 헌법재판소, 도시근대화와 종교, 주거정치
2019	난민과 시민권, 중국의 기업인권규범, 지역경제통합, 경관의 사회적 구성, 한센인 차별, 징병제, 학교 디지털화 정책, 중국 농민공, 대만의 탈냉전
2020	여성의 혼인과 생애경험, 전환기 성인 이행경로
2021	한국 자유주의, 북한의 집단적 자기화와 타자화, 사회주의 체제 비교, 사회통치와 공민, 가족가치의 한일비교, 지역문화 거버넌스와 네트워커
2022	민주화와 민의 성장, 보육 공공성의 한중 비교, 재단법인 정치, 성별화된 능력주의, 베트남 농촌개혁, 인구이동과 농촌공간
2023	장애인의 성년기 생애경험과 기회구조

6. 지성사로 본 서울대 사회학의 성과, 동력, 과제

이제 다시 첫 질문으로 돌아가 보자. 사회문제를 해결할 실증과학에 대한 콩트의 이상을 한반도에 구현하길 원했던 이상백 교수의 기대는 어느 정도 실현되었는가? 사회대 반세기를 지나면서 사회학 이론과 지혜는 얼마나 풍성해졌는가? 한국 사회학의 연구성과가 동아시아 및 세계 사회학에 어느 정도 의미 있는 지적 자산으로 인정되고 있는가? 사회학을 통해 어떤 인재, 어떤 인간형을 키워 냈는가? 앞으로 사회학의 모습은 어떻게 달라져야 할까? 그동안의 지성사적 성과를 되돌아보면서 미래의 과제를 전망하는 것으로 마무리를 삼고자 한다.

1) 성취와 업적

　미국사회학회장을 역임한 마이클 부라보이는 사회학의 지적 특성과 기여를 네 가지 유형으로 나누어 설명한 바 있다(Burawoy, 2021). 학계 중심의 고등지식을 추구하는 전문성, 새로운 이론적 패러다임을 추구하는 비판성, 국가적 필요에 부응하는 정책성, 시민사회의 요구에 화답하는 공공성이 그것이다. 지난 반세기 역동적인 모습을 보여 온 서울대 사회학과는 전문성, 비판성, 정책성, 공공성에 종합적으로 관심을 보였고 뚜렷한 성과를 남겼다.

　서울대 사회학과는 서구의 사회학 이론과 방법론을 수용하여 한국적 맥락에서 유의미한 사회학 지식을 창출하는 데 주도적 역할을 담당했다. 선진 이론과 방법론을 적용하고 활용하면서 사회학 지식의 전문성을 확립하는 데도 큰 공헌을 했다. 그런가 하면 구미에서 선행한 근대성을 한국적 맥락에서 재평가하고 서구 이론의 한계를 넘어서는 주체적 이론화에도 큰 역할을 담당했다. 비서구사회의 역사적 맥락을 중시하며 지적 종속성 극복과 주체적 학문하기를 지향하는 비판적 열정도 사회학과의 소중한 성취이자 지적 전통이다. 보편성의 수용과 특수성의 이론화라는 두 흐름이 공존하면서 개방적이고 민주적인 문화를 발전시킨 것도 사회학과의 소중한 지적 유산이라 할 것이다. 이 과정에서 사회학적 상상력과 문제의식을 지닌 다수의 지식인을 배출했다. 학계로 진출한 학문후속세대는 지적 야성을 지닌 연구자로 성장했고 사회학의 이론과 방법론을 세련화하고 토착화하는 데 중요한 역할을 담당했다.

　정책적인 부문에도 적지 않은 기여를 했다. 근대화 초기과정에서 부딪치는 농촌문제, 도시화, 가족해체, 인구문제 등은 고스란히 정책적 사안이면서 사회학적 연구주제였다. 인발연과 그 후신으로서의 사회발전연구소가 이런 정책연구의 인프라로 작용하기도 했지만 개별 교수들이 노동문제나 복지제도, 양성평등과 한반도 평화 등 다양한 현실문제에 정책적으로 관여했다. 사회적으로는 공정하고 평등한 사회를 만들려는 헌신성과 책임감을 지닌 활동가들이 사회학과를 통해 배출되었고 시민사회의 역동적 발전에 필요한 지적 자원과 인력을 제공했다. 사회변혁을 지향한 실천적 사회운동과 민중적 계급적 활동에도 적지 않은 영향을 미쳤고 탈냉전기의 다양한 신사회운동에도 기여했다. 젠더문제, 세대문제, 노인문제, 환경문제 등 새로운 사회적 의제를 제기하고 공공성을 확대해 온 것도 사회학과의 소중한 성취이다. 출판과 언론을 통해 시대적 쟁점에 유의미한 발언권을 지닌 대중적 지식인이 배출된 것도 사회학과의 독특한 역량의 하나이다. 한 학년 규모가 20~30명에 불과한 작은 학과임에도 우리 사회 곳곳에서 활약하고 기여한 젊고 패기 있는 인재들을 배출해 온 성과는 높은 평가를 해도 좋을 것이다.

종합적으로 볼 때 사회학과 50년의 역사에서 전문성, 비판성, 정책성, 공공성이 두루 추구되었고 소중한 성과를 거두었다고 할 수 있다. 이런 다원적 지향은 사회학과의 특징이면서 전문영역의 장벽이 높은 한국의 지성계에서 그 의의가 적지 않았다. 물론 분과학으로서의 전문성보다 공공성을 중시하는 사회학의 접근방식에 대한 비판도 없지 않았다. 하지만 이런 종합적 지향에 담긴 지적 야성과 그로 인한 지성사적 성과는 결코 적지 않을 뿐 아니라 서울대 사회학의 소중한 정체성을 이루었다고 할 것이다.

2) 동력과 과제

반세기 서울대 사회학의 지성사를 이끌어 온 동력은 네 개의 서로 다른 열정의 공유로부터 비롯되었다. 이것을 사회학이란 역동적인 자동차를 달리게 만든 네 바퀴라 칭해도 좋을 것이다. 이 네 바퀴는 사회학을 수용하고 적용하며 새로운 사상을 창출하는 동력이었고 열정이었다. 서울대 사회학과를 중심으로 활동한 교수, 학생, 연구자들의 기대와 고투이자 희망과 꿈이라고 할 수도 있겠다.

첫 바퀴는 사회학의 전통 속에 뚜렷하게 자리 잡은 시대적 과제에 부응하겠다는 지성적 태도이다. 해방 직후 이념적 혼란과 새 체제 형성의 갈등국면에서 과학적 태도와 실증학문으로서의 역할을 강조했던 사회학과의 지적 지향은 이후 산업화시대, 민주화시대, 정보화시대, 세계화시대를 거쳐오면서 새로운 형태로 이어졌다. 동시대적 쟁점과 과제에 적극적으로 부응하려는 문제의식이 사회학을 늘

생동감 있고 혁신적이게 만들었다.

두 번째 바퀴는 학과 내에 서로 다른 패러다임, 방법론적 시각이 공존하면서 상호 비판과 존중을 통해 유지된 지적 긴장이다. 실증적이고 계량적인 접근으로 미국식 주류사회학을 강화하려는 입장, 역사적이고 거시적인 관점에서 한국적 사회학을 추구하려는 접근, 비판적이고 참여적인 지식인으로서 사회문제에 적극 개입하는 실천사회학적 지향이 뚜렷한 흐름으로 병립, 발전해 왔다. 사회발전연구소는 주류사회학의 발전을 견인하는 거점 역할을 수행했고 산업사회학회와 한국사회사학회는 대안적 사회학을 더욱 심화시키는 일종의 학파적 결집을 가능케 했다. 이런 내부의 역동성은 사회학의 질적 발전은 물론이고 한국 사회과학계 및 지성계 전반에 소중한 동력으로 작용했다.

세 번째 바퀴는 분과학주의를 넘어서는 총체적 접근을 지향하려는 지적 야심이다. 서울대 사회학 반세기의 중요한 연구성과와 석박사학위논문의 주제를 살펴보면 주제설정이나 방법론, 활용하는 자료 등에서 분과학이 강조하는 전형적 글쓰기, 제한된 주제, 정형화된 연구방법에 한정되지 않으려는 융복합적이고 다학제적인 접근이 지속적으로 발견된다. 이것은 사회학의 지식체계가 표준화되지 않은 결과이기도 하지만 다양성과 창의성을 강조하고 총체적 접근을 중시한 한국사회학의 특징 때문이기도 하다. 이런 총체성이 사회학을 좁은 학계관행에 가두지 않고 사회과학 전반, 나아가 지식인 전체의 관점을 부여했고 신선하고 창의적인 연구들의 밑거름이 되었다.

네 번째 바퀴는 대학원을 지식생산의 소중한 인프라로 간주하고 대학원생을 예비 학자로 존중하는 문화이다. 학생들의 정제되지 못한 문제의식이나 지적 열정도 존중하고 교수-학생의 학문적 토론과 비판을 수용하는 열린 공간을 제공하려 노력했으며 학계 외부로부터의 비판과 조언에도 귀를 기울이려는 분위기가 미친 영향은 실로 크고 지속적이었다. 사회학과 대학원에서 수학한 신진연구자들이 독자적인 문제의식과 열정으로 출간한 저작들이 학계는 물론이고 사회 전반에 큰 영향을 미친 사례들은 매우 많다. 이런 지성사적 성취는 분과학적 전문성에만 주력하는 학과에서는 찾아보기 어려운 장점이며 사회학과 50년의 역사가 이룩한 역동적 자산이다. 학문적 배경이나 경향이 다르고 각자의 견해가 분명해서 서로 긴장하면서도 상호 소통하는 지적 공동체로 존속할 수 있었던 것은 구성원들의 지적 신뢰와 함께 모두 미래지향적 사회발전에 대한 열정과 관심을 공유할 수 있었기 때문이라 하겠다.

전례 없는 문명적 대전환이 밀어닥치는 21세기에 사회학은 보다 근원적인 도전을 받고 있고 쉽지 않은 과제를 안고 있다. 지난 반세기 성취를 보장했던 방식이 새롭게 혁신되어야 할 필요성도 커지고 있다. 특히 대학개혁이 강조되고 분과학별 자원경쟁이 심화되는 속에서 사회학 고유 정체성과 전문성을 확보하기 위한 노력이 더욱 경주되어야 한다. 지성사적 성과에 비해 학사적 열매가 충실하지 못한 불균형을 극복하고 사회학자들의 활발한 외부활동이 사회학의 전문성과 설명력의 확대로 이어지도록 책임의식도 더해져야 할 것이다(박명규, 2008). 그럼에도 불구하고 분과학의 울타리를 높이고 학계 내부로만 관심을 집중하는 것이 대안일 수는 없다. 전방위적 융복합이 진행될 21세기에는 지난 반세기 사회학이 보여 준 지적 야성과 방법론적 실험, 창의적 연구주제 발굴이 더욱 소중한 자원일 수 있다. 사회학이 구축해 온 정체성과 지성사적 성과를 21세기형 전문지식으로 재구축하기 위해 역사적 감수성과 문명적 다원성을 존중하고 한국적 맥락과 세계적 보편을 동시적으로 사고하는 복합적 역량을 키워 가야 할 것이다. 한국 사회학의 성과이면서 한국 지성사의 소중한 자산이기도 한 서울대 사회학의 이런 전통이 21세기에 보다 고차원적으로 이어지기를 기대한다.

참고문헌

강인철(2023). 민중의 개념사 1, 2권, 성균관대학출판부.
권태환 외(1978). 한국사회: 구조와 변동 전 4권. 을유문화사.
김인수(2015). 서울대학교 사회발전연구소 50년사. 한울.
김진균, 정근식(2007). 근대주체와 식민지 헤게모니. 한울.
김필동(1990). 최근 한국 사회사 연구의 성과와 과제: 방법론적 반성-한국사회사연구회

논문집(제1집~제21집)의 분석을 중심으로. 사회와 역사, 24, 11-43.
김홍중(2009). 마음의 사회학. 문학동네.
박명규(2006). 한국사회사연구의 최근동향과 이론적 쟁점. 역사비평.
박명규(2008). 한국사회학 60년-지성사적 성취와 학사적 과제. 지식의 지평, 4.
박명규(2012). 국민, 인민, 시민. 소화.
서관모, 백승욱(2018). 한 마르크스주의자의 회고. 경제와 사회, 120.
서울대학교(1996). 서울대학교 50년사.
서울대학교(2006). 서울대학교 60년사.
서울대학교 사회학과(1996). 서울대학교 사회학과 50년사.
서울대학교교수민주화운동50년사발간위원회(1997). 서울대학교 교수민주화운동 50년사. 서울대학교출판부.
신용하(1997). 한국근대사회사연구. 지식산업사.
심혜경(2018). 1950년대 말 아시아재단 서울지부의 연구 지원 사례연구-고황경·이만갑·이효재·이해영의 -한국농촌가족의 연구-를 중심으로. 한국학연구, 49.
이만갑(1981). 한국농촌사회의 구조와 변동.
이상백(1948). 과학적 방법과 실증주의 정신. 학풍, 1(창간호).
이재열 외(2017). 네트워크 분석의 성과와 쟁점. 서울대출판부.
정수복(2022). 한국사회학 지성사(1~4권). 푸른역사.
한완상(1981). 민중과 지식인.

Burawoy, M. (2021). *Public sociology*. John Wiley & Sons.
Kyung-Sup, C. (1999). Compressed modernity and its discontents: South Korean society in transtion. *Economy and society, 28*(1), 30-55.
Kyung-Sup, C. (2022). *The logic of compressed modernity*. John Wiley & Sons.
Park, M. (2021). Three types of indigenization in the development of Korean sociology. *International Sociology, 36*(5), 674-683.
Quah, S. R. (2005). Four sociologies, multiple roles. *British Journal of Sociology, 56*(3).

제 5 장

서울대학교 심리학과의 50년 지성사

| 곽금주 |

서울대학교 사회과학대학 심리학과는 1975년 새 출발을 시작하였으나 심리학 전공은 1926년 경성제국대학이 출범할 때 법문학부 철학과 내 심리학 전공으로 시작하였다. 이 장은 서울대학교가 개교 전부터 심리학 전공으로 태동하여 문리대에서 사회과학대학 소속으로 심리학과가 공식 출범하며 진행된 심리학의 학문 발전과 더불어 사회과학대학 50년에 기여한 학문적 성과를 돌아보고 현재 심리학과의 현황을 소개하고자 한다. 또한 소속 교수들의 전공에 따른 연구실과 실험실 그리고 학과 학생들의 수강 과목들과 학생들의 논문 등에서 심리학 학문의 변천을 살펴보고자 한다. 그리고 이에 따른 시대적 변화와 학문의 변화에 따른 심리학의 사회적·학문적 기여와 그 변화에 따른 심리학적 발전에 관해 고찰해 보고자 한다. 이에 덧붙여 앞으로 서울대 심리학과가 나아갈 방향도 나름대로 고민해 보고자 한다.

1. 서울대 개교와 문리대에서의 심리학과

1) 서울대 심리학과 설립으로 인한 국내 심리학의 탄생

1945년 이전에 이미 대학에서 심리학 교육은 시작되었다. 경성제대 때 심리학자가 배출되었고 경성대학이 서울대학교가 출범할 때까지 심리학 교육을 한 셈이다. 경성제대는 해방 후에 활약하게 되는 국내 심리학 전공자의 상당수를 배출하였다.

1946년에 서울대학교가 설립되면서 문리과 대학 안에 철학과와는 독립적으로 심리학과가 설립되었다. 그해, 한국심리학회도 같이 설립되었다. 처음으로 대학에 심리학과가 설립되고 학회도 창립되면서 1946년은 한국 심리학이 출발한 해라고 할 수 있다.

그 당시 문리과대학은 문학부와 이학부로 나누어졌고, 문학부 소속 12개의 학

표 5-1 1959년 개설 과목(학부)

심리학이론	심리학강독	생리학	실험심리학	인격심리학
아동심리학	조정심리학	동물심리학실험	사회심리학	
교육심리학	통계법	변태심리학	정신측정	
심리학사	응용심리학	발달심리학	생리심리학	
원서강독	범죄심리학	정신분석학	심리학설	
심리학연구법	임상심리학	심리학과	고등심리학이론	
차이심리학	심리실험법			

과 중 하나였다. 이 시기 문리대의 분위기가 그랬듯이 심리학과도 좀 더 순수학문적 성격을 가지고 교육과 연구가 이루어졌다. 서울대 내의 다른 대학에 비해 문리대는 좀 더 순수 기초학문을 연구하고 교육하는 취지에서 학구적인 분위기를 지니고 있었다.

〈표 5-1〉은 1959년에 개설된 학부의 교과목이다. 여기서 보듯이 심리학의 기본 과목들뿐 아니라 응용심리학이나 차이심리학과 같은 과목들이 개설되어 기초뿐 아니라 개인차나 실생활에 응용하는 심리학으로서의 관심이 이미 학과 내에 있었음을 알 수 있다.

서울대 심리학과의 발전은 외부적으로 국내 대학들의 심리학과 설치에 큰 영향을 끼치게 된다. 여러 대학교에 심리학과가 설치되는데, 중앙대는 1952년, 이화여대는 1951년, 성균관대는 1954년, 고려대는 1962년에 각각 심리학과가 설립되었다. 이 시기에는 이렇게 서울에 있는 대학 중심으로 심리학과가 개설되어 탄생한 시기라고 할 수 있다.

1946년부터 1960년까지는 한국 심리학의 개척이 이루어진 동시에 심리학의 사회적 역할을 위한 움직임이 시작되었다. 학생들의 정신건강을 파악하고 좀 더 건강한 마음을 위한 측면에서 서울대 내에 '학생지도연구소(현 서울대 대학생활문화원)'가 1962년에 설립된다. 설립 초기에는 심리학과 교수들이 전임교수나 원장을 맡아서 운영해 가게 되는데, 이는 심리학과가 대학 내 학생들의 심리상담을 주도

1. 서울대 개교와 문리대에서의 심리학과

적으로 담당하는 학과로 학교에 주요 역할을 하게 된 것이다. 현재 대학생활문화원은 심리학과, 교육학과, 사회복지학과의 교수들이 돌아가면서 원장을 맡고 있으며 초기에 비해 그 규모가 확대되었다.

서울대 문리과대학 심리학과 창설 시에 이진숙, 이본녕, 고순덕 교수가 있었으나 차례로 학과를 떠났으며, 성백선 교수가 6·25전쟁 직전에 부임하였다가 북한군이 철수하면서 떠난 것으로 알려져 있다. 1951년에 이진숙 교수가 돌아와서 1962년에 사망할 때까지 학과를 이끌었으며, 이후 장병림(1954년), 이의철(1957년), 정양은(1962년), 정한택(1965년), 조대경(1968년) 교수가 심리학과에 합류하게 된다. 학생지도연구소에는 초창기에 정양은 교수가 지도위원으로, 이후 임승권, 이관용, 조대경, 이장호, 서봉연 교수가 전임교수로 근무한다. 1975년 서울대 개편으로 이 교수들 대부분이 심리학과로 합류하게 된다. 그러면서 학생지도연구소에 전임교수를 두지 않게 되다가 권석만 교수가 학생생활연구소(현 대학생활문화원) 전임교수로 부임 후, 몇 년 후에 심리학과 교수로 합류하게 된다. 이와 같이 초기에는 대학 내의 여러 분야에서 심리학과가 주요 역할을 하고 또한 교수 숫자도 비교적 많아 비중이 큰 학과였다고 할 수 있다.

서울대 심리학과에서 배출한 최초의 박사학위자는 1965년 윤태림이다. 그 뒤를 이어 이의철(1968년), 정양은(1972년) 등이 학위를 받았다. 이 학위는 이미 교수직을 가지고 있는 교수들에게 주어진 것이라면 1972년에는 서울대 심리학과 최초의 박사학위가 조명한에게 수여되었다.

특히 1950년에 서울대 심리학과에 대학원 과정이 설립되어 석사생 모집을 시작하였고, 1965년에는 박사과정이 신설된다. 이것은 다른 대학은 물론 서울대 내 문리대에서도 다른 학과에 비해 빠른 시기라고 할 수 있다. 아주 초기에 이미 대학원 과정에서 전문적인 학자가 배출되기 시작하였고 그에 비례해 심리학의 각 전공분야에서 심도 있는 연구들이 시작된 것이다.

이렇게 심리학과는 서울대 내에서도 다른 학과에 비해서 선도적으로 앞서가는 학과라고 할 수 있다. 또한 서울대의 이런 변화는 다른 대학 심리학과에서도 대학원이 설립되는 파급효과를 일으켰다. 따라서 서울대는 전문적인 학자를 배출하고 심리학 발전, 나아가 사회과학 발전에 선두적인 역할을 한 것으로, 초기 그 공헌이 지대하다고 할 수 있다.

1962년에 서울대학교에 학생지도연구소 개설을 필두로 유사한 기능의 연구소가 전국 각 대학에 설치되면서 상담 및 임상 분야의 심리학 및 교육학 전공자들이 대거 충원되었다. 게다가 서울대의 학생지도연구소는 1963년부터 상담과 임상의 전문요원을 훈련할 목적으로 일 년 기간의 연수생 제도(인턴제도)를 만들어 심리학 및 인근 분야의 전공자들을 교육시켜 배출하였다. 당시 전임교수제를 두고 있어 정원식, 정희경, 조대경(1966년), 이관용(1968년), 이장호(1968년) 서봉연(1971년) 교수 등이 전임으로 근무하기도 하였다. 따라서 이 연구소는 상담심리학 분야를 우리나라에서 개척해 나가는 데 기여했을 뿐 아니라 그 당시에 그다지 인식되어 있지 않은 인간의 마음과 정신을 위한 상담치료가 이 연구소에서 시작되었다고 할 수 있다. 나아가 이를 모델로 전국의 각 대학에 학생생활 지도, 상담 및 연구를 담당하는 연구소들이 설립되었고, 우리나라 대학생들의 정신건강을 위해 이른 시기부터 서울대 심리학과가 사회에 기여한 바가 크다.

2) 심리학 학문의 정착에 기여

심리학과 내 교수들 숫자가 증가하면서 강의 과목들이 증가하게 된다. 그러나 초반에는 심리학의 기초적인 주요 과목들이 개설되어 운영되었다. 〈표 5–1〉에서 보았듯이 1959년도 학부에 개설된 과목은 심리학이론, 심리학강독, 생리학, 실험심리학, 인격심리학, 아동심리학, 조정심리학, 동물심리학실험, 사회심리학, 교육심리학, 통계법, 변태심리학, 정신측정, 심리학사, 응용심리학, 발달심리학, 생리심리학, 원서강독, 범죄심리학, 정신분석학, 심리학설, 심리학연구법, 임상심리학, 심리학과, 고등심리학이론, 차이심리학, 심리실험법 등이 있다. 기초적인 심리학을 학생들에게 교육시키기 위해 여러 과목을 개설한 것을 알 수 있다.

이후 1970년대까지를 한국 심리학사에서 볼 때 심리학의 정착기라고 할 수 있다. 서울대 심리학과는 1965년까지 박사 5명와 석사 25명을 배출하였고, 1976년까지 34명의 박사와 74명의 석사를 배출한다. 이 숫자는 타 대학에 비해서 압도적으로 많은 숫자였다. 이후 이들이 전국 대학에 교수들로 임용되어, 서울대 심리학과가 전국 심리학과를 끌어가던 시기라고 할 수 있다.

또한 실질적으로 질 높은 교육으로 인해 심리학 전공자들이 사회 곳곳으로 진출하게 되면서 사회기여 또한 가속화되는 시기였다. 임상심리학의 경우 전공자들이 의과대학의 정신과에서 레지던트로 선발되거나, 병원의 임상장면에 근무하면서 임상 훈련을 받았다. 이들은 1960년대 말과 1970년대 초에 각 대학병원의 정신과나 큰 병원에서 임상심리학자로서 자리를 잡게 된다. 초기에 임상분야로 진출한 사람들로는 서울대 심리학과 출신의 김중술 교수와 원호택 교수가 있다. 김중술 교수는 서울대 의대 정신과에 근무하다가 은퇴하게 된다. 그 이후 신민섭 교수가 서울대 소아정신과에서 근무하다가 2023년에 은퇴하였다.

1971년, 한국심리학회에서는 임상 및 상담심리 전문가 자격증 제도를 구축하여 임상 전공 7명과 상담 전공 6명에게 전문가 자격증을 수여한다. 이로 인해 본격적으로 한국에서 심리학 전문가 자격증 시대가 열리게 되었다. 또한 1974년에는 전문가 자격의 법제화가 추진되기 시작하였다. 이렇게 국민의 심리적 문제나 정신건강을 전문적으로 책임지고 도와주려는 움직임이 일어나면서 심리학은 사회 전반에 걸쳐 전문성을 가지고 일반인의 심리와 정신건강을 위한 사회공헌을 하였다. 이 외 산업분야에서는 이의철 교수가 대한석탄공사 인사팀을 지도하여 직업적성검사를 개발하면서 심리학이 학교를 벗어나 좀 더 사회에 파고들어 적용될 수 있는 실질적인 기여를 하기 시작하였다.

1960년 4·19 혁명, 1961년 5·16 군사쿠데타, 1960년대 후반부터 시작된 경제개발계획의 추진은 한국사회의 모든 분야에 걸쳐 여러 변화를 가져왔다. 심리학에서도 세부 분야의 분화와 전문화, 그리고 이런 결과들이 실제로 우리의 생활에 적용되기 위한 노력들이 일어난다. 즉, 실험실에서의 연구로만 그치는 것이 아니라 우리의 삶에 직접적인 도움을 주기 위한 응용심리학에 대한 관심과 활성화를 가져왔다. 이런 움직임은 심리학의 여러 전공분야에서 일어나는데, 적성검사 개발이나 군대의 선병과정과 분류 등에 심리학자가 참여하게 된다. 특히 육군본부에서 이루어지는 이런 활동에 서울대 심리학과 교수들(원호택 교수 등)이 참여하기도 하였다. 이렇게 이 시기의 심리학은 한국사회 곳곳에 적용 및 활용되면서 사회 발전을 위한 노력을 하였고 서울대 심리학과가 핵심 역할을 하였다고 볼 수 있다.

2. 서울대 종합화로 사회과학으로서의 심리학(1975년 이후)

1970년대 들어오면서 심리학과는 큰 변화의 시기를 맞이한다. 우선 서울대가 종합 캠퍼스화되면서 심리학과도 사회과학대학에 소속되어 사회과학적인 학문의 성격이 더욱 강해진다. 이러한 움직임은 타 대학에도 영향을 주게 되어 여러 대학에서 새로 신설되는 심리학과가 사회과학대학 안에 신설되기도 하였다.

1) 서울대 사회과학대학 내의 심리학과

1946년에 출발한 서울대 심리학과는 1975년 서울 관악캠퍼스로 이전되면서 문리대에서 사회과학대학으로 소속된다. 당시 교수 중에 일부(예컨대, 정양은 교수)는 심리학과가 사회대보다 인문대로 소속되는 것이 더 적합한 것은 아닌가에 대한 고민도 있었다. 참고로 연세대나 고려대의 경우는 심리학과가 인문대학에 소속되었다.

그리고 학생지도연구소에서 이름이 변경된 학생생활연구소 소속 교수들과 신문학과 등 다른 학과에 소속된 교수들(조명한, 서봉연, 이장호, 이관용, 장현갑)이 합류하면서 심리학과에 원래 있던 인원(이의철, 장병림, 정양은, 정한택, 조대경, 차재호)을 포함해 11명이라는 사회대 내에서 비교적 큰 교수진을 가진 학과로 자리 잡게 된다.

교수 인원이 증가함에 따라 심리학 전공분야의 분화 또한 이루어진다. 이에 따라 1977년경 대학원에서 세부전공을 따로 분리해 학생을 모집하게 되었고 다른 대학도 이를 따라 대학원 입학시 학생들의 전공이 분리되는 것을 공식화하였다.

이는 심리학의 내부 전공이 뚜렷하게 구별되는 만큼 전공자들을 분리해서 선발하여 이른 시기에 전문가로 성장하게 하고자 한 것이다.

2) 타 대학 심리학과 증설에 촉진제 역할

앞에서 언급하였듯이 서울대 심리학과 설립과 발전은 타 대학의 심리학과 설립에 영향을 미치게 된다. 1965년에서 1976년까지 전국 6개 학과가 있었을 뿐인데, 1978년에 지방대학에 처음으로 심리학과가 설치되면서 전국에 심리학과가 급속하게 설치되었다.

1978년 이후, 5년 사이에 지방에 14개의 심리학과가 신설되어 1990년 말까지 교육심리학과와 산업심리학과를 포함해서 전국에 모두 26개가 설치되었다. 자세히 살펴보면, 1978년까지 부산대, 성심여대(현 가톨릭대), 전남대, 1979년에 계명대, 영남대, 전북대, 효성여대(현 대구 효성가톨릭대), 1980년에는 경북대와 대구대의 2개 학과가, 1981년에는 연세대, 충남대, 충북대, 그리고 강원대의 4개 학과가, 그리고 1982년에는 숙명여대에 학과가 신설되어 신입생을 선발하였다. 그다음 해인 1983년까지 학과 신설 붐은 계속되었다. 그 한 해에 경상대, 경남대, 그리고 덕성여대에 학과가 신설되었고 그 뒤에는 대략 한 해에 하나 꼴로 학과가 신설되었다. 서울 중심의 심리학 교육이 전국으로 확산된 것이다. 이런 대학교에 서울대 출신들이 대거 교수로 임용된다. 1980년도 이후에는 심리학 내 여러 전공이 세분화되고 학과 내 교수 인원이 증가되면서 질적 향상이 일어나는 대학들도 생겨나기 시작하였다. 그러다 보니 현재 서울에 있는 대학 중에는 심리학과 교수 숫자가 30여 명 이상이 되는 대학들도 있다.

또한 1980년대는 석사과정이 크게 팽창한 시기이다. 1977년까지 서울대, 고려대, 그리고 성균관대의 3개 대학에만 심리학과 박사과정이 있었으나 1978년 이후 1989년까지 6개 대학에 증설되었다.

1970년대에 들면서 이렇게 여러 대학에 심리학과가 신설된 것은 서울대학교의 심리학과로서는 커다란 의미를 갖는다. 서울대는 일찍이 1947년부터 유일하게 박사과정을 가지고 있었으며, 1972년에 고려대가 박사과정을 둘 때까지 25년간 박사를 독점해서 배출해 왔다. 그러다 보니 타 대학 심리학과 학부나 대학원 설립에 선두적인 역할을 하며 그 모델이 되었다고 할 수 있다.

따라서 1990년 이전까지는 서울대에서 배출한 석박사 숫자가 타 대학에 비해 압도적으로 많았고 이들이 여러 대학의 교수진으로 부임하면서 한국 심리학의 발전을 주도적으로 이끌어 갔다고 할 수 있다.

3) 서울대 심리학과 내 전공분야의 다양화

학과 내 교수 숫자가 점차 증가되면서 강의과목이나 연구실이 다양하게 분화되기 시작하였다. 학부와 대학원 과정에서 개설된 교과목의 변화가 있게 된다. 1960년대에는 군대심리학, 정치심리학 등 개인에 초점을 두기보다 비교적 사회 구조나 조직에 영향을 줄 수 있는 과목이 개설되었다고 할 수 있다. 이 외에 범죄심리학, 공학심리학과 같이 타 학문의 기초가 되는 심리학 과목이 있기도 하였다. 이와 비교해 1980년대에는 법심리학, 환경과 인구심리학, 경제심리학 강의가 개설되었다가 이후 없어지기도 한다. 그 당시 사회에서 이슈가 되고 그리고 관심이 있는 주제에 대해 심리학적으로 고민하고 그 해결방안을 모색하고자 하는 학과 교수들의 노력으로 이러한 새로운 교과목이 개설된 것이다.

〈표 5-2〉는 1975년도 학부와 대학원에 개설된 교과목이다. 대학원 교과목을 보면 각 세부전공에 따라 아주 세부적으로 심도 있는 강의들이 이루어졌음을 알 수 있다.

〈표 5-2〉에서 볼 수 있듯이 1959년도와 1975년을 비교하자면 상담심리학, 성격심리학, 동기 및 정서, 학습심리학, 인지과정, 언어심리학, 집단과정, 산업심리학, 심리척도법, 심리검사, 감각심리학, 정신물리학과 같은 과목들이 새로이 개설된다. 사회과학대학으로 소속되면서 심리학과 내 교수 숫자가 증가되고 이에 따라 교과목도 그만큼 다양하게 된 것이다.

2. 서울대 종합화로 사회과학으로서의 심리학(1975년 이후)

표 5-2 1975년대 학부와 대학원 개설 과목

학부

심리통계법	생리심리학	심리학실험	학습심리학
연구방법론	사회심리학	성격심리학	발달심리학
심리학사	감각심리학	심리학원서강독	이상심리학
심리학특강 I	심리학특강 II	정신물리학	정신분석학
인지과정	임상심리학	교육심리학	집단과정
심리검사	심리학특강 III	언어심리학	범죄및사회편차
상담심리학	산업심리학	동기및정서	심리척도법
심리학특강 IV			

대학원

고급심리통계	심리실험설계법	고급성격심리학	고급학습심리학
고급사회심리학	심리측정	고급산업심리학	고급발달심리학
특수문제 I	특수문제 II	고급상담심리학	고급임상심리학
정신병리학	심리진단 I	개별연구	고급생리심리학
고급지각심리학	고급언어심리학	특수문제 III	심리치료및카운슬링
심리진단 II	임상및상담실습	동물학습훈련	대인지각훈련
성격발달실습	인사심리실습	행동수정	연구방법실습
인간학습기억실습	태도및사회지각	행동의초기과정실습	학습이론실습
산업심리방법론	집단상담및치료	개별지도연구 I	상담및심리치료이론
언어및인지실습	청장년심리실습	산업심리실습	특수아문제실습
개별지도연구 II	수리심리실습	집단행동실습	
산업심리실습	특수문제 IV		

〈표 5-3〉은 1990년 이전에 심리학과에 부임한 교수들과 교수들의 세부전공이다. 교수들마다 전공에 따른 심리학 실험실을 각자 이끌고 있다. 초기에는 심리학사, 범죄심리학, 산업 및 조직심리학, 성격심리학, 학습–실험심리학 상담심리학, 언어심리학 등의 실험실들이 전부였다. 1970년도 들어서면서 생리심리학, 발달심리학, 사회심리학 등의 분야로 확산되고 1980년대에는 실험–지각심리학연구

실, 임상심리학연구실에 이어 안구운동실험실의 설치로 동물 연구도 진행하게 되었다. 이는 새로 부임하는 교수들이 그 당시 활발하게 연구되고 있는 주제들로 실험실을 설치하면서 다양한 전공의 실험실이 개설된 것이다. 그 당시 이는 타 대학과는 차별화된 것이고, 선도적이었으며, 이후 다른 대학들도 이를 따라 전공 세분화가 일어나기도 하였다. 물론 외국에 비해서는 다양성 정도가 부족하긴 하지만 이 시기까지만 해도 서울대 심리학과가 타 대학 심리학과보다 훨씬 더 많은 교수와 전공분야를 지니고 있었다.

그만큼 심리학계에서 서울대의 목소리가 높게 차지하였고, 사회에 배출하는 교수들 숫자 또한 타 대학에 비해 훨씬 더 많았다. 사실 서울대 사회과학대학 내에

표 5-3 1990년 이전 부임한 교수들 현황(부임순)

성명	재직기간	세부전공
장병림 교수	1954. 5. 10. ~ 1979. 2. 28.	범죄심리학
이의철 명예교수	1957. 5. 21. ~ 1979. 2. 28.	심리학사
정양은 명예교수	1962. 11. 19. ~ 1988. 8. 30.	산업 및 조직심리학
정한택 명예교수	1966. 3. 1. ~ 1987. 2. 28.	산업 및 조직심리학
조대경 명예교수	1966. 10. 1. ~ 1997. 2. 27.	성격심리학
이관용 명예교수	1968. 4. 1. ~ 2003. 2. 28.	학습심리학, 실험심리학
이장호 명예교수	1968. 12. 15. ~ 2001. 8. 31.	상담심리학
조명한 명예교수	1969. 9. 15. ~ 2003. 2. 28.	언어심리학
장현갑 명예교수	1970. 3. 2. ~ 1979. 3. 5.	생리심리학
서봉연 명예교수	1971. 8. 3. ~ 1998. 8. 31.	발달심리학
차재호 명예교수	1974. 11. 1. ~ 1999. 8. 31.	사회심리학
김정오 명예교수	1980. 3. 1. ~ 2011. 2. 28.	실험심리학, 지각심리학
원호택 명예교수	1982. 2. 17. ~ 2000. 8. 31.	임상심리학
민경환 명예교수	1984. 5. 23. ~ 2015. 2. 28.	성격심리학
이춘길 명예교수	1988. 3. 1. ~ 2019. 2. 28.	생물심리학
김명언 명예교수	1988. 8. 20. ~ 2019. 8. 31.	산업 및 조직심리학

서도 비교적 많은 교수 숫자를 가지고 영향력을 과시했던 시기라고 할 수 있다.

심리학과 내에 각 교수들의 전공분야로 연구실이 꾸려졌는데, 이 시기 동안 교수 퇴임 후 연장되지 못한 연구실로는 심리학사(이의철 교수)와 범죄심리학(장병림 교수) 전공이 있다. 사회과학대학 내에서 각 교수들이 이렇게 실험실을 운영하면서 연구에 매진할 수 있었던 것은 교수들의 연구비가 타 학과에 비해서 비교적 많았기 때문인 것으로 추측되는데, 당시 교수들이 여러 기관에서 연구비를 수여받았던 것이다.

또한 1988년 한국심리학회(회장 서봉연)가 과학기술단체 총연합회(이하 '과총')에의 가입이 실현되었다. 이는 심리학이 지닌 자연과학 분야의 성격을 대외적으로 인정받게 되었음을 뜻하며, 아울러 과총의 학술비 지원을 받게 되는 의미를 지니게 된다. 학회에서는 각 대학 학생들에게 이공계처럼 실험실습비를 납부받아 더 질 높은 실험 관련 교육을 할 수 있게 된다. 이러한 노력은 직전 회장인 조대경 교수와 서봉연 교수의 노력으로 이루어진 것이다. 이렇게 심리학과의 발전을 위해서 서울대 교수들의 주도적인 헌신이 있었고 질 높은 교육이 이루어지면서 심리학이 사회발전에 더 큰 기여를 하게 된다.

3. 심리학의 확장과 발전(1990년 이후)

이전 시기와 비교해 1990년대에 들어서면서 심리학은 본격적인 사회적 관심을 받기 시작한다. 2000년 이후로는 사회 전반에 걸쳐 심리학 연구나 심리학자에 대한 요구가 급증하게 된다. 다른 국가들이 그렇듯이 경제가 발전되어 선진 국가로 진입하면서 개개인의 수행이나 활동, 조직 내의 갈등, 그리고 개인의 정신건강과 웰빙 등에 관심을 가지게 된다. 조직이 발전되면서 인간 관계망이 이전에 비해서 복잡하고 다양해지다 보니 조직 내 구성원 간의 화합, 그리고 개개인의 적응이 중요해진다. 또한 급격한 경제발전 과정에서 성과위주의 경쟁이 극심해지고 그 안에서 개인은 심한 스트레스와 사회적 박탈감 등으로 인해 우울, 불안과 같은 정신적인 문제를 가지게 된다. 뿐만 아니라 선진 국가로 진입하면서 정신질환도 다양하게 증가하지만 범죄 또한 좀 더 흉포화해지고 다양해진다. 예를 들어, 사이코패스 범죄나 묻지마 범죄, SNS상에서의 여러 범죄 유형들이 생겨난다. 이에 대한 심리학자의 역할이 이전보다 활발해졌다.

이렇게 사회발전과 더불어 사회 구성원의 심리적 복지나 정신건강에 대한 사회적 요구가 증대됨에 따라 심리학에 대한 관심 또한 이전과 비교해 현격하게 달라진다. 이를 여실히 반영하는 것이 심리학과로 진학하려는 학생들의 증가이다. 그 이전까지 심리학과는 사회과학대학 전체로 통합하여 신입생을 선발하기도 해서 그 현상이 두드러지긴 했지만, 사회과학대 내에서 심리학과로 진학하는 학부생의 숫자가 극히 적었다. 학과 정원을 채우기 어려웠던 시기도 있었다. 그러다 보니 서울대 출신의 심리학자가 타 대학에 비해 현격히 감소하기도 하였다. 그러나 심리학에 대한 사회적 변화와 함께 심리학과로의 진학률이 점차 높아지기 시작하였고, 학과 단위로 선발하게 된 최근에는 학생들에게 인기 있는 학과로 자리매김하게 된다. 그리고 부전공이나 복수전공으로 심리학을 채택하는 학생 수도 증가하고, 이에 따라 심리학 교양강의에 대한 관심도 증가되어 과목이 늘어나기도 한다.

1991년 심리과학연구소가 사회과학대학교 부설로 설치되었다. 이는 사회에서 일어나는 현상에 대해 좀 더 심리학적으로 연구하고자 하는 실용과학적인 측면을 강조하면서 설립된 것이다. 뇌와 행동 간의 관계 청소년의 사회적응과 비행, 한국인의 의식과 태도의 변천, 교통행동, 학습장애, 행동통제, 국문과 한문의 차이와 이해 같은 주제에 대해 연구하였다. 당시로서는 실용적이고 현실적인 주제라 할 수 있다. 정기간행물인 『심리과학』을 발행하여 연구결과들이 출판되었는데, 1994년부터는 6개월간으로 발행되기도 했다. 그러나 각 분과학회 중심으로 여러 학회지가 생겨나기 시작하면서 『심리과학』은 이후 폐간을 하게 된다.

또한 심리과학연구소 내에 심리봉사부를 따로 두어 심리치료클리닉과 자문훈련실을 운영하기도 하였다. 이렇게 사회에 반영할 수 있는 실용적인 연구를 시도하고 개인의 정신건강에 도움을 줄 수 있는 학과 교수들의 노력이 학과 발전뿐 아니라 사회에 도움이 되었던 것이다. 이렇게 사회의 흐름에 맞추어서 좀 더 현실적인 연구를 하려는 노력으로 심리과학연구소 내에 행복연구센터가 설립되었다. 점차 연구소가 확대되면서 2015년 말 서울대 사회과학대학 사회과학연구원으로 소속되어 학과 소속에서 분리된다.

1) 심리학과 내 분야 확장

21세기에 들어서면서 새롭게 교수들이 충원된다. 이에 따라 전공 연구분야도 확대 세분화되었고 학과 내 개설과목 또한 학생들의 요구에 따라 다양해지게 된다. 교양 수요도 증가하여 행복이나 주관적 안녕감에 대한 사회적 관심이 커지면서 긍정심리, 행복심리, 긍정임상심리 강의 또한 개설된다. 부동산뿐 아니라 경제나 주식 그리고 코인 등에 대한 사회적 관심에 따라 최근에는 주식심리학 강의, 예술심리학, 로봇심리학과 같은 흥미로운 교과목들이 개설되기도 하였다(〈표 5-4〉 참조). 〈표 5-5〉는 1950년대, 1970년대, 2020년대 학부에 개설된 교과목들이다.

마음과 행동의 기반인 신경 혹은 뇌과학에 대한 중요성과 관심이 국제적으로 증가함에 따라 우리나라도 1998년 「뇌연구촉진법」을 제정하고 국가기본계획을 5년마다 수립하면서 학과 내 기초분야로는 신경과학, 뇌영상연구방법론, 응용분야로는 임상신경심리학, 신경심리평가와 인지노화와 치매 등의 과목이 개설되고 뇌마음행동 연계 전공이 개설되었다. 또한 학내 다학제적 대학원 과정들이 가능해지면서 뇌과학협동이 신설되어 이에 따른 교과목이 개설된다.

또한 심리학과는 학내에서 비교적 많은 교양강의를 운영하고 있다. 1990년도 심리학개론 강의만 3과목이 개설되었으나 점차 개론 강의가 늘어 5개가 된다. 인간관계심리학이 새로이 개설되어 3개 과정으로 증가하게 되면서 전체 교양강의 수강 학생은 1,000여 명을 훨씬 넘게 된다. 2000년도에 들면서는 마음의 탐구, 현대사회와 심리, 흔들리는 20대, 굿라이프 심리학과 같은 강의 등이 추가되어 최대 13개의 교양강좌가 운영되기도 하였다. 이 강의를 수강하는 인원은 몇 천 명에 달하였다. 이렇게 심리학과는 교내 교양강의의 핵심이 되어 학부생 교육에 기여하였다. 이는 다른 전공에 비해 그만큼 학생들의 관심과 요구가 높아진 것을 반영하

제5장 서울대학교 심리학과의 50년 지성사

표 5-4 2022년 학부와 대학원 개설 과목

학사과정

심리통계학	성격심리학	이상심리학	실험심리입문및실험
신경과학	발달심리학	사회심리학및실험	학습과기억의심리학
시각예술의지각	지각심리학및실험	인지과정및실험	및실험
언어심리학및실험	상담심리학	임상신경심리학및	
조직심리학	심리측정과검사	실험	
정서심리학	응용발달심리학	임상심리학및실습	
긍정임상심리학입문	인지신경과학실험	응용실험심리학	
주의와수행	판단과의사결정의	지각적자아와행동	
중독의심리학	심리학	인간공학의심리학	
주식심리학	인간뇌이미징의	로봇심리학	
	데이터사이언스		

대학원과정

고급심리통계	고급사회심리학	고급성격심리학	고급학습심리학
고급지각심리학	지각심리방법론	고급언어심리학	
심리평가	정신병리학세미나	심리치료와고급상담	
고급생물심리학	고급조직심리학	이론	
고급임상신경심리학	고급인지심리학	다변량분석법	
실험심리방법론세미나	계량심리학세미나	실험심리세미나	
인지노화와치매	긍정임상심리학세	정신병리학: 신경과학	
고급응용발달심리학	미나	적접근	
집단상담및치료	인지치료	성격연구세미나	
고급조직개발론	치료적면접및실습	임상및상담현장실습	
사회심리학의주요문제	발달심리학세미나	생물심리학세미나	
정서과학	대학원논문연구	고급학습및기억의심	
응용심리학세미나	조직심리학의최근	리학	
	연구주제	고급주의와수행세미나	
	실험정신병리학	긍정조직심리학	

3. 심리학의 확장과 발전(1990년 이후)

표 5-5 학부 교과목의 변화

1959년대	1975년대	2022년
통계법	심리통계법	심리통계학
실험심리학	심리학실험	실험심리입문 및 실험
–	–	응용실험심리학
심리실험법	–	–
심리학연구법	연구방법론	–
임상심리학	임상심리학	임상심리학 및 실습
–	–	긍정임상심리학입문
–	상담심리학	상담심리학
–	–	임상신경심리학 및 실험
인격심리학	성격심리학	성격심리학
–	동기 및 정서	정서심리학
변태심리학	이상심리학	이상심리학
–	–	중독의 심리학
아동심리학	–	–
발달심리학	발달심리학	발달심리학
–	–	응용발달심리학
교육심리학	교육심리학	–
–	학습심리학	학습의 기억의 심리학 및 실험
–	–	주의와 수행
–	–	판단과 의사결정의 심리학
–	인지과정	인지과정 및 실험
–	언어심리학	언어심리학 및 실험
사회심리학	–	사회심리학 및 실험
조정심리학	집단과정	–
–	산업심리학	조직심리학
정신측정	심리척도법	–
–	심리검사	심리측정과 검사
정신분석학	정신분석학	–
생리학	–	신경과학

–	–	인지신경과학실험
–	–	인간 뇌이미징의 데이터 사이언스
생리심리학	생리심리학	–
동물심리학실험	–	–
–	감각심리학	지각심리학 및 실험
–	–	시각예술의 지각
–	–	지각적 자아와 행동
–	정신물리학	–
범죄심리학	범죄 및 사회편차	–
차이심리학	–	–
심리학이론	–	–
고등심리학이론	–	–
응용심리학	–	–
심리학강독	심리학원서강독	–
심리학사	심리학사	–
원서강독	심리학원서강독	–
심리학설	–	–
심리학과	–	–
–	심리학특강 I / II / III / IV	–
–	–	인간공학의 심리학
–	–	로봇심리학
–	–	주식심리학

는 것이라 할 수 있다.

    2000년대에 들어서면서 학부생의 지원 또한 변화가 일어나는데 심리학을 단일전공으로 택한 비율이 93.1%로 2008년까지 사회대학 내에서 가장 높았다. 그러나 2008년 이후 단일전공자는 줄어든 반면, 부전공과 복수전공으로 심리학을 선택하는 비율은 다른 학과에 비해 현저하게 증가하였다. 이와 같은 현상은 1970년대 계열별로 선발하던 시기와 비교하면 학부생들의 관심이 많이 높아진 것의 결과라고 할 수 있다.

심리학과 석사와 박사 배출도 이전 시기보다 더 증가하였다. 박사학위논문은 1972년도 정양은의 논문에서 시작되어 1980년대에는 15편 정도였으나 1990년도 들어서면서 27편이 된다. 이후 2000년대로 오면서 그 숫자가 더 증가하게 되어 전체적으로 총 127편의 논문이 나오게 되었다. 그러나 2023년까지 대략 172명의 박사를 배출한 셈인데, 이는 사회과학 내 다른 학과나 타 대학 심리학과와 비교할 때 상대적으로 적은 인원일 수 있다. 워낙 박사과정 선발 인원이 제한적이다 보니 배출한 박사의 숫자도 적을 수밖에 없었다. 교내에서는 초기에 왕성하게 확장되었던 심리학과가 시간이 지나가면서 교내외적으로 초기만큼의 주도적인 선두 역할을 하면서 발전해 나가지 못한 것이 사실이다. 한동안 사회과학대학 안에서도 비교적 전공하려는 학생 수가 적다 보니 정원을 많이 늘리지 못한 것이 이후에 학생들의 수요가 많아졌음에도 초기에 정해진 교수와 학생 인원 수로 인해서 확장되지 못한 것이 현실이다. 다른 대학(연세대나 고려대 등) 심리학과가 사회적 수요에 따라 교수나 학생 수를 증가시켜 발전한 것과는 비교가 된다. 그만큼 서울대 출신이 타 대학교수를 차지하는 비중도 점차 감소했다고 할 수 있다.

2) 전공분야별로 본 심리학의 학문적·사회적 기여

심리학과에서는 초기부터 세부전공별로 대학원생 선발이 이루어지고 각 연구실에서 지도교수와 함께 연구를 진행해 왔다. 14명의 교수들 각각이 운영하는 연구실별로 각기 전공이 뚜렷이 구별되는데, 외국 대학의 경우와 비교할 때 비교적 규모가 적은 편이라고 할 수 있다. 2000년도에 접어들면서 사회발전과 더불어 심리학 연구도 더욱 심도 있게 이루어지면서 사회의 여러 문제에 대한 해답이나 정책 등을 제시할 수 있는 기초 및 응용심리학 연구들에 집중하게 되었다.

〈표 5-6〉에서 볼 수 있듯이 대학원에 개설된 과목들은 1975년과 비교해서 2000년도에는 여러 새로운 과목들이 개설되었다. 다변량 분석법이나 계량심리학 세미나 등의 개설은 통계전공의 교수가 부임하면서 본격적으로 관련된 과목이 개

설된다. 긍정사회심리학이나 긍정조직심리학과 같은 과목 또한 사회의 관심과 흐름에 맞추어 개설된 과목이기도 하다.

표 5-6 대학원 교과목의 변화

1975년대	2022년
고급심리통계	고급심리통계
-	다변량분석법
-	계량심리학세미나
심리실험설계법	실험심리세미나
-	실험심리방법론세미나
연구방법실습	-
고급임상심리학	고급임상신경심리학
-	긍정임상심리학세미나
임상 및 상담실습	임상 및 상담 현장실습
고급상담심리학	-
상담 및 심리치료 이론	-
심리치료 및 카운슬링	심리치료와 고급상담이론
집단상담 및 치료	집단상담 및 치료
-	치료적 면접 및 실습
-	인지치료
-	인지노화와 치매
행동수정	-
행동의 초기과정 실습	-
대인지각훈련	-
고급성격심리학	고급성격심리학
성격발달실습	-
-	성격연구세미나
-	정서과학
정신병리학	정신병리학

–	정신병리학 세미나
–	정신병리학: 신경과학적 접근
–	실험정신병리학
고급발달심리학	고급발달심리학
–	고급응용발달심리학
–	발달심리학세미나
청장년심리실습	–
특수아문제실습	–
고급지각심리학	고급지각심리학
–	지각심리방법론
–	고급인지심리학
고급언어심리학	고급언어심리학
언어 및 인지실습	–
–	–
고급학습심리학	고급 학습 및 기억의 심리학
인간학습기억실습	–
학습이론실습	–
–	고급 주의와 수행 세미나
고급사회심리학	고급사회심리학
태도 및 사회지각	–
–	긍정사회심리학
–	사회심리학의 주요 문제
집단행동실습	–
고급산업심리학	고급조직심리학
산업심리방법론	–
산업심리실습	–
인사심리실습	–
–	고급조직개발론
–	조직심리학의 최근 연구 주제들

–	긍정조직심리학
심리측정	심리평가
심리진단 I/II	–
특수문제 I/II/III/IV	–
고급생리심리학	고급생물심리학
–	생물심리학세미나
–	응용심리학세미나
개별연구	대학원 논문 연구
개별지도 연구 I/II	
동물학습훈련	–
수리심리실습	–

대학원 과목 개설뿐 아니라, 초기 교수들이 은퇴하고 새로 교수들이 채용되면서 전공분야에 따른 각 교수들의 연구실은 더욱 분화되어 깊이 있는 연구로 발전해 간다. 이전 연구실 중에서 성격심리연구실(조대경 교수, 민경환 교수), 학습심리연구실(이관용 교수), 생리심리연구실(장현갑 교수), 안구운동 실험실(이춘길 교수) 등의 연구실은 교수들의 퇴직으로 이후 연장되지 않았다. 비교적 근접한 전공분야가 대체하기도 하지만 새로 부임한 교수의 전공과 관심에 따라 다른 연구실이 운영되었다. 서울대 심리학과는 가장 기본적인 기초심리학 분야를 연구하고자 하면서 이에 더하여 최신 연구 경향이나 시대적 흐름에 맞추어서 전공이나 연구실의 변화가 일어난 것이다.

2010년 학내 공동기기실인 뇌영상센터가 설립되어 인간 마음과 행동의 뇌구조 및 뇌기능 데이터를 습득할 수 있게 되었고, 최근 인지신경과학, 기억과 뇌, 학습과 기억 시스템, 인간뇌이미징의 데이터사이언스, 신경과학, 중독의 심리학 등을 개설하여 학과 내 뇌 기반 교육이 활성화되었다.

(1) 기존 연구실의 새로운 도약

이런 사회적 요구에 의해 심리학과 산하 심리연구실들에 새로운 교수 임용으로 이전과는 다른 최신 연구실이 운영되고, 또 이전 연구실도 새로운 연구의 시도나 전환 등이 일어나게 된다. 현재까지 운영되고 있는 연구실을 중심으로 심리학의 변화와 발전, 그리고 기여한 바를 알아보고자 한다. 〈표 5-7〉은 1990년 이후 부임한 교수들 현황이다.

1990년대로 들어오면서 16동 사회과학대학 건물이 구축되어, 흩어져 있던 사회대학 내 학과들이 한 건물로 모이게 된다. 이로 인해 생활과학대학, 환경대학원과 같이 한 건물에서 작은 공간만을 확보하고 있었던 심리학과는 16동 사회대학

표 5-7 1990년 이후 부임한 교수들 명단(2024년 현재까지, 가나다순)

성명	재직기간	세부전공
고성룡 교수	2004. 2. ~ 현재	언어심리학
곽금주 교수	2002. 6. ~ 2024. 2.	발달심리학
권석만 교수	1993. 8. ~ 2023. 8.	임상심리학
김가원 조교수	2021. 2. ~ 현재	조직심리학
김청택 교수	1998. 9. ~ 현재	계량심리학
김향숙 교수	2024. 3. 1. ~ 현재	임상심리학
박주용 교수	2010. 3. ~ 현재	인지심리학
안우영 교수	2017. 9. ~ 현재	임상심리학
오성주 교수	2011. 9. ~ 현재	지각심리학
이상훈 교수	2004. 3. ~ 2009. 2.	지각심리학
이수현 부교수	2023. 3. ~ 현재	인지신경과학
이훈진 교수	2002. 6. ~ 현재	임상심리학
차지욱 부교수	2020. 2. ~ 현재	신경과학
최인철 교수	2000. 9. ~ 현재	사회심리학
최진영 교수	2000. 10. ~ 현재	임상심리학
한소원 교수	2015. 3. ~ 현재	인지심리학

건물 안으로 함께 이주하게 되었다. 이는 각 연구실이 이전보다 더 큰 규모의 실험실을 확보하게 되고 더욱 연구역량이 강화될 수 있는 계기가 되었다. 특히 이춘길 교수가 운영한 생물실험실은 고양이 안구운동으로 시작하여 2004년 국내 최초로 원숭이 행동 및 뇌 연구를 시작하였다. 이렇게 이 시기에는 대학 내에서나 외부에 걸쳐 심리학이 사회변화와 더불어 발전한 시기라고 할 수 있다.

(2) 임상심리학 연구실의 발전

사회발전과 더불어 사회 구성원들이 가지게 되는 심리적 문제나 스트레스는 더욱 증가하게 되고 새로운 정신장애들이 계속 증가하게 된다. 임상심리학 분야는 오래전부터 많은 연구가 이루어졌고, 또 실질적으로 병원 장면에서 활동하는 인력을 양성해 오고 있다. 또한 임상심리사와 전문가를 양성하는 분야이기도 하다. 배출된 인력은 병원뿐 아니라 사회 곳곳에서 여러 활동을 하고 있다.

임상심리 연구실은 1982년 원호택 교수, 2023년 권석만 교수의 퇴임 후, 최진영 교수(2000년 부임), 이훈진 교수(2002년 부임), 안우영 교수(2017년 부임), 그리고 김향숙 교수(2024년 부임)가 운영하고 있다. 본 연구실에서는 트라우마, 자해, 우울, 불안, 성격장애, 망상 등 정신병적 증상, 섭식장애, 외로움과 고독, 수치심과 죄책감 등 다양한 임상 증상은 물론 적응적 기능 및 성격 강점 등 인간의 강점과 자원에 대한 연구들을 수행해 왔다. 진단분류보다는 개인의 특성을 중심으로 임상적 현상을 이해하려 노력하고 있다. 이러한 과정에서 자기개념과 자존감, 정체성, 성격 특성, 대인관계 특성, 인지 특성, 정서 조절 및 정서 조절 동기, 자서전적 기억, 기억 표상, 출처 감찰, 애착, 수용, 중용태도, 공감 능력, 자기낙인, 대처 유연성, 미래사고 특성 등 다양한 심리적 변인에 초점을 두고 그 매개효과와 조절효과를 검증하였다. 또한 임상적 현상에 대한 이해에 머물지 않고, 치료와 개입 연구에도 매진하여 마음챙김 개입, 수용전념치료, 자기자비 치료, 자기정의 기억 개입 및 외상 후 정체성 회복을 위한 개입, 중용 태도 함양 개입, 수용기반 커플치료, 미래사고 증진 처치, 심상 처치, 글쓰기 처치, 탈융합 처치, 정서 조절 개입 등 많은 치료적 개입을 개발 또는 적용하고 그 효과를 검증하였다. 다양한 임상 증상의 원인과 특성, 치료 방법을 지속적으로 연구하고 치료적 개입의 효과를 밝히는 연구를 수행할 뿐 아니라 심리적 강점과 자원의 역할 및 그 증진 방법에 대한 연구도 지속적으로 수행하고 있다.

최진영 교수는 임상심리전공에서 신경심리학적 접근으로 특화된 임상신경과학실험실(Clinical Neuroscience Lab)을 신설하였다. 이 연구실에서는 국내 최초의 신경심리검사실을 삼성의료원 신경과에 신설한(1994) 후 치매 등 뇌질환 진단에 필수적인 한국형 치매평가검사(K-DRS; 1998, 2011)와 노인기억장애검사(EMS; 2007)를 비롯하여 한국판 성인용 웩슬러 지능검사와 기억검사(2011) 등 다수의 신경심리검사들을 개발해 오고 있다. 이 연구실에서는 조현병 등 뇌기반 행동 문제 연구들과 인지재활도구도 개발되어 정신 및 뇌건강 문제를 예방하고 및 평가할 수 있는 시스템 개발도 이루어졌다. 또한 한국노인의 치매 발현 경로를 사회연결망, 뇌영상, 신경면역분석과 통합시킨 다학제 종단 연구로 탐색하여 외로움, 삶의 의미, 저교육 및 면역체의 역할들을 확인하였다.

안우영 교수가 2017년 부임하면서 계산임상과학연구실을 운영하고 있으며, 사람들이 어떻게 의사결정을 하는지를 수학적이고 뇌과학적인 방법을 사용하여 연구하고 있다. 실생활에서 나타날 수 있는 의사결정 문제들을 실험실 상황에서 행동과제를 통해 연구하고, 그 행동 이면에 있는 인지적, 생물학적 기반을 알아내기 위해 계산모델링이나 뇌영상기법 등을 이용하고 있다 최근에는 임상심리학 분야 중에서 중독분야에 초점을 맞추고 있다. 또한 김향숙 교수는 정서와 심리 건강 연구실을 운영하고 있으며, 정서 반응과 정서 조절에 초점을 두어 심리건강의 기제를 탐구하고 이에 대한 근거 기반의 개입을 개발하는 데 목표를 둔다. 특히 초진단적 관점을 토대로, 심리적 개입의 접근성과 확장성을 증진하고, 일상에서 보다 효과적으로 심리 건강을 향상시킬 수 있도록 돕는 다양한 방법을 모색하고 있다.

(3) 조직심리학 연구의 활성화

서울대 내 조직심리연구실은 1950년대 정양은 교수에 이어 김명언 교수(1988년) 그리고 김가원 교수(2021년)로 이어지고 있다. 이 연구실은 전통적인 조직심리학의 뿌리를 이어가는 동시에, 사회의 변화와 과학적 연구방법론의 발전을 반영하여 연구 주제와 접근을 확장하고 있다. 특히 현 조직심리연구실에서는 응용심리학 연구를 통한 개인과 조직의 포용과 성장에의 공헌이라는 목표를 가지고 조직 내 다양성, 사회적 창업, 구직과 이직 및 경력결정 등에 대한 연구를 수행 중이다.

기존 다양성 연구에서 크게 주목받지 않은 새로운 맥락, 차원의 다양성 연구를 통해, 인구통계학적 변인에 의해 발생하는 타인의 사회적 평가와 편향, 그리고 그것이 조직 내 개인의 수행과 웰빙에 미치는 영향을 밝히고자 한다. 또한 사회적 창업가가 벤처기업을 설립하고 성장시키는 과정에 주목하여, 사회적 창업 행동과 수행의 심리사회적 예측요인을 탐구한다. 이는 사회적 창업 또는 소셜 벤처를, 개인이 사업모델을 통해 사회적 다양성 및 포용을 증진 방안으로 이해하기 때문이다. 구체적으로 예비 창업가의 도덕정서와 기존 사회적 창업가의 커뮤니케이션 프레이밍이 사회적 창업의도 증진에 미치는 영향, 사회적 창업 경험이 대학생 창업가의 성장에 미치는 영향 등에 관한 연구를 포함한다. 조직심리학의 전통적인 인사심리학 연구 접근과 최근의 심리과학 이론과 연구방법론을 접목하여, 이론적 그리고 실무적 함의를 동시에 제공하는 구직 및 이직 연구 또한 본 연구실에서 추진하고 있다. 조직 입사 후, 동료의 이직 사건이 조직 구성원 개인에게 미치는 심리적 영향, 업무 관련 스트레스 상황과 구성원의 경력지향성이 이직 의도에 미치는 영향 등을 연구한다. 최근에는 기존의 연구방법 외에 빅데이터(예: 자연어처리)도 사용하여, 이론적 기반과 방법의 강건성이 모두 확보된 연구를 수행한다.

조직심리연구실은 심리학 연구를 통해 조직 그리고 조직구성원 개인이 직면하는 어려움과 문제의 원인을 밝히고 그 해결 방향을 제시하고자 한다. 다른 사회과학분야와 같이, 조직의 문제, 사회문제에 관심을 가지지만, 심리학의 미시적 설명과 분석법을 사용하여 인간의 마음과 행동을 이해하고, 그 이해를 기반으로 조직의 변화를 가져오고자 한다. 그리하여 조직 내 인간행동과 그 결과물(예: 동기, 정서, 규범, 관계, 문화)을 과학적으로 탐구하고, 그것이 긍정적 조직 변화의 원동력으로 작동할 수 있는 방안을 조명한다.

(4) 사회심리학 실험실의 변천

차재호 교수가 부임하면서 사회심리학 연구실이 개설된다. 그 당시 해외에서 활발하게 연구되고 있는 인지적 접근을 시도하면서 사회적 환경 속에서 인간의 감정, 사고 및 행동을 경험적으로 연구한다. 이후 차재호 교수가 퇴직하면서 최인철 교수가 부임하였고 문화심리학적 접근을 시도한다. 그리하여 설문지법과 실험법을 사용하여, 행복에 영향을 미치는 요소들과 인간의 인지 및 행복에 있어서의 문화 차이를 탐구한다. 행복의 문화 간 차이, 나이와 성격에 따른 행복, 가치관과 행복, 회복탄력성, 운동과 정신건강, 코로나19 기간의 행복 양상 등, 사회심리학 내에서 행복, 웰빙, 자아 등을 포함한 다양한 주제에 대한 연구를 진행하고 있다. 또한 웰빙에 기여하는 사회적 및 심리적 요인과 행복한 사람들이 불행한 사람들과 비교하여 행동, 사고, 인식 면에서 어떻게 다른지를 이해하고자 한다. 궁극적으로 웰빙으로 가는 경로에 대한 이해를 심화하고, 전 생애에 걸쳐 더 큰 웰빙을 증진하고자 노력하고 있다.

(5) 언어와 사고 심리학 실험실의 변천

1969년 조명한 교수가 부임하면서 20세기 인지 혁명, 특히 Chomsky의 변형생성문법에 영향을 받아 인간의 앎을 중심으로 언어를 탐구하겠다는 목표에서 언어와 사고 실험실이 만들어진다. 1970년대에는 앎과 언어의 문제를 탐구하여 행위 중심의 책략과 주제화 책략 같은 언어 획득 책략을 밝혔고, 1980년대 초에는 아동의 관형절 처리를 탐구하여 어순, 병렬 기능, 그리고 기존 처리 도식 활용 같은 처리 전략이 영어, 일본어와 우리말에서 나타나는 보편적인 전략임을 찾아냈다. 1990년대 중반에는 개인의 작업기억 용량의 차이가 여러 언어 처리, 특히 특히 텍스트 처리와 추리에 영향을 미친다는 것을 밝혔다. 조명한 교수 퇴임 후 고성룡 교수가 2004년 부임하면서 안구운동 추적기법을 사용하여 우리말 읽기를 연구하였다. 우리말을 읽을 때의 전반적인 안구운동 양상과 어려운 글을 읽을 때와 쉬운 글을 읽을 때 보이는 안구운동 양상을 밝혔다. 안구운동 실험 연구와 더불어 2010년대 중반 이후로 고성룡은 언어 처리를 복잡계의 자기조직화(self-organization) 과정으로 보고 글 읽기에서 비선형 동력학 기반의 자기조직화 모형 구축을 목표로 삼아 모델링 연구를 시작하였다. 전통적인 인지 처리 모형인 확산 모형 분석 도구(snudm)을 만들었고 이를 바탕으로 읽기에서 단어의 성질에 따른 고정시간 분포 차이를 보여 주는 단일경계 확산 모형을 만들었다. 앞으로 실험실의 실험 결과를 설명하는 작은 모형을 넘어 앞으로는 실제 사람들의 인지를 나타낼 수 있고 실험 집단의 차이가 아니라 개인의 차이를 설명할 수 있는 모형을 만들면서 언어 처리의 자기-조직화를 이해하고자 한다. 이런 모형들은 물론이고 인간 언어 처리의 기초 이해뿐만 아니라 더 나아가 개인차를 설명하는 모형은 인지와 언어 관련 교육과 병리적인 문제 해결에 도움이 될 것이다.

(6) 발달심리학 연구실의 변천

뿐만 아니라 1971년 서봉연 교수가 부임하면서 발달심리연구실이 만들어진다. 아동과 청소년에 대한 다양한 연구와 기초연구를 사회에 적용할 수 있는 연구 또한 진행되었다. 예를 들어, 1980년대 아직 빈곤한 지역으로 구분되었던 난곡에 실제로 공간을 만들어 석박사생들과 함께 빈곤아동 대상의 연구와 사회적 도움을 제공하기도 하였다.

또한 일방경을 포함한 녹화시설 등 여러 장비를 갖춘 아동행동관찰실을 설치하였다. 이로 인해 좀 더 과학적으로 아동 관찰과 평가가 실시되었고, 녹화된 자료로 더욱 심도 있는 연구들이 이루어졌다. 그 당시로서는 첨단 장비시설을 설치한 실험실은 타 대학과 비교해 선두적인 위치에서 발달심리학을 끌고 간 것이다. 게다가 사회 전반에 걸쳐 장애아동에 대한 관심이 급증되는 상황에서 놀이치료실을 설치하여 실제로 아동들을 주기적으로 방문하게 하여 놀이 상황을 녹화하고 이를 평가·연구할 뿐 아니라 치료까지 실시한 응용연구가 이루어졌다. 이후 장애 중에서 학습장애에 더욱 관심을 갖고 상담과 치료를 실시하기도 하였다.

그 뒤를 이어 곽금주 교수(2002년)가 부임하면서 국내에서는 거의 시도하지 못했던 장기종단적 발달심리 연구를 시작하였다. 한국연구재단, 미국 NIH, 보건복지부 등의 연구 지원 및 공동 연구로 갓 태어난 영아와 그 부모들 대상으로 15년 이상에 걸친 장기종단적 발달 연구를 진행하였다. 영아기, 아동기, 청소년기를 걸쳐 이루어지는 자녀의 발달뿐 아니라 그 부모들은 장년기, 중년기를 걸쳐 발달하면서 부모 발달과 아동 발달의 상호적 관련성에 대해서도 관심을 두었다. 인지, 언어, 사회인지, 사회성 발달 전반에 대해 세부적인 주제를 실험하고 이에 대해 종단적으로 미치는 영향에 관한 의미 있는 연구들이 시도되었다.

그리고 서봉연 교수가 장애아동에 대한 직접적인 평가나 상담에 관심이 있었다면 곽금주 교수는 이런 평가의 기초가 되는 심리검사 연구를 하였다. 세계적으로 실시되고 있는 지능검사의 한국판 표준화 연구이다. 전국규모 아동을 표집하여 웩슬러아동지능검사의 한국판(K-WISC)을 표준화하여 3판, 4판, 5판을 연구, 출판하였다. 이는 영재 판별이나 특수아 판별뿐 아니라 모든 소아정신과와 상담센터에서 기초검사로 활용되는 검사이기도 하다. 이렇게 서울대 심리학과 발달심리 연구실은 심리학의 고유 영역 중 하나인 심리검사 개발에 선두적인 위치를 가지고 있다고 할 수 있다. 2025년부터 이혜연 교수가 부임하게 된다.

(7) 계량심리학 연구실의 도약

계량심리학 연구실은 1998년 김청택 교수가 부임하면서 본격적으로 연구실이 개설되었다. 무엇보다 심리학에서 기초가 되는 통계심리학 관련으로 비로소 심리학 전공자가 학부와 대학원 강의를 맡게 되었다는 점에서 김청택 교수의 부임은 의의가 크다. 또한 연구실 개설 초기에 인지 모델링의 영역에서 판단과 의사결정에 대한 연구를 시작하여 심리측정과 관련된 연구를 주로 진행하였고, 심리측정 중 잠재변수를 다루는 공분산 구조 모형에 보다 많은 비중을 두고 연구되었다. 특히 개인차/집단 간 차이를 가정하는 다층모형(Multilevel Model)이 1990년대 중반에 등장하여 주목을 받게 됨에 따라 이를 심리학 자료와 연결시키는 방법 등에 대한 연구가 진행되기도 하였다. 또한 조사연구에서는 표집오차에 대하여 연구가 활발하지만, 비표집오차에 대한 연구는 드물다. 이런 비표집오류(non-sampling error)에 대한 연구도 진행되었다.

이론적인 연구와 더불어 최근에는 심리측정기법을 적용시켜 검사를 개발하는 실용적인 연구도 이루어져 직업운전사용 적성검사(운전정밀검사), 행정고시의 PSAT 검사, 그리고 기업의 적성 및 면접검사를 개발하기도 하였다. 특히 인터넷 공간상에 존재하는 빅데이터와 인간 피험자 자료를 결합하여 단어, 문장, 글에 포함된 정서를 추정하는 연구, 기계학습기법을 이용하여 한국어를 이용한 정서 차원을 찾아내는 연구 그리고 글로 정서를 평가하는 프로그램(KOTE)을 개발하였다. 계량심리학 연구실은 기초 계량심리에 기반한 사회 응용적이고 활용적인 검사 개발이나 프로그램 개발에 선두적인 역할을 하고 있다.

(8) 인지심리학 실험실

박주용 교수 부임으로 인해 운영된 연구실로 고등 인지 과정에 대한 이론적 탐색과 응용 방안을 연구하는 실험실이다. 인과 추리 과정의 특징 탐구, 컴퓨터를 이용한 평가 도구 개발 연구, 질문 생성, 토론, 글쓰기가 학습에 미치는 영향, 동료 평가 관련 연구 등을 진행하였다. 최근에는 chatGPT를 이용한 학습 효과, 문단배열 문항을 통한 구조 파악 능력 측정 방안 등 관련된 연구 또한 시작되고 있다.

이외 응용적인 측면에도 관심을 가지고 동료 평가방법에 관한 연구, 대학교육과 수업방식에 관한 연구 등 실질적으로 사회에 도움을 줄 수 있는 연구 또한 진행되어 왔다.

(9) 실험 및 지각심리학 연구실의 새로운 도전

실험 및 지각심리연구실은 김정오 교수가 퇴직하면서 오성주 교수가 2011년에 부임하여 연구실을 운영하게 된다. 지각심리학은 감각을 타고 들어온 자극 정보를 탐지하여 의미를 부여하는 과정을 이해하는 학문이다.

지각실험실에서는 형태지각, 자기지각, 얼굴지각, 사건지각 분야에 관심을 가지고 연구하고 있다. 구체적으로, 중첩된 물체들의 공간적 구조 지각, 시각이 자신의 몸에 가해진 촉각에 미치는 영향, 그림 감상에서 자세효과, 한글의 읽기/쓰기 방향의 그림 방향 선호와의 관계, 얼굴지각에서 마스크 착용에 따른 재인효과, 물체들의 충돌에 대한 인과성 지각, 우리나라 지형에서 볼 수 있는 착시 연구 등이 있다. 실험실에서 주로 사용하는 연구기법은 행동을 관찰하는 것으로, 실험 자극은 주로 컴퓨터로 제시하고 그에 따른 참여자들의 반응시간, 정확률, 선호 평정 등을 분석한다. 이와 함께 현장 조사를 진행하기도 한다. 한글의 읽기/쓰기 방향과 그림 선호 방향의 관계를 조사하기 위해 몇 년에 걸쳐 여러 자료를 찾기도 하고, 주춧돌과 기둥의 형태 지각을 조사하기 위해 전국의 절을 몇 년에 걸쳐 찾아다니기도 하였고, 기울기 경사를 조사하기 위해 전국의 도깨비 도로를 2년 동안 탐방하는 등 실질적인 조사방법을 시도하였다.

지각실험실은 전통적인 주제뿐만 아니라 최근에 관심을 받고 있는 인공지능, 예술(그림 감상), 투자와 관련해서도 관심을 가지고 그 연구 반경을 넓혀 나가고 있다.

(10) 인간공학심리학 연구실

인간공학심리학 연구실은 2015년 한소원 교수가 부임하면서 만들어진 연구실이다. 인간-로봇 상호작용, 스마트 도시, 웰에이징, 자연어처리 방법론 기반 정서와 공감연구 등 기술과 환경의 맥락에서 인간의 인지, 행동 및 상호작용의 다양한 측면을 연구하고 있다. 이로 인해 다양한 응용 분야에서 인간의 삶의 질을 증진시키고 인간 중심 미래를 디자인하는 연구를 추진하고 있다. 휴머노이드 로봇과의 언어적·비언어적 소통, 가상 어시스턴트, 휴머노이드 로봇 및 챗봇의 기능과 인간의 정서 및 의사결정에 미치는 영향, 자율주행차와 보행자의 상호작용, 건설 현장에서 로봇과 인간의 상호작용, 스마트 환경의 구축 등 인간 중심 기술의 요인을 연구하고 미래의 방향을 제시한다. 스마트 모빌리티, 스마트 도시를 디자인하는 데 필요한 심리학적 요인을 연구하고 더 나은 공간을 디자인하는 데 기여한다. 신체적 활동과 피트니스, 뇌인지 기능 및 웰에이징에 관한 연구이다. 가상현실을 활용한 공감 증진 훈련 프로그램을 개발하고 자연어처리 방법론 기반 정서와 공감 연구를 진행하고 있다. 뿐만 아니라 대규모 언어모델을 활용하여 텍스트에 담긴 정서와 공감을 탐지하고 인공지능의 공감 능력 및 커뮤니케이션 도구로서의 실효성을 평가하는 연구 또한 주력하고 있다.

(11) 심리데이터과학연구실(커넥톰연구실)

2020년 차지욱 교수가 부임하면서 심리데이터과학연구실(커넥톰연구실)이 만들어진다. 통합적 심리데이터과학과 발달 뇌과학으로, 사람의 적응적·부적응적 인지·행동 패턴이 어떻게 뇌의 구조와 기능과 관련하는지를 탐구한다. 뇌의 구조와 기능은 유전적·환경적 영향을 받는다. 유전-환경의 복잡한 조합이 뇌, 인지의 개인차를 만들어 낸다. 현대 데이터과학은 이러한 유전-환경과 뇌의 관계, 개인의 인지, 행동과의 관계를 효과적으로 연구할 수 있는 도구를 제공한다. 복잡하고 상의한 데이터로부터 표상을 학습하는 기계학습이 그 예이다. 이 연구실에서는 유전, 환경, 인지·행동 데이터와 다양한 뇌영상 데이터를 이용한 통합적 심리데이터과학을 추구한다.

발달 뇌과학은 본 연구실의 핵심 관심 연구 방향이다. 성인의 정신건강 문제 중 많은 원인이 아동·청소년기의 뇌인지 발달과 관련 있다. 본 연구실에서는 아동·청소년기의 부적응적 인지·행동을 조기 발견하고, 그와 관련된 유전적·뇌과학적·환경적 원인을 발견하여 위험을 미리 예측하는 연구를 수행 중이다.

또한 기술적으로는 대규모 뇌영상 데이터에서 인지행동과 관련한 표상을 학습하는 기계학습 모델을 만들어 내는 연구를 수행 중이다. 이 연구를 위해서는 최신의 인공지능, 슈퍼컴퓨팅, 데이터과학과 심리학, 뇌 과학의 융합이 핵심이다. 이런 기술은 아동·청소년에서 정신건강 및 자살위험 예측 모델의 성능을 올리고, 그 위험과 관련한 뇌의 표상을 보다 정확하게 알 수 있게 해 줄 것이다. 실제로 아동·청소년의 자살 생각과 관련한 유전인자의 발견, 아동·청소년의 뇌 인지·행동 발달 양상과 다양한 유전 인자 및 가정 사회 환경의 상관관계 발견, 시공간 뇌 기능 데이터를 학습하여 개인의 다양한 생물학적 인지·행동적 특성을 예측하는 인공지능 모델 개발 등의 결과물을 내고 있다.

(12) 기억인지연구실

기억인지연구실은 2023년 이수현 교수의 부임으로 만들어진 연구실이다. 인간의 기억이 어떻게 인코딩, 저장, 인출되며 변화되는지 연구함으로써, 인간의 기억

과정을 통합적 및 포괄적으로 이해하고자 한다. 기억 인출과 실제 경험 사이에 공유되는 신경기전이 있음에도 불구하고 명확히 다른 신경기전 및 정보처리도 존재함을 밝힘으로써, 우리 뇌에서 기억 인출이 실제 경험을 단순히 재생하는 것이 아니라 훨씬 더 정교하고 복잡한 과정임을 보였다. 또한 기억 인출 신호 자체가 기억을 더 강화시키거나 변화시키는 업데이트를 유발할 수 있다는 것을 보였으며, 업데이트가 잘 안 되는 강력한 습관 기억 정보가 어떻게 뇌심부 영역에서 처리되는지 밝혀 왔다. 행동에 필요한 적절한 선택 정보의 인출 과정에 대한 연구와 멀티모달 정보처리 접근을 기반으로 작업기억 정보가 상위 수준 및 하위 수준 신경 네트워크에서 어떻게 처리되는지 탐구하는 연구들이 진행되고 있다. 더 나아가 감정이나 사회관계 인식 등 다른 인지 과정들이 기억 과정과 어떻게 상호작용하는지 체계적으로 연구함으로써, 궁극적으로 우리의 정상적인 인지·행동을 이해하고, 비정상적 인지 기능에 대한 치료의 기반을 제시하며, 나아가 인간의 행복한 삶을 촉진하는 데 본 연구실의 공헌이 크다고 할 수 있다.

4. 사회발전을 위해 향후 심리학과가 고민해야 할 과제

최근 사회흐름에 비추어 볼 때 심리학은 앞으로 더욱 유용한 학문으로 사회에 영향을 줄 수 있다. 이에 서울대 심리학과가 주도적 역할을 해 나가야 할 것이다. 한국에서 처음으로 심리학과가 설립되고 가장 많은 교수진을 가지고 전국에 가장 많은 교수들을 배출하였던 만큼 앞으로 사회에서도 그런 주도적인 학과로 거듭나게 될 것이다.

1) 산업발전과 더불어 심리학이 나아가야 할 방향

사회는 점차 발전하고 있고 4차 산업혁명이라고 할 만큼 개혁과 변화가 일어나고 있는 시점에 인간에 대한 연구는 앞으로 더욱 다양하게 이루어져 갈 것이다.

새로운 기기와 기술들이 바꾸고 있는 세상, 기후변화와 같은 인간의 힘의 한계를 가져오는 상황 등 여러 변화로 인한 긍정적인 측면 못지않게 부정적인 영향이 인간에게 있을 수 있다. 따라서 이런 사회의 적응을 도와주려는 심리학은 더욱 광범위한 주제로 연구가 진행될 것이다. 예를 들어, 미국심리과학회(Association for Psychological Science: APS)에서는 가족 관계, 갈등 원인과 해결, 경쟁, 공감, 공격성과 폭력성, 공부와 학습, 공포, 과도한 확신, 교육, 기부, 기억, 꾸물거림, 날씨와 행동, 노화, 대중의 불신, 동물 행동, 디지털 미디어, 따돌림, 마음 챙김과 명상, 목격자 기억, 목표와 동기, 문화적 다양성, 미각과 식욕, 방관자 행동, 비디오 게임, 사랑과 매력, 섭식, 성격 특질, 성과 편견, 성소수자, 성폭행과 성희롱, 소진, 수면, 스트레스, 스포츠, 슬픔과 트라우마, 시각, 신경과학, 신뢰, 알츠하이머를 비롯한 다양한 치매, 암묵적 편파, 약물 남용과 중독, 예방접종, 외로움과 사회적 고립, 우정, 운동, 운전, 위선, 위험, 유머, 유사 과학, 유아기 결핍, 윤리, 음모이론, 음악, 이해와 자살 예방, 인종차별과 각종 차별, 인지 검사, 읽고 쓰는 능력, 자기도취, 자기-통제, 자율 주행 자동차, 자폐 스펙트럼 장애, 잘못된 믿음과 잘못된 정보, 전염병과 공중 보건 행동, 정견 차이, 정신건강, 주의, 직장 구성원의 다양성, 직장 내 괴롭힘, 참사 반응과 회복, 청취, 치안유지와 법 집행, 탐욕과 부패, 통증 관리, 투표, 편견과 낙인, 행복, 협상, 호기심, 환경과 기후변화, 후각, 휴식, 희망 등을 나열하고 있다(대학민국학술원, 2022).

이렇게 사회변화에 따른 개인 부적응과 사회 갈등이나 문제를 예방하고, 정책을 만들고, 회복시킬 수 있는 정책을 위한 기초연구들을 제시하는 것이 심리학의 향후 과제일 거 같다. 이를 위해 서울대 심리학과는 앞으로 좀 더 다양한 사회적 요구에 귀를 기울이면서 선도적으로 나아갈 방안을 모색해야 한다. 사회가 그만큼 너무나 빠른 속도로 변화하고 있기 때문이기도 하고 근접 학문에서의 침범도 이전에 비해서 더욱 가속화되기도 해서이다. 물론 타 학문과의 공조와 협동, 융합이 그 어느 때보다도 절실한 시점이다. 그러나 심리학 고유의 정체성을 잃지 않고 진화 및 발전해야 할 것이다.

기후변화에 따른 사람들의 위기의식 그리고 이에 대한 정치, 경제, 사회 문제 전반에 걸친 인간의 판단과 태도 변화와 관련된 문제들, 특히 최근의 코로나19 팬데믹으로 인한 현상은 사회 전반에 걸쳐 우리의 생활에 많은 변화를 일으켰다. 그 변화는 우리 개개인의 심리과정에도 여러 영향을 주게 된다. 이런 영향은 긍정적인 것도 있으나 부정적인 부분을 가지게 된다. 재택근무라든지 화상강의 회의 등 세계 어디서나 서로 만나고 접촉할 수 있는 장을 열게 된 점에서 긍정적인 효과가 있다. 반면, 발달과정에 있는 아동의 경우, 심각한 부정적인 영향을 주었다. 언어발달이 이루어지는 어린 시기에 언어가 지연될 뿐 아니라 감정 이해라든지 사회성 습득에도 부정적 영향을 주기도 하였다. 성인뿐 아니라 아이들의 경우 사람들과의 접촉이 비교적 저조하다 보니 사회성 발달이 지연된 것이다. 이와 같이 예측하지 못한 상황이 앞으로 다른 방식으로 일어날 수 있다. 그런 시기를 맞이하여 더 적응적인 인간으로의 성장과 발달이 요구되고 이에 도움을 줄 수 있는 연구들이 이루어져야 한다.

또한 SNS의 확산, 딥페이크와 같은 AI시대에서 정보의 홍수화로 인한 가짜뉴스의 범람 등이 야기하는 사회 불신 등 이전에는 생각지 못한 사회문제가 도처에서 일어나고 있다. 그런 사회를 살아가야 하는 인간을 연구하는 심리학도 이에 따른 변화와 모색이 일어나야 할 것이다.

기계화가 이루어지고 첨단 장비들의 개발은 심리학 연구를 더욱 발전시키는 주요한 역할을 하였다. 뇌영상 촬영 장비, 눈동자의 움직임을 분석할 수 있는 기기들로 인해 더욱더 과학적인 연구들이 시도되었다. 초고속 정보통신, 빅데이터, 인공지능 등과 같은 과학기술과 정보자원의 변화로 인해 심리학의 연구 영역이 확장되고 이로 인해 새로운 연구방법들이 개발되었다. 인터넷의 발전으로 인해 각종 스마트 전자기기, 온라인으로 접근 가능한 의료 기록이나 소비 기록 등으로 수집한 빅데이터는 연구 결과의 일반화 가능성을 높일 수 있어 실험실에서 얻기 힘든 새로운 통찰을 얻을 수도 있다.

또한 임상장면에서도 발전된 치료를 제안하게 되었는데, 바로 디지털 치료제 개발의 확산이다. 디지털 치료제는 2017년 미국 Food and Drug Administration(FDA)가 물질사용장애에 대한 인지행동치료 애플리케이션을 승인하면서 그 관심이 폭발적으로 증가하고 있다. 국내에서도 최근 정신장애에 대한 디지털 치료제 개발이 국가의 관심 사업으로 등장하였고, 디지털 치료제로 식약처 인정을 받기 위해 임상시험 중인 프로그램이 다수이다.

따라서 이런 발전으로 인한 긍정효과를 한껏 활용할 수 있는 심리학의 도전이 또한 필요하다. 물론 이전과 비해서 타 학문과의 융합이나 교류 등이 더 활발하게 이루어져야 할 시점이기도 하다. 서울대 심리학과도 이미 사회과학, 뇌과학, 인지과학, 컴퓨터공학 등 다양한 분야와 협업하고 미래형 글로벌 연구센터로서 융복합 인간 연구를 주도하고자 하는 움직임이 일어나고 있다. 또한 국내외 대학 및 연구기관과 긴밀히 협력하여 심리학 연계 학문 연구와 발전에 앞장설 것으로 기대된다. 사회과학, 뇌과학, 자연과학 및 응용과학과의 융복합 인간 연구를 주도할 학문후속세대를 양성하고 있다

특히나 인공지능 시대를 맞이하여 더욱 진보하게 될 인류는 많은 부분이 기계화되어 가는 시대에 인간의 한계와 또 이에 대한 적응이 요구되고 있다. 이런 편리하고 진보된 미래 사회가 주는 혜택만큼이나 인공지능이 인간 영역을 침해하고 이로 인한 여러 가치관 혼란이 일어날 수 있다. 이런 미래 앞에서 심리학은 어떻게 도울 것인지, 서울대 심리학과는 어떤 변화를 해야 할 것인지 심각하게 논의되어야 할 것이다.

2) 국가정책 발전에서의 심리학의 역할

미국심리학회(APA)의 경우 정책과 관련된 산하분과들이 여러 개 있다. '주, 지방, 지역 심리학 연합 분과(31분과)', '공공서비스의 심리학자 분과(8분과)', '아동 및 가족정책과 실행 분과(37분과)' 등이 있다. 여기서는 커뮤니티와 주의 병원 심리학자들, 범죄자 정의, 경찰과 공공안전, 미국 원주민 심리학자들, 참전용사 등에 종사하는 현장에서의 도움을 주고자 한다. 뿐만 아니라 심리학 연구에 기반해서 실질적으로 아이들과 가족들에 영향을 미치는 공공정책들을 제시하여 아동과 가족을 보호하는 데 기여하고 있다. 주, 지방, 지역에 걸쳐서 심리학과 관련하여 서로 정보

를 주고받으면서 연대해 간다. 심리학 기초연구가 사회에 적용 및 활용할 수 있게끔 학회 차원에서 관련기관이나 정부를 상대로 활발한 활동을 해 나가고 있다.

게다가 기술사회에서 인간들이 더 효율적으로 행동할 수 있기 위해 심리학적 지식과 과학적 연구를 적용하고자 하는 '응용실험심리학과 엔지니어링 심리학 분과(21분과)'도 있다. 일터, 에너지와 운송 시스템, 주거 환경 등 다양한 주제들로 좀 더 기술사회에 도움을 주고자 하는 취지에서 운영되는 분과이다. 서울대 심리학과가 바로 이러한 정책 제시를 할 수 있는 선도적인 연구들에 그 주춧돌이 되어야 할 것이다.

한국사회는 급속한 변화 속에서 높은 자살률과 역사적으로 낮은 출생률이라는 이중의 국가적 위기에 직면해 있다. 이 시급하고 복합적인 문제에 대응하기 위해서는 심리과학의 적용이 절실하다. 심리과학은 개인의 행동과 사회적 상호작용을 이해하는 데 필수적이며, 이를 통해 보다 효과적인 정책 개발, 예방 프로그램 설계, 그리고 국민 삶의 질을 개선할 수 있는 지원 체계를 구축하는 데 기여할 수 있다. 더 나아가, 심리적 안정성을 높이고 건강한 사회적 결속력을 장려함으로써 출생률 증진에도 긍정적 영향을 미칠 수 있다. 서울대학교 심리학과는 단순한 학문적 기여를 넘어서, 한국사회가 직면하는 위기를 극복하고 미래 지향적 발전을 이루는 데 있어 중추적인 역할을 해야 한다. 즉, 심리학 연구를 통한 인간중심적 접근을 통해 사회문제를 해결하고 삶의 질을 향상시키고, 사회과학, 뇌과학, 자연과학 및 응용과학과의 융복합 인간 연구를 주도할 학문후속세대를 양성해 가는 중심이 되어야 한다.

또한 사회 대응 및 정부정책 제시를 위한 연구를 활성화시켜 정책 제안까지 할 수 있는 대규모 장기종단적 심리학 연구를 시도하는 것도 필요하다. 통일에 대한 대비, 노령화에 대한 대비, 인구 감소(저출산)에 대한 대비 등 다양한 연구 등을 통하여 한국사회의 발전에 공헌하고 정부 정책에 반영할 수 있어야 한다. 급속하게 변화하는 미래사회의 적응적인 인간사회에 대한 미래 지향적인 연구를 서울대 심리학과가 주도적으로 해 나가야 할 것이다.

최근 들어 임상장면에서는 여러 변화가 일어나고 있다. 1995년 「정신보건법」에 의해 정신건강임상심리사(정신보건임상심리사) 국가자격증이 생겨난 이후로 임상심리학을 전공하려는 학생들의 수가 증가하였을 뿐 아니라 수련제도의 안착으로 임상심리학이 더욱 발전하게 되었다. 사회에서 심리적 질환과 장애에 대한 상담 및 임상에 대한 요구가 증가하면서 너무 많은 민간 자격증이 운영되고 있다. 이는 질 높은 수련을 받은 전문가가 해야 할 영역을 침해하는 것이다. 이에 2022년, 한국심리학회가 주도하고 임상심리학회를 포함해 타 분과학회의 지원 하에 심리서비스를 규정하고 자격증을 제안하는 「심리사법」을 발의하였다. 국가에서는 심리서비스가 법제화되어 있음을 고려할 때, 이 시도는 상당히 늦은 편에 속하지만 지금이라도 이런 법제화에 주도적으로 앞장서고 있다는 것은 매우 고무적이다.

급격한 경제발전과 더불어 사회 전반에 걸친 개인화 분위기로 인해 심리학자의 역할은 이전에 비해 더욱 커졌다. 따라서 심리학자들이 서로 협동하고 단합하여 정책을 제시한다든지, 정부에 목소리를 내는 활동 또한 이전보다 더욱 적극적으로 이루어져야 할 것이다. 사회과학분야에서 비교적 오랜 역사를 가지고 있는 서울대 심리학과가 한국의 심리학을 탄생시키고 그 발전을 주도해 온 것처럼, 더욱 복잡하고 다양해지는 현 우리의 삶을 좀 더 윤택하게 하는 데 앞장서야 할 것이다. 이를 위해 학과 차원에서 각 전공 교수들이 자신의 분야의 정체성을 가지면서 서로 통합하여 시너지 효과를 낼 수 있는 심도 있는 장기적 연구가 절실하다. 이와 더불어 정책에 반영되기 위해 대외적으로도 한 목소리를 낼 수 있는 더욱 적극적인 활동 또한 요구되는 시점이다.

이와 같이 현대사회에 들어서면서 심리학의 요구는 더욱더 확대되고 있다. 더 많은 연구 결과물로 사회에 주도적으로 기여하기 위해 더욱더 도약하는 서울대 심리학과가 되리라 기대한다.

참고문헌

대한민국학술원(2022). 학문연구의 동향과 쟁점 제12집.

서울대학교 교무처. 교과과정 1959~2022년.

서울대학교 사회발전연구소(2017). 서울대 학사과정 학생의 수강패턴 기초조사와 그 함의 분석.

조흥식(2015). 서울대학교 사회과학대학 40년의 역사: 자료정리와 평가. 사회과학대학 설립 40주년 기념 심포지움.

한국심리학회50년사편찬위원회(1996). 한국심리학회 50년사. 교육과학사.

제 6 장

한국 현실에 걸맞은 인류학에의 지난한 모색:
한국적 인류학의 정체성과 서울대학교 인류학과의 50년 지성사

| 황익주 |

서울대학교 인류학과는, 1975년 서울대학교 종합화 계획에 따라 신설된 '사회과학대학' 내의 여타 학과들과는 달리, 기존에 문리과대학 내 '고고인류학과'로서 존재하던 하나의 학과가 2개로 분리되어, 고고학과는 역시 신설 단과대학인 '인문대학'으로 소속되는 반면, 인류학과는 사회과학대학으로 소속되는 변화를 겪었다. 이는 학과가 교육 및 연구를 담당하는 '인류학'이라는 학문의 정체성에 관한 해석상의 중대한 수정을 내포하는 변화였다. 뿐만 아니라, 지난 50년에 걸친 한국 현실 격변의 영향하에서 인류학과가 수행해 온 교육 및 연구의 내용 속에는, 분리-신설 당시에는 충분히 고려되지 않았던 인류학의 학문적 정체성에 관한 해석상의 중대한 변화들까지 포함되어 있다. 나아가, 이들 변화는 현재의 구성원들이 사회현실의 변동에 보다 잘 부응코자 학과가 미래에 나아갈 길들을 모색함에 있어서 반드시 고려해야 할 중요한 요인들로 이미 자리 잡고 있는 실정이다. 이에 인류학과의 지난 50년 역사를 지성사적으로 조망코자 이 글에서는, "한국 현실에 걸맞은 인류학이란 과연 어떤 것인가?" 하는 화두질문하에 학과의 역대 구성원들이 한국적 인류학의 정체성을 놓고서 지난한 고민을 계속해 오는 과정에서 이루어진 주요 변화들을 시대별로 정리하면서 그 학문적 함의를 고찰해 보고자 한다.

1. 학문적 정체성에 대한 고민의 역사적 연원

1) 쟁점으로서의 학과 명칭 및 하위전공 구분법

지난 50년간 인류학과의 역대 구성원들이, 나아가 한국 인류학계의 역대 구성원들이, 한국사회의 현실에 걸맞은 인류학, 즉 '한국적 인류학'의 정체성 문제를 둘러싸고 지난한 고민을 계속해 오게끔 만든 역사적 연원은 한국사회 내부에 있지 않다고 필자는 생각한다. 그 근원은 근대 서구에서 탄생하여 전 세계로 확산된 분과학문으로서 인류학의 세부내용들이 애당초 서구의 개별 사회들의 현실적 여건을 반영하여 너무나도 다양했었다는 사실에 놓여 있다.

　우선 관련 명칭들의 용례를 살펴보면, 미국 주요 대학들의 경우, 학과 명칭은 '인류학과'가 되고, 그 안의 하위전공 분야 중 하나로 '고고학'이 자리매김되는 것이 20세기 말까지도 일반적이었다. 그중 일부 대학들에서는 아예 '고고인류학(archaeological anthropology)' 혹은 '인류학적 고고학(anthropological archaeology)'이라는 명칭을 통해 인류학과 내의 하위전공 분야임을 보다 명백히 드러내기까지 하였다. 반면, 영국의 주요 대학들에서는, 이미 20세기 중반 이래로 (사회)인류학과와 고고학과가 독립된 학과들로서 활동하되, '인류학 및 고고학'이라는 학부생 수준의 학제적 프로그램을 공동으로 운영하는 양상이 일반화되었다. 이런 차이의 배경에는, 미국에서의 인류학 연구가 초창기에 아메리카 원주민의 무문자 부족사회들을 주된 연구대상으로 삼아 보니 문화인류학적 연구작업과 고고학적 연구작업 간의 연계가 쉽사리 이루어질 수 있었던 반면, 영국에서는 고대의 국가문명들에 대한 연구가 위주였던 고고학과 전 세계의 영국 식민지들에 현존하던 부족사회들을 주된 연구대상으로 삼던 사회인류학 간의 연계가 쉽사리 이루어지기가 곤란했던 사정이 깔려 있었다는 것이 필자의 판단이다.

　학과 내 하위전공 분야들의 분류방식을 살펴보면, 우선 미국의 주요 대학 중 일부에서는 '(사회)문화인류학' '고고학' '언어인류학' '생물인류학'(구 '체질인류학') 등의 네 가지[1]로 구분하는 관행이 20세기 말까지 지속되었다. 반면, 영국과 프랑스의 주요 대학에서는, '사회인류학과' 혹은 '사회문화인류학과'라는 명칭을 지닌 학과들이 '고고학과' 혹은 고고학 및 관련 학문을 교육하는 학과들과 병립하였다. 한편, 미국과 달리 '언어인류학'은 어디서도 별개의 하위전공 분야가 아니라 사회(문화)인류학의 일부로 간주하는 관행이 현재까지도 시종일관 지속되어 왔다. 그런가 하면, '민속학'은 미국·영국·프랑스 대부분의 대학에서는 인류학 관련 하위

---

1) 하지만 이처럼 소위 '4 Fields'로 하위전공 분야들을 구분하는 방식이 미국에서조차도 Harvard 대학과 Colombia 대학 등의 일부 주요 대학들에서는 채택되지 않았다는 사실도 유념할 필요가 있다.

전공 분야로 인정되고 있지 않다. 반면, 같은 유럽에서도 독일, 스웨덴, 핀란드 등의 일부 대학들에서는 근년 들어 '유럽민족학(European ethnology)'이라는 새로운 명칭을 통해 종래의 민속학과 영·미식 사회문화인류학을 결합시킨 성격의 교육 프로그램들이 생겨났다.

서구 대학들에서 인류학 교육과 연구 프로그램의 명칭 및 하위전공 분야 구분 방식상의 매우 큰 다양성은, 인류학이 근대 서구에서 탄생하여 분과학문으로서 사회적으로 인정받으며 발전하는 과정 내내, 학문적 정체성을 둘러싸고 각 사회의 역사-사회적 현실을 반영한 상이한 비전들이 경합해 왔음을 단적으로 말해 주는 사실이다. 이러한 경합은 서구로부터 인류학을 도입하여 대학의 교육 및 연구 프로그램들에 반영해야 했던 비서구 사회들의 경우에는 서구 사회들보다 훨씬 심한 정도로 존재해 왔다. 한 예로 인도의 경우에는, 영국의 식민지배로부터의 독립 이전 및 독립 초기까지는 전적으로 영국인 인류학자들의 연구관심사를 이루었던 내용들이 현재는 대학의 사회학과 혹은 '사회학 및 인류학과(Department of Sociology and Anthropology)'에 소속된 인도인 학자들의 주요 연구관심사로 자리 잡고 있다. 한편, 조선왕조가 몰락하던 시기부터 일제강점기까지 줄곧 서구의 근대적 문물과 제도를 도입해 왔던 한국사회의 경우, 대학의 교육 및 연구 프로그램 속에 인류학이 수용되는 과정에서 서구 국가의 식민지배로부터 독립한 나라들보다도 더욱 복잡한 요인들이 상호작용을 하였던 것 같다. 그러한 복잡성은 1961년 서울대학교 문리과대학 내에 최초로 '고고인류학과'라는 명칭을 내건 인류학 교육 프로그램이 탄생하였다가 불과 10여 년만인 1975년에 사회과학대학 내에 '인류학과'라는 명칭을 내건 학과로 재탄생하는 과정 속에서 엿볼 수 있다.

2) 사회과학대학 인류학과의 전사: 탄생 및 재탄생의 과정과 학문적 정체성

앞서 보았듯이 발원지인 근대 서구에서조차 개별 사회들에 따라 대학에서의 교육 및 연구의 양상들이 매우 달라지고, 인류학의 정체성에 대한 상이한 비전들이 경합해 왔다. 그 결과, 인류학을 도입하여 대학에서의 교육 및 연구를 발전시키고자 모색하던 초창기 대한민국의 지식인들 사이에서도 인류학에 대한 상이한 비전들이 경합해 왔고, 그 와중에 종합화에 따른 서울대학교의 구조개혁이 이루어지게 되었다. 그러므로 사회과학대학 인류학과의 50년사를 지성사적으로 적절히 조망하기 위해서는, 그 전사(前史)에 해당하는 것으로서 1961년 문리과대학 고고인류학과의 탄생에서부터 1975년 종합화에 따른 사회과학대학 인류학과로의 재탄생까지의 역사에 대한 약간의 고찰이 필수적이다.

사회과학대학 인류학과의 직접적 전신은 1961년도에 설립된 문리과대학 고고인류학과였지만, 기실은 광복 직후 미군정청 통치체제하에서 경성제국대학의 후신 경성대학을 필두로 한 10개의 고등교육기관들을 통폐합하여 '국립서울대학교'를 창립하려는 '국대안' 속에 '문리과대학'을 신설하면서 그 안에 '인류학과'라는 명칭의 학과를 만드는 계획이 포함되어 있었다고 한다. 그러나 '국대안'에 대해 기존 학교들이 격렬한 반대 활동을 전개한 까닭에 공식적으로는 1946년 9월에 출범한 국립서울대학교가 정상적인 학사운영을 하지 못하는, '국대안 파동'으로 불리는 혼란상이 오래 지속되었다. 혼란상은 1948년 8월 대한민국 정부가 출범하기 직전 무렵 잠시 사그러 들었다가, 1950년에 발발한 3년 간의 한국전쟁 및 그 여파로 다시금 오래 계속되었다(서울대학교70년사편찬위원회, 2017).

그런데 이 시기에 어떤 세부적 내용의 교육 및 연구 프로그램을 갖춘 학과 설립이 추진되었는가를 확증해 주는 공식적 기록들이 존재하지 않으며, 그로 인해 '인류학과' 설립 시도의 실체성을 놓고 후대 학자들의 평가가 엇갈리는 실정이다. 그리하여 한상복 명예교수는, "1948년 문리과대학에 인류학과가 설립되기는 했으나 불행하게도 1950년에 한국전쟁으로 폐과되기까지 전임교수도 없었고 등록한 학생도 없었다"(한상복, 1991)는 점을 지적하면서 설립 시도의 실체성이 크지 않았다고 평가한 바 있다. 그에 반해 전경수 명예교수는, 당시 한국민속의 연구자로서 경성대학 법문학부 교수였던 송석하의 주도하에, 민속학을 하위전공 분야로서 포괄하는 학문으로서의 인류학에 대한 교육 및 연구를 담당할 '인류학과'의 설립이 추진되었으며, 동시에 인류학과와 연결될 기관 및 학술단체로서 '국립민족

박물관'(Museum of Anthropology)의 건립 및 '조선인류학회'의 창설도 추진되는 등 상당한 실체성을 갖춘 시도가 진행되다가, 송석하가 1948년 8월에 지병으로 요절하는 바람에 좌절된 것이라고 해석하였다(전경수, 1998). 필자의 판단으로는, 송석하의 지병에 더하여, 왕성한 활동들에도 불구하고 그가 국립서울대학교의 설치령에 따른 교수 임용 자격조건을 못 갖춘 점, 정상적 학사운영이 곤란한 극심한 혼란상이 오래 지속된 점 등이 복합적으로 작용하면서, 결국 인류학과 설립을 위한 최초의 시도는 가시적 성과나 유산을 남기지 못한 채 무산되었던 것 같다. 그럼에도 이 시도는, 세계인류학계의 선진국인 미국, 영국, 프랑스와 달리, 연구자 자신의 사회인 한국의 민속에 대한 관심을 서울대학교에서의 인류학 교육 및 연구와 결합시키는 것을 한국적 인류학의 정체성으로 설정하려던 최초의 움직임이라고 볼 수 있겠다.

1950년대 후반기로 접어들면서 비로소 대학의 정상적 학사운영이 가능해졌던 바, 광의의 인류학 교과목들의 강의가 개설되기 시작하는 것도 이때였다. 한상복 명예교수의 회고에 따르면, 이 시기에 개설된 강의들 중 문화인류학 관련 강의들은 주로 사회학과에서, 고고학 및 미술사 관련 강의들은 주로 사학과에서 제공하였다. 강의담당자들은 거의가 서울대 외부인들이었으며, 문화인류학개론을 가르친 사회학과의 이해영 교수가 유일한 내부인이었다. 이 시기 시간강사 중에 후일 문리과대학 고고인류학과의 창설 주체가 될 김원용 박사가 포함되어 있었다는 사실(한상복, 1991)은 의미심장하다. 그리고 이처럼 호전된 분위기 속에서, 광의의 인류학에 대한 교육 및 연구를 담당할 학과의 설립을 다시금 추진할 필요가 있다는 공감대가 점차 형성되었다. 한편으로는, 선사시대 및 고대의 한국사와 동양사 연구에서의 공백지점들을 메워 줄 이론 및 방법론의 필요성을 느끼던 역사학자들이 고고학에 호감을 느끼고 있었다. 다른 한편으로는, 이해영 교수를 필두로 당대 한국 농촌의 변화상에 대한 현장기반적 연구의 필요성을 느끼던 농촌사회학 연구자들이 문화인류학의 현지조사(fieldwork) 방법론에 호감을 보이고 있었다. 그런가 하면 대학 외부에서는 일군의 한국민속 연구자들이 1958년에 학회를 결성하면서 내부적 논란 끝에 그 명칭을 '한국문화인류학회'라고 붙였는데, 이는 종래의 한

국민속연구에서 이론적·방법론적 체계성이 결여되었던 문제점을 선진국 문화인류학의 이론 및 방법론과 접목시켜 극복하려는 취지였다. 이처럼 학내외적으로 인류학에 대한 교육 및 연구를 주관할 학과를 서울대학교에 설립할 필요성에 대한 공감대가 커지고 있었다.

그러한 공감대는 결국 1959년에 서울대와 문교부 간에 이루어진, 고고학을 우선적으로 포함하는 광의의 인류학 관련 학과의 설립에 관한 합의로 실현되었다(전경수, 1998). 그에 따른 학과 창립을 주도할 인물로서, 미술사에 대한 관심이 각별한 고고학자지만, 미국 뉴욕대학 인류학과에서 박사과정을 이수한 덕택에 문화인류학에 대한 약간의 이해도 겸비하면서 국립중앙박물관 학예연구관으로 일해 오던 김원용 박사가 발탁되었다. 그는 당시 문리과대학 교수들의 의견을 반영하여(전경수, 1998) 자신이 유일한 전임교수로서 발족시키게 될 학과의 명칭을 '고고인류학과'라고 확정하였다. 그런데 앞서 필자가 미국 주요 대학의 인류학과들 중에는 하위전공 분야의 명칭으로 '고고학' 대신에 '고고인류학'을 사용하는 경우도 있음을 지적하였지만, 1961년에 탄생한 문리과대학 고고인류학과의 명칭에 깔린 생각은 미국의 경우와는 전혀 달랐다. 그것은 고고학이 중심축을 이루면서 여타의 인류학 하위전공들에 관한 교육 및 연구도 부분적으로 실행하는 학과라는 의미였다.

실제로 새로 출범한 고고인류학과에서의 교육은 고고학 내지 미술사학에 치중되었다. 서울대학교 사회학과에서 이해영 교수의 지도하에 1964년에 석사학위를 취득한 한상복 교수가 1967년에 전임교수로 합류하게 되면서 치중도가 잠시 완화되었다가, 1969년에 고고학 전공자로서 고고인류학과 1회 졸업생인 임효재 교수가 전임교수로 합류하면서 고고학에로의 쏠림 경향은 다시금 지속되었다. 그러던 중, 1968년 10월에는 쏠림에 따른 문제의 심각성을 단적으로 드러내는 사건이 하나 발발하였다. 당시 김원용 교수가 영국으로 연구년을 나간 동안 전임강사 직급의 한상복 교수가 학과장 직무대리를 맡고 있었는데, 문교부로부터 한 학년 학생 수가 10명에 불과한 작은 학과를 2개의 하위전공으로 나누어 운영하는 것이 비효율적이니 '고고학과'로 통폐합하라는 지시가 하달된 것이었다. 이에 김원용 교수와 상의할 겨를도 없었던 한상복 직무대행은 문교부 지시에 이의를 제기하는 의견서를 작성해 제출하였다. 그 내용은, 국내외 인류학계의 동향을 고려할 때 '고고인류학과'라는 명칭을 존치시켜야 하며, 나아가 고고학과로 통폐합을 할 바에는 장차 인류학과를 따로 신설 개편하는 것이 더욱 타당하다는 내용이었다고 한다(한상복, 1991). 이의제기가 받아들여져 '고고인류학과'로서의 현상태는 유지되었지만, 이 사건은 고고학으로의 쏠림이 심한 상황이 고고학 및 (문화)인류학 전공의 교수 및 학생들 모두에게 탐탁치 않은 현실임을 확인시켜 준 계기가 되었다.

그런 와중에 고고인류학과의 구성원들은 국가적 주요사업으로서 서울대학교 종합화계획에 따른 관악캠퍼스로의 이전 및 문리과대학의 인문대학/사회과학/자연과학대학 등 3개 단과대학으로의 의무적 분리라는 외부로부터 주어진 현실에 직면하였다. 이에 대응하여, 고고인류학과가 하나의 학과 체제를 유지한 채 인문대학 혹은 사회과학대학으로의 편입을 선택하는 일도 이론적으로는 가능했을 것이다. 하지만 현실에서는 고고인류학과가 2개로 분리되어 고고학과는 인문대학으로, 인류학과는 사회과학대학으로 편입되는 일이 발생하였다. 이와 관련하여, 분리를 주도했던 김원용 교수와 한상복 교수 중 누구도 당시 학과의 분리를 통해 추구한 학문적 목표가 무엇이었는가를 밝히는 글을 남긴 바가 없어, 필자로서는 해석을 시도하기가 매우 난감하고 조심스럽다. 그러나 주변 사람들의 평가를 종합해 보건대, 김원용 교수는 고고학을 발전시켜 미술사의 영역으로까지 확장시키는 것을 최고 목표로 삼았던 인물이며, 한상복 교수는 사회과학적 엄밀성이 갖춰진 인류학을 발전시켜 종래 한국민속연구에서의 이론적·방법론적 미숙성을 극복하는 것을 최고 목표로 삼았던 인물이다. 따라서 문리과대학의 분리가 고고학과 및 인류학과로의 분리-신설이라는 대안도 가능케 하는 새로운 현실 앞에서, 두 인물 모두 고고인류학과의 틀 속에서 계속 함께하는 것보다는 분리-신설이 각자의 학문적 최고 목표를 실현하기에 적합하리라고 생각하게 되었을 개연성이 충분하다고 생각된다.

이상의 탄생 및 재탄생 과정을 거쳐 생겨난 사회과학대학 인류학과의 50년사를 이하에서 서술함에 있어서는 약간의 시기 구분이 불가피하다. 하지만 모든 역

사 서술이 그러하듯, 대학의 학과라는 교육 및 연구 기관의 역사를 서술함에 있어서도 글쓴이의 관점에 따라 다양한 시기 구분이 생겨나기 마련이다. 인류학과의 경우만 하더라도, 2011년도 학과 창립 50주년에 즈음하여 발간된 책인 『서울대학교 인류학과 50년 1961~2011』의 제1장 "인류학과 약사"를 집필한 김광억 명예교수는, '태동기(1961~1974년)', '정체성 형성기(1975~1979년)', '발전 및 확대의 역동적 단계(1980~1995년)', '인류학의 다변화 시대(1996~2011년)' 등 네 가지로 이루어진 시기 구분을 제시한 바 있다(김광억, 2011). 반면, 고고인류학과의 분리에 따라 1975년에 재탄생한 사회과학대학 인류학과의 지난 50년사를 조망함에 있어 필자는, 사회과학적 인류학에의 추구의 시기로서 1970년대 중반~1980년대, 새로운 가능성과 도전들에 직면한 한국적 인류학의 정체성에 대한 고민의 시기로서 1990~2000년대, 글로벌시대에 부합하는 한국적 인류학에의 모색의 시기로서 2010년대~현재 등 3개의 시기로 구분해 서술코자 한다.

2. 사회과학적 인류학에의 추구: 1970년대 중반~1980년대

1) 사회과학적 인류학의 교육을 위한 기틀 마련

분리-신설의 계획이 확정된 직후의 당면과제는 당연히 사회과학적 인류학의 교육을 위한 기틀을 마련하는 일이었다. 그 최우선 과제로서 1명뿐이던 전임교수진 증원을 위한 교원인사가 이루어져, 사회과학대학 인류학과는 1975년 3월 1일에 한상복, 이광규 2명의 전임교수진으로 출범할 수 있게 되었다. 이광규 교수는 한상복 교수보다 3살 연상의 인물로 서울대학교 역사교육과를 졸업하고 오스트리아 Wien대학교로 유학하여 몽골 민족문화의 역사적 형성에 관한 연구로 1966년에 박사학위를 취득한 후, 1966년부터 줄곧 고고인류학과에 출강하였고, 1967년부터는 사범대 교육학과 교수로 재직해 왔다. 귀국 초기에는 한국전통문화의 역사적 기원에 관한 연구에 치중하다가, 인류학과 교수로 합류한 후에는 가족과 친

2. 사회과학적 인류학에의 추구: 1970년대 중반~1980년대

족, 문화와 인성, 재외한인동포 등의 주제영역들에 관련하여 미국식 문화인류학의 관점에 의거한 연구로 관심을 넓혀 나갔다. 1977년에는 이문웅 교수가 세 번째 전임교수로 충원되었는데, 그는 서울대학교 사회학과에서 학사 및 석사 학위를 취득한 후, 미국 Rice대학교 인류학과로 유학하여 공산주의 체제하 북한 농촌의 문화변동에 관한 연구로 1975년에 박사학위를 취득하였다. 인류학과 교수로 합류한 후에는 법인류학, 재일동포연구, 영상인류학 등의 분야로 연구관심을 확장시켜 나갔다. 한편, 한상복 교수는 인류학방법론과 인류학현지조사 등 방법론 과목들의 교육에 치중하면서, 주전공 분야인 경제인류학, 그리고 응용인류학 분야에서 왕성한 연구 및 사회 활동을 펼쳤다. 이처럼 사회과학대학 인류학과의 초창기인 1970년대 중·후반기는, 대학원과정에 진학해서야 비로소 인류학을 전공하기 시작한 인물들, 더구나 3명 중 2명이 석사과정까지는 사회학을 전공했던 인물들로 전임교수진이 구성됨으로써, 사회과학대학 인류학과의 분리-신설에 깔린 목표인 사회과학적 인류학의 발전을 향한 첫걸음이 내딛어진 시기였다.

1980년대에는 1980년에 김광억 교수, 1982년에 전경수 교수, 1985년에 왕한석 교수 등 3명이 전임교수로 충원되었고, 이후 1990년대 중반까지는 추가적 충원이 없었다. 김광억 교수는, 서울대 독문학과 67학번 출신으로 학부 졸업 후 고고인류학과에 학사편입을 하여 1973년에 졸업하고 나서, 영국 Oxford대학교 사회인류학과로 유학하여 대만의 고산족에 관한 종교인류학적 연구로 1980년에 박사학위를 취득하였다. 전경수 교수는, 고고인류학과 67학번 출신으로 1977년에 인류학과에서 석사학위까지 취득하고 난 후, 미국 Minnesota대학교 인류학과로 유학하여 한국 진도 지역에서의 조상제사에 관한 생태인류학적 연구로 박사학위를 취득하였다. 왕한석 교수는, 서울대 국어교육과 68학번 출신으로 학부 졸업 후 고고인류학과에 학사편입을 하여 1977년에 졸업하고 나서, 미국 UCLA대학교 인류학과로 유학하여 한국의 전통양반 촌락에서의 경어법에 관한 언어인류학적 연구로 1984년에 박사학위를 취득하였다. 이들 3인은 1970년대까지 충원되었던 전임교수들과 달리, 학사과정 때 고고인류학과에서 인류학을 전공한 후 서구로 유학하여 박사학위를 취득했다는 공통점이 있다. 결국 1980년대가 끝날 때까지 전임교수진으로 재직했던 6명 모두가 박사학위는 근대적 인류학의 선진국으로서 미국, 영국, 오스트리아 등 서구 대학의 인류학과들에서 취득하였던 셈이다.

　사회과학대학 인류학과의 초창기에 사회과학적 인류학의 기틀을 마련키 위한 작업 중 교수진의 충원과 더불어 가장 중요했던 것은 교육프로그램의 구축이었다. 이와 관련해서는 신설학과로서 극도로 적은 전임교원수로 출발했던 만큼 새로운 교수가 한 명씩 충원될 때마다 교육프로그램이 비약적으로 확장-심화되는 양상이 나타났다. 이와 관련하여 이루어졌던 변화들 중 주목할 만한 점들로는 크게 네 가지를 꼽을 수 있겠다.

　첫째, 학부생 교육에서 연구방법론 관련 교육이 대폭 강화되었다. 고고인류학과 체제의 끝무렵인 1971~1974년 간에 '인류학현지조사'라는 명칭의 방법론이 전공선택 과목으로 개설되었던 반면, 사회과학대학 인류학과가 출범한 1975년부터는 '인류학방법론'이라는 이론형 과목과 '인류학현지조사'라는 실습형 과목이 모두 전공필수 과목으로 개설되었다. 이들 방법론 과목은, 전임교수진의 주전공 분야에 해당하는 과목들까지 모두 전필과목으로 지정하여 운영하던 초창기를 지나서부터는, 인류학과의 '시그니처' 과목으로 학생들 사이에서 인정받게 되었다. 연구방법론 교육의 이러한 강화는, 사회과학대학 인류학과로의 분리-설립을 통해 추구하려던 사회과학적 인류학의 토대는 견실한 현지조사방법론 교육에 놓여 있다는, 한상복 교수를 필두로 한 전임교수진의 공감대가 학부생 교육프로그램에 반영된 결과물이었다.

　둘째, 세계를 몇몇 지역으로 나누어 각 지역에 관한 인문사회과학적 연구성과들을 학습하는 지역연구 교과목들이 다수 개설되었다. 이 중 일부는 전임교수에 의해 정기적으로, 나머지는 시간강사들을 통해 비정기적으로 강의개설이 이루어졌다. 고고인류학과 시절에는 '아시아민족지'라는 명칭으로 이광규 교수가 담당하던 한 과목만이 1970년부터 개설되었던 반면, 이 시기 인류학과에서는 '~의 민족과 문화'라는 명칭하에 동북아, 동남아, 오세아니아, 북미 등으로 나뉜 해외지역연구 과목들이 신설되어, 한국에 관한 연구성과들을 학습하는 '한국문화론'과 함께 수시로 개설되었다. 이러한 세계의 지역연구 교과목들을 통한 전공교육의 밑

바탕에는, 서구의 인류학 선진국들에서는 가족, 친족, 정치, 경제, 종교, 심리 등등 삶의 영역별로 세분되는 '이론전공', 그리고 아시아, 아프리카, 중국, 미국 등등 세계의 지역별로 세분되는 '지역전공'의 양대 축으로 나누어 교육 프로그램이 운영된다는 사실이 깔려 있었다.

셋째, 고고인류학과 시절에는 비교적 꾸준히 강의가 개설되던 민속학 및 체질인류학 분야가 이 시기 인류학과에서는, 특히 전반기에는, 상대적으로 답보상태에 머물거나 아예 제외되는 양상이 나타났다. 사회문화인류학 분야에서는 '이론전공'에 상응하는 다양한 각론 과목들이 계속 신설되었던 반면, 민속학 분야는 이광규 교수의 이론전공 중 하나인 것으로 취급되면서 '(한국)민속학'이라는 과목 하나만이 고고인류학과 시절과 비슷한 빈도로 강의가 개설되었다. 반면, 체질인류학 분야는 사회과학대학 인류학과가 출범한 이래 1980년대가 다하도록 시간강사를 활용한 강의 개설조차 이루어지지 아니하였다. 그 대신에 1983년부터 '인류의 진화'라는 과목이 신설되어 이문웅 교수가 강의를 담당하였다. 한편 언어인류학 분야의 경우에는, 전혀 강의개설이 이루어지지 않았던 고고인류학과 시절과 달리, '문화와 언어'라는 명칭의 과목이 1976년부터 매년 서울대 언어학과 이정민 교수의 강의로 개설되다가, 1985년부터는 왕한석 전임교수의 강의로 개설되는 변화가 발생하였다. 그리고 종전에는 단일학과 체제에서 교육이 이루어졌으며, 미국의 다수 대학들에서는 현재까지도 인류학과 내의 하위전공 분야로서 교육이 이루어지고 있는 고고학 분야에 관련해서는, '전공선택 인정과목' 제도에 의거하여 인문대학 고고학과에서 개설되는 과목들 중 상당수를 '전공선택 인정과목'으로 지정하여 희망하는 학생들은 수강할 수 있도록 하였다. 그러나 세월의 흐름 속에서, 고고학을 부전공으로 선택하거나 고고학과에서 개설되는 전공선택 인정과목들을 수강하는 인류학과 학생들의 수는 계속 감소해 나갔다. 광의의 인류학 내의 하위전공 분야에 해당하는 이들 분야에 대한 교육이 전개된 양상을 종합해 보면, 사회과학적 성격이 강한 사회문화인류학 분야에 비해 자연과학적 혹은 인문학적 성격이 짙은 체질인류학, 민속학, 고고학 분야의 교육은 상대적으로 약화되었다고 평가할 수 있겠다.

넷째, '인류학전공' 대학원과정이 신설되었다. 새로이 도입된 학문으로서 인류학의 전문연구자가 될 학문후속세대를 육성하는 길이 열렸음을 의미하는 사건이기 때문이다. 기실 이는 사회과학대학 인류학과의 분리-신설보다도 2년 앞서서 1973년에 문리과대학 고고인류학과 내에 '인류학전공'이 신설되는 일에서 비롯하였다. 고고인류학과에서 일찍이 1968년에 석사과정이 신설되었지만, 그 실질적 내용은 당시 주류를 이루던 고고학이었고, 1971년에는 고고학 분야의 첫 석사학위자, 1973년에는 미술사학 분야의 첫 석사학위자 등 고고학전공에서만 석사학위 취득자가 배출된 바 있었다. 그에 반해서 '인류학전공'은 1973년에 이르러서야 신설되었는데, 이때에 64학번으로서 이미 수년 전에 졸업했던 인물들까지도 포함한 여러 명이 석사과정 대학원생으로서의 생활을 시작하기 위해 입학하였다. 대학원과정을 통해 자신이 현지조사를 통해 직접 수집한 자료들을 분석하여 석사학위 논문이라는 연구결과물을 생산해 낼 수 있다는 사실에 고무된 인류학과의 초창기 대학원생들은, 인류학과가 분리 출범하던 1975년 하반기에 '서울대학교 인류학연구회'라는 이름으로 대학원생 및 학과 교수들이 함께 하는 연구모임도 의욕적으로 출범시켰다. 곧이어 인류학과 대학원에서 처음으로 배출된 석사학위자들의 논문을 한데 묶은 『인류학논집』이라는 명칭의 학술지도 1975년 말에 창간하였던 바, 이 학술지는 1985년에 8집이 간행될 때까지 지속되었다. 석사과정의 인류학전공 신설로부터 10년이 지난 1983년에는 박사과정의 인류학전공이 신설됨으로써, 서울대 인류학과는 한국 인류학의 학문후속세대를 학사, 석사, 박사의 전 과정에 걸쳐 길러 낼 수 있는 국내 최초의 교육기관으로서의 틀을 완성하였다.

2) 외부사회적 현실의 격동에 따른 인류학과 교육 및 연구의 변화

대학을 둘러싼 외부사회로서 한국사회의 각종 현실적 변화들은 언제나 대학 내부에서 이루어지는 교육 및 연구의 형식과 내용에 영향을 미쳐 왔다. 그중에는 대학입시 제도의 변화처럼 직접적 영향을 미치는 것들이 있는가 하면, 경제성장이나 가치관 변화 등처럼 간접적 영향을 미치는 것들이 혼재해 있다. 또한 한국의

2. 사회과학적 인류학에의 추구: 1970년대 중반~1980년대

현대사에서는 정치적 격동들도 대학사회에 상당한 파장을 미쳐 왔다. 이처럼 외부사회적 현실의 각종 변화, 그중에서도 '격동'이라 일컬을 만한 급격한 변화들이 대학에서의 교육 및 연구에 영향을 미치는 일은 현대 한국사에서 늘 존재해 온 현상이지만, 1970년대 중반에서 1980년대 말까지의 시기에는 유달리 충격파가 강하게 느껴졌던 변화들이 두 가지 있었다.

첫째는 대학입시에서 도입된 광역계열별 모집 제도로서 74학번부터 시행되었다. 한국사회에서의 무수한 대학입시제도 변화 중에서도 이때 시행된 광역계열별 모집제도는, 종래 유례가 없던 제도였던 만큼 충격파도 가장 컸다. 이 제도가 도입된 배경에는, 학과별 모집 제도가 지속되어 오는 가운데 서울대를 포함한 '상위권 명문대' 입학에서 성공하기 위해 수험생 당사자를 포함한 온 가족이 총력전을 펼치는 양상이 펼쳐지던 사회적 현실이 있었다. 그에 따른 부작용으로서, 과외와 학원 등 사교육이 판을 치고, 고등학생들은 장차 이루고픈 꿈과의 연관 속에서 전공을 제대로 탐색해 보지도 못한 채 내신성적 및 국가주관 시험들에서 나온 성적에 맞추어 전공학과를 택하는 양상이 만연되었다. 이에 '문교부'에서는 대학의 전공분야를 '인문계열' '사회계열' '자연계열' '사범계열' '공학계열' 등의 '광역계열'들로 묶어 신입생들을 함께 선발하는 혁신적 입시제도를 도입, 서울대를 필두로 한 전국의 거점국립대학들에서 우선적으로 실시하고, 사립대학들도 그러한 개혁에 동참토록 사실상 강제하였다. 그렇게 하면, 학생들로 하여금 1년 혹은 1년 반에 걸쳐 교양과정을 이수하는 동안에 각자가 찾아낸 적성에 맞는 학과로 진입하여 전공과정을 이수토록 유도함으로써, 궁극적으로는 대학입시 관련 각종 사회적 부작용들이 해소되리라는 기대가 문교부의 개혁안에 깔려 있었다.

그러나 막상 광역계열별 모집제도가 시행되자 예상치 못한 각종 부작용들이 불거지기 시작했는데, 특히 심각한 것은 세칭 '비인기학과'들에서 벌어진 문제들이었다. 사회과학대학 내에서는 인류학과를 포함하여 지리학과, 사회복지학과, 심리학과, 신문학과 등이 비인기학과였다. 비인기학과의 반대쪽에는 세칭 '인기학과'들이 포진되어 있었는데, 문교부에서는 그 학과들의 인기 현상은 변화하는 사회현실로부터 생겨난 특정 분야들의 고급인력에 대한 사회적 수요 증가에 기인하는 것이라 판단하여, 전공학과에 진입하는 시점에서 인기학과들은 기준정원보다 10~20%에 해당하는 인원을 더 선발할 수 있도록 허용하였다. 그리하여 기준정원부터가 훨씬 많던 인기학과들이 추가적 인원을 우선적으로 선발하게 되자, 비인기학과들에서는 받아들이는 진입생들의 수가 기준정원에 크게 미달할 뿐 아니라, 진입생 중 상당수가 강제배정된 비인기학과에서의 전공학업에 대해 부정적인 태도를 드러냈던 것이다.

인류학과의 경우에는 74학번이 관악캠퍼스에 신설된 인류학과로 진입할 때만 해도 기준정원 10명에서 1명만이 모자란 9명이 진입하였지만, 해가 지날수록 상황이 악화되어 75학번은 5명, 76학번은 6명이더니, 77학번은 2명, 78학번은 1명, 79학번은 2명으로 격감하는 사태가 벌어졌다.[2] 그리고 이처럼 극도로 감소한 학생수로 인해 당시 인류학과 전공수업들의 절반 이상은, '~강독'이라는 명칭하에 5~6명, 심한 경우는 3~4명에 불과한 수강생들이 한 학기 동안 영문 원서 2권 정도를 가지고, 미리 정해진 '발제자'가 챕터별로 내용을 요약하고 나면, 이어서 담당교수 및 수강생 전체가 해당 내용에 관련하여 질의응답 내지 토론을 하는 방식으로 진행되는 수업들이 되고 말았다. 일반적인 대학강의의 형식, 즉 해당과목 전체 및 세부 주제들에 관련된 학문적 흐름 전반을 담당교수가 설명해 주고 나서 질의응답 및 토론이 이루어지는 형식에 비교해 보자면, 과목을 통해 학생들이 습득할 수 있는 전공지식의 양이 상대적으로 부족해질 수밖에 없고, 원서독해 능력의 향상 외에는 장점이 없는 전공수업의 유형이었다. 이처럼 광역계열별 모집제도하에서 비인기학과인 인류학과로 진입하는 학생들의 절대수가 턱없이 적을뿐더러, 자신이 원치 않던 학과에 강제로 배정된 까닭에 인류학 전공공부에 대한 동기 형성이 안 되어 있던 학생들의 비율이 상당히 높았으며, 적은 인원수 탓에 원서강독형 전공수업이 높은 비중을 차지함에 따른 한계 등이 복합적으로 작용한 결과는,

---

2) 79학번이던 필자는 1980년 봄에 인류학과에 진입하여 학부생 수가 군복무 후 복학한 74학번 선배 1명을 포함해 총 6명으로 대학원생 수의 절반에도 못 미치는 최악의 상황을 접한 바 있다.

2. 사회과학적 인류학에의 추구: 1970년대 중반~1980년대

의욕적으로 분리-신설이 되었던 사회과학대학 인류학과의 초창기 학생들 중에 학사과정 졸업 후 대학원과정으로 진학하는 학생의 수가 당초의 기대치에 크게 못 미치는 현상, 다시 말해서 한국 인류학계의 학문후속세대 양성이 심각하게 저해되는 현상으로 나타났다.[3]

아울러 광역계열별 모집제도의 부수적 효과라고 생각되는 점은, 사회과학대학 인류학과의 분리-신설을 통해 추구하던 사회과학적 인류학을 과거 고고인류학과 시절에 비해 거리낌 없이 수용할 수 있는 성향을 지닌 학부생들이, 비록 인원수는 소수에 불과했지만, 인류학과로 진입하게 되는 경향이 나타났다는 것이다. 애당초 광역사회계열 내에 포함된 경제학, 무역학, 정치학, 외교학, 경영학, 법학 등의 인기학문 분야들을 전공해 보고 싶어서 입시를 치렀던 학생들이 압도적 다수이다 보니, 자발적 선택에 의해서든 강제배정에 의해서든, 인류학과 2학년으로 진입하게 되는 학생들의 주류는 사회과학에 대해 친근감을 지닌 학생들로 이루어졌기 때문이다. 그리하여 그들 중 일부가 학부 졸업 후 인류학과 대학원으로 진학하던 1980년대 초에 이르러서는, 한국사회 현실에 걸맞은 사회과학적 인류학을 만들어 내는 것을 목표로 삼는 '진보적 학술운동'이 그들 주도하에 펼쳐지게 된다.

1973년에 문리과대학 고고인류학과 내에 '인류학전공' 석사과정으로 신설되었다가, 1975년부터는 사회과학대학 인류학과 내의 석사과정으로 이관된 인류학과의 대학원 교육프로그램하에서, 1970년대가 끝날 무렵까지는 대학원생들이 석사학위 연구논문을 작성하는 패턴이 한 가지뿐이었다. 2~3명에 불과한 학과 전임교수진 중 학생 각자가 선호하는 특정 교수의 연구관심사를 좇아, 해당 교수가 소개해 주거나 빌려 준 책과 논문들을 읽고, 교수의 연구프로젝트에 보조원으로 따라다니면서 현지조사의 경험을 쌓으며, 나아가 그 과정에서 수집한 자료들을 가지고 석사논문을 작성하는 패턴이 그것이다. 이공계통의 분과학문들에서는 지배적 패

---

3) 비인기학과들에서 드러난 이러한 문제점들이 1980년대로 접어들어 사회적 공감대를 얻어 나가면서, 결국 광역계열별 모집제도는 폐지되고 1983년부터 원래의 학과별 모집제도로 회귀하였다.

턴이며, 인문사회과학 분야의 여타 분과학문들에서도 흔히 발견되는 이러한 패턴에 대해 인류학과에서 대안적 패턴이 발생하는 것은 1980년대 초의 일이었다.

1961년부터 장기집권을 해 오던 박정희 군사독재 정권이 1979년에 발생한 10·26사건으로 종식되었지만, 소위 '서울의 봄'에 대한 대다수 국민들의 염원은 1980년 5월의 광주민주화운동의 유혈진압에 이어진 제5공화국 군사독재 정권의 재탄생으로 좌절되고 말았다. 이들 일련의 사태들에 직면하면서 지식인들 사이에서는 '진보적 학술운동'의 필요성에 대한 공감대가 확산되었다. 아울러, 한국사회가 안고 있는 제반 문제들을 '비판적'으로 재조명하기 위한 학문적 실천은 종래 금기시되어 온 마르크스주의 정치경제학을 기반으로 해야만 가능하다고 생각되었다. 하지만 그 사상은 보수화된 대다수 교수들의 반발을 사게 될 것임이 명백하다고 여겨졌기에, 새로운 '비판적' 인문사회과학은 대학원생들을 포함한 젊은 (예비)연구자들의 집단적 실천인 '학술운동'으로서 전개될 수밖에 없다고 생각되었다. 대학사회 전체를 놓고 볼 때 1980년대의 이러한 진보적 학술운동을 최선봉에서 이끈 것은 서울대학교의 사회과학대학과 인문대학이었던 바, 진보적 학술운동에 공감하던 젊은 (예비)연구자들이 학계 및 대학의 기성질서와 충돌하게 되는 최전선은 바로 각 학과의 대학원연구실이었다.

인류학과 대학원에서 그러한 방향의 활동이 시작된 것은 1980년 5월의 일이다. 비상계엄에 따라 대학 휴교령이 내려진 상황하에서, 당시 시간강사 조옥라 박사의 '농민사회론' 강의를 수강하던 중에 휴교령에 직면했던 대학원생들이 한 학생의 집에서 정기적으로 모여 비판적 인류학을 지향하는 내용의 텍스트들을 함께 읽고 토론하는, '세미나'라고 지칭되던 독서토론 모임을 가진 것이 발단이 되었다. 이후 10월에 휴교령이 해제되어 다시 학교에 나가 공부를 할 수 있게 되었을 때도, 대학원생들이 자체적으로 결성한 비공식적 '세미나'를 통해 학과 전임 교수진이 개설한 강의들과는 다른, 비판적 인류학을 지향하는 공부들을 해 나가는 것이 정착되어 1980년대 내내 지속되었다. 이러한 비공식적 '세미나'들에서는 본 세미나 동안의 토론도 진지했지만, 이어지는 뒤풀이 시간에는 술기운에 빗댄 더욱 진지한 토론들이 밤늦도록 벌어지곤 하였다. 대학원생들의 이러한 모습은

2. 사회과학적 인류학에의 추구: 1970년대 중반~1980년대

1983~1984년 사이에 서울대 인류학과의 교환교수로 재직하며 강의도 개설하였던 미국의 대학교수 Fredric Roberts의 눈에도 포착되어, "서울대 인류학과에서는 교수들이 읽는 책과 대학원생들이 읽는 책이 다르다"는 말로 미국의 대학원생들과 전혀 달리 자체 '세미나'를 통한 공부가 매우 중시되던 인류학과 대학원생들의 생활모습을 표현한 바 있다.[4]

이러한 '비판적 인류학'을 대학원생들의 집단적 실천을 통해 추구하는 움직임을 주도한 인물들은 광역계열별 모집제도하에서 인류학과 대학원으로의 진학이라는 길을 선택한 소수의 인류학과 학부 출신자들이었으며, 필자도 1980년대 중반기에 그러한 역할을 담당한 바 있다. 이들은 당시 인류학과 대학원생 구성에서 다수를 차지하고 있던 타 학교 혹은 타 전공 출신자들을 변화시켜 진보적·비판적 관점에 입각한 인류학 석사논문을 생산해 낼 수 있는 사람들로 만들기 위해 많은 노력을 기울였다. 그 결과, 1980년대에 인류학과에서 산출된 석사논문들의 절반 이상을 차지한 것은 진보적 학술운동의 산물이라고 평가해도 무방할 내용의 논문들이 되었다(서울대학교인류학과50년사편찬위원회, 2011, pp. 204-230 참조). 이들 석사논문들이 지닌 공통점은, 농민·노동자·도시빈민 등 당시 한국사회의 '민중'에 해당하는 사람들이 직면하고 있던 각종 생활상의 어려움들의 양상 및 원인을 현지조사를 통해 수집한 자료들을 통해 서술하고 분석하며, 그런 어려움들을 초래하는 원인이 궁극적으로는 종속적 자본주의로서 한국사회의 특수성에 있음을 주장하는 것이었다.

1980년대 진보적 학술운동의 일환으로서 인류학과 대학원에서 전개되었던 '비판적 인류학'을 지향한 집합적 실천으로부터 파생된 한 가지 중요한 부수적 효과가 있었다. 그것은 바로, 학부생 시기 동안 인류학을 전공하던 학생들 가운데서 한국사회에 새로이 도입된 학문으로서 인류학에 개인적으로는 큰 매력을 느끼면서도 당대 한국사회의 '척박한 현실'의 변혁을 위해 자신이 과연 무슨 기여를 할

---

4) 당시 이 공부모임에 참여했던 오명석 인류학과 명예교수와의 인터뷰를 바탕으로 정리한 내용이다.

수 있을까 하는 문제를 놓고 '예비지식인'으로서 고민하던 일부 학생들로 하여금, 대학원에 진학하여 비판적 인류학을 공부하고 연구하는 일은 사회변혁운동으로서의 진보적 학술운동에 동참하는 길이기도 하다고 새로이 의미화를 할 수 있게 해 준 것이었다. 그에 따라 실제로 비판적 인류학자로서의 삶을 꿈꾸며 대학원에 진학하는 학생들의 수가 늘어나게 되면서, 석사과정 대학원 신입생 중에 소위 '본과출신'들이 절대적으로나 상대적으로나 급증하는 현상이 1980년대 중반부터 말기까지 지속되었다. 그리하여 진입생이 6명에 불과하던 80학번 학생들 중에 무려 4명이 1984년에 대학원 석사과정에 진학하는 것을 시발점으로 하여, 한 학번당 4~8명에 달하는 학부졸업생들이 대학원에 진학하는, 학과 역사상 역시 전무후무한 진풍경이 이 시기에 펼쳐진 바 있다.

3. 새로운 가능성과 도전들, 그리고 정체성에 대한 고민: 1990~2000년대

이 절에서 살펴볼 1990년대 초부터 2000년대 말에 이르는 시기는 1970~1980년대의 각종 개혁들을 통해 사회과학대학 인류학과의 교육적 기틀이 일정 정도 다져지고, 외부사회로서 한국사회의 현실적 여건들도 전반적으로 크게 발전된 상태에서, 학과에서 이루어지는 교육 및 연구에 새로운 가능성 및 도전들이 생겨난 시기였다. 그에 따라 '한국사회의 변화된 현실에 걸맞은 한국적 인류학은 과연 어떠한 것인가' 하는 정체성 고민이 다시금 대두하였다.

1) 한국사회의 변화 트렌드에 따른 인류학적 전문지식에 대한 새로운 수요

이 시기에 한국사회에서 전개된 변화의 트렌드 가운데는 인류학적 전문지식에 대한 새로운 수요를 창출하는 것들이 포함되어 있었다. 필자의 판단으로 그러한

3. 새로운 가능성과 도전들, 그리고 정체성에 대한 고민: 1990~2000년대

새로운 사회적 수요의 가닥들은 크게 세 가지로 분류해 볼 수 있을 것 같다.

첫째, 인류학적 해외지역연구를 통한 세계 각 지역의 사회와 문화에 관한 현장기반적 지식에 대한 수요이다. 이는 본디 서구의 학계에서도 비서구 사회들에 대한 현지조사를 통해 수집된 자료들에 기초하여 연구를 수행하는 학문으로서의 변별성이 두드러졌던 인류학의 특장점을 잘 부각시키게 해 주는 사회적 수요였다. 특히 글로벌화(globalization)의 추세가 가속화되는 가운데서, 해외로 진출하는 한국기업들이 현지사회들에 보다 원활히 적응하는 데 필요한 실용적 정보로도 활용되거나, 혹은 고도 경제성장의 지속에 따른 상당 정도의 물질적 여유를 기반으로 수시로 해외여행을 즐길 수 있게 된 중산층의 새로운 라이프스타일에 부응하여 해외의 지역들에 관련한 실질적 정보 내지 기본소양이 됨직한 인류학적 전문지식에 대한 사회적 수요가 급증하였다. 따라서 한국기업들이 많이 진출하는 해외지역 혹은 한국인들의 인기 여행지에 해당하는 해외지역들에 관한 전문지식에의 수요가 상대적으로 빠르게 증가하였다. 이러한 지식 수요들의 증가 트렌드는, 자신의 것과 다른 사회와 문화에 대한 현장기반적 지식의 생산에 전통적으로 특화되어 온 학문으로서 인류학을 소개하는 인류학개론 강좌들이 이 시기에 전국 대학들에서 큰 인기를 누리던 현상에서 단적으로 확인되었다.

둘째, 지방자치제도가 1991년부터 부활됨에 따라 소위 '지방화시대'가 열리면서 생겨난, 지방문화의 다양성에 관한 현장기반적 전문지식에 대한 수요이다. 한편으로는, 1960년대 이래의 지속적 고도 경제성장에 더해서 1980년대 말에는 군사독재의 종식 및 정치적 민주화까지 이루어냈다는 국민적 자부심을 배경으로 하여, 종래에는 서구에서 발원한 사회제도 및 문화를 선진적이자 본받아야 할 것으로 당연시하는 경향 속에서 백안시되어 온 한국의 전통적 민속문화의 지방별로 다양한 양상을 새로이, 보다 긍정적으로 조명코자 하는 사회적 수요가 형성되었다. 다른 한편으로는, 지속되는 도시화, (탈)산업화 및 정보화 등의 사회변동 추세 속에서 이루어지는 고속도로, 신도시, 아파트단지, 첨단산업단지 등등의 건설을 위한 각종 국토개발사업들이 진행되는 과정에서 소멸될 각 지방 주민들의 현대적 일상생활문화에 관련된 현지조사 연구에의 수요도 새로이 형성되었다. 특히 처음에는 개발사업 대상지역 내에 매장되어 있을지도 모르는 '매장문화재'에 관한 '지표조사'만이 법적으로 의무화되었다가, 2005년부터는 지역주민들의 일상적 민속으로까지 지표조사의 범위가 확장됨에 따라, 광의의 인류학적 현지조사에 기반한 전문지식에의 사회적 수요가 급증하였다.

셋째, 한국사회가 다문화사회로 이행함에 따라 발생하는 각종의 사회문제 내지 갈등들에 효과적으로 대처하기 위해 필요한, 역시 현장기반적인, 전문지식에 대한 수요이다. 한편으로는 지속적 경제발전의 여파로 소위 '3D 업종'이라 불리던 분야들에서 생성된 취업기회들을 좇아 외국인노동자들이 한국사회로 대거 몰려들기 시작하였다. 다른 한편으로는 젊은 한국 여성들의 도시로의 이주에 따라 발생한 시골 지역 노총각들의 문제에 대한 해결책으로서 중매업자들의 개입을 통한 아시아 각국 출신 외국인 여성들과의 결혼이 등장하였다. 이들 변화 트렌드는 각종 사회문제들을 새로이 발생시켰다. 소위 '단일민족신화'가 형성되었을 만큼 언어 및 문화적 배경을 달리하는 외국인들과의 일상적 접촉 경험이 없었던 대다수 한국인들과의 일상생활을 함께하는 과정에서, 외국인노동자들은 취업현장에서 각종의 차별대우와 인권 억압에 직면하게 되고, '결혼이주여성' 및 그들이 형성하는 '다문화가정'은 가정폭력 및 차별대우 등을 포함하는 각종의 문제적 현실에 직면하게 되는 현상이 불거졌던 것이다. '다문화사회'로의 이행에 수반된 이들 사회문제들이 종전에 경험한 적이 없던 것들이었던 만큼, 그 해결책을 모색키 위한 현장기반적 전문지식에의 수요가 새로이 대두하는 것은 당연한 일이었다.

2) 새로운 가능성 및 도전에 대한 서울대 인류학과의 대응 양상

한국사회의 변화 트렌드에 따른 인류학적 전문지식에 대한 새로운 수요들은 서울대 인류학과, 나아가 한국 인류학계의 구성원들에게는, 한국사회에서 인류학을 좀 더 발전시킬 수 있는 새로운 가능성을 제시하는 것이었다. 동시에 그것들은, 만약 변화된 현실에 효과적으로 적응치 못하면 타 분과학문들에 비해 상대적으로 뒤쳐지게 될 수 있다는 의미에서, 새로운 도전으로 다가오는 것이기도 하였다. 이들 새로운 가능성 및 도전에 대한 대응이라고 해석될 수 있는 이 시기 인류학과에서의 변화상들을 이하에서 살펴보기로 한다.

 우선적으로 언급할 것은 학과 전임교수진의 차원에서 이루어진 변화들로서, 주로 신임교수의 충원을 통한 대응으로 나타났다. 1990년대에서 2000년대까지의 기간에 신임교수로 충원된 인물들로는 오명석(1994년), 강정원(1999년), 황익주(2001년), 박순영(2002년), 정향진(2003년), 권숙인(2006년) 등 도합 6명이 있었다. 오명석 교수는 문리과대학 고고인류학과 73학번 출신으로 사회과학대학 인류학과에서 학사 및 석사 학위를 취득하고 나서, 호주의 Monash대학교 박사과정에 진학하여 1993년에 말레이시아 농민들에 관한 경제인류학적 연구로 박사학위를 취득한 인물이다. 그는 1994년에 인류학과에 주어진 전임교수 신규 TO에 따른 7번째 전임교수임과 동시에, 해외지역연구를 위한 국가적 중심기관으로 신설된 '지역종합연구소(현재는 국제대학원)'의 겸임교수로 일하면서, 한국에서의 동남아 지역연구를 선도적으로 개척해 나갔다. 강정원 교수는 인류학과 82학번 출신으로 학사 및 석사 학위를 취득한 후 독일 München대학교로 유학하여, 러시아 시베리아 야쿠트족의 샤머니즘에 관한 연구로 1999년에 박사학위를 취득하였다. 그는 1999년에 있은 이광규 전임교수의 정년에 따른 후임자 충원에서 민속학 분야의 교육과 연구를 이어갈 인물로서 선발되었으며, 지역전공으로는 러시아 및 동북아 지역연구 분야를 담당하였다. 필자인 황익주 교수는 인류학과 79학번 출신으로 학사 및 석사 학위를 취득한 후 영국 Oxford대학교 사회(문화)인류학과 박사과정에 진학하여 1992년에 아일랜드공화국 소도시에서의 사회집단 분화에 관한 연구로 박사학위를 취득하였다. 그는 1993년부터 강원대학교 인류학과에서 교수로 재직하며 이론전공으로는 도시인류학, 지역전공으로는 유럽지역연구를 주로 담당해 오다가, 2001년에 서울대 인류학과의 한상복 전임교수의 정년에 따른 후임자로 선발되었다. 박순영 교수는 육군 간호장교 대위로 제대 후에 늦깎이로 인류학과 85학번에 입학했던 특이한 이력을 지닌 인물이다. 그는 학사 졸업 후 미국의 뉴욕주립대학교(SUNY Buffalo)의 대학원으로 진학하여 1991년에 석사학위를, 1995년에는 한국의 초중고 학생들의 성장발육에 관한 생물인류학적 연구로 박사학위를 취득하였으며, 2002년에 새로이 학과에 주어진 전임교수 TO에 의거하여 임용되었다. 그에게는 고고인류학과 시절부터도 전임교수가 있어 본 적이 없는 생물인류학 분야를 본격적으로 개척하는 역할이 기대되었다. 정향진 교수는 부산대학교 영어교육과에서 학사학위, 서울대 인류학과에서 석사학위를 취득한 후에, 미국 Minnesota대학교로 유학하여 미국 중학교 학생들의 사춘기에 관한 연구로 2001년에 박사학위를 취득하였다. 그는 2003년에 인류학과에 주어진 전임교수 신규 TO에 따라 선발되어, 이론전공으로는 교육인류학 및 심리인류학, 지역전공으로는 미국 지역연구를 담당하고 있다. 권숙인 교수는 인류학과 81학번 출신으로 학사 졸업 후 미국 Stanford대학교 인류학과로 유학하여 1989년 석사학위에 이어, 1994년에 현대 일본에서 관광산업과 연관된 지역정체성의 역동에 관한 연구로 박사학위를 취득하였다. 이어 2000년부터 숙명여대 일본학과 교수로 재직해 오다가 2006년에 이문웅 교수의 정년에 따른 충원에서 선발되어, 지역전공으로는 일본 지역연구, 이론전공으로는 초국가적 이주, 성의 인류학 등을 담당하고 있다.

　이 시기에 이루어진 신임교수 충원에서 가장 두드러진 특징은, 당시 한국사회에서 새로 대두한 현장기반적인 인류학 전문지식에의 수요의 가닥들 중에서도 해외지역연구 부분에 부응할 수 있는 교육적 배경을 지닌 인물들이 다수 임용되었다는 점이다. 오명석, 강정원, 황익주, 정향진, 권숙인 교수 등은 모두 특정 해외지역들에 관한 연구로 인류학박사 학위를 취득한 사람들이었기 때문이다. 이들 신임교수들이 한국에서 이루어지던 중국 지역연구 분야의 권위자로 자리잡은 김광억 교수, 그리고 박사논문을 해외지역연구로 작성하지는 않았지만 1990년대 이래로 세계의 여러 지역들에 대한 현장기반적 연구성과들을 왕성하게 산출해 온 전경수 교수 등 기존교수들에 가세함으로써, 서울대 인류학과는 해외지역연구에 특화된 교육 및 연구 기관으로서의 정체성을 대내외적으로 표명하게 되었다. 다음으로 주목할 특징은, '사회과학적 인류학'이 추구되던 1970~1980년대의 시기에 상대적으로 비중이 축소되었던 민속학 및 생물인류학 분야에 대한 교육 및 연구를 주도해 나갈 인물로서 강정원 교수 및 박순영 교수가 충원된 점이다. 강정원

3. 새로운 가능성과 도전들, 그리고 정체성에 대한 고민: 1990~2000년대

교수는 시베리아 야쿠트족에 관한 자신의 박사논문 연구 때와는 달리 귀국 후에는 한국민속에 대한 왕성한 연구를 펼치면서, 전임자인 이광규 교수의 경우에는 몇몇 이론전공 중 하나에 그쳤던 민속학을 인류학과 내의 주요 하위전공 분야 중 하나로 격상시키기 위해 많은 노력을 기울였다. 그리고 그러한 노력은 전통적 및 현대적 민속문화에 대한 현장기반적 전문지식에 대한 사회적 수요 급증에 힘입어 민속학을 전공하는 대학원생수의 증가추세로 결실을 맺기 시작하였다. 한편, 전임교수가 있어 본 적 없는 생물인류학 분야를 개척해 나갈 인물로서 박순영 교수 충원의 주된 배경요인은, 서구에서 인류학의 탄생 초기부터 인류학적 연구관심의 한 축을 이뤄온 것이 생물인류학이니만큼, 한국에서는 서울대학교 인류학과에서만이라도 이 분야에 대한 교육 및 연구가 이루어질 필요가 있다는 생각에 공감하는 사람들이 학과교수진 중에 여럿 있었다는 점이었다.[5] 끝으로 지적코자 하는 이 시기 신임교수 충원에서 주목할 특징은, '다문화사회'로의 이행에 따른 인류학적 전문지식에 대한 사회적 수요 증대 트렌드에 대응키 위한 것이었다고 평가될 수 있는 성격의 충원은 이뤄지지 못했다는 점이다. 이는 신임교수진의 충원이 해외지역연구 전문가로 꼽히는 인물들 위주로 이루어진 현상의 이면에 해당하는 것이라고도 말할 수 있겠다. 각자의 지역전공에 해당하는 해외지역들에 대한 현장연구들을 위주로 하다 보니, 자연히 한국사회 내에서 외국인노동자나 결혼이주여성들이 유입되면서 생겨나는 사회문화적 변동들에 대한 현장기반적 연구를 본격적으로 추가한다는 것은 너무나도 버거운 일이었기 때문이다.

이 시기에 대두한 새로운 가능성 및 도전에 대한 인류학과의 대응은 교과목 개설의 측면에서도 이루어졌다. 1985년 이후 6명으로 동결되어 있던 전임교수진의 숫자가 9명으로 증가하면서 종전에 비해 교수 개인별 이론전공에 상응하는 교과목들의 종류가 1980년대까지에 비해 크게 늘어났다. 또한 충원된 신임교수의 다수가 해외지역연구 전문가들이다 보니 자연히 정규적으로 강의가 개설되는 해외

---

5) 이는 박순영 명예교수와의 인터뷰를 바탕으로 한 필자의 판단이다.

지역연구 과목들의 수가 증가하였으며, 거기에 시간강사들을 활용한 강의 개설이 더해져 해외지역연구 과목들의 수는 급증하였다. 그리하여 1980년대까지는 학부 과정에서 일 년에 1~2과목의 지역연구 관련 강의가 개설되는 데 그쳤던 반면, 1990년대 중반부터 2000년대 초까지는 일 년에 4~7과목으로 정점을 찍었다가, 이후에는 평균 3과목으로 정착되는 양상이 나타났다(서울대학교인류학과50년사편찬위원회, 2011, 제3장). 한편, 지방화시대의 도래에 따른 전통적 민속문화 및 일상적 민속문화에 대한 사회적 관심 고조, 그에 상응하는 각종 박물관들의 급증 추세에 부응하여, 학과에서는 관련 교과목으로 '인류학박물관 실습'(학부)/'박물관과 인류학'(대학원)이라는 명칭의 과목을 신설하여, 1980년대에는 민속학/민속학연습 한 과목뿐이던 민속학 분야의 전공과목으로 추가하였다.

그리고, 비록 한국사회의 변화 트렌드와 연관된 새로운 가능성 및 도전에 대한 대응이라고 해석될 성격의 현상은 아니지만, 교과목 개설의 측면에서 이 시기에 발생한 변화 중 서울대 인류학과의 지성사에서 중대한 함의를 지니는 현상이 하나 있다. 그것은 바로 미국의 많은 대학의 경우 인류학과 내 하위전공 분야로 오랫동안 인정받아 온 언어인류학 및 생물인류학 분야의 과목들이 신설되어 전임교수진의 정규적 강의개설로 이어졌다는 점이다. 언어인류학 분야에서는 학부과목으로 기존의 '문화와 언어'에 '인류학현지언어실습' 과목이, 대학원과목으로 기존의 '언어인류학'에 '사회언어학'과 '인지인류학'이 각기 추가되었다. 한편, 생물인류학 분야의 경우는 학부과목으로 기존의 '인류의 진화'에 '체질인류학'이 추가되었다가, 이들 두 과목을 통합해 '생물인류학'으로 개칭하는 대신 '문화와 생물학'을 신설하였으며, 대학원과목으로는 1970년대 후반에서 1980년대 말까지는 전혀 개설되지 못했던 '체질인류학'이 개설되었다가 2010년부터 '생물인류학연구'가 대체과목으로 자리 잡게 된다. 뿐만 아니라, 2007년부터 신설한 '진화와 인간사회'라는 핵심교양 과목이 학생들 사이에 엄청난 호응을 얻게 되어, 현시점에 이르기까지 인류학과가 교육을 주관하는 모든 교양과목 중에서 단연 최고의 인기를 구가하는 과목으로 자리 잡았다.

이 시기 한국사회의 변화 트렌드와의 연관 속에서 새로이 대두한 가능성 및 도전들에 대한 서울대 인류학과 구성원들의 대응이 가장 발빠르게 나타난 영역은 대학원생들, 특히 석사과정생들의 학위논문 연구였다. 그중에서도 가장 주목되는 점은, 전임교수진의 연구에서는 거의 다루어지지 않던 한국의 다문화사회로의 이행에 따른 변화 및 사회문제들을 주제로 한 학위논문 연구들이 상당히 높은 비중으로 이루어졌다는 점이다. 그리하여 1994년 방글라데시 출신 외국인노동자들에 관한 이욱정의 선구적 논문을 필두로, 필리핀, 우즈베키스탄, 일본, 중국 한족 및 조선족, 그리고 북한이탈주민 등을 대상으로 하여 이들이 한국사회에서의 생활에 적응하는 과정에서 직면하는 각종 문제들을 다룬 석사학위논문들이 산출되었다. 또 하나의 주목할 점은, 종전에는 한국사회를 대상으로 하는 연구로 일색이던 것에서 탈피하여, 해외지역에 대한 현지조사에 기반하여 작성된 학위논문들이 생산되기 시작하였다는 것이다. 그리하여 멕시코, 인도네시아, 일본, 중국, 이란, 말레이시아, 필리핀, 태국, 캄보디아 등의 나라에서 실시한 현지조사를 바탕으로 작성된 석사학위 논문들이 1990년대 말부터 수시로 산출되었다. 더욱 주목할 대목은, 1983년에 박사과정이 신설된 이래 1992년부터 배출되기 시작한 박사학위 연구들에서 나타났던 경향이다. 1995년 일본 농민경제에 관한 홍성흡의 논문을 시발점으로, 말레이시아, 피지, 미국, 필리핀, 홍콩, 베트남, 태국, 중국 등에서 실시한 장기적 현지조사에 기초한 박사논문들이 산출되었다. 기실, 박사논문들의 경우에는, 학과의 신임교수로 임용된 사람들의 경우와 마찬가지로, 해외지역연구에 해당하는 것들이 주류를 이루는 실정이었다(서울대학교인류학과50년사편찬위원회, 2011). 그리고 한국의 전통적 및 현대적 민속문화에 관한 인류학적 전문지식에 대한 사회적 수요에 부응하는 방향의 주제들을 다룬 학위논문 연구들도 이 시기에 산출되기 시작하였다. 2000년대 초까지는 전경수 교수의 지도하에 작성된 석사논문 1편에 불과했지만, 2000년대 중반에 들어서면서부터는 강정원 교수의 지도하에 작성된 석사논문들이 매년 1~2편씩 꾸준히 산출되었다. 이 시기에 인류학과에서 산출된 석사논문들과 관련하여 필자가 끝으로 주목코자 하는 점은, 광의의 생물인류학 분야에 해당하는 논문들도 박순영 교수의 지도하에 2000년대 중반부터 산출되기 시작하였다는 것이다. 이러한 인류학과 대학원 내에서의 추세는,

왕한석 교수의 지도하에 1990년대 초부터 산출되어 오던 언어인류학 분야에 해당하는 석사논문들에 더해져, 여전히 사회문화인류학 분야의 학위논문들이 다수를 이루기는 하였지만, 인류학과 내의 '소수 하위전공 분야'에 해당하는 분야들이 이 시기에 꾸준히 성장하기 시작하였음을 말해 주는 사실이라 하겠다.

이 시기에 대두한 새로운 가능성 및 도전에 대한 서울대 인류학과의 대응 양상으로서 마지막으로 언급할 사항은, 학과 주관 연구소로서 '비교문화연구소'의 설립이다. 1990년 11월 인류학과는 학과 차원의 각종 연구활동 활성화를 위해 '비교문화연구소(Institute for Cross Cultural Studies: ICCS)'라는 이름으로 사회과학대학 부설연구소를 창립하였으며, 3년 후인 1993년 11월부터는 학술지『비교문화연구』를 정기적으로 간행하기 시작하였다. 초대 연구소장 한상복 교수의『비교문화연구』창간사에는, 연구소의 설립취지가 "전 세계의 다양한 민족과 문화에 관한 비교연구, 자료수집, 출판, 문화정책 개발 등을 도모"하는 것이라고 밝혀져 있다. 이러한 창간사 내용, 그리고 1990년 창립 이후 2000년대 말까지 시기에 비교문화연구소가 주최한 학술심포지움과 집담회, 수주된 연구프로젝트, 그리고『비교문화연구』에 게재된 논문들의 내용 등을 종합적으로 판단해 보건대(서울대학교인류학과50년사편집위원회, 2011), 비교문화연구소의 설립은 당시의 한국사회에서 다양한 해외지역들에 대한 연구 및 한국전통문화를 비교론적 관점에서 조망하는 연구 등의 인류학적 전문지식에 대한 수요가 증가하는 트렌드에 부응코자 하는 서울대 인류학과의 대응 양상이라 평가할 수 있겠다.

3) 한국적 인류학의 정체성에 대한 고민의 재부상

이상에서 살펴보았듯이, 1990년대에서 2000년대까지의 시기에 서울대학교 인류학과에서 생겨난 각종의 변화들은 이전 시기에 각종 변화의 기조를 이루던 '사회과학적 인류학에의 추구'에 균열을 일으키면서, 학과 구성원들로 하여금 "한국사회의 변화된 현실에 걸맞은 한국적 인류학은 과연 어떠한 것인가?" 하는 성찰적 물음, 즉 한국적 인류학의 정체성에 관한 고민에 다시금 빠져들게 만들었다. 이러

3. 새로운 가능성과 도전들, 그리고 정체성에 대한 고민: 1990~2000년대

한 고민은 크게 두 방향에서 전개되었다.

한편으로, 사회과학대학 인류학과의 분리-신설을 추진했던 주체들의 구상 속에서는 중시되지 않았던 하위전공 분야인 민속학 및 생물인류학 분야들에 전임교수가 충원되었을 뿐만 아니라 학문후속세대들의 학위논문들도 산출되기 시작함에 따른 고민들이 생겨났다. 언어인류학 분야까지 포함하여 3개의 소위 '소수 하위전공' 분야들은, 전임교수가 각 1명씩에 불과해 전공교육 및 대학원 논문지도에서 커다란 어려움을 감내하면서도, 2000년대를 통해 꾸준한 성장세를 이룩하였다. 그런데 이들 3개 분야의 인식론적·방법론적 토대를 살펴보면, 생물인류학은 거의 자연과학이라 말해도 무방하며, 민속학과 언어인류학은 인문학과 사회과학의 중간적 성격을 지닌다. 따라서 1970~1980년대에 추구되어 왔던 사회과학적 인류학과는 상당 정도의 이질성을 지닌 이들 소수 하위전공 분야들을 사회과학대학 인류학과라는 틀 내에서 과연 어떻게 운영하고 발전시킬 것인가 하는 새로운 고민이 이 시기에 대두하였던 것이다.

다른 한편으로는, 학과 내의 '주류 하위전공' 분야인 사회문화인류학 내에서도 학문적 정체성에 관련하여 중대한 성찰적 물음이 대두하였다. 그것은 바로 1980년대 후반에 세계인류학의 선진국들을 강타한 '인류학적 포스트모더니즘'의 열풍이 1990년대에 들어 한국 인류학계에 상륙함에 따른 충격파였다. 그 충격파는 사회문화인류학 전공자들, 그중에서도 해외지역연구에 집중하는 사람들보다는 한국 사회에서 새로이 생겨나는 각종 사회문제들, 특히 노인, 여성, 성소수자, 장애인, 재난피해자, 외국인노동자, 결혼이주여성 등등의 사회적 약자에 대한 연구에 관심을 지닌 소장파 인류학자 및 대학원생들에게 가장 크게 닥쳐 왔다. 이들 중 인류학적 포스트모더니즘의 관점을 수용한 사람들의 입장에서 보자면,[6] 1970년대의 서울대 인류학과에서 교수들 주도하에 추구되던 실증주의적 인류학, 그리고 1980년

---

6) 하지만 이 시기 젊은 세대의 한국 인류학자 중에는 인류학적 포스트모더니즘에 대해 강력한 비판적 입장에 서 있는 사람들도 있었다. 그 대표적 사례로 이정덕(1993) 참조.

제6장 한국 현실에 걸맞은 인류학에의 지난한 모색

대에 대학원생들이 추구하던 '비판적 인류학'은 모두가 사회과학적 객관성이라는 미명하에 현장연구의 상황 속에 불가피하게 내포되는 권력관계 및 주관성의 문제를 간과하는 오류에 빠진 것이었다. 반면, 자신들이 추구하는 포스트모던 사회문화인류학이란, 종전의 사회과학적 인류학과는 달리, 자료수집과 분석에서의 과학적 엄밀성에 못지않게 연구자의 주관성을 토대로 한 직관적 통찰을 중시하는 점에서 인문학과 사회과학의 중간적 성격을 띤 것인 만큼, 다양한 사회적 약자들의 아픔에 공감하면서 그들을 옹호하려는 가치론적 입장을 선택하는 인류학이라 생각되었다.

요컨대, 1990년대에서 2000년대까지의 시기에 서울대학교 인류학과 내 소수 하위전공 분야들에서 나타난 변화상, 그리고 주류 하위전공 분야로서 사회문화인류학 분야에서 인류학적 포스트모더니즘의 확산에 따라 나타난 변화상 등은, 변화된 한국사회의 현실과의 관계 속에서 인류학이 지향해야 할 방향성에 대한 학과구성원들의 판단 및 연구관심사들이, '사회과학적 인류학'이 압도적으로 추구되던 이전 시기에 비해, 그 인식론적 및 방법론적 토대의 측면에서 훨씬 다양화·이질화 되었음을 말해 준다. 이러한 다양성 내지 이질성의 심화 추세에 따른 부산물로서 발생한 또 하나의 변화는, 1980년대에 진보적 학술운동의 일환으로서 대학원생들이 전임교수진과는 별도의 커리큘럼을 운영하다시피 하는 집단적 실천을 통해 추구하던 '비판적 인류학'처럼, 대다수 대학원생들이 사회적 현실에 관련된 공통의 관심사를 가지고 공부 및 학위논문 연구를 함께 해 나가던 대안적 양상이 사라졌다는 점이다. 그 대신에, 대학원생들이 종전보다 많이 늘어난 전임교수진들이 가르치는 다양화된 이론 및 지역 전공분야들 가운데서 개인적 관심에 따라 교과목들을 선택하여 수강하고, 지도교수의 지도하에 학위논문 연구를 수행하는 양상이 지배적 양상으로 재정착되었다. 그리고 그렇게 다양성과 이질성이 심화된 만큼, 이들 하위전공 분야들이 하나의 인류학과라는 틀 속에서 어떻게 하면 효과적인 통합을 이루어 낼 수 있는가, 다시 말해서, "변화된 한국사회의 현실에 걸맞은 한국적 인류학에 대한 교육 및 연구의 중추기관으로서 서울대학교 인류학과의 정체성을 과연 어떻게 설정해야 하는가" 하는 문제가 매우 어려운 고민거리로서 이 시기에 다시금 대두하였던 것이다.

4. 글로벌시대에 부합하는 한국적 인류학과에의 모색: 2010년대~현재

2010년대로부터 현재 시점인 2020년대 중반까지의 시기에는 과연 외부사회적 현실의 어떠한 특성들이 인류학과 구성원들에게 가장 유의미한 것들로 인식되어 학과 내부에서의 교육 및 연구에 중요한 변화를 추동하는 요인으로 작동했다고 판단해야 할까? 이는 현재진행형인 데다가 복잡하고 민감한 각종 변화상들을 내포하는 질문이어서 대답을 제시하기가 매우 버겁게 느껴진다. 그럼에도 불구하고, 필자는 그러한 변화상들을 '글로벌시대'로의 이행에 부합하는 '한국적 인류학과'를 만들어 내기 위한 실천적 노력으로서의 공통분모를 지닌 현상으로 해석해 보고자 한다.

'전지구화' '글로벌화' 등으로 번역되는 'globalization'이라는 거대한 변화추세에 관련하여 사회과학계에서 열띤 논의가 펼쳐져 온 지도 30년이 지났다. 초기에는 미국을 필두로 한 서구 사회들의 영향이 인류의 일상생활의 전 영역들로 확산되는 것이 그 본질이라며 부정적으로 평가하는 관점들도 풍미하였지만, 현재는 그런 식으로 간단히 평가될 사안이 아니라는 인식이 대세를 이루고 있다. 특히 국내외 인류학계들에서는 전지구화가 'glocalization', 즉 글로벌 트렌드가 로컬 차원의 다양한 역사-사회적 조건들과 만나 매우 복잡한 사회문화적 변동을 산출하는 과정이며, 거기서 글로벌 트렌드로서 작동하는 것들조차도 더 이상 서구에서 기원한 요소들에 국한되지 아니하고 비서구 사회에서 기원한 것이 서구 사회로 확산되기까지 한다는 점에 주목한다. 이러한 인식이 확산되는 가운데서, 2010년대로 접어들 무렵에는 한국사회가 이미 '글로벌시대'로 진입하였다는 공감대가 형성되어 있었고, 이는 다시 서울대학교 인류학과의 구성원들로 하여금 글로벌시대의 한국 현실에 부합하는 '한국적 인류학'에 대한 교육 및 연구를 수행하는 중추적 기관으로서 거듭나기 위한 노력의 필요성에 공감케 만들었다고 생각된다. 이하에서는, 글로벌시대에 부합하는 한국적 인류학과를 모색키 위한 노력이라는 관점에서 2010년대 이래로 인류학과에서 펼쳐져 온 주요 변화상들을 살펴보고자 한다.

1) 전임교수 충원 및 그에 따른 교과과정 운영상의 변화

이 시기에 전임교수로 충원된 인물로는 시마 무츠히코(2010년), 강윤희(2011년), 이현정(2012년), 채수홍(2015년), Olga Fedorenko(2015년), 김재석(2017년), 이승철(2020년), 박한선(2022년) 등 도합 8명이 있었다. 그에 더하여, 영국 Cambridge대학교의 권헌익 교수가 2013년부터는 '글로벌 중견학자 초빙교수'라는 자격으로, 2018년부터는 '노벨상 수상자급 초빙석좌교수'라는 자격으로 겸직임용이 되어 학과교수진의 일원으로 활약해 왔다.

일본국적자인 시마 무츠히코 교수는, 40여 년에 걸쳐 한국의 친족 및 지역사회의 조직원리에 관한 연구를 수행하면서 일본 도호쿠대학교 인류학과에서 교수로 재직하던 인물이다. 그런 그가 서울대학교 인류학과에서 봉직하면서 한국사회에 관한 현지조사 연구를 수행하며 대학교수로서의 마지막 1년을 보내고 싶어 하여 이루어진 '저명학자 교수 특별채용'을 통해 전임교수진으로 합류하게 된 것이었다. 강윤희 교수는, 서울대 인류학과에서 학사 및 석사 과정을 졸업하고 나서, 미국의 Yale대학교 인류학과로 유학하여 인도네시아 쁘딸랑안족 사회에서의 주술의례 언어의 정치적 사용 양태에 관한 연구로 2002년에 박사학위를 취득하였다. 이후 2007년부터는 싱가포르 난양국립공과대학에서 재직하다가 2011년에 '신진유망교수' 특별채용에서 선발되어, 지역전공으로는 동남아지역연구, 이론전공으로는 언어와 감정, 언어와 아이덴티티, 언어예술 등의 주제 영역들을 담당해 오고 있다. 이현정 교수는, 서울대 인류학과에서 학사 및 석사과정을 졸업하고 나서, 미국의 Washington University in St. Louis로 유학하여 중국 농촌 여성의 자살에 관한 연구로 2009년에 박사학위를 취득한 후, 2012년에 김광억 교수의 퇴임에 따른 충원에서 선발되었다. 그는 중국지역연구에 더하여, 이론전공인 의료인류학

4. 글로벌시대에 부합하는 한국적 인류학과에의 모색: 2010년대~현재

및 몸의 인류학 등의 주제영역을 담당해 오고 있다. 채수홍 교수는 서울대 인류학과에서 학사 및 석사 과정을 졸업하고 나서 미국 City University of New York 인류학과로 유학하여 베트남으로 진출한 한국기업에서의 노사관계에 관한 연구로 2003년에 박사학위를 취득하였다. 이후 City University of New York 및 전북대학교 고고문화인류학과에서 다년간 교수로 재직해 오다가, 2015년에 전경수 교수의 퇴임에 따른 충원에서 선발되었으며, 지역전공으로는 동남아지역연구, 이론전공으로는 산업인류학 및 정치인류학 등의 주제영역을 담당해 오고 있다. 러시아국적자인 Olga Fedorenko 교수는, 모스크바국립대학교에서 한국학 학사, 캐나다 Toronto대학교에서 2012년에 한국에서 광고의 소비·생산·검열에 관한 연구로 동아시아학 박사학위를 취득하였다. 이어서 미국 New York University 동아시아학과에서 재직해 오다가 2015년에 서울대학교의 외국인교수 특별채용에서 선발되어, 지역전공으로는 한국학연구, 이론전공으로는 미디어 및 인터넷의 인류학 등의 주제영역을 담당해 오고 있다. 김재석 교수는 서울대 인류학과에서 학사 및 석사과정을 졸업하고 나서 미국 Harvard대학교에서 중국으로 진출한 한국기업에서의 노사관계에 관한 인류학적 연구로 2007년에 박사학위를 취득하였다. 이후 미국 Pennsylvania대학교 인류학과에서 재직해 오다가, 2017년에 왕한석 교수의 퇴임에 따른 충원에서 선발되었으며, 지역전공으로는 중국지역연구, 이론전공으로는 민족 및 민족주의와 국가, 기업문화와 전지구화 등의 주제영역을 담당해 오고 있다. 이승철 교수는 서울대 사회학과에서 학사 및 석사과정을 졸업한 후 미국 Columbia대학교 인류학과에서 2018년에 한국도시에서의 사회적경제 및 마을만들기에 관한 연구로 박사학위를 취득하였다. 이후 미국 Mississippi대학교 인류학과에서 재직하다가 2020년에 오명석 교수의 퇴임에 따른 충원에서 선발되어, 지역전공으로는 한국학연구, 이론전공으로는 경제인류학, 화폐와 금융의 인류학 등의 주제영역을 담당해 오고 있다. 끝으로 박한선 교수는, 경희대학교 의과대학에서 학사 및 석사과정을 마치고 신경정신과 의사로서 다년간 활동해 오다가 인류학으로 전향하여 호주국립대학교에서의 석사과정에 이어 서울대학교 인류학과 박사과정에 진학하여, 인간의 역기능적 행동패턴에 관한 진화인류학적 연구로 2019년에 박사학위를 취득하였다. 이후 서울대 인류학과에서 교양과목인 '진화와 인간사회'의 강사로서 재직하다가 2022년에 박순영 교수의 퇴임에 따른 충원에서 선발되어, 생물인류학의 세부주제영역을 두루 담당하고 있다. 한편, 권헌익 초빙겸임교수는, 1993년에 시베리아 유목원주민에 관한 문화생태학적 연구로 Cambridge대학교 사회인류학과에서 박사학위 취득 후, Manchester대학교, Edinburgh대학교 및 London School of Economics의 교수를 거쳐 2011년부터는 Cambridge대학교에서 재직해 오고 있다. 그는 박사학위 취득 이후 줄곧 냉전시대의 전쟁들이 남긴 사회문화적 상처들에 관련하여 베트남, 북한, 한국 등을 사례로 한 일련의 인류학적 연구서들을 출간하여 세계인류학계에서 탁월한 연구자에게 주는 상들을 다수 수상한 바 있다. 서울대 인류학과의 초빙겸임교수로 재직하는 동안 그는 역사인류학, 전쟁의 인류학, 생태인류학, 정치인류학 등의 이론전공분야에 관련된 학부 및 대학원 과목들을 강의하고, 대학원생들의 논문 심사에도 참여하였다.

2010년대 이후 학과교수진에 합류한 인물들의 면면에서 가장 두드러지는 양상은, 충원된 교수들의 다수가 해외의 대학들에서 다년간 교수로 재직하며 글로벌 소통용 언어인 영어로 교과목 강의를 해 본 경험을 갖춘 사람들이라는 점이다. 8명의 전임교수진 충원자 중 강윤희, 채수홍, Fedorenko, 김재석, 이승철 등 5명이 그런 예에 해당하는 인물들이다. 거기에 더하여 초빙겸임교수로 임용되었던 권헌익 교수는 일찍이 1993년부터 영국 대학들에서 교수생활을 해 온 인물이라는 사실, 그리고 한국연구 전문의 일본국적자로서 시마 교수가 전임교수로 특별채용되었다는 사실 등까지 감안해 보건대, 2010년대 이후 시기의 서울대 인류학과는 글로벌 소통의 능력을 강화시키는 일에 상당한 노력을 기울여 오고 있다고 하겠다. 그 결과, 현시점의 서울대 인류학과는 2010년대 이전에 충원된 교수들을 포함하여 교수진 전원이 영어를 매개로 한 글로벌 소통의 능력을 갖춘 사람들로 구성되었다.

이 시기에 생겨난 교과과정 운영상의 변화에서도 글로벌시대로의 이행에 부합하기 위한 노력들을 찾아볼 수 있다. 우선, 1980년대 말까지 6명에 불과했던 교수진의 숫자가 2배에 가깝게 늘어난 덕택에 강의가 개설되는 교과목들이 매우 다양해져서, 종전 같으면 상상조차 하기 힘들었을 과목인 '과학기술의 인류학'(2013년), '미디어인류학'(2015년), '한국대중문화의 인류학'(2016년), '북한의 인류학'(2018년), '화폐와 금융의 인류학'(2021년), '우연과 불확실성의 인류학'(2022년) 등이 신설되었다. 또한, 보다 명시적으로 글로벌시대로의 이행에 부응하려는 교과목들로서 '전지구화와 한국사회'(2015년), '전지구화와 문화변동'(2016년), '인터넷의 인류학'(2017년), '동아시아의 문화와 전지구화'(2017년), '기업문화와 전지구화'(2018년), '중국도시문화와 전지구화'(2021년) 등도 신설되었다. 그리고 수업을 영어로 진행하는 교과목들도 생겨나서, Fedorenko 교수가 담당하는 '전지구화와 한국사회' '한국대중문화의 인류학' '한국문화연구' 등 학부 및 대학원의 모든 과목들에 더하여, 정향진 교수와 김재석 교수가 차례로 개설한 '현실문제의 인류학'이라는 학부 과목도 전공을 불문하고 서울대학교에 유학을 와 있는 외국인학생들 사이에서 상당한 인기과목으로 자리 잡았다.

2) BK21 사업에의 참여에 따른 변화

주지하는 바와 같이 BK21 사업은 전지구화의 트렌드에 직면한 대한민국 정부가 교육 및 연구의 영역에서 글로벌 수준의 대학원 육성 및 신진연구인력 양성을 위해 시행해 오고 있는 국책사업으로서, 1999년부터 단계적으로 시행되어 현재는 제4단계 사업이 진행 중이다. 인류학과가 운영하는 BK21 사업단은 제3단계의 후반기인 2016년부터 출범하였으며, 2020년에 시작된 제4단계 사업에도 재선정되어 현재에 이르고 있다.

인류학과 BK21 사업단의 출범을 주도한 것은, 당시 학과의 최고연장자였던 오명석 교수, 그리고 가장 최근에 충원되었지만 전북대 교수 시절에 BK21 사업단 참여 경험을 갖춘 채수홍 교수 등 2명의 동남아지역연구 전공자들이었다. 두 사람은 동북아시아와 동남아시아를 아우르는 지역으로서의 '동아시아'에 초점을 맞추고, 동아시아 문화에 대한 인류학적 비교의 안목을 갖춘 '문화공공재 전문가'로

제6장 한국 현실에 걸맞은 인류학에의 지난한 모색

서의 대학원생들을 양성하는 것을 핵심적 목표로 삼는 교육사업단이라는 기치를 내건 사업신청서를 학과 동료교수들의 도움을 얻어 작성-제출하여 선정되는 개가를 올렸다. 그에 따라 2016년 3월에 '동아시아 문화의 비교연구와 문화공공재 전문가 양성사업단'이라는 명칭의 BK21 사업단이 출범하면서 오명석 교수가 초대 사업단장 역할을 맡았고, 2017년 12월부터는 채수홍 교수가 사업단장 역할을 맡았다. 이어 2020년에는 정부의 제4단계 BK21 사업이 시작되었는데, 서울대 인류학과에서는 '초연결시대 동아시아의 미래지향적 상호이해를 위한 문화전문가 교육연구단'이라는 새로운 제목의 사업신청서를 제출하였다. 제목에 등장하는 '초연결시대'라는 구절이 시사하듯이, 이 사업신청서의 내용은, 한국을 포함한 동아시아에서는 이미 글로벌시대로의 이행이 크게 진전되어 사회적 삶의 전 영역에 걸쳐 긴밀한 네트워킹이 펼쳐지고 있다는 현실 인식이 밑바탕에 깔린 것이었다. 신청서가 선정됨에 따라 2020년 9월부터 인류학과 BK21 사업단이 재출범하였으며, 2023년 9월부터는 채수홍 교수의 뒤를 이어 강윤희 교수가 제3대 사업단장의 역할을 맡아 오고 있다.

    BK21 사업단의 출범은 인류학과 대학원 내 활동의 전반적 활성화를 가져다주었다. 특히 각종 학술행사들의 번성을 가져왔는데, 학과가 주관하는 연구소인 비교문화연구소와의 공동보조하에 다양한 형식과 내용의 학술세미나, 콜로퀴움, 초청강연회, 워크숍, '김밥토크' 등이 연간 10회 이상에 걸쳐 수시로 개최되고 있다. 무엇보다도 BK21 사업단의 재정지원하에 외국학자들과 인류학과 대학원생 및 교수진과의 학술적 교류를 포함하는 행사들이 매우 빈번히 열릴 수 있게 된 점은 종전과 가장 크게 달라진 모습이라 하겠다. 또한 BK21 사업 자체가 글로벌 수준의 연구역량을 지닌 대학원생들의 육성을 핵심목표로 하는 사업임에 따른 자연스런 결과로서, 인류학과 소속 대학원생들의 학술회의 발표 및 학술지 논문 게재실적이 크게 증가하였다. 국내학술회의는 물론, 국내외에서 개최되는 국제학술회의에서도 대학원생들이 BK21 사업단의 재정지원을 받아 발표를 하는 양상이 확산되어, 종전에는 학위논문 심사를 마친 대학원생 중 일부만이 국내학술회의에서 발표했던 것과 달리, 심사를 아직 받지 않은 상태에서 발표를 하여 한국문화인류학회의 정회원들 및 타 대학교 대학원생들로부터 자신의 학위논문 연구에 대한 피드백을 구하는 경향이 짙어지고 있다. 또한 학술지 논문게재와 관련해서도, '논문설계세미나' 과목을 통해 훈련받은 일부 대학원생들이 아직 학위논문으로 완성되지 않은 논문을 KCI급 학술지들에 게재하는 데 성공하는 사례들이 생겨나면서, 대학원생들의 논문게재 관행에 변화를 야기하는 요인으로 작용하고 있다.

3) '글로벌 한국학 국제학술회의' 시리즈 및 기타의 시도들

서울대 인류학과는 2014년부터 '글로벌 한국학(Global Korean Studies)'이라는 대주제하의 국제학술회의를 비교문화연구소 및 학과의 BK21 사업단의 지원하에 매년 시리즈로 개최해 오고 있다. 이는 2013년부터 초빙겸임교수로서 재직하던 권헌익 Cambridge대학교 석좌교수의 제안으로 탄생한 국제학술회의이다. 권헌익 교수는 학과 교수진과의 소통을 통해, 1990년대에 서울대 인류학과에서는 한국에 관한 연구가 상대적으로 위축되었던 반면, 선진국 학계에서 21세기 들어 '글로벌 한국학'이 상대적으로 붐을 이루고 있으며, 그 연장선에서 한국사회에 관한 인류학적 연구성과들에 대한 관심이 크게 증가하는 추세임을 일깨웠다. 이러한 글로벌 트렌드에 부응하려면 '글로벌 한국학'의 '글로벌 허브'로서 서울대학교 인류학과의 발전을 모색할 필요가 있음을 역설하면서 글로벌 한국학에 관한 국제학술회의의 창설을 제안하였고, 그 제안을 인류학과 전임교수진이 적극적으로 수용하면서 성사된 것이 바로 '글로벌 한국학 국제학술회의' 시리즈였다. 그리하여 매년 학과 교수진 중 한 사람이 자신의 세부전공 분야에 맞는 주제로 국제학술회의를 기획하면, 이를 학과 차원에서 재정적 및 인적 지원을 제공하는 방식으로 사업이 추진되어 오고 있다.

2014년에 개최된 제1차 국제학술회의는 제안자인 권헌익 교수 본인이 직접 '글로벌 한국학과 한국 인류학'이라는 제목으로 행사를 기획하였다. 이후 코로나19 팬데믹을 포함한 특수사정으로 행사개최 간격이 부분적으로 불규칙해지기도 했지만, 2차 '글로벌 한국학과 언어인류학'(2015년 4월), 3차 '글로벌 한국학과 가족친족 연구'(2015년 10월), 4차 '글로벌 한국학과 이주/이산의 인류학'(2016년), 5차 '글로벌 한국학과 한국문화 쓰기'(2017년), 6차 '뼈로 읽는 과거 사회'(2019년), 7차 '글로벌 한국학과 문화경제: 선물과 시장의 접점과 틈새'(2021년), 8차 '글로벌 한국학: 아시아의 노동이주, 초국가주의, 그리고 정체성들'(2022년), 9차 '글로벌 한국학과 민속문화'(2023년), 10차 '의료인류학과 글로벌 한국학'(2024년) 등의 다양한 주제로 매년 1회꼴로 꾸준히 국제학술회의가 개최되어 왔다. 글로벌 한국학 국제학술회의 시리즈는 서울대 인류학과의 교수 및 대학원생들, 한국인류학계의 구성원들, 그리고 한국학 내지 한국 인류학에 관심을 지닌 외국의 학자들 간에 학술적 교류를 나눌 수 있는 훌륭한 장을 제공해 오고 있다.

글로벌시대로의 이행에 부응하는 한국적 인류학과를 만들고자 하는 노력의 일환으로 마지막으로 언급할 사항은, 『Korean Anthropology Review』(약칭 'KAR')라는 제목의 영문저널 창간이다. 글로벌 한국학 국제학술회의와 마찬가지로 이 저널의 발간도 한국에 관한 인류학적 연구성과들에 관심을 지닌 외국의 연구자들을 염두에 두고서 정향진 교수와 Fedorenko 교수의 주도하에 이루어졌다. 이 저널은 한국인류학계의 KCI급 양대 학술지인 『한국문화인류학』과 『비교문화연구』에 최근 발표되었던 논문들 중 우수논문들을 편집위원회가 선정하고 나면, 그것들을 인류학에 친숙한 영어 원어민에게 의뢰해 번역하고, 그중 일부에 대해서는 별도로 지정된 전문연구자의 논평도 덧붙여 수록하는 형식으로 연 1회 간행되는 저널이다. 이 영문저널은 2017년에 창간된 이래 2024년까지 도합 8회가 간행된 바 있다.

4) 맺음말: 한 단계 발전된 미래를 위한 실천의 과제들

이상에 살펴본 바와 같이 서울대학교 인류학과는 2010년대 이래로 글로벌시대로의 이행이라 요약될 수 있는 한국 현실의 변동추세에 부응키 위한 일련의 실천적 노력들을 전개해 왔다. 그리고 그 노력들은 상당히 의미 있는 성과를 이루어냈다고 평가된다. 그럼에도 불구하고, 학과를 둘러싼 제반 사회현실적 여건들은

4. 글로벌시대에 부합하는 한국적 인류학과에의 모색: 2010년대~현재

한 단계 더 발전된 모습으로 거듭나기 위해 학과의 구성원들이 함께 극복해 내야 할 많은 어려운 과제들을 던지고 있다. 그중에서 가장 중대하다고 판단되는 두 가지에 관련하여 필자의 개인적 의견을 제시해 보면서 글을 맺고자 한다.

하나는, 2010년대 이래 학과가 초점을 맞추어 실천적 노력들을 기울여 온 글로벌시대에의 부응이 비단 인류학과만 역점을 두어 온 일은 아니라는 사실로부터 파생되는 과제이다. 앞서 1990~2000년대를 논의하면서 필자는, 당시 한국 현실의 변동 트렌드에 따라 대두한 인류학적 전문지식에 대한 새로운 수요들의 한 가닥으로 다문화사회로의 이행에 따른 각종 사회문제들에 관한 현장기반적 전문지식에 대한 수요를 들면서, 유감스럽게도 그에 부응키 위한 인류학과 차원에서의 개혁은 없었음을 지적하였다. 다문화·다민족 사회로의 한국 현실의 이행이 글로벌시대로의 이행에서 매우 중대한 부분임을 감안컨대, 다소 늦은 감이 있더라도 학과의 교육 및 연구 활동에서 이 부분을 감당하기 위한 실천적 노력이 필요할 것 같다. 그런 맥락에서, 다수의 해외지역연구 전문가로 이루어진 학과의 교수진, 박사후 연구원 및 대학원생들이 종래처럼 해외지역에 대한 현장연구에만 국한치 아니하고, 각자의 연구대상 지역 출신자들이 한국사회로 이주해 와서 생활하는 과정상의 경험들로까지 연구관심을 확장하기를 제안해 보고 싶다. 필자는 2010년대 초에 한국 인류학의 나아갈 길을 논하면서, 해외의 특정 지역에 관한 연구에만 집중하는 서구 인류학계의 활동 모델을 추구하기보다는, 해외 및 국내에 복수의 연구현장을 두고서 활동하는 인류학자의 모델을 추구하는 것이 한국사회의 여건상 보다 바람직하다는 견해를 제시한 바 있다(황익주 2010). 특히, 외국인노동자로서든 결혼이주여성으로서든, 한국으로의 이주자들을 많이 배출한 아시아 국가들에서의 현장연구 경험을 보유한 인류학과 구성원들이 이러한 방향의 연구를 추가하는 것은, 연구현장 관리상의 추가적 부담을 최소화하면서 한국의 다문화·다민족 사회로의 이행과 연관하여 지속적으로 생겨날 인류학적 전문지식에 대한 수요에 효과적으로 부응하는 길이 될 수 있을 것 같다.

다른 하나는, 민속학, 언어인류학, 생물인류학 등 3개의 소수 하위전공 분야들에 전임교수가 1명씩밖에 없는 데서 연원하는 교육 프로그램 운영상의 어려움들을 극복해 내는 일이다. 근년에 이들 분야를 전공하려는 대학원생들이 비율적으로 크게 증가한 반면, 그들이 소정의 전공학점을 이수키 위한 교과목들을 수강하고, 석박사 학위논문의 지도 및 심사를 위한 소위원회들을 구성하는 데에는 각종의 어려움들이 발생하고 있기 때문이다. 물론 가장 손쉬운 해결책이야 대학본부로부터 3개 이상의 신규 교수정원이 학과에 주어지는 것이겠지만, 이는 너무나 명백히 비현실적이다. 더구나 최근 지방대학 일부 인류학 관련 학과들의 학부과정 명칭에서 '인류학'이라는 단어 부분이 제외되어 버리는 우려스러운 경향까지 감안한다면, 더더욱 현실성이 없는 해결책이다. 결국, 인류학과 내 주류 하위전공 분야로서의 사회문화인류학과는 인식론적 및 방법론적 토대를 달리하는 이들 소수 하위분야들이 직면하고 있는 각종 어려움들을 극복키 위한, 그야말로 '묘책'을 학과 교수진의 원만한 합의를 통해 찾아내기 위한 진정성 있고 지속적인 노력이 필요하다고 생각된다. 부디 한 단계 발전된 미래로 나아가기 위한 '슬기로운 길'을 인류학과 공동체 구성원들이 모두 합심하여 찾아낼 수 있기를 희망해 본다.

참고문헌

김광억(2011). 인류학과 약사, 서울대학교 인류학과 50년 1961~2011(서울대학교인류학과 50년사편찬위원회), 12-24.

서울대학교70년사편찬위원회(2017). 서울대학교 역사 1946~2016. 서울대학교.

서울대학교인류학과50년사편집위원회(편)(2011). 서울대학교 인류학과 50년 1961~2011. 서울대학교 인류학과.

이정덕(1993). 인류학적 포스트모더니즘에 대한 비판적 검토, 비교문화연구, 1(창간호), 113-138.

전경수(1998). 한국인류학 백년. 일지사.

한상복(1991). 인류학과 30년의 회고와 전망, 인류학과 30년 백서(서울대학교 사회과학대학 인류학과), 5-9.

황익주(2010). 적실성의 도전과 한국 인류학이 나가야 할 길, 한국학술협의회(편), 우리 학문이 가야 할 길. 아카넷, 233-263.

제7장

지리학 50년사:
분야별 전문화의 빛과 종합과학 정체성 약화의 그림자

| 손정렬 |

1. 전사: 1958년 지리학과 개설과 문리대 시기(1975년 이전)

1958년 창설된 서울대학교 지리학과는 같은 시기에 창설된 신흥대학교(현 경희대학교) 지리학과와 함께 보다 본격화된 지리학 교육과 연구를 추구하고자 하는 배경 속에서 태동한 학과였다. 서울대학교 지리학과는 1958년에야 설립되었지만 이를 설립하기 위한 법적 근거는 이보다 훨씬 오래전에 만들어졌다. 1953년에 「국립학교설치령」이 대통령령 제780호로 공포되었는데, 여기에는 전국 국립대학교의 명칭, 위치, 단과대학, 학부, 학과 등 대학 내 일련의 교육조직체계가 명기되어 있었고 지리학과는 서울대학교 문리과대학 문학부에 설치되도록 규정되고 있었다. 지리학과 설치의 법적 근거가 1950년대 초반에 마련되었음에도 실제로 학과창설이 5년이나 지난 1958년에야 이루어지게 되면서 교원 양성기관보다 학문적 연구 및 교육을 강조하는 교육단위로서의 독립적인 지리학과의 시작은 1950년대 후반에야 본격화의 길을 걷게 되었다.

1958년 설립 당시 지리학과의 초대학과장은 서울대학교 교무처장을 역임했던 사학과 유홍렬 교수가 임시로 맡았는데, 이 기간에 초대 교수진으로 1955년부터 이미 문리대 교수로 재직하고 있던 육지수 교수와 미국 일리노이대학교에서 석사학위를 취득하고 돌아온 김경성 교수가 각각 부임하였다. 유홍렬 교수의 경우는 실질적으로 지리학과의 교육에 관여하지는 않았으므로 사실상 초창기 지리학과는 육지수, 김경성의 2인 교수체제에 의해서 교육과 연구가 이루어졌으며, 이는 1967년 김도정 교수가 세 번째 교원으로 부임할 때까지 제법 오랜 시간 동안 굳어졌다.

1967년에는 사범대학 지리교육과 출신으로 독일 본(Bonn)대학교에서 박사학위를 받은 김도정 교수가 세 번째 전임교원으로 부임하였다. 김도정 교수는 지리학과의 전임교원으로 부임하는 시점에 박사학위를 소지하고 있었던 첫 번째 교원이었으며 자연지리 전공자로 이전까지 강사 중심으로 학과의 자연지리 과목들이 개설되어 오던 상황에서 좀 더 체계화된 인문-자연지리학 교육이 가능해지는 계기가 되었고 인적 구성 측면에서도 인문 2인-자연 1인 체제로 종합학문으로서 지리학의 면모를 만들어 가기 시작했다. 1968년에는 한 해 전에 타계한 육지수 교수의 후임으로 박영한 교수가 전임교원으로 부임하게 되는데 박영한 교수는 문리대 지리학과 1회 입학생으로 본과 출신 교수 임용의 서막을 열게 된다. 문리대 지리학과의 막이 내려가던 1973년에는 2회 입학생으로 미국 노스캐롤라이나대학교에서 박사학위를 받은 김인 교수가 전임교원으로 부임하게 되면서 4인 체제가 만들어졌으며 인문 3인-자연 1인의 교수진 구성으로 인문지리학의 비중이 좀 더 높아지게 되었다.

학부 지리학과 창설과는 별개로 서울대학교 대학원 지리학 석사과정은 1958년보다 앞선 1953년 문교부 훈령에 따른 '대학원규정'을 통해 이미 만들어졌으며, 여기에서 최초로 석사학위를 취득한 이는 미국 유타대학교 교수를 역임한 이정면 교수였다. 1956년 그의 석사학위논문은 「서울시의 소채(蔬菜) 및 연료에 대한 지리학적 고찰」로 사범대학 지리교육과 최복현 교수가 지도교수였다. 1958년 문리대 지리학과가 출범한 1년 후인 1959년에는 지리학과 석사과정에 최초의 신입생 3인이 입학하였고 이어 1960년에 정식으로 석사과정을 개설하게 되어 본격적인 지리학과 학부 및 대학원 체제가 갖추어지게 되었다. 지리학과 대학원 최초의 석사학위자는 동국대학교 교수를 역임했던 형기주 교수로 그의 1960년 학위논문은 「경인공업지대를 예로 한 공업의 분포와 그 지역적 구조유형」이었으며 육지수 교수가 지도교수로 논문지도를 담당하였다(서울대학교 지리학과, 2018).

지리학과의 문리대 시기는 학내·외적으로 모두 지리학 분야의 학술 활동이 활발하게 꽃피우기 시작한 시기였다. 학술 활동의 결정체라고 할 수 있는 학술지 중 지리학계에서 초창기부터 중요한 역할을 맡아 왔던 주요 학술지들이 모두 이 시기에 만들어지게 되는데, 대한지리학회의 학회지인 『지리학』(현 『대한지리학회지』)이 1963년 창간호를 발간했으며, 1970년에는 지리학과 학술지인 『낙산지리』(현 『지리학논총』)가 창간되었다. 이들은 모두 1980년대와 1990년대에 이르러 지리학계 내에서 다른 전문학술지들이 창간되기 이전까지 지리학계 내외에서 학술 연구물의 확산과 지식교류 역할을 담당해 왔던 독보적인 학술지였다. 전문적인 학술지는 아니었으나 1962년에는 당시 지리학과 학부생들의 지리학 연구에 대한 열정을 담아낸 『지리학보』라는 과 회지가 발간되어 8년 후 발간될 『낙산지리』의 전주곡이 울리기도 하였다.

2. 사회과학대학 출범과 서구적 학문체계의 도입 (1975~1984년)

1975년에는 일찍이 1950년대 후반부터 수립되어 지연과 수정이 거듭되어 온 서울대학교 종합화 계획에 따라 관악캠퍼스 시대가 열리게 되었으며, 문리대가 해체되고 인문대학, 사회과학대학, 자연과학대학이 설립되었다. 지리학과는 인문, 사회, 자연과학의 성격을 함께 가지고 있는 종합학문의 특성이 있는데, 한국 학계에 상대적으로 더 큰 영향을 미치는 미국 학계에서의 보편적 추세를 좇아 사회과학대학에 둥지를 틀게 되었다. 흥미로운 사실은 사회과학대학 소속임에도 지리학과는 단과대학 내 다른 학과들과는 떨어져 24동에 자연과학대학의 지질학과, 그리고 사범대학의 지리교육과와 함께 자리를 잡았다. 이는 사회과학적 성격과 함께 지리학과가 가지고 있었던 자연과학적 성격이 고려된 공간적 배치 결과라고 볼 수 있으며, 더 현실적인 이유로는 실험과 실습을 중시하는 학문적 성격에 기반한 이들 세 학과의 유사성이라고 볼 수 있다(사회과학대학 백서발간위원회, 1997). 이러한 공간 배치는 한편으로는 지리학과가 가지고 있는 사회과학과 자연과학의 복합적 성격을 동시에 담아낼 수 있는 절충안일 수도 있었으나, 전공 이외의 사회과학대학 내 다른 과 강의를 들어야 하는 지리학과 학생들로서는 매우 큰 불편이 수반되었고, 사회과학대학 내 다른 과 교수들과의 학문적 교류 제한이나 행정업무의 비효율성 등의 문제 또한 잇따랐다. 이에 따라 지리학과는 1981년에 신축된 14동 건물로 지리교육과와 함께 이전이 이루어졌고, 1984년에 14동 건물에 경제학과와 국제경제학과가 이전해 들어옴에 따라 사회과학대학 내 다른 학과들이 모여 있는 7동으로 이전하게 되면서 사회과학대학 지리학과가 제도적으로나 물리적으로나 본격화되는 시대를 맞이하게 되었다.

    문리대 해체와 사회과학대학 설립 등 대학 전체적인 구조변화 속에서 교수진의 소속 변경도 수반되었는데, 지리학과의 경우 기존의 4인 체제에서 사범대학 지리교육과의 김상호 교수와 교육대학원의 이찬 교수가 사회과학대학 지리학과로 소속 변경이 이루어짐으로써 1975년부터 6인 체제를 갖추게 된다. 김상호 교수는 이미 1954년부터 사범대학 지리교육과의 전임교원으로 재직하고 있었으며 비록 1975년에야 공식적으로 지리학과의 전임교원이 되었지만 1958년 지리학과가 창설될 당시부터 자연지리 분야를 맡은 전임교원이 없던 상태에서 학과의 자연지리 분야 교육과 논문지도를 상당 부분 담당해 왔다. 이찬 교수는 한국 지리학자 중에서는 최초로 박사학위를 취득한 학자로 1960년 미국 루이지애나대학교를 졸업하던 1960년부터 사범대학, 1967년부터 교육대학원 교수를 역임해 오다가 1975년에 지리학과에 합류하였다. 이찬 교수의 합류로 인문지리 분야 중 기존의 경제지리와 도시지리에 이어 문화역사지리가 교육과 연구에서 본격적으로 다루어질 수 있게 되어 인문지리학의 스펙트럼이 한층 확대되었다.

    사회과학대학 출범 초창기였던 1977년의 교과과정(〈표 7-1〉 참조)을 보면 학부의 경우 총 28과목으로 나열 교과목 수는 많다고 볼 수는 없었으나, 사회과학대학 출범 초기에 계열별 모집이 이루어지면서 학부생 규모가 급격하게 줄어들었다는 점을 고려하면 제공되는 강좌의 수가 적다고는 볼 수 없었다. 더 나아가 질적으로는 이 시기에 이미 지리학의 주요 핵심 하위전공 분야들이 두루 열거됨으로써 이후 시기로 오면서 2010년대 중반에 이르기까지 학부 교과과정에 미세조정과 과목 추가 등은 이루어지지만 명칭에 있어 근본적인 변화는 없이 과목체계가 유지되어 갔다. 교과과정은 학년 체계에 따라 1학년부터 4학년으로 가면서 기초-핵심-심화-응용의 과목 단계가 형성되고 있었고, 전공필수과목을 지정하여 운영하고 있었다. 여기에는 총 7과목이 포함되었는데 2학년 과정에서 자연지리, 인문지리, 경제지리, 한국지리, 지리역사가, 그리고 3학년과 4학년에서 각각 지도학과 지리조사법이 지정되어 학부생이 기본적인 지리학적 소양을 갖추도록 의도하고 있었다.

2. 사회과학대학 출범과 서구적 학문체계의 도입(1975~1984년)

표 7-1 1977년 서울대학교 지리학과의 교과과정(학부 28과목, 대학원 40과목)

과정	교과목
1학년	지리학개론
2학년	자연지리(필), 인문지리(필), 경제지리(필), 한국지리(필), 지리역사(필)
3학년	지도학(필), 지형학, 기후지리학, 인구지리학, 자원론, 취락지리학, 도시지리학, 아시아지리, 유럽지리, 항공사진판독, 자연지리연습
4학년	지리조사법(필), 생물지리학, 정치지리학, 문화지리학, 토지이용, 산업입지론, 지역개발론, 계량지리학, 상업교통지리학, 아메리카지리, 인문지리연습
대학원	지도학연습, 지역분석, 지리학사연습, 인문지리학특강, 경제지리학연습, 취락지리학연습, 도시지리학특강, 인구지리학특강, 공업지리학연습, 구조영력지형학, 기후지형학, 지형 및 기후학연습, 기후학특강, 기후지, 항공사진 및 원격탐사, 문화지리학연습, 농업지리학연습, 정치지리학연습, 도시경제지리학, 지형발달사, 미(mirco)기후학, 지리학방법론, 지역론, 경제지리학연구, 인구지리학연구, 도시지리학연구, 정치지리학연구, 문화지리학연구, 자원연구, 한국촌락지리학연구, 하천지형학, 열대건조지형학, 종관(synoptic)기후학, 고기후학, 개인연구, 입지론연구, 도시구조론, 한국역사지리연구, 빙하 및 주빙하지형학, 소(small area)기후학

출처: 서울대학교 교무처(1977a, 1977b).

대학원 과정의 경우 나열 과목 수가 이전 문리대 시기에 비해 많이 늘었는데, 여기에는 과목들이 더욱 다양하게 제공되고 있다는 것 이외에도 후술하고 있는 지리학과 박사과정이 만들어지면서 동일 분야를 다루는 기존의 석사과정 과목에 상응하는 박사과정생을 위한 고유의 과목들(예를 들면, 경제지리학 연습은 석사과정에, 그리고 경제지리학 연구는 박사과정에 배정)이 추가로 개설되고 있기 때문이었다. 학부 과정의 경우 자연지리 분야의 과목 수는 전체 28과목 중 4과목으로 매우 적은 편이었는데, 대학원 과정에서 자연지리학 과목은 전체 40과목 중 13과목으로 인문-자연지리 간의 비중 편차가 크지 않고 비교적 균형을 이루고 있었다. 그러나 한편으로 인문지리학의 경우 경제, 도시, 정치, 문화, 촌락, 인구 역사지리학 등 다양한 스펙트럼을 가지고 있는 데 비해 자연지리학은 크게는 지형학과 기후학의 두 축을 중심으로 세부분야들이 개별 과목으로 형성되어 있었다.

　문리대 시기 후반에 이르러 이미 본과 1회와 2회 출신 동문인 박영한 교수와 김인 교수가 학과의 전임교원으로 부임한 바 있는데, 관악캠퍼스의 사회과학대학 시기가 되면서 졸업 동문의 모과 교수 임용이 더욱 활발해졌다. 사회과학대학이 출범하던 1975년에는 1974년 불혹의 나이에 타계한 김도정 교수의 후임으로 박동원 교수가 독일 함부르크대학교에서 박사학위를 받고 돌아와 전임교원으로 부임하였으며, 이에 따라 학과의 자연지리 분야 연구와 교육에서는 독일의 학풍이 계속해서 이어지게 되었다. 1978년에는 김경성 교수가 정년퇴임을 맞이하지 못하고 일찍 타계하게 되는데, 그 후임으로 1980년에 독일 킬(Kiel)대학교에서 박사학위를 받은 류우익 교수가 부임하였다. 김경성 교수의 전공분야가 학과창설 초기의 시대적 요구에 따라 지리학 일반에 두루 걸쳐 있었던 데에 비해 후임으로 부임한 류우익 교수는 사회지리 전공자로 학과 내에서도 인문지리 분야 교수별로 전공분야가 조직화되고 체계화되는 과정이 시작되고 있었다. 1982년에는 미국 조지아대학교에서 박사학위를 받은 박삼옥 교수가 학과에 부임하게 되면서 학과 교수진이 7명으로 늘어나게 되었다. 박삼옥 교수의 전공은 경제지리로 육지수 교수가 1967년에 타계한 이후로 학과로서는 무려 15년 만에 경제지리를 담당하는 전임교원을 확보하게 되었다. 1984년에는 자연지리 분야의 김상호 교수가 정년퇴임을 하게 되었는데 그 후임으로 자연지리 분야 대신에 미국 오하이오주립대학교에서 교통지리 분야로 박사학위를 받은 허우긍 교수가 부임하였다. 1980년대 당시 한국사회의 격동기적 시대상황과 사회과학대학 지리학과라는 위치성에 수반되는 교육과 연구수요 등의 여건들이 인문 5인-자연 2인 체제의 유지보다는 인문지리 분야를 강조하는 쪽으로 학과의 방향성을 형성하도록 만들었으리라 생각된다. 특히 교통지리 분야는 당시에는 인문지리 부문 가운데 경제, 도시, 사회, 문화역사 등과 같이 주요 분류 분야로 구분되는 분야가 아니고 좀 더 심층적인 분야였다는 점에서 학과로서는 상당히 획기적인 시도였다고 평가할 수 있다. 결과적으로는, 당시의 지리학과 교수진, 특히 6인의 인문지리 분야 교수진은 인문지리학의 기본적 핵심 분야 모두와 소수의 심층 분야를 아우를 수 있는 교수진용을 갖추게 되었다. 전체적으로 이 시기에 임용된 교수진은 본과에서 교육을 통해 양성된 동문이었다는 공통점 이외에도 모두 독일과 미국에서 박사학위를 받고 귀국하여 교수로 부임하였다는 공통점을 가지고 있었다. 이러한 부분으로 인해, 이전 시기까지의 한국 지리학이 국제학계에서의 최신 동향과 비교할 때 일정 정도 격차를 보였다면, 이 시기와 이후에 지리학과 및 한국 지리학계는 서구의 선진적 이론체계들을 받아들이고 이를 한국의 공간적 특성을 규명하는 데 적용하는 교육과 연구를 활성화하는 데 크게 이바지하였다.

이 시기 학과 구성원 측면에서 가장 커다란 변화는 학부생 수의 급격한 변동이었다. 사회과학대학이 출범하기 전해인 1974년부터 시작되었던 계열별 모집은 지리학과의 전공 진입생 수가 급감하게 되는 결과를 낳았다. 이에 따라 75학번은 8명, 76학번은 4명이 되더니 급기야 77학번은 0명이 되고 78학번부터 80학번까지를 합쳐도 5명밖에 되지 않는 안타까운 상황이 전개되었다. 오늘날까지도 변함없는 소위 인기 학과로의 쏠림 현상은 당시에도 여러 가지 비판을 받으며 1982년부터는 다시 학과별 모집으로 돌아가게 되는데, 1981년부터 시작된 대학 졸업정원제에 따른 학부생 모집인원의 증가는 지리학과 학부생의 수에도 직접적인 영향을 미쳐 82학번 한 학번만으로도 50명을 포함하여 1980년대 전반에는 가히 폭발적으로 지리학과 학부생의 숫자가 증가하게 된다. 이는 다음 시기 지리학과 대학원이 르네상스의 시기를 맞게 되는 초석이 되기도 하였다.

1970년대 후반 학부과정의 재학생 수 급감 문제와는 대조적으로 지리학과 대학원은 양적으로나 질적으로 계속 성장해 나가고 있었다. 앞선 시기에 이미 학과의 석사과정이 설립되어 활발하게 활동해 오던 차에 학과 내 전임교원의 수가 6인 체제가 되면서 박사과정을 운영할 수 있는 여건이 만들어졌고 1976년에 학과에 박사과정이 설립되게 된다. 최초의 박사과정 신입생으로 1977년에 2인이 입학하였으며(서울대학교지리학과50년사발행추진위원회, 2008), 이후로도 박사과정 입학자는 꾸준히 유지되었다. 1977년부터 1980년까지 박사과정 입학생이 11명이었던데 비해 같은 기간 학부과정 입학자는 5명으로 학부 교육 상황과 대학원 교육 상황 간에는 극명한 대조를 이루고 있었다. 지리학과 최초의 박사학위 취득자는 충북

대학교 교수를 역임했던 임덕순 교수였는데, 1985년 발간된 그의 박사학위논문은 「서울의 수도기원과 발전 과정」으로 정치지리학 분야의 연구였다.

학과에서 대학원 활성화를 중심으로 한 활동들의 바탕 위에서 1970년대 후반에는 공식적으로 학과가 주관하는 학술행사가 만들어졌다. 1979년 국내외의 새로운 연구 성과들을 공유하고 세미나의 형식으로 토론의 장을 마련하고자 하는 취지로 학술발표회가 시작되었다. 제1회 학술 세미나의 발표자는 일본 쓰쿠바대학교의 高野史男(타카노 후미오) 교수였는데 '세계대도시의 유형'이라는 제목으로 발표가 진행 되었고(서울대학교지리학과50년사발행추진위원회, 2008), 이후 1982년까지 비정기적으로 발표가 이어져 나갔다. 1982년에는 지리학과 콜로퀴움이라는 정식 명칭을 달고 학술발표회가 공식적으로 시작되었다. 제1회 지리학과 콜로퀴움의 발표자는 최병선 전 가천대학교 교수로 '서울시 성장과 도시구조'라는 제목의 학술발표를 진행하였다(국토문제연구소, 2019). 콜로퀴움은 이후 1992년에 서울대학교 사회과학대학 부설 국토문제연구소가 창설되면서 국토문제연구소로 이관되어 2024년 현재 제255회 콜로퀴움까지 꾸준히 이어져 오고 있다.

이 시기 지리학과 교수진이 저술한 단행본은 4권으로 그 수가 많지 않았고 전문적인 학술서보다는 대학 교육을 위한 개론서이거나 연구 입문서의 성격을 가지고 있었다. 이는 이 시기에 대학 교육을 위한 국문교재가 많지 않은 상황에서 효과적인 지리학 교육을 위한 교재의 필요성이라는 시대적 요구가 반영된 결과라고 판단된다.

한편, 학술지 출간 논문은 82편으로 문리대 시기와 비교하여 매우 급격한 증가세를 보이고 있었다. 이는 지리학과 교수진의 수가 1980년대 전반에 이르러 7인으로 늘어났다는 점을 고려하더라도 매우 큰 증가세라고 볼 수 있다. 연구들이 출간된 학술지는 이전 시기에 비해 더 다양해졌지만, 이전 시기와 마찬가지로 이 시기 대다수의 연구는 대한지리학회 학회지인 『지리학』과 지리학과 학술지인 『지리학논총』(구 『낙산지리』)에 게재되고 있어 두 학술지의 영향력은 꾸준하게 유지되고 있었다. 특히 자연지리 분야의 논문 활동은 매우 활발하여서 박동원 교수는 17편의 논문을 게재하였으며 김상호 교수와 함께 30여 편 이상의 논문을 작성

2. 사회과학대학 출범과 서구적 학문체계의 도입(1975~1984년)

하여 비록 자연지리 담당 교수 수는 7인 중 2인에 불과하였지만, 논문 편수는 전체 게재 논문 수의 40%에 육박하고 있었다. 이 시기는 또한 학과 교수진이 지리학과 교수 직위를 가지고 처음으로 국제학술지에 논문을 게재하기 시작한 시기이다. 1983년에 김인 교수는 홍콩지리학회의 학술지인 『Asian Geographer』에 「National urban system in Korea since World War II」라는 논문을, 같은 해에 박삼옥 교수는 미국지리학회에서 발간하는 『Professional Geographer』에 「The filtering down process in Georgia: the third stage in the product life cycle」 등 3편의 논문을 국제학술지에 게재하면서 이후 시기에 학과 교수진의 국제학술지 게재가 본격화되기 시작하였다. 논문들의 주요한 분야들을 보면 자연지리의 경우는 지형학 중심의 연구가 활발하였고 인문지리의 경우 당시 한국경제의 급격한 성장에 따른 활발한 도시화와 이에 따른 농촌변화에 수반되는 문제 등에 주목하면서 도시지리, 사회지리 연구가 활성화되었으며 한국의 전통 공간에 대한 문화역사지리 연구도 활발하게 진행되었다. 이들 연구를 주도한 유학파 교수들은 서구의 이론과 학문체계를 그들의 연구와 지리학과의 교육에 도입함으로써 보다 체계화된 지리학 교육과 이론적 기반이 잘 다져진 연구를 선도해 나갔다.

비록 1976년부터 박사과정이 개설되어 운영되었으나 첫 번째 박사학위논문은 앞서 언급된 바처럼 1985년에야 발간되었고 이 시기에 발간된 학위논문은 모두 석사학위논문이었다. 이 기간에 발간된 논문의 총 수는 모두 40편으로 이전 시기보다 두 배 이상 증가했으며 논문 주제 또한 다양해졌다. 자연지리의 경우 오경섭 전 한국교원대학교 교수의 「북평주변의 침식지형 연구」(1975) 등 지형학 분야의 연구가 대다수인 가운데 최인실 뉴질랜드 오클랜드대학교 교수의 「Thermoisoplethen-Diagramme에 의한 한국기온의 대류도 연구」(1975)와 같이 기후학 분야나 유근배 교수의 「지형·기후변수와 홍수량의 관계에 관한 연구」(1981) 등 지형학과 기후학이 교차하는 영역의 연구도 수행되었다. 인문지리 분야에서는 권용우 전 성신여자대학교 교수의 「한국도시체계의 지리적 변천과정에 관한 연구」(1976)를 포함하여 한국의 경제성장과 도시화를 서구 이론과 모형체계를 적용하여 분석한 도시지리와 경제지리 연구가 다수였는데, 그 가운데서도 김

부성 전 고려대학교 교수의 「3.1운동의 공간확산에 대한 연구」(1978) 등 당시 유럽으로부터 새로 도입되었던 확산이론을 역사적 사건에 적용한 연구들, 그리고 김재한 전 청주대학교 교수의 「그래프이론에 의한 서울시 통행구조 분석」(1979)과 같이 교통 네트워크 분석 방법을 도입한 연구가 특징적이었다. 문화역사지리 분야는 양보경 전 성신여자대학교 교수의 「반월면 사리 동족부락에 대한 연구」(1980)를 포함하여 전통 취락과 문화경관 연구가 주류를 이루고 있었다.

이 시기의 연구물들을 통해서 드러나는 주요 이론이나 모형 측면에서의 핵심어는 중심지이론, 도시체계론, 산업입지론, 도시화와 교외화, 거주지 분화, 문화경관 등이었으며 방법론적 측면에서는 사회과학 통계분석, 원격탐사, 그래프이론 등의 주요어가 등장하고 있었다. 이들 고전적인 개념들은 보편적 기본서비스론이나 글로벌 도시체계 분석, 그리고 다문화공간에서 민족집단의 거주 분리 등 현대의 공간구조와 과정을 설명하는 틀의 토대가 되고 있다.

3. 사회과학대학이라는 위치성과 인문지리학 성장: 연구 저변과 다양성 확대(1985~1999년)

한국에서 연도별 출생 인구 기준으로 가장 많은 인구수를 기록했던 1971년생을 중심으로 1960년대 후반과 1970년대 초반 출생자들이 중등교육을 받기 시작하던 1980년대 초반부터 중고등학교에서 교사에 대한 수요가 급증했으며 지리 분야의 교사직도 급격히 늘어났다. 이러한 사회적 수요에 부응하기 위하여 여러 대학에서 사범대학 내에 지리교육과를 창설하게 되었는데, 1960년대 말 기준으로 6개 학과에 불과하던 것이 1970년대에는 청주대학교 지리교육과(1971년)를 시작으로 12개 학과가 창설되었고, 1980년대 전반에는 고려대학교 지리교육과(1980년)를 시작으로 4개의 지리교육과가 추가로 창설되기에 이른다. 여기에 더해 1960년대 말 기준으로 서울대학교를 포함하여 4개 과에 불과하던 지리학과도 1970~1980년대를 거치면서 4개 과가 새로이 추가되면서 8개 과 체제가 되었다.

3. 사회과학대학이라는 위치성과 인문지리학 성장: 연구 저변과 다양성 확대(1985~1999년)

　새로이 생겨난 지리교육과와 지리학과들은 중고등학교에서의 지리 교사 인력과 지리학 학문후속세대 양성을 위한 교육을 담당할 교수 인력에 대한 수요를 증대시키면서 서울대학교 등 학문후속세대의 양성을 담당하고 있던 학교들의 대학원이 활성화되는 계기가 되었다. 이러한 수요 요인과 함께 앞서 언급한 바와 같이 당시 대학들에서 시행되었던 졸업정원제를 통한 입학생 수의 확대와 서울대학교의 학과별 모집으로의 전환은 지리학과의 학부생 수가 급격히 증가하는 결과를 낳았으며 이는 대학원의 공급 요인으로 작용했는데, 실제로 이들이 1985년부터 대학원에 대거 진학하기 시작하면서 대학원 재학생은 급증하게 되었다. 실제로 지리학과 대학원이 개설된 1959년부터 현재까지의 지리학과 대학원 역사에서 1980년대 중반부터 15년여의 시기는 지리학과 대학원의 최 중흥기라고 말할 수 있을 정도로 양적인 측면에서나 질적인 측면에서나 탁월함이 잘 드러난 시기였다.

　1980년대의 한국사회는 그간 경제성장의 그늘에 가려져 있던 여러 가지 사회적 문제들이 표출되는 시기였으며 정치적으로 민주화에 대한 열망도 더욱 높아져 가던 시기였다. 이러한 사회적 분위기는 대학원 사회에도 큰 영향을 끼쳐 대학원생들 사이에서는 대학원의 정규 교과과정을 통해서는 쉽게 접하지 못하던 비판지리학적 연구를 자생적인 노력을 통해 공유 학습해 나가는 양상들이 나타나기도 했다. 이 과정에서 사회과학대학 내 다른 학과에서와 마찬가지로 지리학과에서도 비판적 접근의 도입과 교육 문제, 즉 비판지리학 분야를 정규 교과과정에서 다루어 주기를 원하는 대학원생들과 이를 수용하지 않았던 교수진 간에 다소 갈등 관계가 형성되기도 하였다. 서울대 전체적으로도 공간과 지역문제 연구에서 지리학과는 공대, 환경대학원, 서울대 사회학 분야와 일정한 연합을 추진하였고, 이러한 서울대의 진보적 공간 환경 지역 연구회가 한국의 관련 연구를 주도하였다는 사실은 주목할 만한 부분이다. 이후 현재까지도 서울대와 서울대의 공간이 진보적 공간·환경·지역 학술대회의 중심이 되고 있다.

　한편으로, 이전 시기 계량적인 접근방법을 중심으로 한 서구 학문체계의 한국 사회·공간에의 적용에 대한 비판적 관점이 대두되면서 한국적인 방식의 지리 공간에 대한 이해의 필요성이 주목받았다. 이와 더불어 학문적 패러다임 또한 기존의 계량적 접근방법이 여전히 지리학의 한 축을 이루고 있었지만, 이들의 한계를 극복할 수 있는 대안적 접근방법으로 인본주의적 접근, 구조주의적 접근방식 또한 활발하게 논의되면서 방법론의 다양화가 나타났으며 1990년대로 들어가면서는 포스트모더니즘의 도래와 함께 이러한 다양화가 더욱 세분된 방식으로 전개되었다.

그 밖에도 풍수지리적 관점과 서구식 과학적 합리주의적 관점 지리학 간의 차이에 따른 지리학 연구와 교육에 대한 대학신문에서의 지상 논쟁, 지표상의 현상에 대한 과거와 현재의 이해를 넘어 미래의 현상들을 예측하고 계획해 나가는 데 도움이 되는 실용적인 학문으로서 지리학의 성격을 강화하기 위한 시도의 하나로 지역 정책 연구와 교육 도입의 필요성 대두, 지리학의 위상이 약화하여 가던 시대적 흐름 속에 학문적 위상의 강화 차원에서 그 뿌리를 통해 함의를 찾고자 했던 '국학으로서의 지리학' 심포지엄, 자연지리학 분야에서 동일한 지형 현상에 대해 단상지와 해안단구라는 서로 다른 판정을 내리면서 진행되었던 치열한 학문적 논쟁, 그리고 기존의 경관분석 중심의 지형학으로부터 프로세스에 주목하는 과학적 분석 방법 중심의 지형학으로의 전환 등 이 시기는 교내·외적인 차원에서 지리학 및 지리학과 지성사의 전성기를 구가하였다.

이러한 분위기를 좇아 이 시기에 임용된 교수진은 좀 더 다양한 지리학의 영역을 담당할 수 있는 분야로의 확장성이 잘 드러나는 모습을 보인다. 1988년에는 그 전 해에 일찍 타계한 박동원 교수의 후임으로 미국 조지아대학교에서 박사학위를 받은 유근배 교수가 부임하였다. 유근배 교수는 박동원 교수의 뒤를 이어 자연지리 전공자로 부임하였으나 이와 함께 국내에 지리정보체계(Geographic Information System: GIS)를 소개한 선도자의 역할을 담당하기도 하였다. 1988년에는 같은 해에 정년 퇴임한 이찬 교수의 후임으로 전북대학교에 재직하던 최창조 교수가 부임하였다. 최창조 교수는 문화역사지리학을 담당하였는데 대내외적으로는 그의 주전공 분야인 풍수학으로 유명 학자였으며 1992년에 풍수학 연구에 전념하기 위하여 학과를 떠났다. 1993년에는 그 후임으로 미국 버클리대학교에서 박사학위를 받은 이정만 교수가 역시 전북대학교에 재직하다가 서울대학교

3. 사회과학대학이라는 위치성과 인문지리학 성장: 연구 저변과 다양성 확대(1985~1999년)

지리학과 전임교원으로 부임하였다. 이정만 교수는 그의 세부전공분야인 문화지리학과 인간생태학 분야를 중심으로 연구와 교육을 담당하였다. 1995년에는 미국 UC 산타바바라대학교에서 박사학위를 받은 박기호 교수가 학과의 전임교원이 됨으로써 지리학과는 8인 체제의 시대를 맞이하게 되었다. 특히 이전까지 지리학과의 교수진은 자연지리-인문지리와 같이 학문적 대상을 기준으로 한 인적 구성 및 분류를 중심으로 구성됐다면 박기호 교수의 전공은 지리정보체계 혹은 과학[Geographic Information System (Science)]으로 연구 대상이 아닌 연구방법론 전공자라는 점에서 새로운 차원을 열었다고 볼 수 있다. 아울러 박기호 교수는 그간 본과 출신의 동문이 학과 교수로 부임해 오던 것과는 달리 타 학과 출신(건축과)으로 학과의 교육에 신선한 바람을 불어넣어 줄 수 있는 계기를 마련해 주었다.

1988년 학과가 인적으로나 학문적으로 활성화되고 있던 시기에 학과창설 30주년을 맞이하게 되었다. 학과에서는 이를 계기로 30주년을 기념하고 대내외적으로 서울대학교 지리학과의 역량을 발산하고자 서울대학교 교수회관에서 '한국사회의 발전과 국토구조의 재편성'이라는 주제로 '서울대학교 지리학과 창설 30주년 기념 심포지엄'을 개최하게 된다. 여기에서는 학과의 박영한 교수가 '지리학과 30년 회고와 전망'으로 기조 발표를 한 후, 류우익 교수가 '국토의 재인식: 문제와 미래상'을, 김인 교수가 '국토공간의 발전과 취락체계: 동시다원적 접근방법'을, 그리고 박삼옥 교수가 '국토발전과 산업입지: 정책방향과 전략'을 각각 발표하고 한국 지리학계를 대표하는 여러 대학의 교수진이 참여하여 토론을 전개함으로써 지리학과의 위상을 높였다.

이 시기 동안 학과 내에 연구를 위한 인적 자원이 확대되고 연구 역량이 강화되는 변화들은 연구 활동의 활성화를 효과적으로 담아낼 수 있는 연구기관의 창설로 이어져 1990년에 박영한 교수를 초대 연구소장으로 학과 교수진이 중심이 되어 관련 학과 교수들과 함께 국토문제연구소를 출범하게 되었다. 국토문제연구소의 설치 목적은 크게 세 가지 측면에서 바라볼 수 있는데, ① 국토에 관련된 제반 문제의 연구를 활성화하고 학문적으로 체계화하고, ② 도시 및 지역 관련 분야의 국내외 연구 인력 간 협력을 토대로 국토연구에 있어 학제적 연구의 기반을 마련하고 새로운 접근방법을 정립하며, ③ 국토문제에 관한 연구 성과를 집약하여 학문적 인식 수준을 높이고 도시 및 지역 정책 수립을 위한 기초를 제공하고자 함이었다.[1] 국토문제연구소는 창설 당시 지리학과가 있던 7동에 설치되었다가 1995년 사회과학대학의 이전과 함께 16동으로 옮겨 왔고 다시 2010년에 대학원연구동(현 종합교육연구동)이 신축되면서 220동으로 이전하여 현재에 이르고 있다. 1998년에는 사회과학연구원 산하의 연구기관으로 잠시 둥지를 틀기도 했으나 2001년부터는 다시 사회과학대학 부설 연구기관으로 독립하여 현재까지 유지되고 있다. 연구소의 출범 이후로 기존에 학과에서 관장해 오던 콜로퀴움과 학술지 지리학논총은 연구소로 이관되어 연구소가 운영 및 관리를 맡게 되었으며 학과 교수 다수가 겸무연구원 등으로 연구소 활동에 관여되어 있기는 하나 연구소 운영은 학과와는 독립적으로 이루어지고 있다.

이 시기에 발간된 단행본은 대학 교재, 대중서, 전문서, 학술서 등 다양한 스펙트럼을 가지고 있었으며 이 기간에 나타났던 학과의 교육과 연구 역량의 강화가 잘 드러난 결과로 판단된다. 특히 이 기간의 특성을 잘 보여 주는 상징성을 가지는 단행본으로 국토문제연구소 총서 시리즈를 들 수 있다. 1994년 총서 1로부터 시작하여 1998년까지 모두 5권의 총서가 발간되었는데, 2권을 제외하고 나머지는 모두 학과 교수들이 공동작업을 통해 한국국토문제를 진단하고 환경을 고려하면서 국토개발을 어떤 방향으로 해 나가는 것이 바람직하겠는지에 대한 연구 결과를 담은 학술서였다. 보다 구체적으로, 총서 1은 『국토문제진단』(1994)이었고, 총서 3에서 5는 환경과 국토개발 시리즈로 총서 3은 『환경과 국토개발: 환경론과 산업사회』(1998), 총서 4는 『환경과 국토개발: 공간현상으로서의 환경문제와 그 대책』(1998), 그리고 총서 5는 『환경과 국토개발: 국토환경의 관리전략』(1998)이었다.

같은 시기 학과 교수진의 학술지 게재 논문은 150여 편에 이를 정도로 이전 시

---

1) 서울대학교 국토문제연구소 개요 및 연혁(https://kukto.snu.ac.kr/sub/sub0102.html)

3. 사회과학대학이라는 위치성과 인문지리학 성장: 연구 저변과 다양성 확대(1985~1999년)

기에 비해 더욱 활발해졌다. 출간되는 학술지의 종류도 기존의 『지리학』과 『지리학논총』 두 축의 비중은 약해지는 한편, 지리학계 내 전문학술지와 인접 연관 학문 분야 학술지들에의 논문 게재가 활발해지면서 경계를 넘나드는 학문적 교류 또한 활성화되었다. 전체적으로 논문 수의 증가는 대부분 인문지리 분야에서였으며 자연지리 분야의 논문은 상대적으로 많지 않았는데, 이는 앞서 언급한 바와 같이 지리학과 교수진의 인적 구성에 있어 자연지리 담당 교수 수는 감소하고 인문지리 교수 수가 증가함에 따른 피할 수 없는 결과였다. 인문지리의 경우 하나의 동향으로 일반화하기 어려울 정도로 매우 다양한 대상과 성격의 연구가 진행되었는데, 이를 통해 급변하는 환경 속에 있던 한국사회에 대한 공간적 이해, 그리고 한국의 공간에 대한 보다 심층적인 이해가 가능해진 시기였다. 아울러 이 시기는 이후 시기부터 현재까지 논문의 생산성을 높게 유지해 오고 있는 GIS 분야의 연구들이 처음으로 학술지 논문에 게재되기 시작하던 시기이기도 했다. 한국에 관한 연구들은 국내 학술지뿐만 아니라 국제 학술지에도 게재가 더욱 확대되었는데, 이들 연구에서는 한국의 고유한 공간문제를 범세계적인 보편성과 결합시키는 방식을 통해 한국의 지리학을 해외 학자들에게 알리는 데 크게 이바지하였다.

이 기간에 박사학위논문은 총 32편이 출간되었는데, 대학원 박사과정생 수의 증대에 따라 학위논문 또한 급격히 증가하는 시기였다. 시기적으로 구분해 보면 1985년부터 1995년까지는 앞서 언급한 지리학과 첫 번째 박사학위논문인 임덕순 교수의 논문을 포함하여 18편의 논문이 발간되었는데, 학위자들 대부분은 1970년대 혹은 그 이전 학번으로 이들 중 상당수는 이미 학계 등에서 자리를 잡고 있던 이들이었다. 1996년부터는 학부생 수가 늘어난 81학번 이후 출신의 박사들이 대거 배출되기 시작하였으며, 양적인 측면의 성장만큼 연구 분야 또한 매우 다양화되고 있었다. 분야별로는 교수 연구 업적에서와 마찬가지로 인문지리 분야가 대부분이었고 자연지리 논문은 2편만이 발간되었다. 인문지리 분야에서는 경제지리 8편, 촌락지리 7편, 도시지리 4편 등의 빈도를 보였는데, 한국의 급격한 경제성장과 도시화에 따른 변화, 그리고 이에 수반되는 촌락 지역의 변화가 논문연구에 반영된 결과라고 생각된다. 같은 시기에 첫 번째 GIS 박사학위논문이라 할 수 있는 황철수 경희대학교 교수의 「분산형 수치지도의 설계와 구현」(1998)이 발간되었으며, 논문의 연구대상 지역 또한 처음으로 해외지역으로 확장되어 문순철 전 농촌경제연구원 박사의 「중국의 농촌개혁과 소성진: 절강성 온주시 용항진의 사례」(1997)과 이정훈 경기연구원 박사의 「동경대도시권에서 도심고차사무기능의 교외이전에 관한 연구」(1999) 등도 발간되었다.

석사학위논문은 총 120편이 발간되었는데, 몇몇 특징적인 논문을 살펴보면, 박사논문에 앞서 GIS 분야의 첫 두 편의 석사 논문인 구자용 상명대학교 교수의 「지리정보시스템에서 LANDSAT 데이터의 이용에 관한 연구」(1991)와 박수홍 인하대학교 교수의 「수치 지도 데이터베이스를 이용한 지형도 수정」(1991)이 발간되었다. 최창조 교수가 재직했던 짧은 기간에는 권선정 동명대학교 교수의 「취락입지에 대한 풍수적 해석」(1991) 등 풍수학 논문들이 발간되기도 하였다. 한편, 대부분의 석사학위논문은 연구대상 지역을 정하고 이를 대상으로 경험적 연구를 수행한 결과인 데 비해, 드물지만 이강원 교수의 「환경윤리에 있어서 총체주의의 해석에 관한 비판적 연구」(1993)와 같이 이론적 연구도 나타났다. 또한 지리학과 최초의 외국인 석사학위논문으로 Do Tien Chinh의 「A Development Plan for the Vietnamese National Digital Basemap: Lessons from the Korean Experience」(1999)와 荻野千尋(오기노 치히로)의 「탑골공원과 한국할아버지」(1999)가 발간되었는데, 전자는 연구자의 모국인 베트남에 대해서 수행된 연구인 반면 후자는 외국인 연구자가 본 한국에 관한 연구라는 점에서 특징적이라고 볼 수 있었다.

이 시기의 연구물들에서 나타나는 이론 또는 설명 모형 측면에서의 핵심어들은 신산업지구, 산업재구조화, 세계도시론, 정보도시, 행동 공간, 생활양식, 포스트모더니즘, 마르크스주의 등이었으며 방법론 측면에서는 기존의 통계분석에 더하여 웹 기반 GIS와 같이 데스크톱 기반의 전통적 GIS가 인터넷상으로 확장되어 가는 특징을 보였다. 이들 설명 체계는 현재까지도 공간적 현상의 다양한 면들을 특성화된 방식으로 설명하는 담론들로서 여전히 주목받고 있다.

4. 지리학 영역 확대와 정체성 문제: 국제화, 전문화, 외연 확장(2000~2012년)

뉴밀레니엄이 시작되던 2000년에는 제29차 세계지리학대회(International Geographical Congress)가 한국에서 개최되었다. 세계지리학대회의 서울 개최는 1992년 미국 워싱턴에서 열린 제27차 세계지리학대회에서 유치가 결정되었다. 이는 당시 대한지리학회장을 역임했던 박영한 교수 등 사회과학대학 지리학과 교수진을 중심으로 한 한국 지리학자들의 단합된 노력의 결실이었다. 이 행사를 통해, 한국 지리학계는 세계 학술대회를 처음으로 유치하여 성공리에 개최했다는 성과를 달성할 수 있었다. 세계지리학대회 서울대회를 준비하는 과정에서 한국의 지리학자들이 세계지리학연합(International Geographical Union) 내의 (전공 분야별) 분과위원회의 활동에 적극적으로 참여하면서 한국 지리학계에도 국제화가 빠르게 진행되었다. 더 나아가 이 시기 즈음부터 지리학자들이 국제학회의 임원으로 선임되면서 거버넌스에 적극적으로 참여하게 되었는데, 류우익 교수는 1995년부터 제29차 세계지리학대회 조직위원회 사무총장을 역임한 데 이어 2006년에는 세계지리학연합의 사무총장으로 임명되었다. 지리학계뿐만 아니라 인접 분야에서의 국제학회 임원 활동도 활발했는데, 박삼옥 교수는 한국을 포함하여 미국, 캐나다, 호주, 일본 등 아시아, 오세아니아, 북아메리카, 남아메리카 국가들을 회원국으로 하는 지역학(regional science) 분야 대규모 국제학회로 한국에서는 처음 개최된 1999년 제16차 태평양 지역학 대회의 조직위원장, 그리고 2000년부터 태평양 지역학회장으로 선출되었다. 이러한 국제화의 추세에 따라 학과 구성원들도 국제 학술대회에 참가하여 학술 지식을 교환하고 연구자 네트워킹을 수행하는 빈도가 더욱 높아졌으며 세계지리학대회와 함께, 비록 미국의 학회이지만 범세계적인 지리학자의 학술회의 성격을 가지는 미국지리학회 연례학술대회가 그 주요한 장으로서 역할을 담당하였다.

학과 국제화의 또 다른 단면은 지리학과 출신 동문이 해외의 대학들에 교수로서 자리를 잡아 가는 것이었다. 1980년대 지리학과 학부 인력의 증대는 대학원 석사과정 연구 인력의 증대로 이어졌고 이는 다시 박사과정생의 증가와 박사학위를 위해 해외 대학으로 유학을 가는 인력의 증대로 이어졌다. 이전에는 대부분 유학을 통해 학위를 받았을 때 귀국하여 대학이나 연구기관에 자리를 잡는 것이 일반적이었는데, 이 시기를 시작으로 학위 후 현지의 대학에 취업하게 되는 경우가 점점 늘어나기 시작했다. 여기에는 2000년대 전반 IMF의 구제금융으로 인한 불경기로 국내에서의 취업시장이 얼어붙은 상황이라는 학문 외적 요인도 영향을 미쳤지만, 1980~1990년대를 치열하게 보낸, 이른바 86세대 연구자들이 가졌던 학문적 도전정신이 큰 역할을 했을 것으로 보인다. 미국 대학의 지리학과에 교수로 취업한 이들 1세대 지리학과 동문 중 특히 성정창(Western Georgia University), 최종남(Western Illinois University), 장희준(Portland State University), 박선엽(부산대학교), 최진무(경희대학교) 교수 등은 2008년에 한미 지리정보 및 환경과학 협회(Korea-America Association for Geospatial and Environmental Science)를 설립하여 지리학 및 인접 분야에서 활약하는 미국 내 한국 연구자들 간에 정보를 교환하고 네트워킹을 할 수 있는 플랫폼을 제공하고 있으며『International Journal of Geospatial and Environmental Research』라는 학술지를 자체적으로 발간하고 있기도 하다.

국제화와 함께 지리학계 내부적으로는 학문적 연구가 좀 더 분화되고 전문화되어 가는 양상을 보이고 있었다. 이전 시기가 지리학 연구의 인적 저변이 확대되고 연구의 주제나 대상이 다양화되는 시기로 특징지어진다면, 이 시기는 그러한 경향이 더욱 강화되면서 지리학 연구가 한층 더 심화한 방식으로 이루어지고 있었다. 이러한 전문화의 추세는 지리학계에서의 학회 구성 양상에서도 잘 반영되고 있다. 1980년대 후반까지 지리학계에서 학회는 모 학회인 대한지리학회와 한국지리교육학회(현 국토지리학회)밖에 없었으나 1988년 한국문화역사지리학회가 지리학계 내 전문학회로서는 최초로 설립된 이후 1990년대에 들어 여러 전문학회가 앞다투어 설립되게 되었다. 이와 같이 분야별로 전문학회들이 생기면서 지리학 연구자들은 대한지리학회에서의 학술활동을 전체가 한자리에 모여 같이 하면서도, 각자의 전공분야별로 흩어져 전문학회의 활동들을 이어 나가게 되었다.

4. 지리학 영역 확대와 정체성 문제: 국제화, 전문화, 외연 확장(2000~2012년)

　연구자들이 각자 전문분야 안에서 더욱 심층적 접근을 하게 되면서 분야별로 학문적으로 연결된 지리학 인접 분야 연구자와의 학술적 교류 또한 활성화되었다. 이에 따라 지리학자들도 지리학계뿐만 아니라 다양한 지리학 인접 학문 분야의 학회에서도 학술대회 발표와 학회지 논문 게재 등 학술활동을 더욱 활발하게 수행하게 되었다. 이와 같은 전문화와 세부분야로의 연구 심화는 인접 학문 분야와의 외적 연계 활성화를 통해 지리학의 외연 확대를 가져왔지만, 반대로 지리학 내부의 관점에서 보면 그러한 연구의 방향성은 지리학이라는 공동의 플랫폼상에서 연구자들 간의 소통을 어렵게 만들기도 하였다. 자연지리 분야에서 고도로 복잡하고 정교한 분석방법론을 활용하는 실험연구를 인문지리 연구자가 이해하기 어려워지고, 인문지리 분야에서 철학적 배경을 가지는 공간 담론을 자연지리 연구자가 이해하기 어려워지면서 약해지는 연결의 끈은 종합과학으로서 지리학의 초점 혹은 공통영역의 희석이라는 지리학 정체성 약화 문제를 야기하고 있었다.

　이 시기는 지리학과 출신 1세대 교수진이 퇴임하면서 이들이 지리학과 대학원 전성기에 제자로 배출한 석박사 인력들이 학과 교수로 부임하는 시기였다. 2003년에 영국 옥스퍼드대학교에서 토양학 분야로 박사학위를 받은 박수진 교수가 학과에 부임하면서 지리학과 교수진은 9인 체제를 갖추게 되었다. 더불어 1984년 김상호 교수가 퇴임하면서 자연지리 담당 교원이 1인으로 줄어든 상태로 이어져 오던 상황이 19년 만에 끝나고 인문 6인-자연 2인-GIS 1인의 교수진을 갖추게 되면서 자연지리 분야의 연구와 교육여건이 개선되었다. 2005년과 2006년에는 각각 박영한 교수와 김인 교수가 퇴임하였으며, 2006년에 미국 일리노이대학교에서 박사학위를 받은 손정렬 교수가 김인 교수의 후임으로 도시지리를, 2007년에 서울대학교에서 박사학위를 받은 김용창 교수가 박영한 교수의 후임으로 토지주택론을 담당하게 되었다. 특히 김용창 교수는 서울대학교 지리학과가 배출한 박사학위자 가운데 첫 번째로 모과 교수로 임용되었는데, 이전까지 박사학위를 받고 학과에 부임한 교수들은 대부분 해외 대학에서 학위를 받은 이들이었지만, 이후로 학과에 부임하는 교수들은 해외 대학 학위소지자와 본과 박사학위자 두 축으로 이루어지게 되었다. 2009년에는 류우익 교수가 대한민국 주중대사직을 맡게 되면서 퇴임하게 되고 이어 2010년에는 허우긍 교수, 그리고 2011년에는 박삼옥 교수가 연이어 정년퇴임하면서 단기간에 학과 교수진의 세대교체가 진행되었다. 먼저 2010년에는 서울대학교에서 박사학위를 받은 구양미 교수가 경제지리 분야 교원이자 학과 최초의 여성 교원으로 부임하였고 2011년에는 미국 버클리대학교에서 박사학위를 받은 박정재 교수가 부임하였다. 박정재 교수는 생물지리학 전공자로 이때부터 학과 역사상 최초로 자연지리 전임교원이 3인에 이르는 상황을 맞게 된다. 한편, 서울대학교의 대학 차원에서의 국제화 노력은 외국인 전임교원의 채용으로 반영되었는데, 그에 따라 지리학과에서도 2012년에 최초의 외국인 전임교원으로 네덜란드 유트레흐트대학교에서 박사학위를 받은 Edo Andriesse 교수가 부임하여 동남아시아 지역 경제 발전 문제 등을 담당하게 되었다. 2013년에는 미국 오하이오주립대학교에서 학위를 받은 이건학 교수가 GIS 분야로 부임하였다. 이건학 교수의 임용으로 이 시기부터 학과 최초로 GIS 전임교원 또한 2인으로 증가하였다. 이로써 지리학과 교수진은 총 10명이 되었으며 인문 5인-자연 3인-GIS 2인으로 분야 간 수적 균형이 좀 더 진전되고 있었다.

    같은 시기 교수진은 이전 시기에 비해 늘어나고 있었으나 이와는 대조적으로 대학원 연구 인력은 2000년대 중반쯤부터는 침체기에 접어들고 있었다. 여기에는 몇 가지 이유가 있었는데, 먼저 첫째로 1990년대 후반에 있었던 IMF에 따른 경제위기는 당시 대학생이었던 1990년대 후반 학번들과 2000년대 초반 학번들이 그들의 진로를 선택하는 데 있어 경제적인 고려 사항들의 중요성을 좀 더 부각하는 결과를 만들었다. 많은 학생이 졸업 후 바로 취직하여 경제적인 안정을 얻을 수 있거나 혹은 국가고시 등을 통해 조금 시간이 걸리더라도 보다 안정적인 경제적 상황을 얻을 수 있는 직업을 선호하게 되었고, 결과적으로 오랜 시간을 투자해야 하고 또 그 결과로 안정적인 취업도 보장되지 않는 대학원과정은 매력적인 선택지로 다가오지 않았다. 둘째로, 2000년대 초반 대학 차원에서 시행된 학부 신입생 광역 모집제도는 지리학과의 인적 자원의 적정규모를 유지해 나가는 데 커다란 위협으로 작용하였다. 이미 1970년대 후반 경험했던 학과 인원의 축소와 그에 따른 대학원 진학 자원의 고갈 등과 비슷한 상황이 2002년에 시작된 사회과학대

4. 지리학 영역 확대와 정체성 문제: 국제화, 전문화, 외연 확장(2000~2012년)

학 광역 모집에서 나타났고 이후 2004년 인류·지리군 모집과 학과별 모집으로의 환원 과정을 통해 문제가 개선되기는 하였지만, 제도의 변화는 단기간에 대학원 입학자원의 감소에 뚜렷한 영향을 미치고 있었다. 이러한 대학원 재학생의 감소는 학문후속세대의 양성이라는 측면에서 학과 내에서 위기감을 불러일으켰으며 이러한 상황이 후에 학과에서 BK 사업을 추진하게 되는 중요한 계기가 되었다.

2008년은 지리학과 창설 50주년이 되는 해였다. 지난 1988년 학과창설 30주년 학술행사에 이어 학과에서는 대대적인 기념행사를 준비하였다. 12월 4일 개최된 기념행사에 맞추어 『서울대학교 지리학과 50년사』가 발간되었고 행사에서는 학과창설 50주년 기념식과 동문의 밤 행사가 진행되었다. 30주년의 행사가 학술대회의 성격이었던 것과는 달리 50주년 기념행사는 지리학과와 지리학의 학내외 위상을 높이고, 동문 간 활발한 교류를 통해 졸업생과 재학생의 연대감과 소속감을 높이며, 지리학과와 동문회의 장기적인 발전계획 수립에 이바지한다는 목적 아래 이루어지게 되면서 학계보다는 더 많은 수를 차지하는 비학계 동문을 중심으로 한 행사로 이루어졌다.

이 기간에 교수진이 출간한 단행본은 각자의 전공분야를 중심으로 다양한 영역을 아우르고 있었다. 지난 시기에 국토문제연구소에서 발간된 국토총서를 통해 학과 교수진이 공동연구 수행의 씨앗을 뿌렸다면, 이 기간에는 그 씨앗이 자라 좀 더 다양한 형식으로 공동연구와 협업이 이루어지고 있었다. 2002년에는 서울대학교 차원에서 광역 모집 후 전공학과 선택이라는 체제가 도입되면서 전공을 결정하지 않은 학생들을 대상으로 전공 탐색과목을 개설해야 하는 상황이 되었는데, 이 강좌를 위한 교재로 학과 교수들이 주 집필자가 되어 『지식정보사회의 지리학탐색』(한울)을 출간하였고 이 책은 개정판을 거쳐 2012년에 재개정판까지 발간되었다. 2006년에는 김인 교수의 퇴임을 기념하여 『도시해석』(푸른길)이 발간되었다. 이 책은 종래의 정년퇴임 기념논문집처럼 단순히 기념의 성격만 가지는 것이 아니라 도시에 대한 이해를 추구하는 독자에게 실질적으로 영향을 미칠 수 있는 기념물을 만들어 보자는 취지 아래 기획된 책이었다. 여기에는 집필진으로 학과 교수 다수가 참여하였으며 학계에서 활약하고 있던 지리학과 대학원 석박사 출신의 동문이 주 저자로 대거 참여한 지리학과 구성원 간 협업의 대표적인 성공 사례였다. 이 책은 13년이 지난 2019년에 개정판이 출간되면서 그 여운을 계속 이어가고 있다. 한편, 공동의 연구과제가 단행본이라는 결과물로 만들어진 사례도 있었는데,『북한 산업개발 및 남북협력방안: 지리적 접근』(서울대학교출판부, 2007)과『21세기 국토공간관리방안에 관한 연구』(한국토지주택공사, 2010)가 여기에 해당하였다. 이와 같은 공동의 연구 과정은 지리학의 정체성을 확인해 나가고 종합성을 서로 채워 나가는 데 있어 유익한 기회를 제공해 주었다.

이 시기에 발간된 학술지 논문은 180여 편으로 이전 시기보다 더 늘어났다. 앞서 언급한 바처럼 이 시기에는 이전 시기에 비해 인적 저변의 확대가 이루어지면서 연구의 양적 측면이 성장하였고 이와 더불어 지리학 연구가 교수 개개인의 전문 분야로 심화해 가는 과정이 나타나고 있었다. 전문 분야별로는 지리학과 인접 학문 분야 연구자 간의 학술적 교류가 활성화되고 있었다. 이는 투고되는 학술지의 분포에서도 잘 드러나는데,『대한지리학회지』의 경우는 모 학회의 학술지로 여전히 가장 높은 빈도를 나타내고 있었지만, 그 비중은 다소 감소하고 있었다. 서울대학교 학술지인『지리학논총』은 빈도가 급격히 낮아지면서 이 시기부터는 교수진보다는 대학원생의 학위논문이 주로 게재되는 학술지의 성격이 강화되었다. 아울러 1990년대에 창설된 지리학계 내의 여러 전문학회에서 발간하는 다양한 학회지들이 학과 교수진의 논문게재학술지로 활발하게 활용되고 있었고, 지리학 인접 분야 학회의 학회지들도 교수의 전공 분야별로 다양하게 나타나고 있었다. 인문지리 분야의 경우는 여전히 활발하게 논문발간이 이루어졌고 자연지리 분야도 이 시기에 교수진이 3명으로 보강되면서 연구성과가 늘어나 인문지리 분야와의 불균등 상황이 많이 감소되었다. 국제 학술지에의 논문출간은 이전 시기에 비해 다양한 분야에서 더욱 활성화되었으며 특히, 자연지리 분야의 국제 학술지 논문게재가 매우 활발하게 나타나 한국 지리학을 국제학계에 알리는 데 선봉장의 역할을 하였다.

이 시기에 발간된 박사학위논문은 모두 52편이었는데 이전 시기와 마찬가지로 인문지리 분야가 주도적이었고 자연지리 분야는 7편으로 이전 시기보다는 증가했지만, 자연지리 분야 교원의 추가적인 확보가 박사학위논문의 수적 증가로 이어지기에는 시간이 더 필요한 상황이었다. GIS 분야 논문의 수도 꾸준하게 늘어가는 추세를 보이고 있었다. 앞선 시기에 지리학과 최초의 외국인 석사가 탄생하였는데 이 시기에 최초의 외국인 박사가 배출되었다. 이미 학과에서 석사학위를 받았던 荻野千尋(오기노 치히로)는 「'강남8학군' 지역의 형성: 주소형성에 나타난 한국적 특성」(2004)으로, 그리고 轟博志(도도로키 히로시)는 「20세기 전반 한반도 도로교통체계 변화: "신작로" 건설과정을 중심으로」(2004)로 각각 박사학위를 받았다. 이들은 모두 일본인의 관점에서 한국의 공간 현상을 바라보고 연구를 수행하였다는 점에서 특징적이었다. 그 밖에 임수진 교수는 「코스타리카 커피경제의 시·공간적 전개와 지역적 차이」(2005)로 박사학위를 받았는데, 이후 라틴아메리카 전문 연구자로 성장하면서 국내 학위자로서는 최초로 멕시코의 콜리마대학교 교수로 부임하였다. 이차복 박사의 석사(2007) 및 박사학위논문(2012)은 화성(Mars)을 대상 지역으로 연구를 수행함으로써 지리학 연구대상의 스펙트럼을 지표면으로부터 타 행성으로 확장하기도 하였다.

이 시기 연구물들에서 드러나는 이론 혹은 설명 체계 차원에서의 핵심어들은 신제도주의 경제학, 지역혁신체계, 클러스터, 스마트시티, 장소마케팅, 장소성, 지역정체성, 젠트리피케이션 등이었으며, 방법론적 측면에서는 네트워크 관점과 분석, 공간통계, 인공신경망, 행위자 기반 모형, 공간 데이터 마이닝 등의 주요어가 부상하고 있었다.

5. 연구의 양적 팽창과 주제 및 방법론의 새로운 지평 (2012년 이후)

2013년 9월부터 지리학과 대학원은 BK21 PLUS 사업 미래 기반 창의인재 양성형 인문·사회 분야에서 사업단으로 선정되어 새로운 시대를 열게 되었다. 이는 앞서 언급한 바처럼 2000년대를 거치면서 대학원생의 수적 규모가 감소한 상황이

학과에 위기의식을 가져왔는데, 이를 해결하기 위한 방향성으로 대학원생의 안정적인 연구 활동 지원을 꼽았고, 이를 위한 핵심적인 전략 수단으로 BK 사업단의 운영이 고려된 결과였다. 7년간 진행된 이 사업이 종료된 후 2020년에 지리학과는 다시 한번 BK 사업단으로 선정되는 성과를 이루었다.

BK 사업단의 출범은 대학원 재학생의 증가와 연구의 활성화를 가져왔으며 이와 더불어 연구 분야 또한 더욱 다양화되는 데에 촉매제 역할을 하였다. 이 시기 대학원이 다른 시기와 비교할 때 나타나는 가장 큰 차이점은 구성원의 다양성이었다. 이전 시기까지는 대학원의 주류를 이루는 집단이 본과 출신의 학생들이고 서울대학교 타 학과 혹은 타 대학교에서 오는 학생들이 상대적으로 소수집단이었으나 이 시기로 오면서 본과 출신 학생보다 본과 외 출신 학생이 더 많아지는 역전 현상이 발생하게 되었다. 이러한 추세는 IMF 위기 이후 지속된 현상으로 본과 출신 중 성적이 우수한 많은 학생이 법학전문대학원으로 빠져나가는 추세가 2010년대에도 계속되었기 때문이었다. 결과적으로 BK 사업을 유치함으로써 대학원생의 저변 확대에는 성공하였지만, 본과 출신의 인력을 대학원에 유치하는 데에는 제한적인 영향만을 미쳤다.

BK 사업단의 출범은 경제적으로 어려움 없이 연구에만 전념할 수 있다는 점에서 대학원의 연구 환경을 더욱 안정적으로 만드는 데 이바지하였으나 한편으로 연구 활동이 경쟁체제라는 틀 안에서 이루어지게 되는 상황을 맞게 된다. 사업단은 동일 분야 타 대학교의 잠재적 후보 사업단과의 경쟁하에 평가·선발되므로 경쟁에서 앞서기 위해서는 충분한 연구실적을 갖추어야만 하므로 사업단 내부적으로도 연구실적을 제고하기 위한 여러 가지 노력을 기울이지 않을 수 없는 상황이 되었다. 결국, 사업단 간의 경쟁평가체계는 사업단 내에서도 경쟁평가체계를 도입하지 않을 수 없도록 만들었고 이는 사업단의 수혜대상인 대학원생들 사이에서도 경쟁평가체계가 도입되는 식으로 영향을 받게 되었다.

이러한 변화에 따라 이 시기부터 대학원생들의 연구물이 증가하기 시작하고 있었다. BK 사업단의 시기에는 박사과정생뿐만 아니라 석사과정생이 학위과정 동안에도 대학원 강좌를 수강하면서 작성한 기말 보고서 중 좋은 평가를 받은 보고서를 수정·보완하여 학술지에 게재하는 관행이 만들어지기 시작했다. 지리학계에 전문학회들을 포함하여 여러 학회에서 제공하는 학술지들이 과거에 비해서 훨씬 더 많은 투고의 기회를 제공하고 있다는 학교 외적인 조건도 여기에 기여하고 있었다. 이러한 논문은 대부분 국내 학술지를 중심으로 게재가 이루어졌으나 몇몇 대학원생들의 논문은 그 우수성을 인정받아 국제 학술지에 게재되기도 하였다.

이와 같은 연구 역량의 양적 성장은 지표들에서도 반영되었다. 학과별 세계 대학 순위를 산출하는 QS 지리학과 순위 변화를 보면 BK 사업단 출범 이후로 순위가 꾸준히 상승하고 있는 것을 볼 수 있다. 지리학과는 2017년에 처음으로 50위권인 48위에 올랐고 2019년에 38위, 2020년에 34위, 2021년에 31위를 거쳐 마침내 2023년에는 29위로 30위권 내로 진입하게 되었다. 하지만 이러한 양적 지표 중심의 사업단 운영에는 부작용들도 있었는데, 그중 한 가지는 지리학 내 분야별로 연구 실적 차이에 따른 불이익이 발생할 수 있다는 점이었다. 통계분석을 수행하는 어떤 분야는 주어진 시간 안에 논문출간이 매우 활발할 수 있지만, 장기간의 심층 인터뷰나 고문헌 등의 분석 등을 수행해야 하는 어떤 분야는 같은 시간 안에 출간할 수 있는 논문의 수가 제한적일 수 있다. 그럴 때 양적 지표만으로 평가하게 되면 후자의 분야에 속한 대학원생은 충분한 혜택을 받기 어려워지게 되고 결과적으로 그쪽 분야가 대학원에서 도태될 수 있는 우려가 생기게 된다. 좀 더 일반적으로는 과연 양적 평가라는 것이 진정 학문적 성장을 가져오고 있는지에 대한 회의론이 대두되면서 질적 평가의 방식이나 장치들이 필요하다는 문제 제기 또한 이루어지는 상황이다. 실제로 이러한 우려는 지리학과 사업단만의 문제가 아니라 BK 사업을 주관하는 교육인적자원부 차원에서도 우려하는 문제였기 때문에 2023년에 진행된 사업단 중간평가에서는 질적 평가를 강화하여 논문의 수보다는 대표 논문의 학문적 가치와 그 영향력을 심사하는 방식으로 평가기준을 변경하기도 하였다.

이 시기에 부임한 교수진을 통해 학과의 연구분야는 더욱 다양화되었으며 전문화되어 갔다. 2013년 2학기에 미국 USC에서 박사학위를 받은 신혜란 교수가 부임하여 정치지리학 분야를 담당하게 되었다. 신혜란 교수는 지리학과 최초로 도시게

획을 전공한 전임교원이 되었으며, 우수 교수 본부 정원을 활용한 방식으로 채용되면서 학과의 교수진은 11명 체제(인문 6인-자연 3인-GIS 2인)가 되었다. 2017년에는 미국 텍사스A&M대학교에서 박사학위를 받은 김대현 교수가 학과에 부임하였다. 김대현 교수 또한 신혜란 교수와 마찬가지로 본부 정원을 활용한 우수학자 특별채용의 방식으로 학과에 합류하였으며 생물지형학 전공자였다. 이로써 학과 교수진은 12인 체제(인문 6인-자연 4인-GIS 2인)가 되었으며 자연지리 전공자가 4명으로 지리학과 역사상 자연지리 분야 교수진이 가장 많은 시기가 비록 짧은 기간이긴 하지만 1년 6개월 정도에 걸쳐 유지되었다. 2019년에는 유근배 교수가 퇴임하였는데 이 자리에는 서울대학교에서 박사학위를 받았던 이강원 교수가 부임하였다. 이강원 교수의 전공 분야는 역사지리로, 이로써 지리학과 교수진의 전공 분야가 지리학 내 주요 분야를 전체적으로 다 아우를 수 있는 체계가 만들어지게 되었다. 분야별로는 자연지리가 인문지리로 대체되면서 인문 7인-자연 3인-GIS 2인의 구성이 만들어졌다. 아울러 2012년 외국인 교수의 부임, 그리고 우수 교수 채용을 통해 부임한 교수진 등의 영어강좌 개설 등으로 학과 안에서 영어강의가 많이 늘어났으며 이러한 변화는 학과의 국제화 수준을 끌어올리는 데 큰 역할을 하였다.

2023년의 교과과정이 〈표 7-2〉에 정리되어 있는데, 전체 나열 과목 수는 학부의 경우 39과목, 대학원의 경우 43과목이 제공되고 있었다. 신설 과목을 포함하여 학부 과정에서 제공되는 과목들의 경우 몇 가지 특징을 보이는데, 첫째는 교과목명이 전통적인 학문체계의 분류 방식을 탈피하여 보다 구체화된 대상을 풀어서 제시하는 경우가 늘어났다는 점이다. 경제지리학, 도시지리학, 지형학 등과 같이 전통적인 명칭을 따르는 핵심 교과목들도 여전히 있지만, 인구변동과 이동의 지리학, 공간정치와 지정학, 기후학과 기후변화, 위성영상정보의 이해와 활용, 지리공간의 역사와 사상 등과 같이 더욱 구체화된 강좌명들이 많아지고 있다. 둘째로, 전통적인 지리학 분류체계상 존재하지 않았던 새로운 분야들의 강좌들도 개설되었는데, 경영지리학의 이해, 법제지리학과 도시지역정책, 환경재해와 사회 등이 여기에 해당한다. 셋째로는 새로운 기술 관련 강좌들이 주로 방법론 과목들을 중심으로 제공되고 있는데, 여기에는 머신러닝, 시공간 데이터사이언스 등의 방법론 강좌들과 함께 스마트도시의 지리학 등이 포함된다. 한편, 과거에 많았던 전공필수과목은 시간이 흐름에 따라 점점 줄어들다가 2024년에 이르러 완전 폐지되면서 학부생들의 자기 주도적 학습권을 더욱 높이는 방향으로 나가게 되었다. 반면, 2000년대 초에 전공탐색 과목으로 만들어졌던 지리학입문은 입시제도의 변화에

표 7-2 2023년 서울대학교 지리학과의 교과과정(학부 39과목, 대학원 43과목)

과정	교과목
1학년	자연지리학개론, 인문지리학개론
2학년	경제지리학, 도시지리학, 유럽지리, 지형학과 실험, 사회지리학, 생물지리학과 실험, 인구변동과 이동의 지리학, 컴퓨터지도학, 한국지리, 경영지리학의 이해, 중국지리, 글로벌지역연구방법론
3학년	아메리카지리, 법제지리학과 도시지역정책, 공간정치와 지정학, 역사지리학, 공간정보분석1: 통계모형, 북한지역연구특강, 스마트도시의 지리학, 아시아지리, 수도권지리, 문화지리학, 토양환경론과 실험, 자원론, 교통과 정보통신의 지리학, 공간정보분석2: 머신러닝, 기후학과 기후변화
4학년	토지주택론, 지역답사, 환경재해와 사회, 위성영상정보의 이해와 활용, 공간정보분석3: 시공간 데이터사이언스, 산업입지와 정책, 환경보전론, 지리공간의 역사와 사상, 개발도상국발전문제, 생물지형학과 실험
대학원	한국지리연구, 도시지역정책연구, 계량지리학연습, 기후환경변화세미나, 공간사상사세미나, 지역연구방법론, 원격탐사세미나, 지도학세미나, 지리정보과학세미나, 보건지리학세미나, 환경정보시스템, 자연지리학세미나, 지형학세미나, 하천유역관리, 환경지리학, 경제지리학세미나, 공간최적화세미나, 기업지리학, 토지주택론연구, 도시경제지리학, 젠더다문화지리학세미나, 도시지리학세미나, 문화지리학세미나, 사회지리학세미나, 세계도시론, 역사지리학세미나, 생물지리학세미나, 인구지리학세미나, 교통과 정보통신지리학세미나, 정치지리학세미나, 아시아지역연구세미나, 개발도상국발전문제연구, 장소마케팅세미나, 지정학과 공간정치경제세미나, 지표시스템분석론, 인류세환경세미나, 경영지리학연구, 입지론연구, 중국지리세미나, 공간빅데이터와 머신러닝, 스마트도시연구세미나, 정치생태학세미나, 대학원논문연구

출처: 서울대학교 교무처(2023a, 2023b).

따라 그 역할이 소멸하였고 또 이 강좌의 운영에 수반되는 여러 가지 문제들이 지적되면서 다시 자연지리학개론과 인문지리학개론으로 분화되어 학부 과정 지리학 교육의 기초를 형성하게 되었다.

대학원 교과과정의 경우 분야별로 보면 인문지리 분야와 방법론 및 분석기법 분야는 각각 22과목과 9과목, 자연지리 분야는 8과목, 그리고 지역지리 분야는 3과목으로 구성되어 있었다. 이에 따라 인문-자연지리 분야 간의 불균등 정도는 과거에 비해 다소 완화되고 있었으며, 이는 자연지리 분야 교수 인원의 증가가 교과과정에 반영된 결과로 생각된다. 학부과목과 마찬가지로 대학원 과목들에서도 새로운 시대적 수요를 담고자 하는 강좌들이 나타나고 있는데 젠더, 다문화, 스마트도시, 빅데이터, 머신러닝, 기후변화 등의 키워드들이 강좌명에 활용되고 있었다. BK 사업단의 출범과 함께 보다 효과적인 교육 및 연구 체계를 갖추기 위한 차원에서 대학원 교과과정이 모듈별로 구조화되어 운영되었다. 학과 전체적으로 5개의 모듈이 만들어졌는데, 이들은 글로벌 경제공간과 도시지역정책, 공간의 문화·역사와 정치, 자연환경변화와 지속가능한 발전, 지리정보과학(GIS)과 공간모델링, 세계지역연구였다. 크게는 인문지리 분야 2개 모듈, 자연지리 분야 1개 모듈, 방법론 및 분석기법 분야 1개 모듈, 그리고 지역지리 분야 1개 모듈의 구성을 바탕으로 하되 이들 각 모듈은 폐쇄적인 시스템이 아니라 모듈 간에 활발하게 교차 활동이 일어나는 개방형 모듈로 만들어졌다.

이 시기에 학과 교수진이 발간한 단행본들은 전공분야의 전문 학술서를 중심으로 활발하게 출간되었다. 한편, 전문 학술서와 함께 연구 성과를 바탕으로 대중들에게 그 내용을 비교적 쉽게 풀어서서 사회적인 이슈 혹은 문제가 되는 현상들에 대한 지리학적 관점에서의 해석을 보여 줌으로써 문제와 해법에 대한 사회적 인식을 제고시키는 서적들도 출간되고 있었다. 신혜란 교수의 『우리는 모두 조선족이다』(이매진, 2016)는 한국 내에서 외국인을 어떻게 바라보아야 할지를, 그리고 박정재 교수의 『기후의 힘』(바다출판사, 2021)은 현시대가 직면하고 있는 기후변화에 어떻게 대처해야 할지를 이들의 연구성과에 기반하여 보여 주고 있었다. 아울러 2010년대에 CK 사업의 지원을 받아 진행된 학과 해외 답사의 결과물이 답사 인솔 교수들의 지도로 단행본 시리즈로 푸른길에서 출간되었다. 2016년에는 『Geo-Insight: 타이베이』가, 2019년에는 『Geo-Insight: 둥베이 백두산』이, 그리고 2020년에는 『Geo-Insight: 하노이』가 출간되면서 해외 답사의 성과를 기록하고 문서로 만들어 보존하는 체계가 이 시기부터 갖추어지기 시작했다.

 이 기간에 교수진이 출간한 논문은 231편으로 이전 시기보다 많이 증가하고 있었다. 이는 2000년대 들면서 나타난 양적 증가의 추세가 계속 이어지고 있는 것으로 교수진의 확대에 따른 연구의 양적 확대가 반영된 결과이며 분야 또한 다양화되면서 전공 분야별로 심화하는 모습을 보였다. 게재 학회지를 보면 앞선 시기와 마찬가지로 『대한지리학회지』가 가장 많았으며 지리학계의 여러 전문학술지로도 게재가 활발히 이루어지고 있었고, 이와 동시에 지리학 인접 분야 학술지에서의 학술활동도 활발했다. 국제 학술지로의 논문게재는 특히 폭발적으로 증가하여 전체 출간 논문의 거의 절반에 가까운 106편(46%)의 논문이 국제 학술지 논문이었다. 학과 교수진 다수가 국제 학술지 논문을 게재하였는데, 여기에는 특히 외국인 교수정원으로 Andriesse 교수의 합류와 자연지리 분야의 박정재, 김대현 교수, 그리고 인문지리 분야에서는 신혜란 교수의 논문들이 높은 비중을 차지하고 있었다. 이처럼 활발한 국제학술 활동을 통해 한국 지리학의 국제화와 국제학계에서 한국 지리학의 위상은 더욱 높아지고 있었다.

 이 기간에 출간된 박사학위논문은 총 33편으로 이전 시기보다는 양적으로 감소하고 있었으며 BK 사업의 지원을 통해 양적 성장세를 만들어 가지는 못하고 있었다. 33편의 논문 중 자연지리 분야는 5편, GIS 분야는 3편으로 이전 시기와 마찬가지로 대다수의 박사학위논문은 인문지리 분야 논문이어서 자연지리 분야 교원 확충이 사회과학대학으로 들어오는 지리학과생의 저변 속에서 자연지리 석박사 연구 인력의 확충으로 이어지는 것이 쉽지 않은 일임을 다시 한번 보여 주고 있었다. 연구분야와 주제, 연구 지역으로 보면 다양성은 더욱 높아지고 있었는데, 특히 논문의 연구대상 지역이 해외의 여러 지역으로 확장되고 있음을 확인할 수 있다. 국가별로 보면 미국이 4편으로 가장 많았으며 중국 2편, 북한 2편, 캄보디아 1편, 스리랑카 1편, 가나 1편, 글로벌 연구 1편으로 33편의 박사 연구 가운데 1/3 이상이 해외를 연구 대상 지역으로 하는 등 연구대상 지역에 있어서 국제화가 크게 진전되었다. 여기에는 부분적으로 외국인 박사학위자의 수가 늘어난 부분도 이바지하였는데 중국, 캄보디아, 스리랑카 등 아시아 국가들뿐만 아니라 아프리카 가나의 유학생까지 학과에서 박사학위를 받음으로써 대학원 연구 또한 국제화가 많이 진전되었다.

이 시기 이론이나 설명 체계의 측면에서 연구물들을 관통하는 핵심어들은 현대 공간의 다양성과 복잡성을 반영하듯 이전 시기보다 훨씬 다양해지는 양상을 보이는데, 여기에는 글로벌 생산 네트워크, (글로벌) 가치사슬, 산업생태계, 공유경제, (세계) 도시 네트워크, 네트워크 도시, 도시재생, 신자유주의, 발전주의론, 주거권, 토지은행, (공간) 금융화, 초국적 이주, 인클레이브, 다문화주의, 영토성, 모빌리티, 기후변화, 지속가능성, 생태계서비스, 지다양성 등이 포함되며, 방법론적 측면에서도 매우 다양해져서 주요어로는 정치생태학, 공간회귀모형, 최적화, 베이지언 접근, 복잡계, 다행위자 시스템, 빅데이터 분석, 기계학습, 딥러닝 등이 나타나고 있다.

6. 지리학의 정체성과 지속가능성

사회과학대학 설립 이후 50년의 과정에서 지리학은 문리대 시절과 비교할 때 사회과학으로서의 학문적 성격은 좀 더 선명해졌으나 이는 지리학의 본질적인 성격에도 영향을 미치게 되었는데, 그 결과 지리학의 정체성, 그리고 지속가능성과 관련된 질문들이 제기되어 왔다.

1) 종합과학으로서 지리학의 정체성

(1) 사회과학, 자연과학 혹은 인문학적 성격을 가지는 지리학의 종합성 약화

지리학은 자연과 사회, 그리고 인문 현상에 대한 연구가 아우러지는 종합적 학

문으로서의 성격을 가진다. 그러한 지리학의 성격에 대해 혹자는 넓지만 깊이는 얕은, 이른바 제너럴리스트를 육성하는 학문이라 폄훼하기도 하였지만, 최근의 학문적 추세가 전문분야별로 세분되어 각자의 연구만을 아는 반면, 융합적 연구와 학제적 교육에 대한 수요가 높아지는 상황에 이들 전문분야 간의 조정자 혹은 조율자로서 역할을 할 수 있는 잠재력이 인정받고 있는 시점이다. 그러나 이러한 지리학에 대한 시대적 요구에도 불구하고 지리학 또한 연구의 분야별 전문화가 강화되고 있으며 제너럴리스트로서의 위상이 약화하는 것뿐만 아니라 더 나아가 지리학 연구자들 간 의사소통마저도 어려워지는 경향이 나타나고 있다. 반면, 지리학의 각 전문분야별로 지리학 인접 분야와 교류는 더욱 확대되고 있다. 이와 같이 전문화된 세부 분야 연구가 강화되어 가는 지리학의 미래는 어떻게 될 것이며 지리학의 정체성은 어떻게 변화해 나갈 것인지에 대한 논의가 필요한 시점이다.

(2) 사회과학대학 지리학과와 인문지리-자연지리 불균형 심화

문리대 시절 지리학과의 교육과 연구 실적, 교수진의 구성 등을 보면 인문지리-자연지리 분야 간에 비교적 균형이 유지됐으나 사회과학대학 지리학과가 시작된 이후에는 인문 및 사회 부문이 좀 더 강조되면서 자연지리 분야는 상대적으로 약화하였고 그 결과 두 분야 간의 불균형이 심화하기에 이른다. 특히 사회과학적 성격의 지리학이 주류를 이루는 한편, 앞서 언급한 바처럼 종합학문으로서 지리학의 정체성은 약화하여 갔다. 이러한 문제들을 극복하기 위해서는, 현재의 단과대학 학제 체계에 변화가 생기지 않는다면, 사회과학대학 안에서의 학문적 네트워킹뿐만 아니라 과거 문리대 방식의 연결고리, 혹은 공간을 다루는 교육 단위들과의 교육-연구 연계 확대가 필요하며, 이를 위한 추가적인 노력이 수반되어야 한다.

타 연구 및 교육 단위들과의 학문적 연계와 관련하여 좀 더 급진적인 견해 가운데에는 지리학의 학문 교육과 연구에서 사회과학대학이라는 울타리가 적합한지에 대한 회의론도 나타나고 있다. 이러한 주장은 공간, 지역, 계급, 경제 등의 학문적 관점을 수행하는 학문 단위가 현재와 같은 분과학문 전문 단위별 학과 체제일 필요가 있는지에 대한 비판에 기반하여, 서울대 전체적으로 단과대와 학과 체제를 해체하고 사일로형 클러스터 체제로의 전환이 필요하다고 제안한다.

(3) 지리학의 고유성에 기반한 사회과학 타 분야와의 연계 시너지 미흡

지리학 이외 사회과학 내 타 분야의 경우 사회현상이 연구의 대상이나 지리학은 그러한 사회현상의 공간적 특성에 주목함으로써 관점의 차이를 가진다. 보다 구체적으로, 지리학에서는 사회현상이 공간에 미치는 영향과, 반대로 공간이 사회현상에 미치는 영향 등 두 대상 간의 상호작용에 주목하고 있다. 그런 점에서 지리학은 정치-사회-문화-경제-사회복지-미디어 등이 형성하는 상호 간의 연계 위의(혹은 아래의) 다른 차원에 위치한다고 볼 수 있다. 이러한 지리학의 특성으로 사회과학 타 분야와의 연계 잠재력은 높다고 볼 수 있으나 지난 50년의 세월 동안 그만큼의 시너지가 발생했는지는 한번 뒤돌아볼 필요가 있다고 생각된다. 더 나아가 사회현상뿐만 아니라 자연현상에 대한 연계 잠재력 또한 높으나 사회과학대학이라는 제도적 틀 안에서 사회과학대학 밖 타 분야와의 연계 또한 활발했는지에 대해서도 고찰이 필요하다.

(4) 종합과학을 구현할 수 있는 지역연구 전통 약화

연구 대상에 따라 인문지리-자연지리의 이원론이 있다면 계통지리-지역지리는 지리학 연구를 연구의 접근방식에 따라 분류한 유형이다. 최근으로 오면서 계통지리학과 전문 주제 분야에 대한 연구의 강조 속에 지역지리학이 약화하여 온 것이 사실이다. 이는 일정 부분 사회과학적 연구 스타일(일반화, 법칙화, 모형화 등)에 의한 영향이라고 볼 수 있다. 하지만 지리학의 고유한 특징은 장소들 사이에 공통으로 나타나는 일반성/보편성뿐만 아니라 장소들이 가지고 있는 고유성/특수성(예를 들어, 실리콘 밸리는 왜 다른 곳에 이식이 안 되나?)에도 주목하는 것이라고 할 수 있다. 장소와 지역의 고유성에 주목할 수 있는 한 가지 방법이 특정 지역에 대한 종합적인 이해를 추구하는 지역지리학 연구이며 이는 지리학의 이원론(인문대 자연)을 극복할 수 있는 대안이 될 수도 있다. 하지만 안타깝게도 지리학 내에서 지역지리학 연구는 상대적으로 침체하여 있다고 볼 수 있으며 여기에는 계통지리학 분야 연구자와 비교하면 지역지리학 연구자들에게 상대적으로 취업기회가 많이 제공되지 않았다는 점, 그리고 현실적인 이유로 (특히, 해외지역 등) 현지에서 지역연구의 어려움과 시간적 소요 부분도 영향을 미쳤을 가능성이 있다.

2) 지리학의 지속가능성

(1) 새로운 시대적 요구에 따른 특화 vs 다양한 분야 담당하는 서울대로서 책무 지속

지리학과는 전통적으로는 한국 최고 대학의 지리학과로서 지리학의 전반을 아우를 수 있는 교수진의 확보를 통해 교육과 연구를 수행한다는 관점을 견지했다. 그러나 국제 지리학계의 최근 동향을 빠르게 추적할 수 있는 미국지리학회 연례 학술대회에서 발표된 논문들의 초록에 이용된 단어에 대한 워드 클라우드 분석 결과를 보면 예전과 같이 지리학의 연구 분야가 다양하게 흩어져 있는 것이 아니라 크게 세 개의 핵심 분야[도시-GIS-변화(기후, 토지)]로 수렴 및 집중되고 있음을 확인할 수 있다(Seong et al., 2022). 이러한 연구의 추세를 좇아 교육에서도 선택과 집중을 적용한다면 현대사회가 필요로 하는 지식을 효과적으로 제공할 수 있지만 지리학의 종합성은 견지하기 어려워질 수 있다. 반면, 지리학의 종합성을 유지해 나간다면 지리학 내 전문분야별로 충분한 연구자의 깊이가 형성되지 않기 때문에 (최근의 범세계적 코로나19 감염 등과 같이) 예상치 못한 사건에 관한 연구에 있어 순발력을 갖기 어려워질 수 있다.

이와 관련하여 고민이 필요한 부분은 사회대 지리학이 그간 전국 규모에서 그리고 더 나아가 국제 학계에서 학술논쟁을 주도하는 상황이 미흡했다는 점이다. 여기에는 외적으로는 그간 학부 규모 축소와 대학원 중심대학으로 전환의 불완전한 정착, 그리고 사회경제 경향 변화로 인한 학문후속세대 양성 과정에서 사회대 지리학의 주도권적 지위 하락이, 그리고 내적으로는 고유의 이론적 선도성 확립을 통해 지식의 지정학적 변두리 의식을 극복하는 부분이 충분치 못했음이 영향을 미치고 있다고 할 수 있다. 사회대의 지리학이 기대되는 역할처럼 국내 그리고 국제 학계를 선도해 나갈 수 있으려면 학문적 다양성을 추구하는 방향성과 특화 및 전문화를 추구하는 방향성 사이에서 어떤 길을 택하는 것이 더 도움이 될지에 대한 깊은 고민이 필요하다.

(2) 순수과학으로서의 지리학 vs 응용과학으로서의 지리학

지리학의 지속가능성을 생각할 때 고려해야 할 또 다른 부분은 지리학을 순수과학으로 성격 규정을 할 것인지 혹은 응용과학으로 규정할 것인지이다. 이는 지리학을 지속해서 육성해야 할 기초학문으로 볼 것인지 아니면 연구 결과를 통해 사회에의 직접적인 기여도를 높일 수 있는 학문으로 볼 것인지의 차이와 연결되어 있다. 최근 인구 감소에 따른 변화는 교육 인력에 대한 수요를 감소시키고 이는 다시 사범대 교육의 수요 또한 감소시키면서 사범대 내의 지리교육과 또한 위기를 맞을 가능성이 높아지고 있다. 한국 대학의 지리학계에서 다수의 지리과가 지리교육과임을 생각한다면 박사 배출 인력의 취업 기회 또한 제한되어 가고 있는데, 그 대안적인 취업기회가 국책 연구원과 지방자치단체 산하의 연구원들이 되고 있다. 이들 취업시장에서 요구하는 연구 인력은 응용 및 정책 연구를 수행할 줄 아는 인력들이라는 점을 고려하면 응용과학으로서의 지리학 연구가 좀 더 힘을 받을 수 있는 상황이 되고 있다. 그러나, 한편으로 응용 성격 연구의 활성화는 서울대학교 지리학과 연구의 학문적 수월성을 위협하거나 혹은 학문적 수준의 질적 저하 성향이 강해질 수 있는 우려도 동시에 존재한다.

(3) 전문화에도 불구하고 지리학에 대한 사회적 인식의 미흡 문제

지리학에 대한 오해는 오랜 시간 지속되어 온 것이 사실이다. 이미 전통적 시기로부터 풍수지리의 영향이 일반 대중의 지리학에 대한 인식에 강하게 자리 잡아 왔고, 그러한 관념이 어느 정도 극복된 후에도 명칭의 유사성이나 혹은 자연지리 중심의 지리학에 대한 모호한 이해를 통해 지질학, 토목공학 등과 혼돈되어 인식됐다. 중등 과정에 있는 지리 과목 또한 여기에 영향을 미쳤는데, 중·고등학교에

서 지리 교육을 받은 많은 사람이 지리와 지리학을 구분하지 못한 채 혼용하는 상황이다. 지리학 연구자들이 지리학 외의 세계로 나가 활동을 하다 보면 가장 많이 받는 질문 중의 하나가 "지리학에서 이런 것도 하나요?"가 될 정도로 인식 속에서 지리학은 매우 특화된 협소한 학문이다. 인식 제고를 위한 그간의 노력은 대부분 개별 지리학 연구자의 탁월함에 기대어 이루어져 왔으나 이러한 개별적인 노력이 학문 시스템적인 차원에서 지리학에 대한 인식 제고로 이루어지지는 못했으며 결과적으로 근본적인 인식의 변화를 만들어 내지 못했다.

7. 21세기 지리학의 르네상스를 위하여

사회과학대학 지리학과의 지난 50년을 회고해 보고 앞으로의 50년을 바라보면서 지리학과의 지리학이 한 걸음 더 앞으로 나아가기 위해서 고민해 보아야 할 부분 중 몇 가지를 정리하면 다음과 같다.

1) 지리학의 사회적 인식 제고

최근 출판시장이 지리학을 매력적인 주제로 주목하고 있다고 한다. 그 자체로서 나쁜 일은 아니나 자칫 이 흐름이 인문학이 거쳤던 경로, 즉 대중의 교양서적에 관한 관심은 높지만, 대학원 진학 등 진지한 연구에 관한 관심은 낮은 양상으로 전개되는 상황으로 이어지는 것은 경계할 부분일 것이다. 이를 고려할 때 연구를 통해 사회에 미치는 긍정적인 영향력을 증대시킬 필요가 있으며 이에 더하여 사회와 꾸준히 소통하는 노력을 강화해야 할 것이다.

2) 지리학의 정체성 유지 노력

지리학의 분야별 전문화는 피할 수 없는 흐름으로 이를 통해 경쟁력을 더욱 강화해 나가면서, 이와 함께 분야별 소통의 노력을 통해 정체성을 공유해 나가고 더 나아가 소통을 활성화할 수 있는 연구 주제들을 발굴할 필요가 있다.

3) 지역연구 활성화

지역연구는 종합학문으로서 지리학 연구를 추구할 수 있는 기회를 제공할 수 있다는 점에서 지역연구의 전통이 좀 더 활성화될 필요가 있으며, 지리학 연구자가 하나의 계통지리학 분야(주제 분야) 전문가임과 동시에 이를 담을 수 있는 그릇으로 하나의 대표 연구 지역 전문가가 되는 것이 바람직한 인재상으로 자리매김하는 것을 고려해 볼 수 있다.

4) 이원론적 전통으로부터 융합적, 학제적 접근 추구

인문지리와 자연지리 분야가 함께 교감할 수 있는 융합적이고 학제적인 주제를 발굴하여 이에 대한 연구와 교육을 장려하는 것이 필요하다. 이를 위해서는 전통적인 분야 편제하에서의 연구와 교육보다는 현실 문제 해결형, 그리고 프로젝트에 기반한 연구와 교육이 활성화되어야 하며 그에 따라 강좌명 등도 전통적인 편제에서 탈피하여 새로운 주제들을 담을 수 있는 새로운 스타일의 강좌명이 이용될 수 있다.

5) 시대적 요구에 부응하는 연구와 교육

향후 거대한 사회변혁에서 사회과학대학 지리학과가 지리학적 관점의 개혁성과 선도성을 어떻게 개척해야 할지에 대한 고민이 필요하다. 보다 구체적으로 기후변화 문제나 인공지능 및 이에 의한 공간 지능화 현상, 전례 없는 공간 불평등 심화 등의 문제들에 대한 더 많은 관심이 필요한 시점이다.

또한 교육방식 측면에서, 새로운 기술은 새로운 연구와 교육 수요를 낳는다. 이에 빅데이터, AI 등 새로운 기술 도입을 반영하는 주제와 방법론을 담는 신규 과목들을 개발하고, 아울러 교육방식도 획일적인 강의와 세미나 방식을 넘어 자기 주도성을 강화하는 다양한 포맷을 실험해 볼 필요가 있다. 여기에 전통적인 교육 도구에 더하여 새로운 디지털 기기와 미디어 또한 적극적으로 활용해 볼 수 있다.

참고문헌

국토문제연구소(2019). 지리학논총(65호). 서울대학교 사회과학대학 국토문제연구소.
대한지리학회(2016). 대한지리학회70년사: 1945~2015. 대한지리학회.
사회과학대학 백서발간위원회(1997). 서울대학교 사회과학대학백서. 서울대학교 사회과학대학.
서울대학교 교무처(1977a). 서울대학교 교과과정: 대학원과정. 서울대학교.
서울대학교 교무처(1977b). 서울대학교 전공과정 교과과정(인문·사회·자연) 1975~1977. 서울대학교.
서울대학교 교무처(2023a). 서울대학교 교과과정[대학원과정]. 서울대학교.
서울대학교 교무처(2023b). 서울대학교 교과과정[학사과정]. 서울대학교.
서울대학교 지리학과 50년사 발행 추진위원회(2008). 서울대학교 지리학과 50년사. 서울대학교 사회과학대학 지리학과.
서울대학교 지리학과(2018). 지리인의 通 별호(서울대학교 지리학과 창설 60주년기념 원로동문 좌담회: 태동기의 지리학과). 서울대학교 사회과학대학 지리학과.

Seong, J. C., Hwang, C. S., Stanescu, A., Lee, Y. & Lee, Y. (2022). What geographers research: An analysis of geography topics, clusters, and trends using a keyword network analysis approach and the 2000-2019 AAG Conference presentations. *International Journal of Geospatial and Envisonmental Research*, 9(1), article 1.

웹자료
서울대학교 국토문제연구소. https://kukto.snu.ac.kr/

제8장

응용 실천 사회과학으로 정체성 세우기:
사회복지학 50년사

| 이봉주 |

2025년으로 서울대학교 사회과학대학은 창설 50주년을 맞는다. 서울대학교에 사회복지학과의 전신인 사회사업학과가 창설된 지 66년이 되는 해이기도 하다. 이 시기는 한국사회가 역사적으로도 유래를 찾기 힘들 정도로 역동적으로 변화한 시기이다. 세계 최빈국의 하나였던 대한민국이 산업화를 기반으로 한 경제성장의 결과로 이제 세계 10대 경제 대국으로 성장하였다. 같은 시기에 민주화를 이루었고, 한류로 일컬어지는 한국의 대중문화는 전 세계의 주목을 받게 되었다.

이 시기에 가장 극적인 변화가 있었던 대표적인 분야로 사회복지를 꼽을 수 있다. 대한민국은 2차 세계대전 이후에 해외원조를 받던 개발도상국에서 해외원조를 주는 선진국 대열에 합류한 유일한 국가라는 사실이 그동안의 사회복지 분야의 발전을 상징적으로 보여 준다. 사회복지는 하나의 사회제도로 또 학문 분야로 한국에서 빠르게 정립됐고, 그 역사의 과정에 서울대학교 사회복지학과가 중심적인 역할을 했다고 해도 과언이 아니다.

이 장에서는 서울대학교 사회과학 지성사의 한 분야로 사회복지학의 발전 경로를 주요 시대적 변화 양상과 연계하여 살펴보고자 한다. 이 장에서는 우선 사회복지학의 변천 단계를 크게 네 개의 시기로 나누어 살펴본다. 제1절에서는 초기 발전 단계인 1975년 사회과학대학 창설 이전의 시기를 다룬다. 제2절에서는 학문 발전과 더불어 경험한 정체성의 위기와 도전의 시기인 1975~1989년까지의 기간을 살펴본다. 제3절에서는 한국이 복지국가로 진입하며 사회복지학이 외연을 획기적으로 확장하는 1990~2009년의 기간을 다룬다. 제4절에서는 수입한 학문에서 자생 학문으로 발전을 꾀하며 그에 따른 새로운 도전을 시도하는 2010년 이후의 기간을 살펴본다. 마지막으로, 제5절에서는 서울대학교에서의 사회복지학의 연구 동향을 분석하고 그 특성을 살펴본다.

1. 1975년 종합화 이전의 사회복지학

1) 사회사업학과의 설립

사회복지학의 대표적 학문적 특성 중 하나는 실천성이다. 사회복지학은 사회과학적 이론과 지식, 그리고 탐구에 그치는 것이 아니라 궁극적으로 사회문제 해결의 방법을 제시하는 것을 목표로 한다. 이러한 학문적 특성으로의 실천성은 사회복지학의 현장 적용성과 실용성을 강조한다. 그런 면에서 서울대학교에 사회복지학과를 설립하게 되는 동기가 사회복지 실천 전문인력 양성의 필요에서 비롯됐다는 것은 시사하는 바가 크다.

한국전쟁은 수많은 전쟁고아, 전쟁미망인, 부랑인 등의 문제를 발생시켰는데, 절대빈곤의 상황에서 국가의 대처 능력은 극히 미비했다. 이 시기의 사회복지는 주로 전쟁으로 파생된 문제에 대한 응급구호적 성격을 띠었다. 고아와 기아, 미아의 수용과 보호를 위한 아동생활복지시설(고아원, 현재의 아동양육시설)이 이 시기의 사회복지의 주를 이루었다. 그러한 시설에 대한 지원은 주로 민간 외국원조기관들이 담당했다.[1]

한국전쟁 이후의 사회적 혼란기에 가장 필요한 것은 응급구호였다. 절대적 빈곤, 전쟁 이재민, 전쟁고아 등에 응급구호는 주로 외국원조기관을 통해 이루어졌다. 당시 아동복지시설의 운영 재원 구성을 살펴보면 외국원조기관의 역할이 얼마나 컸는지를 알 수 있다. 한 연구에 의하면 1959년 아동복지시설 재정의 약 23%만이 국가 보조에 의하여 이루어졌고 나머지 41.5%는 외원에 그리고 21.5%는 시설의 자체 수입에 의존하고 있었다(최종도, 1969). 이러한 사실은 응급구호에서 외국원조기관의 비중이 얼마나 중요했는가를 여실히 보여 준다.

---

1) 대표적인 민간 외국원조기관으로는 기독교아동복리회(CCF, 현 한국어린이재단)와 양친회, 선명회(현 월드비전) 등을 들 수 있다.

이런 현실에서 외국원조기관 위주의 사회복지 현장에서 실무를 담당할 전문인력을 양성할 교육에 대한 필요성이 대두되었다. 당시 해외원조 분야에서 중요한 역할을 담당했던 유니테리언봉사회(Unitarian Service Committee in Boston: USC)는 미네소타대학 사회사업대학 학장인 키드나이(Kidneigh)에게 한국의 사회복지 교육에 대한 자문을 구했다. 키드나이(Kidneigh)는 USC에 제출한 보고서에서 국립대학인 서울대학교에 사회사업대학의 설립을 제안했다.

이른바 '키드나이 플랜'에 따라 하상락, 김학묵, 백근칠 3인이 1955년에 교수요원 유학생으로 선발되었다. 이들은 미네소타대학에서 사회사업 석사학위를 취득한 후 1957년에 귀국하였다. 이들을 주축으로 1958년에 서울대학교 대학원에 사회사업 전공이 설치되고, 1959년에는 문리과대학에 학부 사회사업학과가 설치되었다.

2) 초창기 교수진과 교육과정

학과 설립과 더불어 하상락은 조교수로, 그리고 김학묵과 백근칠은 시간강사의 신분으로 사회사업 교육을 담당하게 된다. 1965년에는 미네소타대학에서 사회사업 석사학위를 받은 남세진 교수가 합류하고, 1967년에는 아이오와대학교에서 사회사업 석사학위를 취득한 장인협 교수가 전임강사로 발령받음으로써 초창기 교수진을 구성하게 된다.

초창기의 교육과정은 거의 대부분 미국식 전문사회사업 이론과 실천방법을 소개하는 내용으로 구성되었다. 특기할 사항은 초창기 교수진이 수학한 미국의 전문 사회사업 대학원(Master of Social Work: MSW)의 커리큘럼을 학부과정에 거의 그대로 이식했다는 점이다.

학과 설립부터 1980년 정년퇴임까지 약 22년 재직 기간 가운데 거의 20년 동안 10대에 걸친 학과장을 연임했던 하상락 교수의 사회사업교육에 대한 철학은 초창기 서울대학교 사회사업학과의 성격을 규정하는 데 절대적인 영향을 미쳤다. 하상락 교수는 자신이 수학한 미국식 전문사회사업의 이념과 방법에 충실하려고 하

제8장 응용 실천 사회과학으로 정체성 세우기: 사회복지학 50년사

표 8-1 서울대학교 사회사업학과 초창기 학부 교과과정

학년	교과 구분	과목(학점)
1	전필	사회사업개론(4) 사회사업사(1) 사회사업영강(4) 사회사업실습(4)
2	전필	사회사업영강(4) 사회사업실습(4) 공적부조론(2) 아동복지론(2) 개별지도론(2) 행동의 이해(2) 직업지도(1) 지역사회조직사업론(2)
3	전필	사회사업영강(2) 사회사업실습(4) 개별지도론(4) 집단지도론(2) 행동의 이해(4) 지역사회조직사업론(2) 사회사업행정론(2) 사회사업조사(2)
4	전필	사회사업영강(4) 사회사업실습(5) 개별지도론(2) 집단지도론(4) 행동의 이해(4) 사회사업행정론(2) 사회법규(1) 특강(3) 직업지도(1) 지역사회조직사업론(2)

였고, 서울대학교 사회복지학은 적어도 1970년대 후반기까지 그 틀에서 거의 벗어나지 못하였다. 또한 초창기 교수진은 주로 연구보다는 교육에 치중하였다.

〈표 8-1〉은 서울대학교 사회사업학과의 초창기 교과과정을 보여 준다. 〈표 8-1〉에서 볼 수 있는 초창기 학부 교과과정의 특징은 사회복지 현장 실무자 양성을 목표로 하고 있으며 사회문제 해결 방법으로는 개인과 집단 대상의 미시적인 해결 방법의 모색에 초점을 두고 있는 것을 알 수 있다. 사회사업기관이나 외국원조기관 등에서 일할 수 있는 실무자 양성을 위해서 실습 교과목을 매 학년 두었으며 학점 수도 총 17학점으로 가장 높은 비중을 차지하고 있다. 실습 교과목 이외에는 인간행동의 이해(10), 개별지도론(8), 집단지도론(8) 등 주로 미국 사회사업학이 강조하였던 미시적 접근이 강조되었다. 그에 비해 거시적 접근이라고 할 수 있는 교과목은 1학점의 사회법규 과목이 유일하다는 점도 특기할 만한 사항이다.

〈표 8-2〉는 초창기 대학원 교과과정을 보여 준다.

1. 1975년 종합화 이전의 사회복지학

표 8-2 서울대학교 사회사업학과 초창기 대학원 석사과정 교과과정

학년	과목(학점)
1	한국사회사업(2) 인간의 성장과 행동(4) 케이스워크(2) 실습(2) 사회사업개론(2) 그룹워크(1) 사회사업각론(2) 외국사회사업(2) 사회사업행정(2) 지역사회사업(1)
2	사회사업방법론(2) 사회사업제도 및 정책(2) 실습지도(4) 사회사업연습(2)

　초창기 대학원 교과과정은 그 내용 면에서 교과목 명칭을 조금 바꾸고 학점을 줄인 것 외에는 학부 교과목과 큰 차이가 없음을 알 수 있다. 이는 애초부터 학부 과정 교과목을 미국의 전문 사회복지대학원(MSW) 과정에 바탕을 두었기에 대학원 교과과정에서 차별성을 두기가 힘들었던 것으로 보인다. 굳이 차별성을 찾자면 대학원 과정에서는 실습 교과목의 비중이 현저히 줄었으며 사회사업행정과 사회사업제도 및 정책 교과목이 편성되어 미시적 접근 일변도에서 벗어나 거시적인 사회복지에 대한 소개가 시도되었다는 점이다.

　초창기 학부와 대학원 교과과정은 개설교과목의 명칭이나 순서 등이 조금 변화하기는 하였지만 그 기본적인 틀은 큰 변화 없이 1970년대 후반기까지 지속된다. 그리고 그 내용은 교수들이 미국의 사회사업대학원에서 배운 것을 전수해 주는 것이었다.

　초기의 교과과정이 주로 사회사업 실무자 양성을 목적으로 하였다고 하지만, 그 내용이 당시 한국의 현실과는 동떨어졌다는 비판에서 벗어날 수 없는 것이 사실이다. 당시의 절대빈곤 상황에서 문제의 원인을 개인에서 찾고 개인을 변화시켜 문제해결을 시도하는 미국식 사회사업의 미시적인 접근은 우리 사회복지 현장의 실상과 잘 맞지 않았다. 그런 이유로 사회복지 실무자 양성이라는 교육과정의 목표에도 불구하고 현장의 상황을 반영하지 않은 실무교육이 이루어지게 된다. 이는 후에 실천성을 강조하는 한국의 사회복지학이 실천 현장이 구축되기도 전에 혹은 실천 현장과 유리되어 형성되었다는 평가를 받게 되는 근거를 제공한다.

3) 초창기 교수진의 학술 활동

초창기 교수진은 주로 교육에 치중하였고, 연구보다는 대외활동을 통해 한국사회복지 발전의 토대를 이룬 조직을 만들거나 주도하는 역할을 수행하였다. 하상락 교수는 1967년에 설립된 한국사회사업가협회(현 한국사회복지사협회)의 1, 2대 회장을 역임하였다. 하상락 교수는 사회사업 교육의 협의체인 한국사회사업학교협의회(현 한국사회복지교육협의회)를 창설하고 초대 회장을 역임하기도 했다. 한국사회사업학회의 설립과 운영에서도 하상락 교수는 중추적인 역할을 했는데, 중간에 해산되었던 한국사회사업학회를 1973년에 중건하는 데 중심적인 역할을 하고 중건 학회의 초대 회장을 역임하기도 했다.

이처럼 서울대학교 사회복지학과는 교수진의 대외활동을 통해 한국사회복지 실천 분야, 교육 분야, 학술 분야의 초창기 기틀을 만드는 데 주도적인 역할을 하였다.

2. 정체성의 위기와 대응: 1975~1989년

1) 학과 명칭의 변경과 사회정책학의 도입

문리과대학에 소속되어 있던 사회사업학과는 1975년 서울대학교 종합화 계획에 따라 새로 설립된 사회과학대학으로 편성되면서 관악캠퍼스 시대를 맞게 된다. 1970년대에 들어서면서 한국사회는 중화학공업 육성을 통한 압축적인 경제성장을 이루어 나가게 된다. 급속한 산업화의 부작용이라고 할 수 있는 빈곤, 저임금, 산업재해, 노동자 인권침해 등의 사회문제가 발생하고 그에 대한 사회적 관심도 높아지게 된다. 사회문제 해결을 위한 이론과 실천방법의 탐구라는 사회복지학의 목적에서 보면 이러한 사회적 변화는 사회복지학에 새로운 기회와 과제를 부여했다.

지금까지 경험하지 못했던 거시적인 차원의 새로운 사회문제가 사회복지학에 기회로 작동될 수 있었지만, 현실은 그렇지 못했다. 1970년대까지도 사회복지학과는 미국식 임상 사회사업 방법의 교육과 연구라는 틀에서 벗어나지 못하고 있었다. 미국식 미시적 접근의 주요한 원리 중 하나는 사회문제의 원인을 개인의 부적응 문제로 보는 것이다. 당시 개별적 차원에서 개인의 부적응 문제를 치유하는 방식에 기초를 둔 전문사회사업에 대한 강조는 사회변혁의 목소리를 높였던 사회사업학과 학생들로부터 외면받을 수밖에 없었다.

1970년대 사회과학대학은 계열별 입시를 시행하게 되어 계열로 입학한 학생들이 2년의 교양과정을 마치고 전공을 선택하는 방식이었다. 이 방식에서 사회사업학과에 진입하는 학생의 수가 급감하게 된다. 상대적으로 장래에 대한 비전이 별로 없어 보이는 비인기 학과이면서 미시 전문사회사업을 강조하는 학과의 특성으로 인해 학생들의 선택을 받지 못한 것이다. 실제로 74학번 가운데 9명이 사회사업학과로 진입해 학과 정원 10명을 채우지 못했다. 그 후 진입생 수는 계속 줄어 78학번은 1명이 진입하게 되어 학과 학생의 대가 끊길 지경에 이르렀다.

비인기학과에서의 탈피와 거시적 차원의 사회복지에 관한 관심에 대한 대응으로 학과의 명칭 변경이 시도되었다. 1979년에 서울대학교의 '사회사업학과'가 '사회복지학과'로 명칭을 변경하여 교과과정에 사회정책학을 도입하는 일대 변혁이 일어났다. 또 같은 해에 국내 최초로 박사과정을 대학원에 신설하여 학문적 발전의 계기를 이루기도 하였다. 박사과정의 설립을 통해 우수한 학문후속세대를 자체적으로 생산할 수 있는 교두보를 마련한 것이다.

서울대학교의 학과 명칭 변경은 단순히 단어를 사회사업에서 사회복지로 바꾸는 차원이 아니었다. 명칭 변경의 배경에는 사회변동과 학문연구의 방향을 조화시키려는 뜻이 있었다. 당시 급속히 진행되는 산업화의 부작용으로 인한 사회문제에 대응하는 현대적 사회보장제도 마련 등의 사회적 필요에 부응하기 위해 새로운 학문의 내용과 전공체계의 확립이 요구되고 있었다. 이러한 요구에 상응하기 위해 종전의 교과과정에다 사회정책학을 추가했기 때문에 학과 명칭을 사회사업과 사회정책을 아우를 수 있는 단어로 바꿀 수밖에 없었다. 그 결과로 '사회복지'가 학과 이름으로 선택된 것이다. 서울대학교가 학과 명칭을 변경한 이래 국내 거의 모든 대학의 학과 명칭이 사회복지학과로 바뀌게 되었으며 그에 걸맞게 사회복지학의 교육과 연구의 범위도 변화해 나갔다.

2) 교수진과 교육과정

1979년대까지 서울대학교 사회복지학과의 교수진은 일본 식민지 시대에 중학교 또는 대학을 졸업하고 1950년대와 1960년대에 미국 사회사업대학원에서 석사과정을 마친 하상락, 남세진, 장인협 교수가 주축을 이루었다. 사회복지학과 교수 제1세대라고 할 수 있는 이들은 연구보다 교육에 치중하여, 연구업적이나 저술활동에는 상대적으로 약한 면을 보였다. 그러나 어려운 여건에도 불구하고 신생 학문의 초석 다지기와 정지 작업에 대한 그들의 공헌은 높이 평가된다. 이들은 사회복지학과 초창기에 미국의 미시 전문사회사업을 우리나라에 전파 또는 이식하는 작업에 심혈을 기울였다.

제2세대는 대한민국 정부 수립 이후 당시의 국민학교(오늘날의 초등학교) 교육을 받고 국내대학 학사과정에 입학하여 제1세대들로부터 사회사업학을 배우기 시작한 세대이다. 이들은 외국으로 박사학위를 받기 위해 유학을 하였다. 제2세대에 속하는 최일섭 교수가 1979년 미국 케이스웨스턴리저브대학교에서 지역사회복지 전공으로 박사학위를 취득하고 부임하였다. 미국 시카고대 사회복지행정대학 박사 전남진 교수가 1981년에 부임하고, 그 이듬해에는 영국 에버딘대학교에서 사회정책학 박사학위를 받은 김상균 교수가 부임하게 되어 사회복지학과 교수진의 구성에 획기적인 변화가 있었다.

이들은 자신의 박사학위 경험을 우리나라 사회복지교육에 연결함으로써 학문의 질적 수준을 한 단계 높일 수 있었다. 이들은 서구 복지국가에 대한 연구경험을 활용하여 당시의 미시 전문사회사업 중심 교육내용에 큰 변화를 촉발했다. 당시로는 생소했던 사회정책학을 사회복지학 교육과 연구 내용에 추가함으로써 오늘날 한국에서의 사회복지학의 기초를 닦았다.

2. 정체성의 위기와 대응: 1975~1989년

사회정책학 계통의 집합주의 복지이념이 소개되었고 이는 서울대학교 사회복지학과 교육과 한국사회복지학계의 연구지평 확대에 지대한 영향을 미친 것으로 평가할 수 있다. 이들 제2세대는 대학 내에서의 연구활동뿐만 아니라 여러 국책연구소나 민간연구소와 연계한 연구에도 활발히 참여하여 사회복지학의 외연을 넓히는 데 이바지하였다.

이 시기에 사회복지학과의 교과과정은 거시적 접근을 바탕으로 한 내용이 도입되면서 크게 변화한다. 이러한 변화는 1980년대 들어 사회정책을 전공한 전남진 교수와 김상균 교수가 부임하면서 더욱 강화된다. 〈표 8-3〉을 보면 당시 학부의 교과과정 변화를 확인할 수 있다. 우선 사회사업실습 교과목의 비중이 큰 폭으로 줄어든 것을 알 수 있다. 초창기에 13학점에 달했던 실습 교과목의 비중이 실습 1과 2의 두 개 과목으로 줄었다. 초창기 교과과정에는 없었던 한국사회복지론, 사회복지제도비교론, 사회과학과 사회복지, 사회복지발달사, 사회복지정책, 사회보장론 등과 같이 거시적 접근을 반영한 교과목들이 새롭게 추가되었다. 이러한 정책분야 교과목의 강화는 사회복지학과로의 명칭 변경과 새롭게 충원된 사회정책 전

표 8-3 서울대학교 사회복지학과 1985년 학부 교과과정

학년	과목
1	사회복지개론(209.201) 사회과학과 사회복지(209.202)
2	사회문제실습(209.203) 사회복지조사론(209.204) 인간행동과 사회환경 I(209.205) 인간행동과 사회환경 II(209.206) 한국사회복지론(209.207) 사회복지제도비교론(209.208) 사회복지발달사(209.209) 사회복지사상사(209.210) 빈곤문제론(209.211) 사회복지행정(209.212)
3	개별지도론(209.301) 사회사업실습 I(209.302) 집단지도론(209.303) 사회복지정책(209.304) 지역사회조직론(209.305) 아동 및 청소년복지론(209.306) 사회보장론(209.307) 장애자재활론(209.308) 인구정책론(209.309) 여성과 사회복지(209.310) 노인복지론(209.311)
4	사회사업실습 II(209.401) 산업사회사업론(209.402) 사회사업통합방법론(209.403) 사회계획론(209.404) 사회복지특강(209.405) 의료·정신사회사업론(209.406) 사회복지원서강독(209.407)

제8장 응용 실천 사회과학으로 정체성 세우기: 사회복지학 50년사

표 8-4 서울대학교 사회복지학과 1985년 대학원 교과과정

석박사	과목
석박사	사회사업이론(3-3-0) 사회문제분석론(3-3-0) 사회사업조사론(3-3-0) 사회사업행정연습(3-3-0) 사회복지정책과 제도(3-3-0) 사회사업실습(3-0-6) 개별지도론연습(3-3-0) 집단지도론연습(3-3-0) 지역사회조직론연습(3-3-0) 사회계획론연습(3-3-0) 사회정책특강(3-3-0) 사회정책분석 및 평가(3-3-0) 인간행동과 사회환경특강(3-3-0)
석박사	노인복지(3-3-0) 인간문제접근론(3-3-0) 청소년복지(3-3-0) 의료사회사업(3-3-0) 교정복지론(3-3-0) 사회사업지도감독론(3-3-0) 사회복지발달사 및 철학(3-3-0) 국제사회복지론(3-3-0) 복지경제학(3-3-0) 사회복지세미나(3-3-0) 사회복지의 통합적 접근방법론(3-3-0) 사회복지특강(3-3-0) 사회사업실천이론(3-3-0) 사회입법(3-3-0) 사회문제접근방법론(3-3-0) 사회사업방법론연구(3-3-0) 사회복지정책론(3-3-0) 고급사회사업조사(3-3-0) 사회복지행정론(3-3-0) 사회사업조사연습(3-3-0) 보건 및 의료복지론(3-3-0) 사회사업가치론(3-3-0) 사회복지교육론(3-3-0) 사회복지제도론(3-3-0) 산업복지론(3-3-0) 지역복지론(3-3-0) 통계학적분석방법론(3-3-0) 사회보장분석(3-3-0) 석사논문연구(3-3-0) 박사논문연구(3-3-0)

공 교수들로 인해 이루어진 것이다.

교과과정의 변화는 사회정책 분야에만 국한되지는 않는다. 1980년대 들어 사회문제의 영역이 다양해지고 그에 상응하는 사회복지 실천 분야의 교육 역시 세분화하기 시작한다. 1985년 교과과정의 경우 빈곤문제론, 아동 및 청소년 복지론, 장애자재활론, 여성과 사회복지, 노인복지론, 산업사회사업론 등의 교과목이 추가되어 있음을 확인할 수 있다.

이 시기에는 대학원 교육도 크게 변화한다. 1979년 박사과정의 개설과 1980년대 신진 교수진의 충원은 대학원 교육의 변화를 촉발하는 계기가 된다. 〈표 8-4〉는 1985년 당시의 석사과정과 박사과정 교과과정을 보여 준다. 초창기의 아주 기초적인 수준의 대학원 과정에서 한국사회가 당면한 다양한 영역의 사회문제를 이론적·실천적으로 다룰 수 있는 교과목이 대폭 늘어났다. 또 이 시기에는 사회복

지학과 학부생들의 대학원 진학이 대폭 늘어나게 되어 대학원 교육과정은 더욱 다양해지고 고도화하게 된다.

3) 사회복지학 외연의 확대

이 시기 서울대학교 사회복지학과 외연의 확대는 크게 두 가지 측면에서 살펴볼 수 있다. 첫 번째 요인은 입시제도의 변화로 인해 촉발된 학부 정원의 확대이다. 이는 학과의 노력으로 이루어졌다기보다는 대학 입시와 교육체제의 변화가 불러온 기회였다. 앞에서 서술한 바와 같이, 1970년대 말에 사회복지학과는 소위 비인기학과로 정원 10명의 대부분을 채우지 못하는 위기 상황을 맞게 된다. 하지만 1981년 도입된 졸업정원제는 학부정원을 기존의 10명에서 40명으로 확대하게 되고 대부분 정원에 맞추어 학부생을 선발할 수 있게 되었다. 이렇게 늘어나는 학부생 중에서 1980년대 들어 강화된 대학원 과정에 진학하는 수가 늘어나게 된다. 늘어난 대학원생들은 학위 취득 후 1990년대부터 본격적으로 늘어나는 국내 사회복지학과의 교수 요원 수요를 담당하는 학문후속세대의 역할을 하게 된다.

두 번째 요인은 사회복지에 대한 사회적 수요의 확대이다. 1980년대의 우리나라 사회과학계에는 정치 경제학적 패러다임이 유행했다. 사회복지 학도들이 그러한 대열에 동참할 수 있었던 것도 사회복지학으로의 전공영역 확장에 힘입은 바 크다. 각종 사회복지 관련 분과학회의 양적, 질적 발전도 이 시기에 기반을 닦았다. 이러한 발전의 주된 원인은 급속한 산업화와 경제성장에 따른 사회문제의 발생과 그것에 대응하는 사회복지 입법 및 시행에서 찾을 수 있다. 우리 사회에서 사회복지 전문가에 대한 사회적 필요성이 그만큼 늘어나기 시작했다.

3. 외연의 확대, 복지국가로의 진입, 새로운 정체성의 위기: 1990~2009년

1) 복지국가로의 진입과 사회복지학의 확대

1990년대에 들어오면서 한국의 복지체계는 그전 시기와는 비교할 수 없을 정도로 획기적으로 발전하게 된다. 한국 복지국가의 발달 경로는 1997년의 아시아 경제위기를 기준으로 구분될 수 있다. 1960년대부터 1990년대 중반까지의 시기는 수출주도 성장전략을 기반으로 시장과 노동에 대한 국가의 적극적 개입이 이루어진 시기였다. 이러한 수출주도 성장전략은 높은 경제성장률을 이루었고 높은 경제성장률은 일자리와 소득을 창출했다.

이 기간에는 빠른 경제성장과 실질적인 완전고용을 통해 성장의 과실이 국민 모두에게 미칠 수 있었다. 특별한 사회복지 대책이 없이도 경제성장이 분배의 개선으로 이어졌다. 즉, 증가하는 고용 자체가 복지(분배) 효과를 내는 구조였다. 이 기간에 한국은 높은 1인당 소득 증가와 양호한 수준의 소득분배라는 두 마리 토끼를 잡은 대표적 국가로 World Bank로부터 평가받기도 했다. 즉, 성장 자체가 재분배의 역할을 수행했던 시기로 재분배(즉, 복지)를 위한 별도의 '복지'에 대한 사회적 요구가 낮았던 시기였다.

인구 및 가족구조 면에서도 비교적 높은 출산율(1990년대 중반까지 1.64)과 젊은 인구구조하에서는 복지에 대한 욕구가 낮았고, 가족이 아동양육이나 노인부양 등 사회복지의 기능을 주로 제공하였던 시기이기도 하다. 사회복지서비스 제공의 책임이 주로 국가보다는 가족의 책임으로 남아 있었다.

이 시기에는 산업화에 따른 사회적 위험에 대한 대응으로 사회보험제도가 발전했다. 사회보험은 대량의 임금노동자를 기반으로 성장했고 이 기간의 복지는 주로 근로자의 '보호'에 초점을 두게 된다. 이 시기에 대부분 기반을 구축한 산재보험(1960년대 초), 건강보험(1977년), 국민연금(1988년), 고용보험(1995년)의 4대 사회보험체계가 한국사회복지제도의 바탕을 이루게 되었다.

1990년대의 가장 큰 변화는 사회복지서비스의 내용 면에서도 이루어졌다. 그동안 생활시설 위주에 머물던 것에서 이용시설의 도입과 확대가 이루어졌다. 이 시기 이전의 생활시설 위주의 사회복지서비스가 주로 최소한의 의식주조차 불가능한 절대빈곤층이나 사회적 격리를 요하는 부랑인 대상이었다면, 이 시기는 지역사회에 거주하는 일반 저소득층 인구까지 서비스 대상으로 확대됐다는 점에서 의미가 있다. 1980년대 후반 사회복지관을 확충하고 1990년대 후반부터 장애인복지관, 노인복지회관, 청소년 시설 등의 지역사회 이용시설의 확충은 지역에 거주하는 지역주민을 대상으로 의식주 제공, 상담, 교육, 자활, 케어 등에 초점을 둔 이용서비스를 확대하는 계기가 되었다.

1990년대 말의 아시아 경제위기와 그 위기 상황의 대처 과정은 한국 복지국가 발달의 일대 분수령을 이룬다. 이 시기는 정보통신 산업의 성장과 세계화로 제4차 산업혁명이 본격적으로 진행된 시기이다. 이 시기의 특징은 한국에서의 자본주의의 발전 양상이 신자유주의 체제와 빠른 속도로 동기화됐고 그에 따른 문제점도 본격적으로 나타났다는 것이다.

본격적인 지식 기반 경제로 진입한 2000년대 이후에는 경제성장도 둔화했을 뿐 아니라 경제성장만으로 분배의 효과를 거둘 수 없게 됐다. 소위 사회양극화의 심화 현상이 한국에서도 본격적으로 나타난 것이다. 이러한 위기의식은 시민들의 사회복지의 확대 요구로 연결되었다. 이러한 배경에서 대표적인 현대식 사회복지 제도가 성립되었다. 2000년에는 대표적인 공공부조제도인 국민기초생활보장제도가 시행되었고, 2000년대 초에는 국민연금이 전 국민으로 확대되고, 건강보험제도도 대폭 확대되는 등 대한민국은 복지국가로 진입하게 된다. 이 시기의 뚜렷한 변화 양상은 사회복지의 대폭 확대이다. OECD 통계에 의하면 한국의 공적 사회지출은 1990년에 국민총생산의 2.6% 수준이었던 것이 2010년에는 7.9%로 약 3배 증가하였다.

이 시기에 사회복지제도의 확충과 더불어 사회복지학도 양적·질적으로 획기적인 발전을 하였다. 서울대학교 사회복지학과의 경우, 1991년에 4명이었던 교수진이 2009년에는 총 10명으로 확대되었고, 같은 기간 동안 500여 명의 학부 졸업생과 202명의 석사, 그리고 78명의 박사가 배출되었다.

대학에서의 사회복지학과의 양적 팽창은 1990년대에 두드러지게 나타났다. 4년제 대학교 학사과정에서 사회복지학을 교육하는 대학교들의 연합체인 '한국사회복지교육협의회'의 자료에 따르면, 2023년 현재 전체 회원교의 수는 100개이다. 이 중 11개를 제외한 89개 학교가 1980년대 이후에 창설된 것이다.

사회복지학과의 양적 팽창은 1983년부터 시행된 사회복지사 자격증 제도에 힘입은 바 크다. 사회복지 분야의 확대로 사회복지 전문가에 대한 수요가 늘어났다. 사회복지 분야에 채용되기 위해서는 사회복지사 자격증을 소지해야만 했기 때문에 사회복지교육 프로그램의 수는 급속히 증가했다. 그 결과로 1990년까지 총 30개의 사회복지 관련 학과의 수가 2010년에는 4년제와 2년제를 합해 약 300개 학과로 확대되었다. 또 2010년에는 사회복지사 자격증 소지자의 수가 50만 명에 이르게 된다.

서울대학교 사회복지학과의 사회복지학계에서의 대표적인 기여는 국내 대학 사회복지학과에서 교육과 연구를 담당하는 교수진 양성이라고 할 수 있다. 1980년대에 확충된 박사과정을 기반으로 이 시기 배출된 78명의 박사 중 73명(94%)이 국내 4년제 대학의 전임교원으로 임용되었다. 시대적 요구로 급격히 늘어난 대학 사회복지학에 대한 수요와 서울대학교 사회복지학과의 선도적인 박사교육 과정이 결합해 만들어 낸 성과이다.

2) 교수진과 교육과정의 변화

이 시기에 교수진의 구성은 크게 변화했다. 초창기 1세대 교수진인 하상락, 남세진, 장인협 교수는 모두 정년퇴임하였다. 제2세대에 속하는 노인복지 전공의 최성재 교수가 1986년 사회복지학과 교수진에 합류하고, 1991년에는 사회복지분야론 전공의 조흥식 교수와 사회복지정책 전공의 김태성 교수가 부임했다. 그 이후 1980년대에 대학의 학사과정 사회복지학과에 입학하여 제2세대들에게 교육

받은 소위 제3세대 교수진이 대거 충원된다. 김혜란 교수, 안상훈 교수, 이봉주 교수, 구인회 교수, 강상경 교수 등이 이에 해당한다.

제3세대 교수진이 그 전 세대들과 다른 점은 연구업적의 양적·절적 수준이 현저히 높아졌다는 점이다. 다수의 제3세대 교수진은 서울대학교 사회복지학과로 부임하기 전에 외국의 유명 대학이나 연구소에서 교수 혹은 연구원으로 활동한 경력을 바탕으로 연구역량을 키웠다. 제3세대 교수진이 학술지에 게재하는 연구논문, 전문 연구 저서 그리고 각종 연구소에서 출판하는 연구 결과물이 눈에 띄게 늘어났다. 이들 중 일부는 국제적으로 인정받는 학술지[Social Science Citation Index (SSCI) 또는 SCOPUS에 등재된 학술지]에 자신들의 연구논문을 게재함으로써 세계적으로 인정받고 있다. 이러한 경향은 대학에서 재임용과 승진과 관련해서 요구하는 연구 업적의 기준이 높아진 것 때문이기도 하다.

〈표 8-5〉와 〈표 8-6〉은 2005년의 학부와 대학원 교과과정을 보여 준다. 학부 교과과정은 이전 시기와 거의 변화가 없으나, 대학원과정은 보다 세부적인 분야에 대한 교과목 개설이 이루어졌다. 사회복지서비스전달론, 빈곤과 경제적 불안정, 사회정책, 복지정치론, 사회복지 프로그램 평가와 분석 등의 교과목은 사회문제의 현황과 정책에 대한 분석 능력을 요구하는 현장과 학계의 변화에 대응하는

표 8-5 서울대학교 사회복지학과 2005년 학부 교과과정

학년	과목
1	사회복지개론(200.112)
2	사회복지조사(209.213) 한국사회복지론(209.207) 사회복지행정(209.212) 빈곤론(209.217) 인간행동과 사회환경(209.219) 사회문제론(209.222) 사회복지발달사(209.223) 사회보장론(209.231) 사회복지윤리와 철학(209.224)
3	사회복지정책(209.304) 노인복지론(209.311) 지역사회복지론(209.312) 장애인복지론(209.314) 사회복지현장실습(209.319) 사회복지실천론(209.320) 사회복지실천기술론(209.321) 아동복지론(209.325) 가족복지론(209.326) 사회복지프로그램개발과 평가(209.327)
4	사회복지특강(209.405) 사회복지법제(209.415) 여성복지론(209.416) 산업복지론(209.420)

제8장 응용 실천 사회과학으로 정체성 세우기: 사회복지학 50년사

표 8-6 서울대학교 사회복지학과 2005년 대학원 교과과정

석박사	과목
석박사	사회복지실천 모델과 기술(3-3-0) 사회복지서비스전달론((3-3-0) 사회복지통계 1(3-3-0) 복지국가론(3-3-0) 학교와 사회복지(3-3-0) 한국사회복지 현실과 쟁점(3-3-0) 고급사회복지실습 1(3-3-0) 고급사회복지실습 2(3-3-0) 사회복지서비스론(3-3-0) 사회복지통계(3-3-0) 비교사회정책론(3-3-0) 사회복지경제학(3-3-0) 빈곤과 경제적 불안정, 사회정책(3-3-0) 사회사업지도감독론(3-3-0) 사회복지실천이론(3-3-0) 사회복지법제론(3-3-0) 여성복지서비스론(3-3-0) 장애인복지서비스론(3-3-0) 사회복지정책특강(3-3-0) 보건 및 의료복지론(3-3-0) 지역복지론(3-3-0) 사회보장제도분석(3-3-0) 노동복지론(3-3-0) 고급사회조사자료분석론(3-3-0) 사회사업과 가족치료(3-3-0) 사회복지, 경제성장 그리고 소득불평등(3-3-0) 복지정치론(3-3-0) 한국사회복지제도분석론(3-3-0) 임상사회복지연구방법론(3-3-0) 사회복지 프로그램 평가와 분석(3-3-0) 고급사회복지서비스특강(3-3-0) 임상사회복지분야론(3-3-0) 고급임상사회복지특강(3-3-0) 사회복지정책세미나(3-3-0) 사회복지실천분석론(3-3-0) 사회복지서비스분야론(3-3-0) 빈곤정책분석(3-3-0) 고급사회복지정책특강(3-3-0) 대학원논문연구(3-3-0)

교과목으로 이 시기에 자리를 잡게 된다.

3) 새로운 정체성의 위기와 도전

이 시기는 대학에서의 사회복지학이 급격한 양적 팽창을 경험한 시기이다. 이러한 양적 팽창의 과정에서 사회복지학 내부에서는 학문의 정체성에 대한 고민이 깊어졌다. 양적 팽창에 걸맞은 학문적인 체계성을 유지 · 강화하지 못하면 존립 근거조차 위협받을 수 있다는 위기의식이 대두되었다.

위기의식의 근원에는 사회복지학이 관련 학문이나 타 학문으로부터 구별되는 자체의 독립적인 학문 영역을 구축하였는가의 문제가 있었다. 사회복지학은 응용사회과학이라는 특성을 가진다. 사회복지학은 사회과학의 여타 학문 분야가 개발

3. 외연의 확대, 복지국가로의 진입, 새로운 정체성의 위기: 1990~2009년

한 지식과 이론을 적극적으로 활용한다. 문제해결을 최우선 목표로 삼기 때문에 여러 이론을 절충하여 활용하는 방법이 유리할 수 있다. 인간의 문제가 복합적이거나 중층적인 경우가 많아서 전체적이고 다차원적인 접근을 요구하기 때문이기도 하다. 사회복지학이 다학문적 성격을 가지는 장점을 가지고 있기도 하지만 그 점이 한계로 작동하기도 한다. 다른 학문 분야와 구별되는 사회복지학 자체의 이론이나 방법 체계가 허술할 수도 있다는 것이다. 다양한 지식의 습득과 함께 자신만의 독자적인 시각과 분석체계를 겸비하는 것은 쉬운 일이 아니다. 여러 학문 분야가 제시하는 이론 간의 상호연계성을 파악하고 그 위에 독자적인 시각을 쌓는 것도 중요한 과제로 대두되었다.

사회복지학은 사회문제의 해결을 위한 실제적 서비스를 연구하는 응용과학적 전문 영역이며 동시에 실천가가 활용하는 기술과 자원의 성격을 지닌다. 특히 이러한 실천적 성격이 다른 사회과학들과 구별되는 사회복지학의 독자적 영역이라 할 수 있다. 하지만 다학제적인 성격 때문에 사회복지가 담당하는 전문 영역의 구분이 모호해지고 그 영역으로의 다른 학문 분야의 '침범'도 자주 일어나게 된다. 실제로 사회복지정책 영역은 사회학, 경제학, 행정학, 정치학 등의 분야에서 연구의 주도권을 놓고 치열한 경쟁이 있는 것이 사실이다. 사회복지 실천 영역도 생활과학, 심리학, 간호학 분야와 접경하여 영역 다툼이 있게 된다.

이러한 문제 때문에 이 시기에 '사회복지학의 정체성' 규명에 관한 논의가 심도 있게 진행되었고 서울대학교 사회복지학과는 그 논의에 활발히 참여하였다. 정체성이 얼마나 중요한 문제였는가는 당시 한국사회복지학회의 춘·추계 학술대회의 주제를 살펴보면 쉽게 알 수 있다. 2001년에는 '한국 사회복지의 새로운 도전', 2002년에는 '한국사회복지의 개혁과제와 전망', 2003년과 2004년에는 '사회복지학 정체성의 위기와 도전', 2005년에는 '한국사회복지의 좌표' 등의 주제를 다루었다. 이러한 사회복지학의 정체성에 대한 논의는 현재진행형이라고도 할 수 있다.

4. 수입한 학문에서 자생 학문으로의 도약과 도전: 2010년~현재

1) 보편적 복지제도의 확대와 국제화

복지제도 발달 측면에서 이 시기는 보편적 복지의 확대로 특징지을 수 있다. 이전 시기의 사회복지가 주로 취약계층을 대상으로 하는 선별적 복지가 대세였다면, 이 시기부터는 전체 인구를 대상으로 하는 보편적 복지가 대폭 확대된다. 대표적인 보편적 복지정책으로는 0~5세 영유아 무상보육(2013년 실시), 아동수당(2018년 실시), 기초연금(소득 하위 70%의 모든 65세 이상 노인에게 지급, 2014년 실시), 부모급여(0~1세 부모 대상, 2023년 실시) 등을 들 수 있다. 보편적 복지의 확대와 함께 사회복지 예산도 지속해서 증가한다. 2023년 정부 총 예산 약 640조 원 중 사회복지 예산(보건·복지·노동)은 226조 원으로 전체 예산의 약 35%를 차지하고 있다. 정부 예산 중 부분별로도 예산 비중이 가장 높은 영역이 사회복지 영역이다.

2010년 이후 지금까지 서울대학교 사회복지학과는 연구 역량의 강화와 세계적 위상을 가진 학과로의 도약이라는 과제를 마주하고 있다. 국제적 위상으로는 2021년 QS대학평가 사회정책 분야에서 11위를 차지하는 등의 성과를 거두기도 하였다. 이러한 성과에 기반하여 세계 학문 발전에 공헌할 수 있는 미래 선도 중점 학문 분야를 집중하여 지원하는 'SNU 10-10' 사업에 사회학과와 공동으로 선정되어 활동하고 있다. 이 사업을 통해 세계 10위권 진입 및 세계적 수준의 학문 분야로 발전한다는 것이 목표이다. 이 시기의 과제와 성과는 아직 진행형이다.

2) 교수진과 교과과정의 변화

이 시기 교수진 변화의 키워드는 국제화와 다양성이다. 〈표 8-7〉에서 확인할 수 있듯이 이 시기에는 Joan Paek Yoo(2009년 임용), Peter Abrahamson(2009),

4. 수입한 학문에서 자생 학문으로의 도약과 도전: 2010년~현재

Sven Hort(2012), Asghar Zaidi(2018) 등의 외국인 교수가 다양한 분야에서 학과 교수로 임용된다. 수적으로 보면 이 시기에 임용된 교수 중 거의 절반이 외국인 교수로 충원되었다.

표 8-7 사회복지학과 역대 재직교수 명단

이름	재직기간	주요 전공	최종 학력
하상락	1958~1980	사회사업방법론	미네소타대 석사
남세진	1965~2000	사회사업방법론	서울대 박사
장인협	1967~1990	사회사업방법론	서울대 박사
최일섭	1978~2004	지역사회조직론	케이스웨스턴대 박사
전남진	1981~1991	사회복지정책	시카고대 박사
김상균	1982~2011	사회정책	에버딘대 박사
최성재	1986~2012	노인복지	케이스웨스턴대 박사
김태성	1991~2018	사회복지정책	워싱턴대 박사
조흥식	1991~2018	사회복지분야론	서울대 박사
김혜란	1993~	임상실천론	시카고대 박사
안상훈	2001~	비교사회정책	웁살라대 박사
이봉주	2002~	아동복지	시카고대 박사
구인회	2003~	빈곤정책	워싱턴주립대 박사
강상경	2005~	정신보건	미시간대 박사
Joan Paek Yoo	2009~	의료사회복지	위스콘신대 박사
Peter Abrahamson	2009~2010	복지국가	코펜하겐대 박사
하정화	2012~	노인복지	미시간대 박사
Sven Hort	2012~2015	사회복지정책	스톡홀름대 박사
홍백의	2013~	노후 소득보장정책	워싱턴대 박사
박정민	2016~	빈곤/주거복지	펜실베이니아대 박사
Asghar Zaidi	2018~2020	노인복지	옥스퍼드대 박사
김수영	2018~	노동시장과 배제	런던정경대 박사
한윤선	2018~	청소년복지	미시간대 박사

제8장 응용 실천 사회과학으로 정체성 세우기: 사회복지학 50년사

교수진의 전공분야도 더욱 세분화되는 경향을 보인다. 의료사회복지, 노인복지, 노후 소득보장, 주거복지, 노동시장, 청소년 복지 등의 세부분야의 교수들이 충원되었다. 교수진의 학문적 배경도 다양하게 되었다. 이전 시기까지는 미국 유학파가 절대다수를 차지하였다면 이 시기에는 코펜하겐대, 스톡홀름대, 옥스퍼드대, 런던정경대 출신의 유럽 박사들이 대거 교수진으로 충원되게 된다. 교수진 전공분야의 세분화와 학문적 배경의 다양성은 사회복지학과의 교육 내용과 연구의 다양화로 연결되었다.

〈표 8-8〉과 〈표 8-9〉는 2023년 학부와 대학원 교과과정을 보여 준다. 학부 교과과정은 이전 시기와 큰 변화가 없으나, 4차 산업혁명의 도래라는 시대적 흐름을 반영한 디지털사회복지론 교과목이 개설되고 늘어나는 서비스 수요에 대응하는 정신건강사회복지론 등의 교과목이 개설된 것이 새로운 변화이다. 대학원 교과과정은 교과과정을 크게 복지국가 및 사회보장과 사회복지 임상 및 서비스로 구분하였다. 교과목의 내용도 더욱 세분화되어 생태주의 복지론, 지능정보기술과 사

표 8-8 서울대학교 사회복지학과 2023년 학부 교과과정

학년	과목
교양	복지국가의 이해(045.019) 행복한 삶과 사회복지(045.018)
1	사회복지개론(209.112) 인간행동과 사회환경(209.112) 사회문제론(209.222) 사회복지역사(M1311.002300)
2	사회복지행정(209.212) 사회복지조사(209.213) 사회복지정책(209.304) 지역사회복지론(209.312) 사회복지실천론(209.320) 복지국가론(M1311.000700)
3	빈곤론(209.217) 장애인복지론(209.314) 사회복지실천기술론(209.321) 사회복지 프로그램 개발과 평가(209.327) 청소년복지론(M1311.002600) 사회복지현장실습(209.319) 사회복지윤리와 철학(209.224) 사회보장론(209.231) 노인복지론(209.311) 아동복지론(209.325) 사회복지법제와 실천(M1311.002200)
4	사회복지현장실습(209.319) 산업복지론(209.420) 사회복지자료분석론(209.331) 사회복지특강(209.405A) 여성복지론(209.416) 디지털사회복지론(M1311.002500) 가족복지론(209.326) 정신건강사회복지론(M1311.002400) 의료사회복지(M0000.000700)

표 8-9 서울대학교 사회복지학과 2023년 대학원 교과과정

전공	과목
복지국가 및 사회보장	사회복지정책특강(209.703A) (부제: 지능정보기술과 사회보장체계의 미래) (부제: 개인화된 삶과 사회정책의 방향) 사회복지 정책 세미나(209.741) (부제: 고령화 사회의 사회복지 정책) 고급사회복지정책특강(209.752) (부제: 박탈, 사회적배제, 사회정책 및 서비스) 생태주의 복지론(209.758) 빈곤과 불평등, 사회정책(M1311.000400) 복지국가와 사회보장(M1311.001900) 고급사회복지정책특강(209.752) (부제: 현대 사회정책이론에 대한 비판적 고찰) 비교사회정책 연구방법론(M1311.002000) 사회정책 분석 및 평가(M1311.002100)
사회복지 임상 및 서비스	노인복지세미나(209.752) (부제: 죽음과 상실에 관한 이론과 실천) 정신건강사회복지세미나(209.754) 인간발달과 사회복지: 이론적 고찰(209.759) 사회복지실천기술세미나(M1311.001100) 청소년복지세미나(M1311.001700) (부제: 청소년 부적응과 보호) 사회복지실천이론(209.613B) 사회복지프로그램 평가와 분석(209.734) 고급사회복지서비스특강(209.735) 임상사회복지분야론(209.736) (부제: 역량강화 이론과 실천 분석) 노인복지세미나(209.753) (부제: 노년학 이론과 노인복지연구) 의료사회복지세미나(M1311.001200) 청소년복지세미나(M1311.001700) (부제: 학교폭력 이론과 실천)

공통	고급사회복지실습1(209.547A) 대학원논문연구(209.803) 사회복지 통계1(209.538) 고급사회조사자료분석론(209.720) (부제: 구조방정식모형(SEM)을 이용한 자료분석) 사회복지 통계2(209.550) 고급사회조사자료분석론-패널데이터분석(209.720) 사회복지질적연구(M1311.000600) 고급사회복지조사론(M1311.001800)

회보장체계의 미래, 죽음과 상실에 관한 이론과 실천, 청소년 부적응과 보호 등의 새로운 교과목이 개설되었다. 또 공통 영역에는 다양한 자료분석과 고급 통계 교과목이 개설되어 있어 방법론 교과목의 중요성을 강조하고 있다.

5. 서울대학교에서의 사회복지학의 연구 동향과 특성

1) 박사학위논문의 연구 동향

서울대학교 사회복지학의 연구 동향을 살펴보는 데는 여러 가지 방법이 있을 수 있다. 가장 대표적으로는 소속 교수들의 연구 성과물을 분석하는 방법이다. 하지만 사회복지학과의 경우 역대 소속 교수의 수가 23명으로 많지 않아 집합적인 연구 동향을 살펴보기에는 한계가 있다. 또 교수 충원의 원칙 중 하나가 중복되지 않는 분야를 우선으로 채용하는 것이었기 때문에 교수 1명이 하나의 연구 분야를 대표한다고도 할 수 있어서 집합적인 연구 동향을 살펴보는 것이 별 의미가 없을 수도 있다.

이곳에서는 박사학위논문의 연구주제와 사용한 연구방법 분석을 통해 서울대학교 사회복지학과의 연구 동향을 살펴본다. 박사학위논문 주제는 학위논문 당시

5. 서울대학교에서의 사회복지학의 연구 동향과 특성

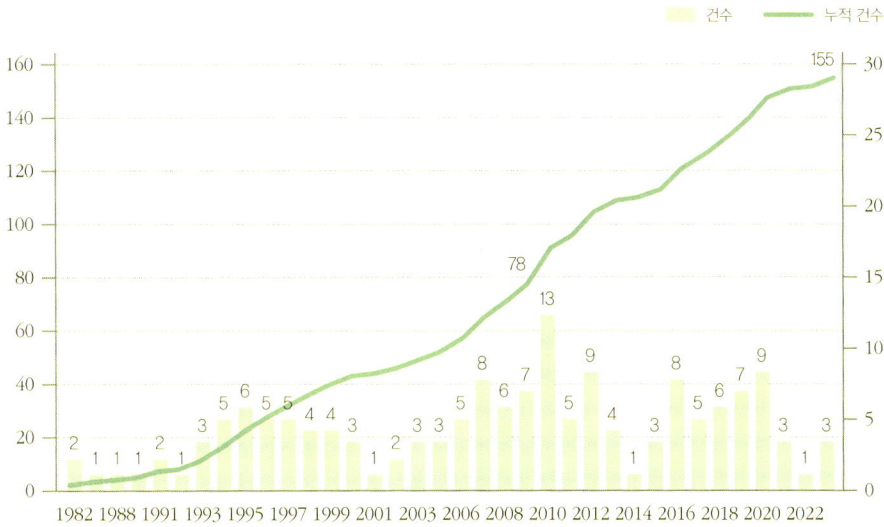

[그림 8-1] 서울대학교 사회복지학과 박사학위논문 건수: 1982~2023년

의 한국 상황에 대한 사회복지학적 관심을 보여 준다고 할 수 있다. 박사학위논문에서 사용한 연구방법의 추세를 분석함으로써 사회복지학과에서 교육한 연구방법과 그의 활용 동향을 살펴볼 수 있다.

[그림 8-1]은 서울대학교 사회복지학과의 박사학위 건수를 연도별로 보여 준다. 1982년에 2개의 박사학위논문을 배출한 이래 2023년까지 총 155건의 박사학위가 수여되었다. 박사학위논문 건수의 추이를 보면 사회복지학과 박사학위의 확대과정을 확인할 수 있다. 1982년부터 1989년까지는 매년 1~2건 정도의 박사학위를 배출하였다. 1990년대 들어서는 그 수가 3~5건 정도로 증가하였고 그러한 추세는 2009년까지 지속되었다. 2010년부터는 매년 5~9편 정도의 박사학위논문이 배출되었다.

1982년에서 2009년의 27년간 누적 박사학위 건수가 78건에 이르렀고 그 기간의 절반 정도 기간인 2010년에서 2023년까지 13년 동안 누적 박사학위 건수는 155건으로 2배 증가했다.

제8장 응용 실천 사회과학으로 정체성 세우기: 사회복지학 50년사

[그림 8-2] 사회복지 박사학위논문 주제어의 단어 구름: 1982~2023년

[그림 8-2]는 총 155개의 사회복지 박사학위논문의 주제어를 단어 구름 형태로 보여 준다. 가장 많은 주제어는 사회, 모형, 정책, 가족, 노동, 복지, 그리고 사회적이라는 단어임을 알 수 있다. 이러한 결과는 사회복지학의 연구 주제가 당연하게도 사회적 현상에 주목하고 있으며 추구하는 방향은 정책과 모형 분석의 제시에 있음을 알 수 있다. 상당히 다양한 분야의 연구주제가 있었음을 알 수 있는데, 그중에서도 한국적인 상황에서 노동과 가족에 관한 관심이 상대적으로 많았다는 것을 알 수 있다.

[그림 8-3]은 박사학위논문 주제어의 시기별 변천사를 보여 준다. 초창기인 1982~1989년까지는 주로 조직, 관계, 지도, 실천 등의 분포를 보여 미시적인 접근의 사회복지학 분야 연구에 초점이 있었음을 알 수 있다. 1990년대 들어서면서 주제어는 사회와 정책이 강조되고 관심 분야는 여성과 가족을 포함하여 상당히 다변화되었음을 알 수 있다. 주제어에 요인, 모형, 분석 등의 단어가 상당한 빈도로 나타나고 있는 것은 이 시기에 들어서서 박사학위논문의 주제가 사회문제에 대한 요인 분석과 정책모형 제시를 비중 있게 포함하고 있음을 알 수 있다.

[그림 8-3] 시기별 박사학위논문 주제어: 1982~1989년, 1990~2009년, 2010~2023년

    2010년 이후의 시기에는 모형, 분석이라는 단어가 가장 많이 나타났고, 분야로는 노동, 노인, 우울, 소득, 건강, 아동, 빈곤 등이 자주 연구주제로 다루어졌음을 알 수 있다. 최근의 이러한 동향은 연구의 주제가 초창기의 미시적인 접근에 비해 거시적인 차원에서 모형 분석으로 옮겨 갔음을 보여 준다. 또한 분야의 분포도 최근 한국사회의 당면 과제인 노동, 노인, 아동, 빈곤, 정신건강의 문제들을 상당히 포괄적으로 연구하고 있음을 보여 준다.

    [그림 8-4]는 사회복지 박사학위논문의 연구방법 빈도를 단어 구름의 형식으로 보여 준다. 1982년 첫 박사학위 수여 이래 사회복지학과의 박사학위논문 연구 방법은 압도적으로 연역적인 통계분석이 주를 이루었음을 알 수 있다. 가장 빈도가 높았던 연구방법은 회귀분석, 구조방정식, 상관관계분석, 위계선형모형 등으로 이러한 연구방법은 이론에 근거하여 연역적으로 가설을 세우고 그러한 가설을 실증 자료를 활용하여 다양한 통계분석을 통해 검증하는 것이다.

    [그림 8-5]는 시기별 박사학위논문의 연구방법의 변화를 보여 준다. 초창기인 1982~1989년 시기에는 주로 문헌고찰, 변량분석, 상관관계분석 등 초보적인 수준의 연역적인 연구방법이 주로 사용되었음을 알 수 있다. 1990년대 이후에도 연역적인 통계분석 방법이 연구방법의 주를 이루고 있다. 1990~2009년 기간에는 그 전 시기의 변량분석과 상관관계분석에서 다중회귀분석으로 방법론이 변화하고 구조방정식과 로짓분석 등의 고급 통계기법이 나타나기 시작한다. 2010년 이

제8장 응용 실천 사회과학으로 정체성 세우기: 사회복지학 50년사

[그림 8-4] 사회복지 박사학위논문 연구방법의 단어 구름: 1982~2023년

후로는 구조방정식, 위계선형모형, 다중집단분석 등으로 통계기법이 더욱 세분되었다. 이러한 일련의 변화는 사회복지학과의 박사학위논문 연구는 연역적인 연구방법이 대세를 이루었고, 사용된 연구방법은 세분화되고 전문화되었다는 것을 보여 준다.

[그림 8-5] 시기별 박사학위논문 연구방법: 1982~1989년, 1990~2009년, 2010~2023년

2) 사회복지연구소의 역할

서울대학교 사회복지학의 발전을 논하면서 사회복지연구소의 역할을 빼놓을 수는 없다. 사회복지 연구에 대한 수요 확대와 다양한 외주정책 연구용역을 수행할 기관의 필요성이 늘어남에 따라 1990년 1월 5일 서울대학교 사회과학대학 부설로 사회복지연구소가 신설되었다. 초대 연구소장은 연구소 설립 과정을 주도한 최일섭 교수가 취임하였다. 사회복지연구소는 설립부터 사회복지학의 특성 중 하나인 '실천성'의 추구를 목적으로 하였다. 기존 학과 체계나 연구소 등이 주로 '이론개발'에 치중하고 있다는 평가 아래, 더 실천적인 방법과 정책 연구에 집중할 수 있는 조직이 필요하였다. 현실적으로는 외부의 실천과 정책 연구 요청의 증가도 별도의 연구조직의 필요성을 높였다.

설립 당시 사회복지연구소의 설립 목적을 살펴보면 이러한 '실천성'에 대한 강조를 확인할 수 있다.

● **사회복지연구소 설립 목적**

① 사회복지 전 영역에 걸친 종합적이며 과학적인 연구업무
② 사회복지정책 개발업무
③ 사회사업실천 이론 개발업무
④ 각종 사회문제, 사회정책, 민간사회사업을 이해하는 데 필요한 정보 및 자료의 수집·분석
⑤ 국내외의 여타 학회 및 실무부서, 기관과의 학문적 교류

1990년 연구소가 설립되면서 연구용역 활동에 착수하였고, 이후 연구용역의 규모와 내용은 지속해서 확대되었다. 특히 2000년대 중반에 접어들면서는 사회복지학과에 신진 교수들이 대폭 충원되면서 연구용역의 수와 규모도 대폭 늘어나 연평균 10억 정도의 연구용역 규모로 늘어나게 된다. 연구 발주처는 보건복지부

등의 정부 기관, 서울시 등의 지방자치단체, 한국보건사회연구원 등의 국책 연구기관, 학술진흥재단 등으로 다양하게 나타난다.

다양한 연구용역 활동을 통해 실천적인 사회복지 연구를 주도해 나가면서 사회복지연구소의 또 하나의 대표적인 기여는 초창기 한국사회복지교육에 필요한 기본 교과서를 발간한 것이다. 1980년대까지 국내에는 사회복지대학 교육에 활용할 만한 교과서가 제대로 갖추어져 있지 않은 상황이었다. 대부분의 교재가 외국 서적을 직간접으로 번역한 수준이었고, 과목마저도 개론이나 몇몇 기초적인 과목에 편중되어 있었다. 이러한 상황에서 사회복지연구소는 '나남총서'라는 이름으로 1993년에 『사회계획론』, 『복지국가론』, 『사회복지행정론』 등을 시작으로 총 30여 편의 다양한 사회복지 분야의 교과서를 출간하였다. '나남총서'의 저자로는 주로 서울대학교 사회복지학과 교수진과 동문 교수들이 참여하였기 때문에 그 자체가 서울대학교 사회복지학과의 학문적·교육적 성과라고 볼 수 있다. '나남총서'는 1990년대 국내에서 사회복지학과의 수가 기하급수적으로 늘어나는 상황에서 각 대학에서 각종 사회복지 교과목의 교재로 채택됨으로써 사회복지학 분야의 가장 대표적인 교과서 '총서'로 인정받았다.

사회복지연구소의 또 다른 대표적인 활동으로는 전문학술지인 『사회복지연구』의 발간과 '사회복지연구회' 세미나를 조직하고 지속해서 개최해 왔다는 것이다. 『사회복지연구』는 1989년에 창간호가 발간되었고 2023년 기준 54권 4호까지 발간되었다. 『사회복지연구』는 한국연구재단 등재지로서 한국사회복지학회가 발간하는 『한국사회복지학』과 함께 국내에서 발간되는 한국 사회복지학계를 대표하는 전문학술지로 성장하였다.

학술지 발간과 함께 사회복지연구소는 '사회복지연구회'라는 세미나의 개최를 통해 학문적 교류와 사회복지학 담론 개발에 이바지하였다. '사회복지연구회'는 1981년 서울대학교 사회복지학과 출신 동문 교수들의 연구모임으로 시작하였다. 그 후 1988년 동문 교수 세미나에서 문호를 넓혀 사회복지 분야 교수 전체를 대상으로 한 연구세미나로 발전하게 된다. 매년 8회 개최를 원칙으로 하여 사회복지학의 다양한 주제를 다루는 학술세미나로 발전하였고, 2023년까지 총 250회의 세미나 개최를 지속하고 있다. '사회복지연구회' 세미나는 심도 있는 발제와 토론의 장을 만들어 사회복지 학술 발전에 공헌해 왔다.

사회복지연구소는 『사회복지연구』의 발간과 함께 국내에서 사회복지학계의 유일한 영문학술지인 『Asian Social Work and Policy』의 창간과 발간에도 결정적인 이바지를 하였다. 2000년대 들어 사회복지학의 국제화 노력이 늘면서 영문학술지 발간의 필요성이 사회복지학계에서 거론되기 시작했다. 당시 한국사회복지학회 차원에서 영문학술지 발간을 추진하였고 서울대학교 사회복지연구소의 김상균 교수와 이봉주 교수가 발간 활동을 주도하였다. 그러한 결과 2005년 5월에 '한국사회복지학회 영문저널발간준비위원회'가 최초로 개최되어 발간 방향 등을 논의하였다. 그 후 학술지의 명칭을 『Asian Social Work and Policy Review』(ASWP)로 정하였다. 명실공히 국제적인 저널로 발전하기 위해서는 국제적 명성이 있는 출판사를 통한 발간이 필요하다는 판단하에 Blackwell(현재의 Wiley 출판사) 출판사를 통해 2007년에 창간호를 발간하였다. 초대 공동편집위원장으로는 김상균 교수와 미국 Washington대학교의 Martha Ozawa 교수가 취임하였고 이봉주 교수가 운영편집위원(managing editor)으로 활동하였다. 『ASWP』는 2023년 현재 17권 3호까지 발간되었으며 SCOPUS 등재지와 Web of Science의 ESCI(Emerging Source Citation Index) 등재지로 유지되고 있다. 2023년에는 국제피인용지수(impact factor) 1.3을 국내 사회복지학술지로는 처음으로 부여받아 아시아를 대표하는 사회복지 학술지의 위상을 확고히 하게 되었다.

사회복지연구소는 한국 사회복지학계의 대표적인 연구 기반인 한국복지패널의 구축과 발전에도 중요한 역할을 하였다. 사회복지연구소의 이봉주 교수가 패널 구축에서 주도적인 역할을 담당하였고 한국보건사회연구원과 합동으로 컨소시엄 형태로 패널 조사 사업을 진행하고 있다. 한국복지패널은 2006년에 전국 대표성을 가진 총 7,072가구를 대상으로 제1차 조사에 들어간 이후에 표본 가구를 매해 반복 추적 조사를 진행하고 있다. 2023년에는 제18차 조사가 진행되었으며 표본 수는 6,717가구로 한국을 대표하는 사회복지 종단 연구 자료로 자리매김하였다. 한국복지패널을 통해 축적된 종단적 조사 자료로 한국의 지난 18년간의 사회복지의 역동적 동태에 관한 연구가 가능해진 것이다.

　패널 조사 자료는 횡단 자료에 비해 인과관계 검증에 유리하다는 특징이 있다. 예를 들어, 가구의 경제적인 여건이 아동 인적자본 형성의 불평등에 미치는 영향을 검증하는 연구를 상정해 보자. 횡단 자료를 이용해서는 같은 시점의 가구 소득과 아동 발달 간 상관관계를 살펴볼 수 있다. 하지만 이런 방법으로는 가구 소득과 아동 발달 간의 인과적 관계를 살펴보는 데는 한계가 있다. 한국복지패널과 같은 종단 자료에서는 시간에 따른 가구 소득 변화가 아동 발달 상태의 변화에 미치는 영향을 동태적으로 살펴볼 수 있다. 횡단 자료의 정태적 상관관계의 한계를 넘어 동태적 상관관계를 검증할 수 있는 종단연구는 인과관계 규명에 유리한 방법이다. 한국복지패널 조사를 통해 우리나라에서도 이제 이러한 장기간에 걸친 사회현상의 동태적 인과관계를 검토하는 연구가 가능해졌다.

　한국복지패널은 18년이라는 기간을 거치며 사회과학 실증연구의 꽃인 종단연구 분야를 대표하는 자료로 자리매김하게 됐다. 2006년부터 2019년까지 한국복지패널을 연구 자료로 이용한 논문은 약 1,100편에 이르는 것으로 파악된다. 특히 축적된 종단 자료가 10년을 넘어선 2017년부터는 매년 100편 이상의 논문이 각종 학술지에 게재되고 있다. 이 정도면 한국복지패널이 우리나라 실증 사회과학연구의 새로운 지평을 열었다고 평가할 만하다.

　한국복지패널의 기여는 양적인 차원에만 있는 것이 아니다. 질적인 측면에서는 다학제적 연구를 촉진하는 중요한 역할을 했다. 한국복지패널은 소득, 교육, 주거, 가족, 건강 및 의료, 사회서비스 등의 다양한 내용을 포함하고 있어서 사회복지학뿐만 아니라 경제학, 사회학, 행정학, 보건학, 인구학, 통계학 등의 여러 학문 분야에 활용되고 있다. 연구 대상 면에서도 노인, 아동, 장애인 등 다양한 인구집단을 아우르고 있다. 연구 주제 면에서는 의료·주거·교육, 정신건강, 빈곤·불평등, 사회보장, 노동 등 광범위한 분야의 연구에 활용되고 있다.

3) 서울대학교 사회복지학의 특성

초창기 서울대학교 사회복지학과는 미국식 임상 전문사회복지 실천방법을 수입하여 교육하는 데 집중하였다. 하지만 아이러니하게도 현재까지 사회복지학과의 주요한 성과는 실천방법의 개발이 아니라 학문후속세대의 양성이었다. 서울대학교 사회복지학과는 1979년에 설립한 박사과정을 중심으로 늘어나는 국내 대학 사회복지학과의 교수인력 공급에 결정적인 역할을 하였다. 〈표 8-10〉에서 확인할 수 있듯이 2022년까지 배출한 박사학위자 155명 중 66%인 102명이 국내 4년제 대학 사회복지학과에 전임교원으로 취업하였다. 이 수치는 2010년 이후에 국내 대학 사회복지학과의 교수정원이 포화하여 임용률이 떨어진 결과를 반영하고 있는데, 그 전 시기는 거의 100%가 전임교원으로 취업하였다고 해도 과언이 아니다. 또한 2022년 기준 한국사회복지교육협의회 회원교 98개 중 총 40개(41%) 대학의 사회복지학과에 서울대학교 사회복지학과 박사 출신이 전임교원으로 재직하고 있는 것으로 파악된다.

서울대학교 사회복지학의 대표적 특성은 미국식 임상사회사업학과 유럽식 사회정책학의 통합이다. 1979년 학과 명칭을 사회사업학과에서 사회복지학과로 바꾸면서 시도된 이 통합은 일단 하나의 학문체계로 안착하는 성과를 거두었다. 이는 다른 국가의 유수 대학에서도 찾기 힘든 서울대학교 사회복지학과 특유의 현상일뿐 아니라 하나의 학문적 성취로 평가될 수 있다. 하지만 이러한 통합이 물리적인 결합을 넘어 유기적인 융합의 단계까지 발전하였는가에는 의문의 여지가 있

표 8-10 사회복지학과 박사학위자 전임교원 취업 현황

시기	배출 박사학위자 수	전임교원 취업	%
1982~1999년	40	39	98%
2000~2009년	38	34	89%
2010~2022년	77	29	28%
합계	155	102	66%

다. 유기적인 융합을 통한 새로운 이론과 실천모형의 개발은 앞으로 남겨진 과제이다.

서울대학교 사회복지학은 틈새 사회과학으로 발전해 왔다. 후발 학문 분야로서 기성 학문분과가 다루지 않는 영역을 탐구하는 것이 중요했다. 새롭게 대두되는 구체적인 사회문제들에 대해 다른 순수사회과학 분야가 답을 잘할 수 없을 때 사회복지학이 해답을 시도한 것이다. 이러한 새로운 도전에서 사회복지학이 갖는 강점 중 하나는 문제해결을 최우선으로 하는 응용 실천과학이란 사실이다.

사회복지학은 일종의 절충주의적 태도를 보여 왔다. 사회복지학은 문제해결을 위해서는 실사구시적인 태도를 보인다. 이상과 현실, 정신과 물질, 이기심과 이타심, 권리와 의무 등과 같은 상호충돌 가능성이 있는 양극단의 어느 하나를 선택하지 않은 경향을 보였다. 두 가지 이상의 가치를 조화시키려고 노력하는 태도는 이론의 활용 측면에서도 그대로 나타났다. 그리하여 문제해결을 위해 여러 이론의 장점을 함께 극대화하려고 노력했다(조흥식 외, 2015).

서울대학교 사회복지학은 다학문적 전통이 강하다. 사회복지학은 사회과학의 여타 분과학문이 개발한 지식과 이론을 적극적으로 활용한다. 문제해결을 최우선 목표로 삼기 때문에 여러 이론을 절충하여 활용하는 방법이 유리할 수 있다. 인간의 문제가 복합적이거나 중층적인 경우가 많아서 통합적인 접근을 요구하기 때문이다.

한국사회복지학의 발전 경로에서 아직 해결해야 하는 중요한 과제는 사회복지학의 토착화이다. 한국사회복지학은 수입된 학문을 소개하고 확산하는 모형으로 발전해 왔다. 하지만 이제는 수입된 서구 편향적 사회과학에서 벗어나 보다 토착적이고 학문적 체계성을 갖춘 '한국적 사회복지학'의 정립이 요구되고 있다. 즉, 지금까지의 수입된 이론으로부터 개입 방법을 도출해 내는 연역적 접근에서 문제 중심적인 귀납적 방법을 통한 이론과 실천 기술의 개발이 요구된다. 이 과제는 서울대학교 사회복지학과가 마주하고 있는 과제이기도 하다.

참고문헌

서울대학교 사회과학대학(2015). 사회과학대학의 역사. 사회과학대학 설립 40주년 심포지엄 자료집 1.

서울대학교 사회복지학과 50년사 편찬위원회(2009). 서울대학교 사회복지학과 50년사: 1959~2009. 나남.

이봉주, 구인회, 강상경, 홍백의, 안상훈, 박정민, 유조안, 하정화, 김수영, 한윤선, 김혜란 (2023). 사회복지개론. 학지사.

조흥식, 김상균, 최일섭, 최성재, 김혜란, 이봉주, 구인회, 홍백의, 강상경, 안상훈(2015). 사회복지개론. 나남.

최종도(1969). 아동복지시설의 운영실태와 전망. 사회복지, 26, 98-112.

한국사회복지학회(편)(2015). 한국사회복지교육: 현황, 과제, 그리고 대안. 신정.

웹자료

한국사회복지교육협의회. http://kcswe.kr/

OECD. Social Expenditure Database. https://www.oecd.org/Social/Expenditure.Htm

제9장

언론정보학과 지성사 50년:
학문의 교차로에서 다문화 도시로

| 양승목 |

서울대학교 언론정보학과는 1975년 2월 28일 사회과학대학 설립과 함께 신문학과라는 이름으로 태어났다. 이 글은 사회과학대학 설립 50주년을 맞아 언론정보학과가 지난 50년 동안 어떤 지적 궤적을 그리며 발전해 왔는지를 지성사(知性史) 관점에서 조명하고자 한다. 일반적으로 학사(學史)는 접근방식에 따라 개별 학자의 삶과 학문에 초점을 맞춘 전기사(biographical history), 각종 교육 및 연구 조직의 발전에 초점을 맞춘 제도사(institutional history), 이론과 패러다임 변화 등 지적 전통에 초점을 맞춘 지성사(intellectual history)로 나눌 수 있다(Löblich & Scheu, 2011). 이 가운데 어떤 관점을 취하더라도 복합적인 서술방식은 불가피하다. 예컨대, 어떤 학자의 전기를 다룬 연구라고 하더라도 당대의 학문 제도와 연구 동향에 관한 서술을 피할 수 없다. 마찬가지로 특정 학과의 역사를 지성사 관점에서 다룰 때, 대학과 사회의 시대적 변화와 아울러 학과 구성원의 변화에 대한 분석이 매우 중요하다. 따라서 언론정보학과의 50년 역사를 지성사 관점에서 접근하려면 대학 안팎의 시대적 변화, 학과 교수진의 구성과 변화, 대학원생의 연구 동향(특히 박사학위논문), 학부와 대학원의 교과과정 변천에 관한 고찰이 필수적이다. 대학의 연구역량은 일차적으로 교수의 연구 능력이기에 학과 교수진의 구성과 변화에 대한 고찰이 무엇보다 중요하다고 본다. 교수진의 변화는 커리큘럼뿐만 아니라 대학원생의 연구에도 직접 영향을 주기 때문이다. 이 장에서는 대학 안팎의 시대적 변화와 학과 교수진의 변화를 중심으로 언론정보학과의 50년 역사를 다섯 시기로 나누어 각 시기의 특징을 논의하되, 그 전에 먼저 신문학과 설립 이전에 이루어진 서울대학교의 언론학 교육과 연구를 소개한다.[1]

---

1) 이 글에서 언론정보학, 언론학, 커뮤니케이션학, 커뮤니케이션연구는 상호교환적인 의미로 사용한다. 국내에서는 커뮤니케이션 학문을 지칭하기 위해 다양한 용어가 사용되고 있으나, 여기서는 '한국언론학회'에서 보듯이 언론학을 대표 용어로 사용한다.

1. 전사(前史): 신문연구소와 신문대학원

　신문학과는 '서울대학교 종합화 10개년 계획'의 일환으로 문리과대학과 상과대학이 폐지되고 인문대, 사회대, 자연대, 경영대로 대학편제가 바뀌는 상황에서 1975년 사회과학대학 소속의 신생 학과로 설립되었다. 그러나 신문학과가 서울대학교 내에서 아무런 뿌리도 없이 하루아침에 만들어진 것은 아니었다. 신문학과는 설립 당시부터 영문 명칭(Department of Communication)에서 알 수 있는 바와 같이 그 정체성을 인간 커뮤니케이션 현상을 탐구하는 커뮤니케이션 학문으로 규정하였다. 그러나 우리나라 대학에서 언론학이 처음 제도화된 1950년대에는 신문학이라는 명칭이 일반적이었다. 서울대학교도 예외가 아니어서, 기록에 의하면 서울대에서 이뤄진 최초의 언론학 교육은 문리과대학에서 1949년 4월에 개설한 '신문학개론'이라는 강좌이다. 훗날 한국신문학회(현 한국언론학회)의 초대 회장이 된 곽복산 교수가 이 강좌를 담당했으나 한국전쟁의 발발로 중단되었다가 서울 수복 후 2년간 계속되었다는 기록이 있다(곽복산, 1971). 한편, 1953년 문리과대학에서 발간한 『문리대학보』 2호에 게재된 '4286년도 본대학 강좌 일람표'에는 사회학과에 '신문원론'이 개설되었고 이를 이해창이 담당했다고 한다(서울대학교 언론정보연구소, 2013). 또한 사회학과에서는 1955년에 '매스컴론'을 개설하였고 천관우 교수가 이를 담당하였다. 1957년에 사회학과 학생으로서 곽복산 교수의 '신문학개론'과 천관우 교수의 '매스컴론'을 직접 수강한 강현두 교수의 회고에 의하면, 두 강좌는 그 내용과 접근방식에 있어서 서로 다른 계열의 언론학 과목이었다고 한다(강현두, 1994). 즉, '신문학개론'은 일반 문과 학생을 대상으로 한 대규모 교양강좌 성격으로 실무적 저널리즘에 관한 내용이었던 반면, '매스컴론'은 사회학 전공 학생을 위한 소규모 강의로 대중론, 여론형성, 매스미디어 효과론 등을 다루었다는 것이다. 이처럼 1950년대에 사회학과에서 언론학 관련 교과목이 개설되었던 것은 이상백, 변시민, 이만갑 교수 등이 저널리즘과 매스컴에 관한 관심이 컸기 때문이라는 해석이 있다(서울대학교 사회학과, 1996). 특히 이상백 교수는 저널리즘의 이데올로기적 기능이 비판성에 있다고 하면서 매스컴에 대한 이해를 강조했다고 한다. 사회학과를 비롯해 문리대 교수들에 의한 언론 관련 연구가 산발적으로 있었지만, 서울대에서 커뮤니케이션 연구가 본격적으로 시작된 것은 1963년 3월 25일 신문연구소(현 언론정보연구소)가 개소한 이후이다.

1) 신문연구소의 설립과 연구 활동

서울대학교 신문연구소는 우리나라 대학 최초의 언론 관련 연구소이다. 그 설립 경위를 보면, 5·16 군사쿠데타로 권력을 장악한 박정희 군사정부는 당시 난립했던 언론기관을 정비하고 언론인의 자질 향상을 위해 1962년 6월 28일 기본방침 5개 항목과 세부방침 20개 항목으로 구성된 '최고회의 언론정책'을 발표했다. 세부방침 가운데는 "언론인의 품위, 자질의 향상과 신문의 연구를 위하여 교육기관을 설립함에 정부는 이를 지원한다."(14항)라는 조항이 들어 있었다. 최고회의는 '언론정책'을 공포한 지 한 달 뒤에 발표한 '언론정책 시행기준'에 '신문연구소의 지원'(10항) 항목을 두어 "서울대학교에서 설치될 신문연구소를 적극 지원 육성한다."라고 명시하였다. [2] 신문연구소는 이 시행기준에 따라 설립된 것으로 1962년 12월 28일 각의에서 「국립대학교 설치령」 개정의 건을 의결하여 각령 1133호로 서울대학교 신문연구소 설치가 법제화되었다. 이 각령에 의거, 서울대는 "한국언론의 향상과 사회발전에 기여함은 물론, 언론종사자의 지도·양성 및 자질 향상을 도모함"을 목적으로 신문연구소를 서울대 직속으로 설치했다. 설립 당시 신문연구소의 조직은 연구소장 밑에 학술 조사 연구를 담당하는 연구부, 언론인 재교육을 담당하는 교육훈련부와 사무국으로 구성되었고, 별도로 운영위원회를 두어 연구소 운영에 관한 사항을 조정했다. 초대 소장에는 육지수 지리학과 교수, 연구부장에 김규환 동양통신사 편집부국장, 교육훈련부장에 이만갑 사회학과 교수가

---

2) 김규환 교수는 시행기준에 이 항목이 들어간 것은 자신이 당시 공보부장관 이원우에게 요청하여 이루어진 것이라고 증언한 바 있다(김규환, 1977).

취임하였다(서울대학교 언론정보연구소, 2013).

　1963년 3월 25일 개소한 신문연구소는 제1기 연구생 20명(일반연구생 10명, 위탁연구생 10명)을 선발하여 대학원 수준의 1년 과정 교육을 실시하였다. 교과목은 매스커뮤니케이션, 여론선전, 사회조사방법론, 내용 및 효과 분석, 신문론, 비교신문론, 한국신문사, 신문법제론, 신문영어, 영화론, 방송론, 광고론, PR론, 보도론 등이었다. 제1기생에 이어 매년 20명 정도를 선발하여 교육했으나 점차 현역기자 위탁연구생 지원자가 감소하여 언론인 재교육의 당초 취지를 살리기 어렵게 되었다. 결국 1968년 신문대학원이 설립되면서 신문연구소의 교육 프로그램은 5년 동안 66명의 연구생을 배출하고 막을 내리게 되었다.

　신문연구소 설립의 또 다른 목적은 학술연구인데, 그 취지는 인접 사회과학의 참여를 유도하고 사회과학적 방법론에 입각한 매스컴 연구의 토대를 구축한다는 것이었다. 연구부장 김규환 교수의 지도하에 연구생들은 매스컴 관련 각종 실태조사 및 신문 내용분석을 실시하고 그 결과물을 1964년 창간된 『신문연구소학보』에 발표하였다.[3] 신문연구소가 1968년 2월 신문대학원 부설 연구소로 전환될 때까지 약 4년 동안 연구소의 연구 활동은 김규환이 연구생들과 함께 이끌어 왔다고 볼 수 있다(차배근, 2017). 그때까지 한국의 언론학 연구는 주로 신문을 대상으로 한 문헌연구가 대부분이었으나 『신문연구소학보』가 과학적 조사방법이나 내용분석을 활용한 연구들을 내놓자 학계와 언론계의 큰 주목을 받게 되었다. 1977년판 『한국신문연감』은 서울대학교 신문연구소를 다음과 같이 소개하였다.

"한국에서 매스커뮤니케이션에 관한 과학적, 실증적 연구는 1963년에 설립된 서울대학교 신문연구소에 의해 처음으로 시도되었다고 볼 수 있다. 동 연구소는 대학원 과정의 연구생 과정을 설치하여 매스컴이론 및 연구방법을 강의하여 매스

---

3) 창간 당시 학보의 정식 명칭은 『서울대학교 신문연구소학보』였으나, 1968년 신문대학원 개원과 함께 신문연구소가 신문대학원 부설이 되면서 그 명칭이 『신문연구소학보』로 변경되었다. 이 명칭은 1994년 신문연구소가 언론정보연구소로 바뀌면서 『언론정보연구』로 재변경되었다.

1. 전사(前史): 신문연구소와 신문대학원

콤이라는 새로운 사회과학 분야의 연구자들을 양성하는 한편 본격적인 실증적 연구를 행하여 신문연구소 학보를 통해 매년 그 결과를 발표하였다"(한국신문연구소, 1977, p. 598; 김영희, 윤상길, 2013, p. 23에서 재인용).

서울대학교 신문연구소는 1968년 2월 신문대학원 부설 연구소로 전환된 이후에 연구기관으로서 그 역할이 더욱 커졌다. 1967년 10월에 아시아신문재단은 신문연구소에 '독자연구조사센터'를 설치하게 되는데, 독자연구조사센터는 1968년부터 3년간 신문연구소와 신문대학원의 연구인력을 활용하여 대규모 연구조사를 실시하고 『The Asian Press』(1970)에 발표하였다. 또 1968년에 문교부 학술연구조성비를 지원받아 '한국의 경제성장과 매스 커뮤니케이션' 연구를 수행하는 등, 1980년대 중반까지 문교부, 문화공보부 등 국가기관과 농협중앙회, 대구매일신문, 한국방송공사(KBS) 등으로부터 연구비를 지원받아 수많은 연구과제를 수행하였다. 공공기관이나 기업 등에서 연구비를 수주받아 실증적 데이터를 생산하고 이를 통해 이론화 작업으로 나아가는 행정적(administrative) 연구의 전형적인 모습을 보여 주면서 신문연구소는 한국 언론학계에서 실증주의 연구의 중심이 되었다. 추광영(1983)의 평가에 따르면 신문연구소가 설립되면서 "일본 및 독일 편향적이던 한국의 신문학은 미국 중심의 커뮤니케이션학과 접목하게 되고 커뮤니케이션 현상을 사회과학적 패러다임 속에서 실증적으로 연구하려는 노력들이 나타나게" 되었다. 한마디로, 신문연구소는 "우리나라에서 처음으로 사회과학적 방법론에 입각한 매스컴 연구의 토대를 구축하기 시작"(정진석, 1998)했으며, 그러한 노력은 1968년 신문대학원이 개원하면서 더욱 탄력을 받게 되었다.

2) 신문대학원의 설립과 언론학 교육

신문대학원의 설립과 운영에서 핵심적 역할을 했던 인물은 훗날 '한국의 윌버 슈람(Wilbur Schramm)'으로 평가받은 김규환 교수였다(최종수, 1999).[4] 김규환 교수는 1959년 도쿄대학 사회학과에서 신문학전공으로 박사학위[5]를 받고 귀국해

언론계에 투신한 뒤 동양통신사 편집국장을 역임하고 1968년 신문대학원 설립과 함께 초대 원장에 취임하였다. 그는 신문연구소 설립을 주도하고 연구부장으로서 연구소의 연구 활동을 실질적으로 지휘했으나 당시는 서울대학교 교수 신분이 아니었다. 그러다가 1967년 10월에 동양통신사 편집국장직을 사임하고 서울대학교 교수로 부임하여 신문연구소장에 취임하였다. 김규환(1977)의 회고에 따르면 신문연구소 연구생들이 연구생 과정을 석사과정으로 승격해 주기를 원했을 뿐만 아니라, 미국의 저널리즘스쿨과 같은 교육체제와 연구기능을 갖춘 신문대학원의 필요성을 느끼게 되었다고 한다. 그는 신문연구소장에 임명되자 곧 신문대학원 설립을 추진했는데, 언론계의 협조를 얻어 마침내 정부를 설득하는 데 성공하여 1967년 12월 14일 대통령령 3303호로 신문대학원 설치가 국회를 통과하였다. 신문연구소 소장을 맡고 있던 김규환 교수는 1968년 1월 신문대학원 초대 원장에 임명됨으로써 당대 최고 수준의 언론학 연구기관과 교육기관을 동시에 책임지는 위치에 놓이게 되었다.

 1968년 3월 2일 신문대학원 개원식에는 당시 정일권 국무총리의 축사가 있었고, 이후락 대통령 비서실장을 비롯한 다수의 내빈이 참석하였으며, 쌍용그룹 창업자인 김성곤 국회의원이 최문환 서울대 총장으로부터 신문대학원 설립과 관련해 감사장을 받았다. 개원식과 함께 입학한 1기생은 석사과정 50명(1부 15명, 2부 35명)과 비학위 과정 연구생 17명을 합쳐 모두 67명이었다. 신문대학원의 설립 목적은 "매스 커뮤니케이션 및 그 인접과학의 이론을 심오정치하게 연구하고 그 응용능력을 발휘할 수 있는 지도적 인재를 양성"하는 것인데(서울대학교 신문대학원 학칙 제1조), 교과과정도 도쿄대학과 스탠퍼드대학 등을 참고해 이론중심의 교과목으로 구성했다. 즉, 커뮤니케이션 이론과 연구방법론, 매스컴의 제도나 사회적 기능, 인접 사회과학에 관한 교과목 등으로 구성되어 신문대학원 교육이 실무과

---

4) 김규환의 생애와 학문에 대해서는 양승목(2005, 2013) 참조.
5) 김규환의 박사논문은 『일제의 대한 언론·선전정책』이란 제목으로 1978년 이우출판사에서 출간되었다.

목을 통한 언론인 재교육보다는 사회과학으로서의 매스컴연구에 비중을 두었음을 알 수 있다(양승목, 2005). 신문대학원 교수진도 언론인 출신보다는 사회과학 배경을 지닌 학자들이었다. 개원 초기에는 김규환을 비롯해 이상희, 오갑환(사회학), 박유봉, 임근수로 교수진이 구성되었으나, 이후 김일철(사회학), 최명(정치학), 조명한(심리학), 차배근이 합류해 최종적으로 9명의 교수진을 갖추게 되었다.

신문대학원은 신문연구소와 함께 한국 언론학의 정체성이 '전통적 신문학'에서 '사회과학으로서의 커뮤니케이션연구'로 전환하는 데 중요한 역할을 하였다.[6] 전통적인 신문학은 신문 저널리즘을 중심으로 문헌 중심의 해석적 연구에 머물렀으나 사회과학으로서의 커뮤니케이션연구는 방법론과 경험적 데이터를 중시하는 실증주의적 패러다임을 지향하였다. 김규환 교수는 사회과학으로서의 커뮤니케이션연구라는 그의 비전[7]을 신문연구소와 신문대학원을 통해 실현하고자 했고, 실제로 신문대학원은 대학원 교육을 통해 그러한 비전이 실현되는 데 기여했다. 신문연구소와 신문대학원 문하생들의 연구논문을 모아 1977년에 출간한 『한국 커뮤니케이션연구』가 그러한 예이다. 1975년 3월 신문학과의 설립으로 신문대학원이 발전적으로 해체되기까지 6년간의 존속기간에 300여 명이 신문대학원 교육을 받았으며, 이 가운데 약 200명이 석사학위를 취득했다.[8] 신문대학원이 배출한 이 전문가 집단과는 별개로 미국에서 교육받은 젊은 학자들이 속속 귀국하여 대학의 전임교수가 되면서 1970년대에 이르러서는 실증주의적 연구 경향이 한국 언론학의 주류(mainstream)를 형성하게 되었다.

---

6) 한국 언론학의 이러한 정체성 변화에 대해서는 양승목(2005) 참조.
7) 1983년 신문연구소 창립 20주년 기념 심포지엄에서 발표된 그의 논문 「사회과학으로서의 커뮤니케이션: 그 과정과 전망」(김규환, 1983) 참조.
8) 신문대학원은 1975년 2월 폐지될 때까지 134명의 석사를 배출하였다(정진석, 1992). 그러나 신문학과 설립 후 1977년까지 배출된 석사 57명은 모두 신문대학원 입학생이었다. 또 1978년에 배출된 석사 9명도 1명을 제외하고 모두 신문대학원 출신이었다.

2. 신문학과의 설립과 학문 정체성 수립(1975~1979년)

신문학과의 설립 배경을 거슬러 올라가면 1968년 4월에 확정된 '서울대학교 종합화 10개년 계획'에 이르게 된다. 종합화 계획의 핵심은 서울대의 교육과 연구기능을 강화하기 위해 교육 연구 기구를 혁신적으로 개편하고 곳곳에 분산된 캠퍼스를 통합하여 관악에 메인 캠퍼스를 조성하는 것이었다. 이 계획에 따라 관악에 종합캠퍼스가 완성되면서 1975년 2월 단과대학 재편성 등 교육기구의 대폭적인 개편이 이루어졌다(「서울대학교 설치령」중 개정령, 대통령령 제7565호). 단과대학 재편성의 핵심은 옛 문리과대학을 폐지하고 기본학문대학으로 인문대학, 사회과학대학, 자연과학대학을 신설하는 것이었다. 사회과학대학은 문리대의 사회과학계열 학과와 상과대학의 경제학과와 무역학과로 구성되었다. 경영학과는 신설된 경영대학 소속이 되면서 상과대학은 해체되었다. 이 과정에서 기존의 신문대학원도 폐지되고 사회과학대학에 신문학과가 설립되었다.

종합화 계획에 따라 서울대 교수들이 모두 전공영역별로 재편됨에 따라 교수들의 소속에도 변화가 나타났다. 그동안 서울대는 연립대학 성격으로 인해 각 단과대학에 소속된 교수진과 강좌에 중복 현상이 있었다. 그러나 종합화 이후에 서울대 전임교수는 원칙적으로 대학 또는 전문대학원의 1개 학과에 소속되게 되었다. 이로 인해 교양과정부를 비롯해 각 단과대학과 연구소에서 교양과목이나 타 계열 전공과목을 담당하던 교수들이 각자의 전공학과로 재배치되었다. 같은 맥락에서 종합화로 인해 폐지된 신문대학원 소속의 교수들도 소속이 변경되었다. 즉, 신문대학원의 전임교수였던 최명 교수는 정치학과로, 오갑환 교수와 김일철 교수는 사회학과로, 조명한 교수는 심리학과로 소속 변경되었다. 그 결과, 사회과학대학에 신설된 신문학과의 전임교수는 5명으로 김규환, 임근수, 박유봉, 이상희, 차배근 교수였다. 일찍이 윌버 슈람은 커뮤니케이션연구를 "많은 사람이 통과하지만 머무는 사람은 별로 없는 학문의 교차로(crossroad)"에 비유한 바 있다(Schramm, 1963). 물론 그는 장차 많은 사람이 그곳에 정주하게 되리라 믿었는데, 이제 서울

2. 신문학과의 설립과 학문 정체성 수립(1975~1979년)

대학교에서 5명의 교수가 교차로에 정주하여 '신문학과'라는 작은 마을을 이룬 것이다.

신설 신문학과는 학사에서 석박사까지 전 교육과정을 포함했는데 언론학 분야 학과로는 국내 최초였다. 신문학과 이전에 서울대에서 언론학의 대학원 교육은 이원적으로 이루어지고 있었다. 1968년 개원한 신문대학원과 별도로 1969년 사회학과 대학원에 신문학전공 석박사과정이 병설되었다(서울대학교50년사편찬위원회, 1996, p. 80).[9] 그러나 종합화 이후 신문대학원과 사회학과 대학원의 신문학전공 과정은 폐지되고 재학생들은 신설 신문학과로 소속 변경되었다. 그리하여 1975년 1학기에는 석사과정 재학생 대상으로 대학원 교육만 진행되었다.[10]

한편, 학부 교육은 1975년 8월에 신문학과에 배정된 제1기 전공학부생 13명을 대상으로 2학기에 시작되었다. 이들은 1974년 실시된 광역계열별 입학 1기생으로 교양과정부에서 3학기의 기초과정 교육을 마친 끝에 신문학과에 전공 진입한 것인데, 당시 학과의 정원은 15명이었으나 정원을 다 채우지 못한 결과였다. 이어 1975년 학번은 관악캠퍼스에서 입학식을 치른 첫 신입생인데 1976년 8월에 13명이 신문학과 배정을 받았다. 1976년 학번은 기초과정 교육이 2학기로 축소되어 1977년 3월에 11명이 신문학과에 진입하였다. 1977년 학번의 경우 7명이 신문학과에 진입하였으며, 1978년 학번은 전공 진입생이 5명에 불과했다. 이처럼 전공 진입생이 정원에 크게 미달했던 것은 계열별 입시제도의 부작용이기도 하지만, 언론자유가 극도로 제한된 당시 상황에서 언론계 취업이 학생들에게 매력적으로 여겨지지 않았던 탓도 있었다. 1979년에는 신입생 모집단위가 광역계열에서 대학별(사회과학계열) 모집단위로 바뀌었는데, 1979년 학번은 13명이 신문학과

---

9) 『서울대학교 사회학과 50년사』에는 신문학전공 석사과정이 1966년에 병설된 것으로 되어 있다(서울대학교 사회학과, 1996). 실제로 1969년 오인환의 석사논문 「한국개화기의 신문광고」는 신문학전공으로 추정된다. 그러나 1969~1975년에 사회학과 박사과정 입학생은 1973년에 단 1명뿐이어서 신문학전공 박사과정 학생은 없는 것으로 보인다(서울대학교 사회학과, 1996).

10) 박사과정은 1976년 3월 1일 설립되었다.

에 진입하였다.

　신설학과로서 처음 학부생을 맞이한 신문학과의 당면 과제는 학문의 정체성을 교육하는 일이었다. 커뮤니케이션이라는 용어가 낯선 외래어였던 당시 상황에서 학생들에게 커뮤니케이션이란 무엇이며 왜 배우는지를 교육하는 일은 무엇보다 중요했고, 또 대학 내에서 학과의 존재이유를 설명하는 길이기도 했다. 1975년 2학기에 '매스컴개론' '매스컴과 사회' '매스컴원론'이 최초의 학부전공과목으로 개설되었고, 1976년에는 3학년용 전공과목, 1977년에는 4학년용 전공과목이 개설되어 교과목 수가 대폭 증가했다. 이 시기의 특징은 10개 이상의 교과목이 전공필수로 지정될 정도로 전공필수과목이 많았고 또 교과목 개편이 잦았다는 것인데, 학과 설립 초기에 어느 정도 시행착오는 불가피했을 것이다.[11]

　신문대학원의 유산이 있었지만, 일반대학원의 교육목적이 특수대학원의 그것과 같을 수 없기에 대학원 교육에도 새로운 교과과정이 필요했다. 이 시기 대학원에서는 커뮤니케이션 이론 및 연구방법론을 중심으로 매스컴 역사, 제도론 등 다양한 과목이 개설되었으며 석사와 박사과정 교과목이 구분되어 있었다.[12] 초기에 대학원 재학생은 신문대학원에서 편입된 석사과정 학생이었고, 신설된 신문학과 석박사과정 입학생은 소수에 지나지 않았다. 실제로 정진석(1992)이 펴낸 『한국언론학 박사·석사학위 논문 총목록』에 따르면, 1975년 8월부터 1979년 8월까지 서울대학교 신문학과에서 배출된 석사학위 졸업자는 모두 67명이나 2명을 제외하고 모두 신문대학원 입학생이었다.[13] 신문학과 박사 졸업생은 1982년에 처음 배출되었으므로, 이 시기 대학원 교육은 석사과정 중심으로 이루어졌다고 보아야 할 것이다.

---

11) 신문학과의 학부 및 대학원 개설교과목에 대해서는 양승목, 김관호(2015) 참조.
12) 이처럼 석사 또는 박사로 구분되었던 교과목들이 1980년에는 석박사 공통 교과목으로 바뀌었다. 그러나 일부 교과목은 1981~1984년에 다시 석사 또는 박사과정 교과목으로 환원되었다(양승목, 김관호, 2015).
13) 신문학과 석사과정에는 1976년 3월에 처음으로 3명이 입학했는데, 이들 가운데 김영희가 1978년, 강명구가 1979년에 졸업하였다.

2. 신문학과의 설립과 학문 정체성 수립(1975~1979년)

표 9-1 서울대학교 언론정보학과 역대 교수진

성명	재직년도	최종학위 수여대학
김규환	1967~1985	The University of Tokyo
이상희	1967~1994	서울대학교
박유봉	1968~1986	München, Ludwig-Maxim.-Univ.
임근수	1968~1979	중앙대학교
차배근	1973~2007	Kent State University
박명진	1980~2013	Universite de Paris III Sorbonne Nouvelle
추광영	1980~2005	Univ. Of Texas, Austin
강현두	1986~2001	Southern Illinois Univ.
강명구	1987~2018	University of Iowa
박승관	1991~2022	Stanford University
양승목	1995~2021	Stanford University
윤석민	2001~	Michigan State University
이준웅	2002~	University of Pennsylvania
강남준	2003~2017	Syracuse University
이중식*	2005~2009	Yale University
이재현	2006~	서울대학교
이은주	2008~	Stanford University
김은미	2009~	Northwestern University
한규섭	2010~	Stanford University
이준환*	2011~	Carnegie Mellon University
홍석경	2013~	Université Stendhal Grenoble 3
이철주	2014~	University of Pennsylvania
홍화정*	2018~2021	Georgia Institute of Technology
강재호	2018~	The University of Cambridge
김현석	2018~	University of Pennsylvania
김수아	2019~	서울대학교
신수연	2022~	Michigan State University
임하진*	2022~	Cornell University
양차미	2022~	University of Illinois at Urbana-Champaign

* 정보문화학 연합전공 기금교수. 이준환 교수는 2016년 전임교수로 전환됨.

신문학과 초창기에 학과의 전임교수는 5명이었고, 이 가운데 4명이 박사학위 소지자였다. 김규환 교수는 해방 후 최초의 언론학 박사였고,[14] 박유봉 교수는 독일 뮌헨대학에서 공시학(Publizistik) 전공으로, 임근수 교수는 중앙대에서 언론사 전공으로, 차배근 교수는 미국 켄트(Kent)주립대학에서 커뮤니케이션 전공으로 박사학위를 받았다(〈표 9-1〉 참조). 신문대학원이 신문학과로 바뀌면서 전임교원 수가 9명에서 5명으로 줄었지만, 당시 언론학계에는 박사학위 소지자가 드물었기에 학계에서 평가하는 신문학과의 위상은 여전히 높았다. 5명의 교수진 모두가 당시 학계에서 지도적 위치에 있었지만, 언론학의 학문 정체성과 관련해 가장 뚜렷한 업적을 남긴 이는 차배근 교수라고 할 수 있다. 차배근 교수는 20권이 넘는 저서와 많은 논문을 저술했는데, 그 가운데서도 1970년대 후반에 출간된 그의 삼부작 『커뮤니케이션학개론(상·하)』(1976), 『사회통계분석방법론』(1977), 『커뮤니케이션연구방법』(1979)[15]은 이 시기를 대표하는 교과서로 한 세대 이상 언론학도들에게 많은 영향을 끼쳤다. 특히 『커뮤니케이션학개론(상)』은 라스웰(Lasswell)의 'S-M-C-R-E' 커뮤니케이션 모형을 교과서의 기본편제로 삼아 커뮤니케이션 학문의 거의 모든 분야를 망라하는 방대한 내용을 다룸으로써 언론학의 정체성 수립에 기여했다. 이 삼부작을 통해 차배근 교수는 언론학이 인간 커뮤니케이션을 탐구하는 커뮤니케이션 학문이며, 과학적 연구방법으로 데이터를 수집하고 통계분석하여 이론을 검증하는 실증적 사회과학으로 규정하였다. 언론학에 대한 이런 정의가 새로운 것은 아니었지만, 교과서가 부족하던 당시에 방대한 분량의 삼부작을 통해 이를 체계적으로 보여 줌으로써 언론학의 정체성을 선명하게 제시했다는 평가이다.

한편, 1979년 1월에 임근수 교수가 별세하여 학과 교수진에 변화가 생겼다. 임

---

14) 우리나라 최초의 언론학 박사는 1928년 독일 라이프치히대학에서 수학한 김현준이다. 그러나 정진석(1999)의 평가처럼, 일제강점기는 언론학이 뿌리를 내리지 못하여 김현준은 언론학자로 활동하지 못했기 때문에 김규환이 실질적으로 국내 최초의 언론학 박사나 다름없었다.

15) 『커뮤니케이션연구방법』은 1981년에 『사회과학연구방법』으로 제목이 변경되었다.

근수 교수는 1968년 중앙대에서 「근대신문의 성립에 관한 연구」로 박사학위를 받은 당대의 대표적인 신문사(新聞史) 연구자였다. 그의 대표 저서는 1970년 출간된 『신문발달사』인데, 그는 신문을 하나의 고립된 제도로 보지 않고 변화하는 사회와의 관계 속에서 신문 역사를 탐구해야 한다고 보았다. 신문학과 설립 후 초대 학과장을 맡았던 임근수 교수는 1976년 회갑을 맞았고, 당시의 관례대로 후학들이 화갑기념논문집 『한국신문학50년사』(1977)를 마련하여 출간하였다. 이 책은 모두 5개의 장과 2개의 부록으로 구성되었는데, 서론에 해당하는 제1장(한국신문학사 서설)은 본인이 직접 집필하고, 나머지 4개 장과 부록에는 18명의 연구자가 집필에 참여했다.[16] 제목대로 당시 시점에서 한국 언론학의 발전 과정을 집대성한 책이기에 지금도 언론학계의 학사(學史) 연구에서는 중요한 참고자료가 되고 있다.

3. 비판언론학의 성장과 패러다임 갈등(1980~1989년)

한국사회에서 1980년대는 급진적 이념의 확산과 사회적 갈등의 고조로 특징되는 변혁의 시대였다. 1979년 12·12 군사쿠데타를 통해 권력을 장악한 전두환의 신군부는 1980년 5월 광주민주화운동을 무력으로 진압하고 헌법개정을 통해 제5공화국(1981~1988년) 시대를 열었다. 엄혹했던 박정희의 유신(제4공화국)정권이 끝나면서 민주화를 기대했던 대다수 국민에게 제5공화국의 군부독재는 커다란 좌절감을 안겼다. 민주주의가 좌초된 암울한 현실에서 사회변혁을 꿈꾸는 기층민중의 열망은 새로운 사회이론을 요구했지만, 기존의 실증주의적 사회과학은 여기에 부응하지 못했다. 실망한 젊은 연구자들은 억압적인 군부독재와 사회적 모순의 심화 속에 변혁을 위한 실천적 이론으로 마르크스주의에 주목하였다. 기실 1970년

---

[16] 1982년 한국신문학회의 회원 수가 88명이었음을 감안하면(정진석, 2009), 당시로서는 대규모의 연구자가 참여했다고 볼 수 있다.

제9장 언론정보학과 지성사 50년: 학문의 교차로에서 다문화 도시로

대만 해도 마르크스주의는 대학의 운동권 학생들이 지하 서클에서나 조심스레 탐독하던 주제였다. 그러던 것이 1980년대에 들어오면서 마르크스주의는 5공의 철권통치에 비례해 무서운 기세로 대학가와 운동권에 퍼져나갔다. 이 과정에서 서울대학교 사회과학대학은 마르크스주의의 수용과 확산에 중요한 역할을 했고, 언론학 분야에서는 비판 언론학의 등장에 신문학과가 그러하였다.

다른 한편으로, 신문학과 관점에서 보면 1980년대는 확장과 성장의 시기였다. 새로운 교수들이 부임하고 학부와 대학원의 전공학생수가 급증하면서 학과의 저변이 확대되었다. 1979년 임근수 교수의 별세로 교수진 부족에 시달리던 학과에 박명진 교수와 추광영 교수가 1980년 봄에 새로 부임하였다. 학과 교수진에 변화가 생기면서 커리큘럼에도 많은 변화가 있었다. 가장 주목되는 변화는 1985년에 있었다. 학부와 대학원에 비판 커뮤니케이션 관련 교과목이 정식으로 개설되었을 뿐 아니라,[17] 주요 교과목에서 '매스컴'이란 표현이 '커뮤니케이션'으로 바뀌었다. 예를 들면, '매스컴개론'은 '커뮤니케이션개론'으로, '매스컴연구방법론'은 '커뮤니케이션연구방법론'으로, '매스컴통계방법'은 '커뮤니케이션통계방법'으로 바뀌었다. 이는 신문학과의 연구대상이 매스컴에 머물지 않고 커뮤니케이션 전반임을 천명하는 구체적인 사례라고 할 수 있다.[18] 교수진의 변화는 1980년대 후반에도 있었다. 1985년에 김규환 교수가 갑작스레 별세하고, 1986년에는 박유봉 교수가 정년퇴직하였다. 그 후임으로 강현두 교수가 1986년 3월에 부임하였고, 1987년 9월에는 강명구 교수가 교수진에 합류하였다. 강명구 교수는 신문학과 대학원 석사 출신이기에 학과 최초의 2세대 교수라고 할 수 있다.

---

17) 이상희 교수는 1982년에 대학원에서 '비판커뮤니케이션론' 강좌를 개설했고, 다음 해에는 학부에도 같은 과목을 개설했다고 증언한 바 있다(역사문제연구소, 2000). 그러나 서울대학교 수강편람에 의하면, 교과목 명칭에 비판커뮤니케이션이란 말이 들어간 과목이 학부(비판커뮤니케이션론)와 대학원(비판커뮤니케이션이론연구)에서 정식으로 개설된 해는 1985년이다(양승목, 김관호, 2015).

18) 공교롭게도 같은 해 한국신문학회는 명칭을 한국언론학회로 변경하고, 영어 명칭도 Korean Society of Journalism and Mass Communication Studies에서 'Mass'를 삭제하였다.

3. 비판언론학의 성장과 패러다임 갈등(1980~1989년)

1980년대 신문학과에서 가장 두드러진 변화는 학부생의 수가 크게 늘었다는 점이다. 당시 전두환 정권이 대학에 '졸업정원제'를 도입하면서 입학정원을 대폭 확대함에 따라 1981년 신문학과 모집정원은 35명으로 증가했고, 1982년에는 추가로 30%를 더 모집함으로써 모집정원은 45명에 이르게 되었다. 1983년부터 입시제도가 학과별 모집으로 바뀌고, 1985년에는 졸업정원제의 완화로 입학정원이 38명으로 축소되었다. 이어 1986년부터 졸업정원제의 사실상 폐지로 입학정원이 33명으로 줄었고, 1987년부터는 28명을 선발하게 되었다. 하지만 1970년대에 학부생이 학년당 10명 안팎이었음을 고려하면, 1980년대에 신문학과 학부생은 약 3배로 증가했음을 알 수 있다. 학부생의 증가에는 미치지 못하지만, 1980년대에는 대학원생 수도 상당히 증가하였다. 1975년 신문학과 설립 이후 대학원 입학생이 매년 수명에 그쳤지만, 1980년대에는 매년 10명 정도가 석사과정에 입학하였고, 이들 가운데 상당수가 박사과정에 진학함으로써 1990년대에 다수의 박사학위 논문이 배출되는 토대가 마련되었다.

앞에서 언급했듯이, 지성사적 관점에서 1980년대 한국 언론학계의 가장 중요한 이슈는 비판 언론학, 즉 비판 커뮤니케이션연구의 등장이었다. 이상희(1990)는 비판 커뮤니케이션연구가 1980년대에 한국에 급속도로 수용된 것은 몇몇 연구자의 노력이나 새로운 이론에 대한 호기심에 의해서가 아니라, 1970~1980년대 한국사회의 사회정치적 상황과 제도언론의 문제가 그러한 이론을 요구했기 때문이라고 하였다.[19] 1970년대 후반에 이르러 미국의 기능주의적이고 실증적인 커뮤니케이션연구는 한국 언론학의 주류가 되었는데, 이 무렵 전국 언론학 교수의 다수는 미국 유학 경험자였다. 주류 연구자들은 과학적 연구방법을 강조하며 경험적 데이터의 양적 분석을 중시했지만, 연구의 대상과 범위가 제한적이어서 미디어가 개인에 미치는 단기적 효과연구에 천착하였다. 이런 미시적 효과연구로는 사회적 맥락 속에 존재하는 미디어에 대한 역사적이고 거시적인 분석이 불가능하였다.

---

[19] 이하 비판 언론학의 등장과 패러다임 갈등은 양승목(2009) 참조.

따라서 억압적 현실에 분노하여 사회변혁을 갈망하는 젊은 연구자들이 주류 언론학에 등을 돌리고 새로운 대안을 찾아 나선 것은 자연스러운 일이었다. 1980년대 비판 커뮤니케이션연구의 현황을 살펴본 조항제(1988)는 비판 커뮤니케이션연구가 "80년대의 사회구조·운동·인식의 심화 과정의 일부로서, 그리고 1970년대의 실증주의적 보수적 전통과 지적·학문적 종속에 대한 안티 테제로서의 성격을 가지고 나타난" 것이며, 그것은 "단적으로 말해서 '커뮤니케이션 연구에 있어서 마르크스주의의 수용'이었다"라고 말한다.

1980년대 신문학과 대학원생들은 바로 그 마르크스주의의 수용에 적극적으로 나섰다. 당연하게도, 한국에서 비판 커뮤니케이션연구의 성장이 대학원생들의 노력만으로 이루어진 것은 아니다. 줄탁동기(啐啄同機)라는 말처럼 그들을 지도했던 교수들이 있었기에 가능한 일이었다. 프랑스에서 영상 커뮤니케이션을 전공한 박명진 교수는 영상 언어에 관한 논문(박명진, 1981)을 발표하는 등 미국의 실증적 연구와는 결이 다른 기호학적 시각을 소개함으로써 대학원생들에게 신선한 충격을 주었다. 반면에 추광영 교수는 그 자신이 경험적 연구방법을 중시하는 주류 언론학자에 속했지만, 대학원의 '국제커뮤니케이션' 강의를 통해 신국제정보질서(NWICO)운동을 소개하고 이와 관련된 개념과 이론을 논문으로 발표하였다. 커뮤니케이트권과 제3세계의 논리를 다룬 논문(추광영, 1982)이 그러한 예인데, 주제의 성격상 학생들의 관심은 자연스럽게 미디어 정치경제학과 종속이론 등으로 확대되었다.

그러나 1980년대 비판 커뮤니케이션연구의 특징을 '마르크스주의의 수용'이라고 본다면, 1983년에 이상희 교수가 엮어 낸 『커뮤니케이션과 이데올로기』가 그 물꼬를 텄다고 보아야 할 것이다. 미국의 주류 커뮤니케이션연구에 대해 비판적이었던 이상희 교수는 일찍이 미국의 근대화 커뮤니케이션 이론을 비판한 논문을 낸 적이 있다(이상희, 1969).[20] 그의 회고에 따르면, '한국언론계의 구조적이고

---

20) 이 논문은 증보되어 『신문학보』에 다른 제목으로 발표된 바 있다(이상희, 1978).

본질적인 문제'를 파악하는 데 한계를 가진 경험주의 연구에 답답해하던 중에 유럽의 비판 커뮤니케이션 논문들을 접하고 대학원 수업에서 학생들과 같이 읽었는데, 『커뮤니케이션과 이데올로기』는 그 결과물이었다는 것이다(역사문제연구소, 2000). 이 책은 영국을 비롯한 여러 나라 학자의 비판 커뮤니케이션 논문을 번역하여 묶은 책으로, 미국의 주류 커뮤니케이션연구에 식상해 있던 학생들에게 완전히 다른 시각을 제시하여 커다란 관심을 모았다. 당시 대학원생이었던 강상호와 이원락이 비슷한 유형의 해외 논문을 번역해 『현대자본주의와 매스미디어』(1986)를 펴낸 것도 비판 커뮤니케이션에 대한 당시 학생들의 높은 관심을 말해준다.

1980년대의 이런 분위기 속에 신문학과 대학원에서는 비판 커뮤니케이션을 주제로 많은 석사학위논문이 배출되었다. 박명진(1989)은 1980년대 비판 커뮤니케이션연구의 성과로 모두 142편의 논문과 단행본을 집계한 바 있는데, 이 가운데 43편이 서울대의 석사 논문이었다. 이 시기(1980~1989년)에 배출된 신문학과 석사학위논문이 모두 67편임을 고려하면, 당시 비판 커뮤니케이션에 대한 학생들의 관심이 얼마나 컸는지 짐작할 수 있다. 비록 수준이 높다고 볼 수는 없지만, 이 논문들의 연구분야도 문화와 이데올로기, 정치경제학, 유물론적 관점의 언론사, 커뮤니케이션 철학 등 다양했다. 실천적 지식에 목말라하던 이 신진 연구자들은 "제도 교육의 교과과정에서 배제되어 개별 차원, 학교별 세미나 수준에 머물고 있었던 커뮤니케이션학에 대한 비실증주의적 접근방법의 효율적 연구를 위하여 공동연구의 필요성을 절감"(한국사회언론연구회, 1988, p. 19)하고 1988년 2월에 '한국사회언론연구회'라는 학술단체의 조직을 주도하게 된다. 1998년 '한국언론정보학회'로 재출범하게 되는 동 단체는 1988년 9월 『한국사회언론연구』를 창간하였고, 1992년 8월에는 반년간 학술지 『한국사회와 언론』을 창간하여 국내 비판 커뮤니케이션연구의 구심체가 되었다.

1980년대 신문학과 대학원의 석사학위논문 3편 가운데 2편은 비판 커뮤니케이션 분야였지만, 이 시기에 배출된 박사학위논문 6편은 전통적인 주제를 다룬 것이었다. 신문학과 최초의 박사논문은 1982년에 3편이 나왔는데, 김진홍의 「언론

통제와 사회적 변인의 상관관계에 대한 연구」, 박정규의 「조선왕조시대의 전근대적 신문에 관한 연구」, 팽원순의 「한국통신사의 구조적 특성에 관한 연구」가 그것이다. 이어 1986년에 박허식의 「신문의 선정주의와 사회변동 변인간의 상관관계에 관한 연구」와 오두범의 「귀인과 커뮤니케이션 효과 간의 관계에 관한 실험연구」가 박사논문으로 제출되었고, 1987년에 김학천이 「독일의 사회문화체계 변동과 공시학 이론의 전개과정」으로 박사학위를 받았다. 이들은 신문대학원의 유산을 일정 부분 공유하며 1970년대에 석사과정을 마친 세대로서 1980년대의 대학원 후배들과는 학문적 결이 달랐다고 할 수 있다.

    1980년대 학과 교수들의 연구 동향을 소개하면, 차배근 교수는 『매스커뮤니케이션 효과이론』(1986)을 비롯해 설득 커뮤니케이션 분야에서 『태도변용이론』(1985)과 『설득커뮤니케이션 효과이론』(1989)을 출간하였으나, 이 시기에 언론사(言論史)에도 관심을 보였다. 그는 『미국신문사』(1983), 『중국전근대언론사』(1984), 『중국근대언론사』(1985)를 출간하였는데, 언론사에 관한 이러한 관심은 잠시 중단되었다가 1990년대 후반에 계속되었다. 추광영 교수는 국제 커뮤니케이션과 텔레커뮤니케이션 분야 논문을 발표하는 한편, 방송사 등 공공기관으로부터 다양한 위탁연구를 수행하였다. 특히 KBS의 후원으로 1981년부터 25년간 6회에 걸쳐 실시된 '국민생활시간조사연구'를 주도함으로써 국내 생활시간조사 연구의 토대를 마련했다. 박명진 교수는 구조주의 기호학과 영상 커뮤니케이션 분야의 논문을 발표하고, 영국에서 발간된 『커뮤니케이션의 핵심개념(Key Concepts in Communication)』을 바탕으로 용어 사전 성격의 『비판커뮤니케이션과 문화이론』(1989)을 펴냄으로써 국내 비판 커뮤니케이션연구자들에게 기초 자료를 제공하였다. 한편, 강현두 교수는 방송과 대중문화를, 그리고 강명구 교수는 비판 커뮤니케이션과 문화연구를 전공하였으나 관련 과목을 본격적으로 담당하게 된 것은 부임하고 수년이 지난 뒤였다.

    전체적으로 1980년대 후반에 이르러 신문학과 교수진의 학문적 성향은 전통적인 주류 언론학을 넘어 그 스펙트럼이 확대되었다. 6명의 교수진 가운데 차배근 교수와 추광영 교수는 실증적 사회과학 패러다임을 고수했지만, 나머지 교수들은 비판 커뮤니케이션연구를 지향하거나 동조하는 편이었다. 한국에서 비판 커뮤니케이션연구가 대두하던 1983년에 공교롭게도 저명한 국제학술지 『Journal of Communication』이 패러다임 갈등을 다룬 특집호 "커뮤니케이션연구의 격동(Ferment in the Field)"을 펴낸 후 세계적으로 1980년대의 커뮤니케이션 학계는 패러다임 갈등과 대화로 시끄러웠다. 대표적 국제학회인 ICA(International Communication Association)는 커뮤니케이션 연구의 패러다임 대화를 2년 연속 연례학술대회의 주제로 삼기도 했다. 많은 나라에서 패러다임 갈등이 있었지만, 권위주의에서 민주주의로 이행하는 민주화 과정에 사회적 진통이 극심하였던 한국에서는 그 어느 나라보다 패러다임 갈등이 심각하였다. 양 진영이 지적 냉전 구도 속에서 "상대방의 부분적인 결함을 극단적으로 강조하고 자신의 이론과 방법론적 우월성을 일방적으로 강변"하는 경향을 보인 까닭에 "양 진영 간에는 '상호 대화 없는 일방적 성토'가 계속"되며(강상현, 1993), 학문공동체인 학회에는 미묘한 긴장감이 흘렀다. 패러다임 갈등은 단순히 이론적·방법론적 차이뿐만 아니라 인식론적·이념적 차이를 내포한 것이어서, 이론적으로 어떤 패러다임에 속한다는 것은 종종 정치적으로 어떤 진영에 속한다는 말과 같은 의미로 해석되었다. 때로는 접점을 찾기 어려웠던 이러한 차이가 학과에서는 신임교수 공채 등 여러 사안에서 불화의 원인이 되기도 했다.

4. 다원주의의 도래와 학과 명칭 변경(1990~1999년)

1990년대에 들어오면서 세계는 바야흐로 기존의 질서가 무너지고 새로운 질서가 세워지는 대전환의 시대를 맞았다. 소련과 동유럽의 사회주의권이 무너지면서 전후 냉전체제를 대신할 새로운 국제질서가 형성되는 가운데 마르크스주의는 심대한 타격을 받았다. 이에 따라 등등하던 비판언론학의 기세도 한풀 꺾이게 되었다. 사상적으로는 거의 모든 학문영역에서 포스트모더니즘의 바람이 뜨겁게 불어 상대주의적 진리관이 널리 퍼졌다. 1990년대는 또한 월드와이드웹(WWW)의 발명으로 인터넷 시대가 본격적으로 열린 시기이기도 하다. 인터넷으로 인해 미디어 환경은 급변하였고, 신자유주의 물결 속에 세계화는 급속히 진행되었다.

1990년대의 이러한 변화에서 한국도 예외는 아니었다. 오히려 그 변화의 속도와 깊이는 민주화라는 역동적 과정에 놓여 있던 한국에서 더 컸을지 모르겠다. 마르크스주의의 쇠퇴와 포스트모더니즘의 열풍은 한국 언론학의 '패러다임 갈등'을 급속히 '패러다임 대화'의 국면으로 이동시켰다.[21] 서구의 커뮤니케이션 학계는 1980년대 후반에 이미 패러다임 대화의 국면에 진입해 있었다. ICA는 1985년 연례학술대회의 주제를 '논쟁을 넘어서: 패러다임 대화(Beyond Polemics: Paradigm Dialogues)'로 정하고 패러다임 간의 상호이해를 추구하였으며, 이러한 노력은 1986년에도 계속되었다. 1990년대에 들어와서는 앞서 언급한 세계적 변화와 함께 패러다임 갈등이 현저히 완화되었다. 그리하여 1993년에『Journal of Communication』이 "커뮤니케이션연구의 격동(Ferment in the Field)" 발간 10주년을 맞아 "커뮤니케이션연구의 미래: 분열과 결합 사이(The Future of the Field: Between Fragmentation and Cohesion)"라는 제목의 특집호를 마련하고 커뮤니케이션연구의 미래와 학문적 정체성을 재점검하였을 때 다원주의(pluralism)는 불가피한 것으로 받아들이는 분위기였다.

국제 커뮤니케이션학계의 이러한 분위기 변화는 1980년대를 지적 냉전 구도 속에 '상호 대화 없는 일방적 성토'로 보냈던 한국 언론학계에 다소 갑작스레 재현되었다. 한국언론학회는 1991년 3월에 '한국 언론학의 쟁점과 진로'라는 주제로 언론학의 분야별로 전통적 입장과 비판적 입장을 대비시키는 대규모의 포럼을 개최하였다. 모두 16편의 논문이 발표된 이 포럼은 한국판 '패러다임 대화'라 할 만한 것이었으나, 당장 포럼의 분위기로 봐서는 두 진영의 상호이해와 접근이 쉽지 않아 보였다. 그러나 바로 다음 해 5월에 열린 언론학회의 제8차 '쟁점과 토론' 포럼에서 분위기는 크게 달라져 있었다. '언론학 연구의 새로운 좌표 모색'이란 주제

---

21) 이하 부분적으로 양승목(2009)에서 발췌.

4. 다원주의의 도래와 학과 명칭 변경(1990~1999년)

로 개최된 그 포럼에서 비판언론학 진영은 "비판적 연구가 종래와 같이 이론적·방법론적 우월성을 배타적으로 강변하는 데는 일정 정도 한계가 있음을 시인하는 모양새를 나타냈다"(강상현, 1993, p. 135).[22] 공교롭게도 4명의 발표자 가운데 3명이 제임스 커란(Curran, 1990)의 「매스커뮤니케이션 연구의 신수정주의: 하나의 재평가」란 논문을 인용하였는데, 그만큼 '신수정주의'(New Revisionism)의 영향이 컸음을 알 수 있다. 동유럽 사회주의의 몰락으로 인한 마르크스주의의 위기와 상대주의적 진리관을 내세운 포스트모더니즘의 물결 속에 비판적 연구 진영은 새로운 돌파구로 신수정주의를 신속히 받아들인 셈이었다. 정도는 덜해도 경험적 연구에서도 종래의 완강한 실증주의적 태도가 완화되고 사회적 갈등에 주목하는 신기능주의나 비판적 합리주의에 관한 관심이 증가하는 등 두 패러다임 사이에 '수렴'이란 표현이 나올 정도로 일정한 접점이 생기게 되었다(양승목, 1992).

1990년대 중반으로 접어들면서 1980년대의 치열했던 패러다임 갈등은 언제 그런 논쟁이 있기라도 했냐는 듯이 소강상태에 들어가고 말았다. 그것은 마치 "1991년 3월 행사를 관통하며 1980년대를 통해 누적되어 왔던 지적 갈등을 카타르시스하고, 1992년 5월 행사를 통해 변화된 상황 속에서 지적 다원주의, 즉 다양한 입장의 평화공존을 타협적으로 승인하고 있는 것과 같은 분위기"(강상현, 1993)였다. 이런 분위기는 1990년대를 관통하며 지속했는데, 문제는 한국 언론학의 다원주의가 상호 소통과 이해를 수반한 적극적 의미의 다원주의가 아니라 '너는 너대로, 나는 나대로' 식의 소통 없는 소극적 다원주의라는 점에서 한계가 있었다.

1990년에 설립 15주년을 맞은 신문학과는 1990년대의 이런 시대적 분위기에서 비교적 안정적으로 성장 궤도에 진입하였다. 1988년과 1989년에 내부 갈등으로 교수 증원의 기회를 놓쳤던 신문학과에 2기 졸업생인 박승관 교수가 1991년 부임하였다. 박 교수는 신문학과 최초의 본과 학부 출신 교수였다. 박승관 교수의 부

---

[22] 이 포럼에 발표된 논문은 「현대사회의 위기와 진보적 커뮤니케이션 연구의 진로 모색」(방정배), 「수정주의 전통과 한국의 비판커뮤니케이션 연구」(임영호), 「비판언론학의 새로운 정향을 위한 시론」(이효성), 「탈냉전시대의 커뮤니케이션연구: 패러다임 수렴과 그 의미」(양승목)이다.

임으로 신문학과 교수정원은 7명으로 늘어났다. 1994년에는 이상희 교수가 정년퇴직하고, 이듬해 3월에 1기 졸업생인 양승목 교수가 부임하였다. 1980년대 말 신임교수 공채에 지원했었던 그의 때늦은 임용에는 패러다임 갈등이 잦아든 당시의 분위기도 작용했다. 그의 합류로 신문학과의 7명 교수 가운데 3명(강명구, 박승관, 양승목)이 학부에서부터 언론학을 전공한 1970년대 학번의 2세대 학자여서 교수진의 세대교체가 시작되었다.

1990년대 학과 교수의 연구 동향을 간단히 살펴보면, 우선 차배근 교수는 설득커뮤니케이션 분야 연구를 계속하면서『중국조선민족언론사』(1997) 출간을 계기로 그동안 중단했던 언론사 연구를 다시 시작하였다. 박명진 교수는 기호학, 영상커뮤니케이션, 미디어와 청소년 문화 등에 관한 논문을 발표했으며, 추광영 교수는 매체접촉행태, 초고속정보통신망, 지역 정보화 등에 관한 논문을 발표하였다. 강현두 교수는『한국의 대중문화』(1991)와 번역서『대중문화와 고급문화』(1998)를 출간하였고, 강명구 교수는『소비대중문화와 포스트모더니즘』(1993),『언론전문직의 사회학』(1993),『한국저널리즘이론』(1994)을 출간하였다. 박승관 교수는 한국사회의 커뮤니케이션 구조를 분석한『드러난 얼굴과 보이지 않는 손』(1994)을 출간했으며, 양승목 교수는 번역서『현대언론사상사』(1993)를 출간하고,『한국사회변동과 언론』(1995)을 공저로 내놓았다.

한편, 교수진에 변화가 있었음에도 이 시기에 커리큘럼은 크게 달라지지 않았다. 물론 일부 교과목의 명칭이 변경되었고, 1997년에는 학부전공필수과목이 '커뮤니케이션개론' '커뮤니케이션이론' '커뮤니케이션연구방법론' 3개 과목으로 축소되기도 했다. 눈에 띄는 변화라면, 이상희 교수의 퇴임 이후 '여론과 선전'은 폐강되고 '커뮤니케이션학사'는 개설되지 않았다는 점이다. 또 비판언론학에 관한 관심이 퇴조하면서 대학원의 '미디어 정치경제연구'가 1998년을 마지막으로 폐강되었다. 1990년대 민주화의 진전으로 학부와 대학원에서는 정치 커뮤니케이션에 대한 학생들의 관심이 커졌고, 비판 커뮤니케이션 분야에선 미디어 정치경제학 대신에 문화연구에 관한 관심이 증가하였다.

1990년대에 신문학과의 최대 사건은 아마도 1997년에 학과명을 언론정보학과로 변경한 일일 것이다. 1975년 학과 설립 당시 다른 대학의 학과명은 대부분 신문방송학과였다. 서울대는 신문방송학과라는 명칭이 신문과 방송에 국한된 학문이라는 오해의 소지가 있다고 보고, 신문학을 '신문에 관한 학문'이 아니라 넓은 의미로 '인간 커뮤니케이션 전반을 포괄하는 학문'으로 규정하며 신문학과를 학과명으로 채택했다. 그러나 학과의 이러한 의도와는 달리 학과 명칭에 대한 문제 제기가 계속되어 학과명 변경을 논의했으나 합의점을 찾지 못했다. 마침 1985년에 한국신문학회가 한국언론학회로 이름을 바꾸게 되자 '신문학'이 학과 이름으로 적절치 않다는 인식은 더욱 커졌다. 그러나 여전히 그 대안을 찾지 못하던 가운데 1990년대 들어와 '정보사회' 담론이 유행하며 '정보'란 용어가 일상화되었다. 이에 역시 명칭 문제로 고민하던 신문연구소가 먼저 1994년에 언론정보연구소로 개명하였고, 처음에 낯설게 느껴지던 '언론정보'란 용어가 익숙해지자 학과도 명칭 변경에 결단을 내린 것이다.

학과 명칭 변경에 대한 논의가 한창이던 1996년에 언론정보연구소는 도쿄대 사회정보연구소(구 신문연구소, 현 정보학환)와 학술교류 협약을 맺게 되었다. 원래 언론정보연구소는 신문연구소 시절부터 도쿄대 사회정보연구소와 부정기적인 교류가 있었다. 그러다가 1995년 박명진 교수가 연구소장으로 취임하면서 정기적인 학술교류가 추진되었고, 마침내 1996년 12월에 제1회 서울대-도쿄대 연례심포지엄이 '커뮤니케이션연구의 최일선(The Frontline of Communication Research)'이라는 주제로 도쿄대학에서 개최되었다. 이 심포지엄은 매년 두 학교가 번갈아 개최하기로 했기 때문에 1997년에는 서울대가 '한일 양국의 사회정보화 현황과 과제'란 주제로 제2회 연례심포지엄을 개최하였다. 언론정보연구소는 사실상 언론정보학과 교수진이 운영 주체이기 때문에, 연구소의 국제교류는 학과의 국제교류로 직결되었다. 수년 후에 양교는 연례심포지엄에 대학원생 세션을 신설하여 참가를 독려함으로써 이 학술교류는 대학원 교육의 국제화에도 도움이 되었다.

한편, 1990년대는 언론정보학과의 학문후속세대 양성이 본격화된 시기라 할 수 있다. 1990년대는 민주화와 인터넷 혁명으로 전통 언론과 뉴 미디어에 대한 사회적 관심이 폭증하면서 언론정보학에 대한 교육 수요가 컸던 시기였다. 언론정보학과는 대학 입시에서 인문사회 계열 학과 가운데 가장 인기가 좋았던 학과 가운데 하나였고, 대학원 입시 경쟁률도 사회대 내에서 가장 높은 편이었다. 결과적으로 이 시기에 언론정보학과는 104명의 석사를 배출하였고, 박사학위 수여자는 23명이었다. 박사 가운데 대부분은 1980년대에 석사과정에 입학한 사람들로, 23편의 박사학위논문 가운데 7편이 비판 커뮤니케이션연구에 해당했다. 경험적 연구에 해당하는 논문은 9편이었으며, 나머지는 역사적 또는 이론적 연구에 해당했다. 박사학위를 받은 23명 가운데 일찍 세상을 떠난 한 명을 제외하고 전원이 대학교수로 임용되어 한국언론학의 발전에 기여하였다. 이들과 함께 외국에서 박사학위를 받은 졸업생들이 속속 귀국하면서 언론정보학과의 학문적 저변은 더욱 확대되었다. 실제로 국내 주요 대학과 비교해 학과 설립은 늦었지만 1990년대 말에 이르러 박사급 연구자 수에서는 서울대 언론정보학과 출신이 가장 많았다.

5. 디지털시대 언론정보학과의 변신(2000~2013년)

21세기 뉴 밀레니엄의 세계는 정보통신기술(이하 'ICT') 혁명으로 빠르게 디지털시대로 진입하였다. 인터넷은 본격 도입된 지 10년도 되지 않아 한국사회의 가장 중요한 인프라로 등장했고, 미디어 환경은 급속히 인터넷 중심으로 재편되기 시작했다. 국내외 학술대회에서 인터넷은 다른 모든 이슈를 압도하는 핵심주제가 되었다. 기실 언론정보학의 역사는 미디어 테크놀로지의 발달과 떼려야 뗄 수 없는 관계에 있다. 지난 20세기를 지배했던 신문, 영화, 라디오, 텔레비전 등 모든 대중매체는 기술 혁신으로 출현한 것이고, 21세기 디지털시대에 와서는 기술의 발전 속도가 과거와는 비교할 수 없을 정도로 빨라졌을 뿐이다. 인터넷과 모바일로 미디어 환경이 급변하는 가운데 언론정보학과는 디지털시대에 걸맞은 연구와 교육 프로그램을 마련해야 한다는 절박감으로 새로운 변화를 모색하지 않을 수 없게 되었다.

5. 디지털시대 언론정보학과의 변신(2000~2013년)

2000년대에 들어서며 서울대학교는 중요한 제도적 변화를 맞게 된다. 김대중 정부는 연구중심 대학 육성과 학문후속세대 지원을 명분으로 '두뇌한국(BK)21' 사업을 추진하며, 사업 참여 조건으로 학부제와 모집단위 광역화 실시를 내세웠다. 서울대는 BK21 사업 참여를 결정하고 학부 정원 감축과 함께 정부가 내건 조건을 수용하는 구조 조정안을 1998년 교육부에 제출하였다. 그 결과, 2002년 입시부터 모집단위 광역화와 학부제가 실시되었고 언론정보학과 정원은 24명으로 축소되었다. 1990년대를 지나며 전국 주요 대학의 언론학 관련 학과정원이 대폭 증가한 사이 서울대 언론정보학과는 학부정원이 축소되어 전국 최하위 수준이 되고 말았다. 인터넷 혁명으로 뉴 미디어에 대한 사회적 수요는 급증했지만 새로운 교육을 위해 필요한 교수와 학생의 정원을 확보하는 길은 요원하였다. 현실적 대안으로 학과가 택한 방안은 대학 본부가 2001년에 도입을 결정한 연합전공 제도에 참여하는 것이었다. 그리하여 언론정보학과 주도로 사회대에 정보문화학 연합전공이 2002년 개설되었다. 2005년에는 신양문화재단의 정석규 이사장이 기부한 '신양학술진흥기금'으로 정보문화학 전담 기금교수를 채용할 수 있게 되었다.

뉴 밀레니엄의 첫 시기를 2013년까지로 한 것은 기준을 교수진의 변화에 두었기 때문이다. 언론정보학과에서 이 시기는 1980년대 학번의 교수들이 대거 임용된 시기이고, 동시에 학과 초기의 1세대 교수들이 박명진 교수를 마지막으로 전원 은퇴한 시기이다. 우선 2001년 2월에 강현두 교수가 명예퇴직하면서 같은 해 가을에 윤석민 교수가 부임하였다. 이 무렵 사회과학대는 학생 규모가 작은 학과의 교수 정원을 9명으로 증원하기로 하였는데, 이에 따라 2002년에 이준웅 교수가 부임하였고 2003년에는 강남준 교수가 부임하였다. 2005년에는 추광영 교수가 정년퇴직하고, 가을에 정보문화학 기금교수로 이중식 교수가 부임하였다. 2006년 봄에는 추광영 교수 후임으로 이재현 교수가 부임하여 교수진은 10명이 되었다. 2007년에는 차배근 교수가 정년퇴직하고, 후임으로 이은주 교수가 이듬해 봄에 부임하였다. 2009년에는 이중식 교수가 신설된 융합과학기술대학원으로 이직하여 학과 교수는 다시 9명이 되었다. 그러나 학과는 추가 정원을 획득하여 2009년에 김은미 교수가, 2010년에는 한규섭 교수가 부임하였다. 또 2011년에는 정보문화학 기금교수에 이중식 교수의 후임으로 이준환 교수가 부임하여 학과 교수는 12명이 되었다. 2013년에는 학과의 마지막 1세대 교수인 박명진 교수가 정년퇴직하고, 홍석경 교수가 부임하였다.

    교수진의 이러한 변화는 학과 초기의 1세대 교수들이 은퇴하고 그들로부터 가르침을 받은 2세대로 세대교체가 이루어졌다는 것 이상을 의미한다. 1970년대 학번인 강남준 교수를 제외하고 전원이 1980년대 또는 1990년 학번인 이들은 대부분 학부에서부터 커뮤니케이션을 전공한 세대였기에 언론정보학에 대한 자부심이 강했다. 그러나 ICT 혁명으로 미디어 환경이 급변하는 상황에서 언론정보학과 교수는 커뮤니케이션 박사여야 한다는 순혈주의를 고집하기 어렵게 되었다. 정보문화학 연합전공을 운영하는 학과 입장에서는 ICT에 대한 전문적 지식을 갖춘 교수가 필요하기도 했다. 건축학을 전공한 이중식 교수에 이어 컴퓨터 사이언스를 전공한 이준환 교수가 정보문화학 기금교수로 부임하게 된 이유이다.

    이들 2세대 교수들은 국제학회나 학술지에 논문을 발표한 경험이 많고, 일부는 외국 대학에서 교수 경력이 있는 등 이전 세대보다 국제 학술활동이 활발한 세대였다. 정부와 대학도 국제 학술활동을 장려하던 시기라 언론정보학과의 국제화가 본격적으로 이루어진 시기가 이때였다. 여기에는 학과가 '두뇌한국(BK)21' 2단계 사업에 참여한 것이 큰 도움이 되었다. BK21 2단계 사업은 2006년 시작하여 2013년 초에 종료했는데, 언론정보학과는 '한국사회 디지털 미디어와 커뮤니케이션 교육연구사업단'이란 이름으로 참여하여 매년 3억여 원씩 6년간 합계 19억여 원을 지원받았다. BK21은 기본적으로 석박사급 인력양성을 위해 추진하는 인재양성 지원사업으로 대학원 교육의 국제화와 국제적 학술 네트워크 확대가 사업단의 주요 목표 가운데 하나였다. 사업 기간 6년 동안에 참여 대학원생들은 교수들의 지도하에 ICA를 비롯하여 많은 국제학회에 참가해 논문을 발표하였고, 최종적으로 국내외 학술지에 90편의 논문을 발표하는 성과를 거뒀다. 국제 학술 네트워크 구축을 위해서는 기존의 '서울대－도쿄대 연례심포지엄'과 별도로 2006년에 중국 전매(傳媒)대학, 2008년에는 호주 모나쉬(Monash)대학 및 홍콩 뱁티스트(Baptist)대학과 학술교류 협정을 체결하였다. 언론정보학과는 이들 3개 대학과 개별적으로 맺어 온 학술교류를 2011년 '아시아-태평양 4개국 교류학술대회(Asia-Pacific 4-Round Joint International Symposium)'로 확대하였다. 2005년에는 도쿄대 정보학환과 학생교류협정을 체결하였고, 2007년부터는 도쿄대와 '동아시아 미디어론'이라는 국제 공동강의를 수년간 개설하기도 하였다. BK21과는 별도로 언론정보연구소와 함께 다양한 국제 세미나와 포럼을 개최함으로써 대학원생의 교육과 연구가 한 단계 도약한 시기가 바로 이때였다.

이 시기 학과 교수진의 연구 동향을 간단히 살펴보면, 차배근 교수는 『중국근대언론사』 개정판(2007)을 출간하는 등 언론사 연구를 계속하였고, 추광영 교수는 번역서 『디지털 자본주의』(2001)와 정년기념문집으로 『디지털시대의 글로벌 커뮤니케이션』(2005)을 출간하였다. 박명진 교수는 제임스 커란과 함께 공동 편집한 『De-Westernizing Media Studies』(2000)를 영국에서 출간하고, 정년기념문집으로 『이미지 문화와 시대 쟁점』(2013)을 출간하였다. 강명구 교수는 『한국방송의 성찰과 개혁』(2007), 『한국의 미디어 사회문화사』(2010), 『동아시아 대중문화 소비의 새로운 흐름』(2013) 등을 공저로 출간하고, 저널리즘과 문화연구 관련 논문을 발표하였다. 박승관 교수는 『언론권력과 의제동학』(2001)을 공저로 출간하고 한국사회의 소통 위기 등에 관한 논문을 발표하였다. 양승목 교수는 『한국언론의 신뢰도』(2001), 『민주화 이후의 한국언론』(2007), 『지속 가능한 한국 발전 모델과 성장 동력』(2009)을 공저로 출간하고, 한국 민주화와 언론개혁, 언론학사 등에 관한 논문을 발표하였다. 2000년대 새로 부임한 교수들을 보면, 윤석민 교수는 『커뮤니케이션 정책 연구』(2005), 『커뮤니케이션의 이해』(2007), 『한국사회의 소통 위기와 미디어』(2011)를 출간하고 커뮤니케이션 산업 및 정책 관련 논문을 발표하였다. 이준웅 교수는 『말과 권력』(2011)을 출간하고 『BBC 미래전략』(2010)을 공저로 냈으며, 정치 커뮤니케이션과 레토릭 등에 관한 논문을 발표하였다. 강남준 교수는 『회귀분석』(2008)을 출간하고 방송과 뉴 미디어에 관한 논문을 발표했다. 이재현 교수는 『멀티미디어와 디지털세계』(2004), 『모바일 미디어와 모바일 사회』(2004), 『모바일 문화를 읽는 인문사회과학의 고전적 개념들』(2013) 등을 출간하고 인터넷과 모바일에 관한 논문을 발표하였다. 이은주 교수는 『Journal of

Communication』과 『Human Communication Research』 등 저명한 국제 학술지에 HCI와 CMC 분야 논문 30여 편을 발표하였다. 김은미 교수는 『SNS 혁명의 신화와 실제』(2011), 『창조성의 원천』(2013)을 공저로 출간하고 미디어 이용과 효과에 관한 논문 등을 발표하였다. 한규섭 교수는 『대통령의 성공조건』(2013)을 공저로 출간하고 정치 커뮤니케이션 논문을 발표하였으며, 홍석경 교수는 『세계화와 디지털문화시대의 한류』(2013)를 출간하였다.

학과 교수진에 큰 변화가 생기면서 커리큘럼에도 변화가 있었는데, 가장 큰 폭의 변화는 2008년에 있었다. 학부의 '신문원론'이 '저널리즘의 이해'로 바뀌는 등 다수의 과목명이 변경되고, '커뮤니케이션 정책' 'HCI와 커뮤니케이션' 같은 새로운 과목이 생겨났다. 2010년에는 '인터넷과 사이버스페이스', 2011년에는 '모바일 미디어'가 개설되는 등 시대 변화에 따른 교육 수요를 반영하였다. 같은 해에 '한국언론사'가 '한국미디어사'로 명칭이 변경되었고, 1997년 이후 폐강되었던 '커뮤니케이션학사'가 다시 개설되었다. 한편, 디지털 리터러시 교육을 강화하기 위해 개설한 정보문화학 연합전공은 언론정보학과의 이론 중심 교과목과는 달리 다양한 실습형 교과목으로 구성되었다. 학부와 마찬가지로 대학원 커리큘럼에도 변화가 많았는데, 동양언론사연구, 비교커뮤니케이션론, 언론법제론이 폐강되어 2008년부터 개설되지 않았다. 반면에 2005년에 '디지털문화'가 개설되고, 2008년에는 '미디어와 수용자연구', 2011년에는 '문화콘텐츠와 커뮤니케이션'이 개설되었다. 대체로 신임 교수들의 전공분야인 정치 커뮤니케이션, 뉴 미디어, CMC/HCI, 영상 및 문화연구 분야에서 새로운 과목이 개설되었다. 한편, 대학원생 모집이 매 학기 실시되고 학과의 석박사 정원이 확대되면서, 대학원 필수과목인 '커뮤니케이션연구방법론'은 2008년부터, '커뮤니케이션이론연구'는 2010년부터 매 학기 개설되었다.

대학원 교육의 경우, 이 시기가 가히 언론정보학과 대학원의 전성기라고 해도 과언이 아닐 정도로 생산적이었다. 이 시기에 배출한 석사가 217명이었고 박사는 36명에 달했다. 인터넷과 모바일 혁명으로 언론정보학에 대한 교육 수요가 컸을 뿐 아니라, 2006년 이후에는 BK21 덕분에 대학원생에게 충분한 지원을 할 수 있었기 때문이다. 어느 정도 중복은 불가피하지만, 박사논문 주제를 살펴보면 문화연구 관련 논문이 10편, 인터넷에 관한 논문이 8편으로 가장 많았다. 그 밖에 정치커뮤니케이션, 정책연구, 역사적 연구가 각 3편 정도였다. 2000년대에 들어와 대학교수 구직난이 심해지면서 박사 졸업생 가운데 대학에 자리를 잡은 이는 절반에 미치지 못했다. 그러나 상당수는 연구기관에 취직할 수 있어서 아직 최악이라고 말할 정도는 아니었지만, 상황은 조금씩 나빠져 갔다.

6. 3세대 교수들의 등장과 학술활동의 국제화(2014~2024년)

언론정보학과는 2014년 3월 사회과학대 건물(16동)에서 'IBK 커뮤니케이션센터'로 이전하였다. 이 건물(64동)은 IBK기업은행이 기부한 50억 원으로 신축한 5층 건물로 대학본부가 사용하는 저층 일부를 제외하면 언론정보학과가 단독으로 사용하는 독립건물이다. 계단형 대형강의실인 희관기념홀과 함께 교수연구실, 세미나실, 강의실을 갖춘 이 건물에 CJ 오쇼핑의 협찬으로 2015년에는 방송영상 스튜디오도 건립하였다. 언론정보학과 창립 40주년 기념행사도 2015년 봄에 이 건물에서 성황리에 개최되었다. 신축 건물로의 이전과 함께 교수진에도 변화가 생겼는데, 주목할 것은 1970년대 학번의 교수들이 정년퇴직하고 이른바 3세대 교수들이 등장한 것이다.

새 건물로 이전한 그해 가을에 이철주 교수가 정년퇴직한 박명진 교수 후임으로 부임하였다. 이철주 교수는 1996년 학번으로 2세대 교수들에게서 배운 3세대 교수에 해당한다. 2016년 8월에는 이준환 교수가 정보문화학 기금교수에서 전임교수로 신분이 변경되었다. 2011년 말 서울대가 법인화된 후에 일부 단과대학의 기금교수가 전임교수로 전환되었는데, 이준환 교수도 학과의 노력으로 그렇게 된 것이다. 2017년에는 강남준 교수가 정년퇴직하였고, 이듬해에는 강명구 교수가 정년퇴직하였다. 2018년 3월에는 홍화정 교수가 정보문화학 연합전공 기금교수로 부임하였으며, 정년퇴직한 강명구 교수와 강남준 교수의 후임으로 같은 해 9월에 강재호 교수와 김현석 교수가 부임하였다. 2019년에는 여성학 협동과정 전임 교수로 김수아 교수가 부임하여 언론정보학과 소속이 되었다. 2021년에는 홍화정 교수가 KAIST로 이직하였고, 양승목 교수가 정년퇴직하였다. 이듬해 봄에 양승목 교수의 후임으로 신수연 교수가, 홍화정 교수의 후임으로는 임하진 교수가 부임하였다. 2022년에 박승관 교수가 정년퇴직하면서, 그해 가을에 양차미 교수가 부임하였다. 이렇게 해서 언론정보학과의 교수 수는 15명이 되었다. 이 시기에 새로 부임한 교수들은 강재호 교수를 제외하면 모두 1990년대 또는 2000년대 학번으로 3세대 교수에 해당한다고 볼 수 있다. 특히 언론정보학과 학부 출신 교수들은 2세대 교수들로부터 직접 교육받은 세대이다. 학과 설립 40년이 지나면서 2세대에서 3세대로 교수진의 세대교체가 진행되기 시작한 것이다.

이 시기 학과 교수들의 연구 동향을 2000년 이후 부임한 교수들을 중심으로 간략히 소개하면, 윤석민 교수는 『미디어 공정성 연구』(2015)와 『미디어 거버넌스』(2020)를 출간하고 커뮤니케이션 정책과 저널리즘 관련 논문들을 발표하였다. 이준웅 교수는 『사회적 경제의 혼종성과 다양성』(2018), 『디지털시대의 언론학 연구』(2017) 등을 공저로 출간하고 언론이념과 정치 커뮤니케이션 분야 논문들을 발표하였다. 이재현 교수는 『인공지능 기술비평』(2019), 『사물 인터넷과 사물 철학』(2020), 『인공지능과 알고리즘 사회』(2023)를 출간하고, 인공지능과 미디어에 관한 논문들을 발표하였다. 이은주 교수는 『Human Communication Research』 등 국제 학술지에 CMC/HCI 관련 논문을 20여 편 발표하였다. 김은미 교수는 『연결된 개인의 탄생』(2018)을 출간하고, 미디어 이용과 효과 등에 관한 논문을 국내외 학술지에 발표하였다. 한규섭 교수는 『빅데이터로 보는 한국정치 트렌드』(2016)를 출간하고, 정치 커뮤니케이션 분야 논문들을 국제 학술지에 발표하였다. 홍석경 교수는 『BTS 길 위에서』(2020)를 출간하고, 『Transactional Convergence of East Asian Pop Culture』(2021)를 공동편집했다. 또 『디지털시대 영상문화와 윤리』(2022)를 공저로 출간하고 문화연구와 한류에 관한 논문을 국내외 학술지에 발표하였다. 이철주 교수는 헬스 커뮤니케이션 분야 논문 30여 편을 『Communication Research』 등 국제 학술지에 발표하였으며, 이준환 교수는 HCI와 AI 저널리즘 등에 관한 논문을 국내외 학술지에 발표하였다. 강재호 교수는 『Walter Benjamin and the Media』(2014)를 출간하고 『Siegfried Kracauer: Selected Writings on Media, Propaganda and Political Communication』(2022)을 공동편집했으며, 미디어 이론과 비판이론에 관한 논문을 국내외 학술지에 발표하였다. 김현석 교수는 메시지 효과, 헬스 커뮤니케이션 등에 관한 논문 20여 편을 『Journal of Communication』을 비롯한 국내외 학술지에 발표하였다. 김수아 교수는 여성학 협동과정 교수로서 미디어와 젠더 관련 논문을 국내외 학술지에 발표하였다. 신수연, 임하진, 양차미 교수는 임용된 지 얼마 되지 않은 신임교수이지만 이미 각자의 분야에서 국제 학술지에 다수의 논문을 발표하였고 현재보다 미래가 더 기대되는 학자들이다. 신수연 교수의 연구 분야는 CMC와 대인 커뮤니케이션, 임하진 교수는 HCI, 양차미 교수는 비판 커뮤니케이션과 문화연구이다.

지면 관계로 교수들의 연구업적을 구체적으로 제시하지는 못하지만, 언론정보학과 현 교수진은 이전 세대보다 훨씬 국제화되었다고 볼 수 있다. 국제 학술회의 참가는 물론이거니와 국제 학술지 논문 발표가 일상적이다. 특히 1990년대 학번 이후의 3세대 교수들은 논문 발표의 통로로 국내 학술지보다 국제 학술지를 더 선호하는 경향이 있다. 국제 학술 활동이 활발한 만큼 국제학회에서 주요 보직을 맡아 봉사하기도 한다. 예를 들면, 이은주 교수의 경우 『Human Communication Research』의 편집위원장(2017~2020년)과 국제학회 ICA의 회장(2023~2024년)을 역임했다. 두 경우 모두 한국인으로는 처음이었고, 특히 비영어권 학자로서는 최초로 『HCR』의 편집위원장직을 수행했다. 이철주 교수도 『Journal of Communication』의 부편집위원장을 거쳐 현재 공동편집위원장을 맡아 봉사하고 있다.

1980년대 학번의 2세대 교수들은 상대적으로 국내에서 활발히 활동하며 학계의 리더십을 지켜 가고 있다. 김규환 교수가 2대 회장으로 한국신문학회를 중흥한 이래 여러 명의 학과 교수들이 학회장으로 봉사하며 언론학 발전에 기여했는데, 그러한 전통은 지금도 계속되고 있다. 학과 교수들의 수상 사례는 일일이 거론하기 어려울 정도로 많다. 일례로서 2019년 한국언론학회가 학회 창립 60주년을 기넘해 만든 '언론학 60년 학술영예상'에서 저서(차배근)와 번역서(양승목) 부문과 함께 이준웅 교수가 '한국언론학보 논문 최다 인용' 부문에서, 김은미 교수가 '한국언론학보 논문 최다 게재' 부문에서 수상하였다. 같은 해에 이은주 교수는 ICA의 석학회원(Fellow)으로 선정되었다. 이 밖에도 학과 교수들의 저서나 논문이 학회나 학술원이 수여하는 우수도서상, 우수논문상을 수상한 사례는 허다하다.

    교수진이 변하면서 커리큘럼에도 변화가 나타났다. 학부의 전공필수과목인 '커뮤니케이션연구방법'이 2016년부터 '커뮤니케이션 양적방법론'으로 바뀌고 선택과목으로 '커뮤니케이션 질적방법론'이 새로 만들어졌다. 같은 해에 '데이터 저널리즘'이 개설되었고, 2017년부터는 '미래뉴스 실습' 과목이 개설되었다. 2021년에는 '커뮤니케이션 데이터 분석'과 'AI와 미디어'가 개설되었다. 대학원에서도 일부 교과목의 명칭이 변경되거나 폐강되었다. 2014년에 '정보 비주얼라이제이션'과 '소셜네트워크 데이터마이닝과 분석'이 격년으로 개설되었다. 2016년에는 '네트워크미디어와 인간관계'가 개설되고, '헬스커뮤니케이션 이론과 실제'가 개설되었다. 2020년에는 기존의 '미디어이용 효과연구' 대신에 '메시지 효과'가 개설되었다. 반면에 '한국언론사연구'와 '국제커뮤니케이션연구'는 2014년에 폐강되었다.

    교수진 변화에 따른 커리큘럼 변화는 대체로 학부보다 대학원에서 더 심하며, 이는 대학원생의 학위논문 주제에도 영향을 준다. 이 시기에 배출된 학위논문은 2024년 8월 말 기준 석사논문이 175편이며 박사논문이 32편이었다. 박사학위논문 32편 가운데 인터넷을 포함한 미디어 이용과 효과 연구가 9편, 문화연구, HCI/CMC, 저널리즘 관련 논문이 각 4편이며 정책연구가 3편 정도였다. 그 외에 방법론, 언론법, 대인 커뮤니케이션, 정치 커뮤니케이션 등에 관한 논문이 있었다. 가장 최근 3년(2022~2024년)간 제출된 박사학위논문 7편을 보면 연구주제가 HCI, MOBA 장르게임, 유튜브 등 기술 혁신으로 출현한 뉴미디어에 대한 관심이 커지고 있음을 알 수 있다. 이러한 추세는 앞으로도 계속될 전망인데, 특히 인공지능(AI)에 관한 관심이 커질 것으로 보인다. 왜냐하면, 인공지능 자체가 현재 시대적 화두이기도 하고, 언론정보학과가 BK21 4단계 사업에 '자유롭고 책임 있는 AI 미디어 교육연구단' 이름으로 참여하고 있기 때문이다. '세계를 선도하는 AI 미디어

교육 연구 공동체'라는 비전을 앞세워 대학원생 교육체계를 혁신하고 연구경쟁력을 강화하여 국제적 차원에서 언론정보학과의 지적 영향력 확대를 목표로 하는 이 사업은 2020년 9월부터 2027년 8월까지 7년간 계속되며 사업단은 연평균 5억여 원을 지원받는다. 2006년에 BK21 2단계 사업에 참여함으로써 언론정보학과의 교육 및 연구역량과 국제화 수준이 한 단계 업그레이드되었던 것처럼 이번 4단계 사업을 통하여 언론정보학과는 다시 한번 도약의 계기를 마련하였다.

7. 에필로그: 새로운 도전

언론정보학과는 1975년 학과 설립 이래 지난 50년 동안 비약적 발전을 이루었다. 5명의 교수와 13명의 학부생으로 시작했지만 50년이 지난 지금 교수진은 3배로 증가했고, 학생수도 자매 프로그램인 정보문화학 연합전공과 복수전공 학생을 고려하면 실제 정원의 2배가 넘는다. 학과의 교육 및 연구역량도 과거와는 비교할 수 없을 정도로 성장했다. 3세대 교수에 해당하는 학과 졸업생 가운데는 미국 등에서 교수로서 뛰어난 경력을 쌓고 있는 이들이 적지 않다.[23] 그러나 이러한 성장에 안주할 수 없는 것은 커뮤니케이션/미디어 분야의 성장이 서울대에 국한된 것이 아니기 때문이다. 국내 주요 대학의 커뮤니케이션/미디어 학과는 교수와 학생수 등 규모 면에서 이미 서울대를 능가했고, 교육과 연구의 질에서도 우열을 가리기 어려운 단계에 이르렀다. 게다가 서울대는 한국을 대표하는 대학으로 세계 유수의 대학과 국제적으로 경쟁해야 한다는 대학 안팎의 여망이 있는 만큼 교육과 연구의 질을 더욱 높여 나가야 할 것이다. 국제경쟁력 강화를 위해서는 학술활동의 국제화는 불가피하다. 다행히 언론정보학과의 3세대 교수들은 이미 그런

---

[23] 1990년대 학번으로 미국의 연구중심대학에서 테뉴어를 받고 교수로 활동하고 있는 졸업생으로는 이종은(오하이오주립대), 김영미(위스콘신대), 한정엽(조지아대), 강지연(아이오와대), 안선주(조지아대) 등이 있다(학번 순).

방향으로 활동하고 있다. 다만, 국제 학술활동에 치우치다 보면 국내 활동을 소홀히 하여 지금까지 지켜 온 국내 학계의 리더십을 잃을 우려도 있는 만큼 교수들의 적절한 역할 분담이 필요하다고 본다.

한국의 사회과학은 그동안 서구 학문의 수입상 역할에 골몰한 나머지 한국 사회의 특수성을 제대로 분석하고 이론화하는 작업에 소홀했다는 비판을 받아 왔다. 이 점에 있어서 언론정보학도 예외가 아니다. 지난 20년 동안 한국사회가 이념, 세대, 성별로 분열되고 진영정치가 일상화되면서 사회적 소통의 부재 또는 불통의 문제가 한국 민주주의를 위협하는 핵심요인으로 지목되었다. 그러나 커뮤니케이션 문제인 '소통의 위기'를 해결하기 위해 언론정보학이 과연 어떤 대안을 제시했는지 의문이다. 저널리즘 문제도 마찬가지이다. 인터넷과 모바일을 넘어 인공지능의 시대로 들어선 지금, '저널리즘의 위기'는 끊임없이 회자되고 있지만 이에 대한 구체적인 분석과 실천적 방안에 대한 논의는 여전히 미흡하다. 사회과학은 사회적 현실과 동떨어져 존재할 수 없다. 서울대 언론정보학과는 '연구를 위한 연구'보다는 한국사회의 문제를 진단하고 해결하는 연구에 더 많은 관심을 보여주었으면 한다.

커뮤니케이션 연구가 '머무는 사람이 별로 없는 교차로'에서 많은 사람이 정주하는 곳으로 변할 것이라고 믿었던 슈람의 소망대로 언론정보학은 20세기 후반에 사회과학의 그 어떤 분야보다도 빠르게 성장하여 커다란 도시를 이루게 되었다. 그것도 다양한 학문적 배경을 지닌 사람들이 모여드는 '다문화 도시'가 되었다. 실제로 1970년대에 전국적으로 10개 대학에 불과하던 커뮤니케이션/미디어 관련 학과가 이제는 거의 모든 대학에 있을 정도이다. 언론정보학은 다른 분과학문이 소홀하게 다루었던 분야를 자신의 영역으로 확보하는 전략을 통해 규모를 확대하며 제도적 성공을 이루었고, 특히 한국에서는 민주화와 정보화라는 시대적 흐름이 그러한 제도적 성공에 일조했다는 평가이다(Yang, 2009). 그러나 정보통신기술 혁명으로 새로운 미디어가 출현하면서 그러지 않아도 다양했던 언론정보학의 하위분야가 더욱 다양해졌지만, 각 하위분야 간에 칸막이가 처지고 소통이 부족한 파편화(fragmentation) 현상은 오히려 심해지고 있다. 게다가 21세기 디지털시대에 커뮤니케이션과 미디어가 핵심 키워드가 되면서 다양한 학문적 배경을 지닌 연구자들이 언론정보학에 참여하게 되고 내부의 인적 구성은 더욱 다양해졌다. 이러한 다양성과 파편화 현상은 그동안 어렵사리 지켜 온 언론정보학의 학문 정체성을 유지하는 데 어려움을 주고 있다. 과연 언론정보학은 이러한 정체성 위기를 극복하고 제도화 초기의 소망이었던 독립적인 분과학문(independent academic discipline)으로 생존할 수 있을 것인가, 아니면 느슨한 학제적 연구분야(multidisciplinary research field)로 남게 될 것인가. 아마도 그 답은 언론정보학과 설립 100주년이 될 무렵이면 알 수 있겠지만, 현재로서는 학문의 파편화가 구성원 간의 소통 부재로 귀결되어 학과 발전에 부정적으로 작용할 가능성이 있다. 희망컨대, 언론정보학과는 소통 강화로 학과의 구심력을 회복하여 '세계를 선도하는 교육 연구 공동체'가 되길 바란다.

참고문헌

강상현(1993). 한국 언론학 연구동향에 대한 비판적 평가. 사회비평, 10, 122-153.
강상호, 이원락(편역)(1986). 현대자본주의와 매스미디어. 미래사.
강현두(1994). 한국언론사 재고. 언론정보연구, 31, 1-17.
곽복산(1971). 신문학의 전개와 한국의 과제. 곽복산(편저), 언론학개론(pp. 30-47). 일조각.
김규환(1977). 서문. 김규환(편), 한국 커뮤니케이션 연구(pp. 1-9). 민중서관.
김규환(1983). 사회과학으로서의 커뮤니케이션: 그 과정과 전망. 신문연구소학보, 20, 77-82.
김영희, 윤상길(2013). 서울대학교 언론정보연구소 50년, 그 역할과 역사적 의미. 언론정보연구, 50(2), 5-66.
박명진(1981). 영상언어와 커뮤니케이션. 신문연구소학보, 18, 93-115.
박명진(1989). 비판적 커뮤니케이션 연구의 성과와 그 쟁점. 언론학 논선, 4, 서강대 언론문화연구소.
서울대학교50년사편찬위원회(1996). 서울대학교 50년사(하). 서울대학교 출판부.
서울대학교 사회학과(1996). 서울대학교 사회학과 50년사(1946~1996). 서울대학교 사회학과.
서울대학교 언론정보연구소(2013). 서울대학교 언론정보연구소 50년사: 1963~2013. 커뮤니케이션북스.

양승목(1992). 탈냉전시대의 커뮤니케이션 연구: 패러다임의 수렴과 그 함의. 한국언론학보, 28, 239-266.

양승목(2005). 초창기 한국언론학의 제도화와 정체성 변화: 남정 김규환 소고. 커뮤니케이션 이론, 1(1), 1-34.

양승목(2009). 언론학 연구 50년: 성찰과 전망. 한국언론학회50년사편찬위원회(편). 한국언론학회 50년사(pp. 1019-1062). 한국언론학회.

양승목(2013). 남정 김규환 박사의 삶과 커뮤니케이션연구. 언론정보연구, 50(2), 122-145.

양승목, 김관호(2015). 서울대학교 언론정보학과 교육 40년: 학부와 대학원의 개설교과목을 중심으로. 언론정보연구, 52(2), 5-63.

역사문제연구소(2000). 학문의 길, 인생의 길. 역사비평사.

이상희(1969). 사회변동과 매스 커뮤니케이션: 근대화에 관한 커뮤니케이션이론에 대한 하나의 다른 시각. 신문연구소학보, 6, 31-46.

이상희(1978). 미국의 '근대화를 위한 커뮤니케이션 이론'에 대한 비판적 고찰. 신문학보, 10, 157-184.

이상희(편)(1983). 커뮤니케이션과 이데올로기. 한길사.

이상희(1990). 비판 커뮤니케이션 연구의 현황과 과제. 한국언론학회(편). 한국 언론학 연구 30년: 성찰과 전망. 나남.

정진석(편)(1992). 한국언론학 박사·석사학위 논문 총목록. 나남.

정진석(1998). 언론학자 1세대론. 새로운 세기와 언론학. 중앙대학교 신문방송학과 개설 40주년 기념세미나 발표논문집.

정진석(1999). 김규환 박사의 학문과 산학협동. 서울대학교 신문대학원 동창회(편). 저널리즘과 아카데미즘의 교차로에서: 남정 김규환 박사의 학문과 실천. 한길사.

정진석(2009). 한국언론학회 50년: 성장과 변화의 역사(1959~2009). 한국언론학회 50년사 편찬위원회(편). 한국언론학회 50년사(pp. 33-96). 한국언론학회.

조항제(1988). 80년대 비판 커뮤니케이션이론 연구의 현황과 과제: 석사논문을 중심으로. 한국사회언론연구, 2, 13-21.

차배근(2017). 한국 커뮤니케이션학사. 서울대학교 출판문화원.

최종수(1999). 김규환 박사의 언론활동과 학문세계. 서울대학교 신문대학원 동창회(편). 저널리즘과 아카데미즘의 교차로에서: 남정 김규환 박사의 학문과 실천. 한길사.

추광영(1982). 커뮤니케이트권과 제3세계의 논리. 성곡논총, 13, 448-474.

추광영(1983). 한국에 있어서의 커뮤니케이션 연구: 그 역사와 현재의 위치. 신문연구소학보, 20, 93-103.

한국사회언론연구회(1988). 연혁: 한국사회언론연구회 출범. 한국사회언론연구회보, 창간호, 19.

한국신문연구소(1977). '77 한국신문연감. 한국신문연구소.

Curran, J. (1990). The New Revisionism in mass communication research: A reappraisal. *European Journal of Communication*, 5(2/3), 135-164.

Löblich, M. & Scheu, A. M. (2011). Writing the history of communication studies: A sociology of science approach. *Communication Theory*, 24, 1-22.

Schramm, W. L. (1963). Communication research in the United States. In W. L. Schramm (Ed.), *The science of human communication: New directions and new findings in communication research* (pp. 1-16). New York, NY: Basic Books.

Yang, S. (2009). Institutional success and declining disciplinary identity of Korean communication research. *Asian Communication Research*, 6(1/2), 66-82.

저자 소개

윤영관(Yoon Young-kwan)
미국 존스홉킨스대학교(SAIS) 국제정치학 박사
전 서울대학교 정치외교학부 교수
    외교통상부 장관
현 서울대학교 정치외교학부 명예교수
    아산정책연구원 이사장
〈주요 저서〉
전환기 국제정치경제와 한국(민음사, 1996)
21세기 한국정치경제모델(신호서적, 1999)
외교의 시대(미지북스, 2015) 외 다수

홍기현(Hong, Keehyun)
미국 하버드대학교 경제학 박사
전 서울대학교 경제학부 교수
    서울대학교 교육부총장
현 서울대학교 사회과학대학 명예교수
〈주요 저서〉
경제학 산책(공저, 2판, 김영사, 2005)
알고 보면 재미있는 경제원리(서울대학교출판부, 2008)
한국 기업과 사회의 경쟁력(공저, 서울대학교출판문화원, 2011)

박명규(Park Myoungkyu)
서울대학교 사회학 박사
현 서울대학교 명예교수, 광주과학기술원(GIST) 초빙석학교수
〈주요 저서〉
국민, 인민, 시민-개념사로 본 한국의 정치주체(소화, 2009)
남북경계선의 사회학(창비, 2012)
Civilizing Emotions: Concepts in Asia and Europe 1870~1920(Oxford University Press, 2015)

곽금주(Kwak, Keumjoo)
연세대학교 심리학 박사
현 서울대학교 명예교수
　　대구경북과학기술원(DGIST) 초빙석학교수

〈주요 저서〉
영아발달(학지사, 2014)
발달심리학: 아동기를 중심으로(학지사, 2016)
K-WISC-V 이해와 해석(학지사, 2021)

황익주(Hwang Ikjoo)
영국 University of Oxford 사회문화인류학 박사
현 서울대학교 인류학과 명예교수

〈주요 저서〉
인류학 민족지 연구 어떻게 할 것인가(공저, 일조각, 2012)
한국의 노숙인(공저, 서울대학교출판문화원, 2012)
한국의 도시 지역공동체는 어떻게 형성되는가: 현실·운동·과제(공저, 서울대학교
　　출판문화원, 2016)

손정렬(Sohn Jungyul)
미국 일리노이대학교 지리학 박사
전 미국 멤피스대학교 지구과학과 교수
현 서울대학교 지리학과 교수

〈주요 저서 및 역서〉
네트워크로 바라본 아시아: 사회과학적 관점에서(공저, 서울대학교출판문화원, 2018)
도시 아틀라스(공역, 푸른길, 2019)
도시해석(개정판, 공편, 푸른길, 2019)

이봉주(Lee Bong Joo)
미국 시카고대학교 사회복지학 박사
전 미국 보스턴대학교 사회복지대학원 교수
현 서울대학교 사회과학대학 사회복지학과 교수

〈주요 저서〉
Social Exclusion in Cross-National Perspective(공편, Oxford University Press, 2019)
사회복지행정론(공저, 학지사, 2022)
사회복지개론(공저, 학지사, 2023)

양승목(Yang Seung-Mock)
미국 스탠퍼드대학교 언론학 박사
현 서울대학교 언론정보학과 명예교수

〈주요 저서 및 역서〉
한국사회변동과 언론(공저, 소화, 1995)
민주화 이후의 한국언론(공저, 나남, 2007)
현대언론사상사(역서, 나남, 1993)

서울대학교 사회과학대학 창립 50주년을 맞아 돌아본
사회과학 지성사 50년
The Intellectual History of Social Sciences for
Last Fifty Years at Seoul National University

2025년 6월 5일 1판 1쇄 인쇄
2025년 6월 10일 1판 1쇄 발행

지은이 • 윤영관 · 홍기현 · 박명규 · 곽금주
황익주 · 손정렬 · 이봉주 · 양승목

펴낸이 • 김진환

펴낸곳 • (주)**학지사**

04031 서울특별시 마포구 양화로 15길 20 마인드월드빌딩
대표전화 • 02-330-5114   팩스 • 02-324-2345
등록번호 • 제313-2006-000265호

홈페이지 • http://www.hakjisa.co.kr
인스타그램 • https://www.instagram.com/hakjisabook

ISBN 978-89-997-3431-1 93300

정가 20,000원

저자와의 협약으로 인지는 생략합니다.
파본은 구입처에서 교환해 드립니다.

이 책을 무단으로 전재하거나 복제할 경우 저작권법에 따라 처벌을 받게 됩니다.

출판미디어기업 **학지사**

간호보건의학출판 **학지사메디컬** www.hakjisamd.co.kr
심리검사연구소 **인싸이트** www.inpsyt.co.kr
학술논문서비스 **뉴논문** www.newnonmun.com
교육연수원 **카운피아** www.counpia.com
대학교재전자책플랫폼 **캠퍼스북** www.campusbook.co.kr